"十四五"职业教育国家规划教材

证券投资理论与实务（第三版）

ZHENGQUAN TOUZI LILUN YU SHIWU

主　编　马　瑞
副主编　胡锦娟　薛国梅

南京大学出版社

内容提要

证券投资学是研究证券投资者如何正确地选择证券投资工具,如何规范地参与证券市场运作,如何科学地运行证券投资决策分析,如何成功地使用证券投资方法与技巧等等。

本教材的内容分为导语篇、工具篇、市场篇,以及实务篇四个部分。既侧重于证券知识的介绍,又着重于证券市场的操作,在证券知识的介绍中,主要包括项目一认识证券与投资,项目二千股千寻——走进股票的世界,项目三另一种投资工具——债券,项目四专家理财产品——证券投资基金,项目五金融产品中的"双刃剑"——金融衍生工具,项目六证券市场运行,项目七证券市场的中介机构;在证券市场的操作中,主要包括项目八炒股前的准备,项目九证券投资基本面分析,项目十证券投资技术分析,以及项目十一证券投资策略与技巧。

图书在版编目(CIP)数据

证券投资理论与实务/马瑞主编.—3版.—南京:
南京大学出版社,2021.8(2025.1重印)
ISBN 978-7-305-24558-9

Ⅰ.①证⋯ Ⅱ.①马⋯ Ⅲ.①证券投资-高等职业教育-教材 Ⅳ.①F830.91

中国版本图书馆 CIP 数据核字(2021)第 113856 号

出版发行	南京大学出版社
社　　址	南京市汉口路22号　邮　编 210093
书　　名	**证券投资理论与实务** ZHENGQUAN TOUZI LILUN YU SHIWU
主　　编	马　瑞
责任编辑	尤　佳　　　编辑热线 025-83592315
照　　排	南京紫藤制版印务中心
印　　刷	丹阳兴华印务有限公司
开　　本	787 mm×1092 mm　1/16 开　印张 18.75　插页印张 0.25　字数 399 千
版　　次	2021年8月第3版　2025年1月第4次印刷
ISBN	978-7-305-24558-9
定　　价	54.00 元
网　　址	http://www.njupco.com
官方微博	http://weibo.com/njupco
官方微信	njupress
销售咨询	(025)83594756

＊ 版权所有,侵权必究
＊ 凡购买南大版图书,如有印装质量问题,请与所购图书销售部门联系调换

前言

《证券投资理论与实务》(第二版)自2017年3月出版以来,受到兄弟院校的欢迎,但是随着我国特色证券市场日新月异的发展,很多投资工具、市场运行规则等都发生了天翻地覆的变化,其局限性也越发凸显。借此国家"十三五"规划教材立项之机,笔者终于提笔开始修订第三版,希望能够把中国特色社会主义理念与证券市场多年来的变化与发展体现于新版教材之中,也不枉读者与学生的一片热忱。

第三版体例没有大的变化,重点将党的二十大精神融入其中,体现我国特色证券市场发展道路,将证券市场发展的一般规律与中国市场的实际相结合,与中华优秀传统文化相结合,更好地体现了中国特色和发展阶段特征。例如:为了体现稳中求进、强化底线思维,维护证券市场平稳运行,项目一结合新《证券法》,增加了"投资者适当性管理原则"的解读;在贯彻以人民为中心的发展思想下,倡导专业投资、价值投资理念,通过介绍更多的证券市场产品,不断提升投资者获得感。项目三中增加了国债逆回购、可转债套利等内容。项目四中增加了证券投资基金的发展阶段、分级基金的介绍、基金A与基金C。项目五中增加了我国主要的股指期货合约与期权合约,以及针对我国科技创新体系的建设,近年来多层次资本市场的构建,科创板"硬科技"的定位。项目六中增加了我国股票发行制度的演变,以及科创板、新三板的诞生与发展。项目七在新《证券法》下,介绍了证券公司的主要业务,以及对证券服务机构的界定。在实务操作篇中,践行证券市场参与的群众化,保护中小投资者的合法权益。项目八主要以"同花顺"行情软件为基础,介绍如何看个股、看大盘等问题。项目九、项目十对证券投资分析的两大类方法进行了重新提炼、精简介绍。项目十一增加了价值投资的问题。

另外,此次修订有两大特色:一是为了明晰读者对证券行情的解读,本教材采用了正文双色加彩色插页的形式,这样在行情解读方面,会更加直观、真实;二是为了增添教材的趣味性,我们还制作了大量的微课视频,读者扫描书中二维码,即可观看。

随着中国经济的飞速发展,证券市场呈现出勃勃生机,三十年弹指一挥间,中国证券市场迎来了波澜壮阔的大时代,无论是总市值、募集资金规模,还是交易活跃度,都位居世界前列。中国特色现代证券市场的发展变化快速而深刻,促使每一个身处于这个时代的学习者,都要不断地更新知识。我们编写组也是在不断学习中,"新陈代谢",了解我国特色证券市场的发展规律,更新自身的知识体系。在修订过程中,我们参考和借鉴了许多前人的研究成果和网络资源。由于编写时间紧,加之部分网络资源出处不清,所以在参考文献中未能全部列出,在此向各类文献的作者深表歉意和由衷的感谢!

　　笔者负责全书的体例设计和内容的修订,胡锦娟老师、薛国梅老师负责案例的收集、同步测试题目的修订与完善,以及配套教材的部分微课资源制作。此外,方正证券顺德营业部陈俊英总经理等在教材的编写过程中,给予了很多中肯而有建设性的建议,在此对他们的辛勤付出表示衷心的感谢!证券投资领域知识更新迭代较快,这一领域还有很多内容值得我们去探讨,由于编者时间、能力、水平有限,书中难免有不尽如人意的地方,甚至错漏,恳请读者批评指正,让我们不断完善、提高。

马　瑞
2022.11

微课建设框架

课程介绍

目 录

第一篇 导语篇

项目一 认识证券与投资 ··· 1
    任务一 证券与投资 ··· 2
    任务二 证券市场的参与者 ··· 8

第二篇 工具篇

项目二 千股千寻——走进股票的世界 ····················· 22
    任务一 股票的特征与类型 ··· 23
    任务二 我国特有的股票称谓 ······································· 32
    任务三 如何看待股票价格的突升突降——除权除息 ······ 36

项目三 另一种投资工具——债券 ···························· 47
    任务一 债券的特征与类型 ··· 48
    任务二 政府债券 ··· 54
    任务三 金融债券 ··· 61
    任务四 公司债券 ··· 64
    任务五 国际债券 ··· 68

项目四 专家理财产品——证券投资基金 ·················· 76
    任务一 认识证券投资基金 ··· 77
    任务二 不同种类的基金产品 ······································· 82
    任务三 投资基金的费用、收入与风险 ·························· 90
    任务四 开放式基金的认购、申购与赎回 ······················ 93

项目五 金融产品中的"双刃剑"——金融衍生工具 ··· 101
    任务一 金融衍生工具 ·· 102
    任务二 金融远期、期货与互换 ·································· 105
    任务三 金融期权 ··· 115

第三篇　市场篇

项目六　证券市场运行 　125
　　任务一　证券的初级市场——发行市场　126
　　任务二　证券的次级市场——交易市场　133
　　任务三　证券投资的收益与风险　143

项目七　证券市场的中介机构 　158
　　任务一　认识证券公司　159
　　任务二　证券公司的业务开展　163
　　任务三　证券服务机构　171

第四篇　实务篇

项目八　炒股前的准备 　177
　　任务一　认识同花顺　178
　　任务二　了解入市基本常识　192
　　任务三　常用股市术语　199
　　任务四　认识大盘的关键——证券价格指数　202

项目九　证券投资基本面分析 　212
　　任务一　上市公司分析　213
　　任务二　公司经营环境分析　217

项目十　证券投资技术分析 　233
　　任务一　技术分析方法介绍　234
　　任务二　K 线理论　237
　　任务三　均线理论　243
　　任务四　切线分析　248
　　任务五　形态分析　253
　　任务六　缺口理论　263
　　任务七　技术指标分析　265

项目十一　证券投资策略与技巧 　282
　　任务一　证券投资策略　283
　　任务二　股票选择方法与技巧　285

参考文献 　292

第一篇 导语篇

立体化资源1

项目一 认识证券与投资

➤ 学习目标

1. 系统学习证券投资过程中所涉及的基本要素，认识证券市场的参与主体；
2. 了解有价证券的种类与特征、证券投资与其他投资方式的关系；
3. 掌握直接融资与间接融资、证券投资与证券投机的异同；
4. 了解证券市场的投资者、中介机构与管理机构。

➤ 引导案例

被誉为"价值投资之父"的本杰明·格雷厄姆，1894年5月9日出生于伦敦。他自幼就对数学有非同寻常的喜爱，严密的逻辑思维给他日后的投资生涯提供了重要帮助。1914年，格雷厄姆以全班第二名的成绩从哥伦比亚大学毕业，由于家境贫寒，他需要找一个报酬优厚的工作来改善经济状况。格雷厄姆选择了华尔街，进入了证券投资这一行。

在当时的华尔街，所谓证券投资，大多都是靠炒作内幕消息和操纵股价来获利，就像是赌场一样没有任何规律可言。但是，在数学功底深厚的格雷厄姆看来，证券投资的逻辑非常简单：股票价格，相当于公司资产除以股票数量，如果一个公司的股价，比全盘变卖之后的每股资产还要便宜，那显然这个股价就是被低估的，日后肯定有升值的机会。运用这个原则去寻找廉价的股票，远比追踪那些不靠谱的小道消息要有效得多。

【案例思考】

1. 你认同本杰明·格雷厄姆的投资方法吗？谈谈你的证券投资理念。
2. 你能区别证券投资与证券投机吗？

任务一　证券与投资

一、证券概述

(一) 证券的概念

证券是各种权益凭证的统称,是记载并代表一定权利的法律凭证,用来证明持有人有权依其所持凭证记载的内容而取得应有的权益。从一般意义上来说,证券是用来证明或设定权利所做成的书面凭证,它表明证券持有人或第三者有权取得该证券拥有的特定权益,或证明其曾经发生过的行为。证券可以采取纸面形式或证券监管机构规定的其他形式。

证券上记载有一定的财产或权益内容,持有证券即可依据券面所载内容取得相应的权益,证券所载权益的享有、行使或让渡,需占有、出示或转移证券。股票、债券、基金、票据、提单、保险单、存款单等都是证券。

(二) 证券的分类

证券按其性质不同,可分为无价证券与有价证券两大类。

无价证券是指本身不能使持有人或第三者取得一定收入的证券,包括证据证券与私权证券两种。无价证券最显著的特征就是不标明票面金额,不代表一定价值,且缺乏市场流通性。证据证券是指单纯证明事实的凭证,如借据、收据等。私权证券是认定持证人是某种私权的合法享有者,证明对持证人所履行的义务是有效的凭证,如存折、土地所有权证书等。

有价证券是指标有票面金额,用于证明持有人或该证券指定的特定主体对特定财产拥有所有权或债权的凭证。这类证券本身没有价值,但由于它代表着一定的财产权利,持有人可凭该证券直接取得一定的商品、货币,或是取得利息、股息等收入,因而可以在证券市场上买卖和流通,客观上具有了交易价格。

> **相关链接**
>
> ### 什么是虚拟资本?
>
> 有价证券是虚拟资本的一种形式。虚拟资本,是指以有价证券形式存在,并能给持有者带来一定收益的资本。虚拟资本是独立于实际资本之外的一种资本存在的形式,本身不能在生产过程中发挥作用。通常,虚拟资本的价格总额并不等于所代表的真实资本的账面价格,甚至与真实资本的重置价格也不一定相等,其变化并不完全反映实际资本额的变化。
>
> 虚拟资本通过股票、债券等有价证券的发行与转让,把社会资本集中在大中型股份公司。而日益膨胀的虚拟资本与现实资本的矛盾,通过经济危机的爆发得以缓解。

有价证券的概念有广义与狭义之分。狭义的有价证券即资本证券,广义的有价证券包括商品证券、货币证券和资本证券。

1. 商品证券

商品证券是证明持有人拥有商品所有权或使用权的凭证,取得这种证券就等于取得某种商品的所有权,持有人对这种证券所代表的商品所有权受法律保护。属于商品证券的有提货单、运货单、仓库栈单等。

2. 货币证券

货币证券指本身能使持有人或第三者取得货币索取权的有价证券。货币证券主要包括两大类:一类是商业证券,主要是商业汇票和商业本票;另一类是银行证券,主要是银行汇票、银行本票和支票。

3. 资本证券

资本证券是指由金融投资或与金融投资有直接联系的活动而产生的证券。持有人有一定的收入请求权。资本证券是有价证券的主要形式。出于简便与习惯,人们通常把狭义的有价证券即资本证券直接称为证券,本书以后所称证券,即此意义上的证券。

有价证券的种类多种多样,可以从不同的角度按不同的标准进行分类。

按证券发行主体的不同,有价证券可分为政府证券、政府机构证券、公司证券。政府证券通常是指由中央政府或地方政府发行的债券。中央政府债券也称国债,通常由一国财政部发行。地方政府债券由地方政府发行,以地方税或其他收入偿还。政府机构证券是由经批准的政府机构发行的证券,我国目前将其区分为"政府支持债券"和"政府支持机构债券"两种。中央汇金公司发行的债券被认定为"政府支持机构债券",自2011年10月起,原铁道部发行的中国铁路建设债券被认定为"政府支持债券"。公司证券是公司为筹措资金而发行的有价证券。公司证券包括的范围比较广泛,主要有股票、公司债券及商业票据等。此外,在公司证券中,通常将银行及非银行金融机构发行的证券称为金融证券,其中金融机构债券尤为常见。

按是否在证券交易所挂牌交易,有价证券可分为上市证券与非上市证券。上市证券又称挂牌证券,是指公司提出申请,经证券监管机构或证券交易所依法审核同意,并与证券交易所签订上市协议,获得在交易所内买卖资格的证券。非上市证券也称非挂牌证券,指未申请上市或不符合证券交易所上市条件的证券。非上市证券不允许在证券交易所内交易,但可以在其他证券市场交易。凭证式国债、电子式储蓄国债、普通开放式基金和非上市公众公司的股票都属于非上市证券。

按募集方式分类,有价证券可以分为公募证券和私募证券。公募证券是指发行人通过中介机构向不特定的社会公众投资者公开发行的证券,审核较严格并采取公示制度。私募证券是指向少数特定的投资者发行的证券,其审查条件相对宽松,投资者也较少,不采取公示制度。私募证券的投资者多为与发行人有特定关系的机构投资者,也包括发行公司的职工。目前,我国信托投资公司发行的信托计划以及商业银行和证券公司发行的理财计划均属于私募证券。

按证券所代表的权利性质分类,有价证券可以分为股票、债券和其他证券。股票和债券是证券市场两个最基本和最主要的品种;其他证券包括基金证券、证券衍生品,如金融期货、可转换证券、权证等。

综上所述,证券的种类如图 1-1 所示:

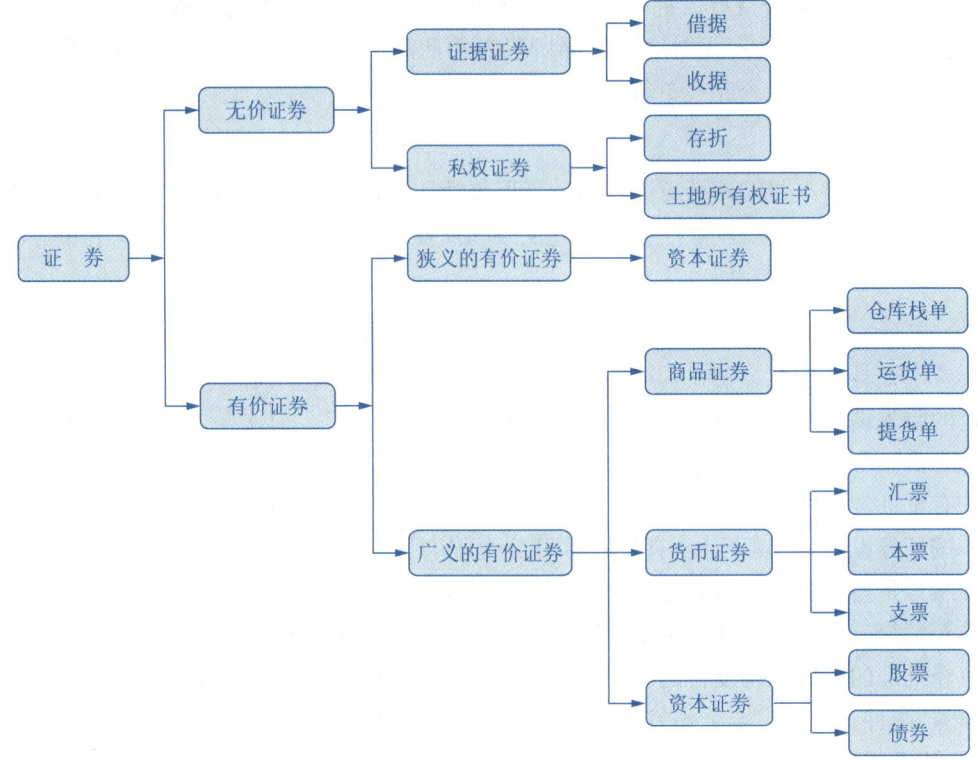

图 1-1 证券的种类

(三) 有价证券的特征

1. 期限性

债券一般有明确的还本付息期限,以满足不同筹资者和投资者对融资期限以及与此相关的收益率需求。债券的期限具有法律约束力,是对融资双方权益的保护。股票一般没有期限性,可以视为无期证券。

2. 收益性

收益性是证券的最基本特点,证券的收益性是指持有证券本身可以获得一定数额的收益,这是投资者转让资本所有权或使用权的回报。证券代表的是对一定数额的某种特定资产的所有权或债权,投资者持有证券也就同时拥有取得这部分资产增值收益的权利,因而证券本身具有收益性。这里所涉及的收益对象不仅指投资者,同样也包括证券发行者。作为投资者,收益是指购买证券取得的利息、股息、红利及资本所得;作为证券发行者即筹资者,收益表现为其资金规模扩大而使企业产生利润的能力增强。获取收益是投资者购买证券的直接目的,也是筹资者发行证券的基本动机。

3. 流动性

证券的流动性是指证券持有人可按自己的需要灵活转让证券以换取现金。流动性是证券的生命力所在。证券的期限性约束了投资者的灵活偏好,但其流动性以变通的方式满足了投资者对现金的随机需求。证券的流动是通过承兑、贴现、交易实现的。证券的流动性强弱受到多种因素的影响,如证券期限、信用度、知名度以及经济形势、证券流通市场发达程度等。一般情况下,流动性与偿还期限成反比,与证券发行人的信用能力成正比。

4. 风险性

证券的风险性是指证券持有者面临着预期投资收益不能实现,甚至连本金也受到损失的可能。高风险是有价证券的一个重要特征。与其他投资相比,证券投资的风险较大。一方面,影响有价证券价格波动的因素极其繁杂,价格变动又极其迅速,投资者往往难以全面、准确地预测和把握;另一方面,有价证券的虚拟资产性质又会使价格波动幅度十分巨大,容易暴盈暴亏,投资者事先难以预料和防范。因此投资者无法确定他所持有的证券能否取得收益和获得多少收益,从而使持有证券具有风险性。从整体上说,证券的风险与其收益成正比。在正常情况下,预期收益越高的证券,风险越大;预期收益越低的证券,风险越小。

二、证券投资

(一) 证券投资的概念

证券投资是指自然人、法人及其他社会团体通过有价证券的购买和持有,借以获取收益的投资行为。它属于金融投资的一种形式。随着证券投资的发展,它已成为现代社会中的重要投资方式,在拓宽投资渠道、优化资源配置、促进经济发展等方面发挥了重要的作用。

(二) 证券投资与其他投资方式的比较

1. 证券投资与实物投资

证券投资和实物投资是相互影响、相互制约的。一方面,实物投资决定证券投资,实物投资的规模及其对资本的需要量直接决定证券的发行量;实物投资收益的高低影响证券投资收益率的高低。另一方面,证券投资也制约和影响实物投资。在其他条件不变的情况下,证券投资规模扩大可以扩大实物投资的货币供给。

证券投资与实物投资是可以相互转化的。政府发行国债或实业家发行股票与债券,其目的是筹集从事实物投资所需的资本金;证券投资的社会作用则在于为从事实物投资提供资本金。虽然实物投资和证券投资的对象不同,但两者可以互相转化。证券投资只有转化为实物投资才能对社会生产力的发展产生作用。从整个社会来看,证券投资也只有通过转化为实物投资才能实现自己的回流。离开实物投资,证券投资就成了无源之水、无本之木。

两者存在以下几方面不同:

(1) 投资对象不同。证券投资的对象是有价证券,因而证券投资者关注的是证券价格的涨跌及其对投资收益的影响;实物投资的对象是具体的建设生产经营活动,实业家虽然也会关心证券价格的涨落,但绝不会因证券价格的波动而放弃自身的生产经营活动。

(2) 投资活动内容不同。证券投资活动主要是收集各方面可能影响市场行情的信息,对上市企业的生产经营状况和发展动向进行分析、研究,判断市场的前景状况和宏观政策走向及整体经济的发展趋势;实物投资活动内容则要复杂得多。

(3) 投资制约度不同。证券投资活动有着较强的独立性。投资者可以独立地依据自己的资金力量和市场行情行动,自己决定诸如投资与否、投资多少、投资于哪些证券和投资时间等问题,很少受到其他客观条件的限制;实物投资则不同,投资者不仅要受资金实力和市场需求状况的限制,还要受到诸多因素如投资环境、行业壁垒、专业知识、经营能力、人员素质、协作条件等方面的制约,这就决定了进入实物投资领域远远要比进入证券市场困难得多。

2. 证券投资与储蓄存款

证券投资和储蓄存款这两种投资在形式上讲均表现为:货币所有者将一定的资金交付给政府、公司或银行机构,并获取相应的收益。但两者在本质上是根本不同的,具体表现在以下方面:

(1) 性质不同。证券投资和储蓄存款尽管都是建立在某种信用基础上,但证券主要是以资本信用为基础,体现着政府、公司与投资者之间围绕证券投资行为而形成的权利和义务关系;而储蓄存款是一种银行信用,建立的是银行与储蓄者之间的借贷性债权债务关系。

(2) 证券持有者与银行存款人的法律地位和权利内容不同。就证券中的股票而言,其持有者处于股份公司股东的地位,依法有权参与股份公司的经营决策,并对股份公司的经营风险承担相应的责任;而银行存款人的存款行为相当于向银行贷款,处于银行债权人的地位,其债权的内容只限于定期或不定期收回本金并获取利息,不能参与债务人——银行的经营管理活动,对其经营状况也不负任何责任。

(3) 投资增值的效果不同。证券和储蓄存款可以使货币增值,但货币增值的多少是不同的。证券中债券的票面利率通常要高于同期银行存款利率;证券当中的股票是持有者向股份公司的直接投资,投资者的投资收益来自股份公司根据赢利情况派发的股息、红利。这一收益可能很高,也可能根本没有,它受股份公司当年经营业绩的影响,处于经常性的变动之中。而储蓄存款是通过实现货币的储蓄职能来获取货币的增值部分,即存款利息,这一回报率是银行事先约定的,不受银行经营状况的影响。

(4) 存续时间与转让条件不同。证券中的股票是无期限的,只要发行的股份公司存在,股东不能要求退股以收回本金,但可以进行买卖或转让;储蓄存款一般是有固定期限的,存款到期时存款人收回本金和取得利息。

(5) 风险不同。证券投资是一种风险性较高的投资方式。以股票为例,其投资回报率可能很高,但高收益伴随的必然是高风险。银行作为整个国民经济的重要支柱,其地位一般来说是稳固的。尽管银行存款的利息收入通常要低于股票的股息与红利收益,但它是可靠的,而且存款人存款后也不必像买入股票后那样经常投入精力去关注股票市场价格的变化。

3. 证券投资与证券投机

证券市场上的行为主体,按其行为方式可分为证券投资者和证券投机者。在证券市场上有证券投资,也有证券投机,二者同时并存。证券市场是投资的主要场所,也是投机的最好地方。在证券实务操作中,二者往往难以明确区分。因此,为了进一步认识证券投资,有必要从理论上对投资与投机的关系做出分析。

所谓证券投机,是指在证券市场上短期内买进或卖出一种或多种证券以获取收益的一种经济行为。它是证券市场上一种常见的证券买卖行为。证券投机者利用自己对未来证券价格趋势的预测,在短期内买卖证券获取差价收益,这种投机不是欺诈伪造、内幕交易、违法乱纪、操纵股市的行为,而是以获取较大收益为目的,并愿意冒较大风险的买卖行为。在证券市场上,投机活动永远无法绝迹,它必然存在,而且有一定的积极作用。

不管是证券投资活动还是证券投机活动,都是买卖证券的交易活动,二者往往难以明确区分。但二者的不同之处是多方面的,主要表现如下:

(1) 对待风险的态度不同。投资者希望回避风险,希望将风险降低到最低限度,他们购买证券一般限于预期收入较稳定、本金又相对安全的证券;投机者希望从价格的涨跌中牟取厚利,往往购买高风险的证券。

(2) 交易时间的长短不同。投资者着眼于长远利益,买入证券往往长期持有,按期坐享股息和资本增值收益;投机者则热衷于交易的快速周转,从买卖中获取差价收益。

(3) 交易方式不同。投资者一般从事现货交易并实际交割;投机者则往往从事信用交易,买空卖空,或不进行现货交割。

(4) 分析方法不同。投资者注重对证券的内在价值进行分析和评价,常用基本分析方法;而投机者不注重对证券本身的评估,而是关心市场价格的变动,多用技术分析法。

尽管证券投资者与证券投机者存在诸多差异,但实际上很难把二者截然分开,二者在一定情况下会相互转化。长期投资者购买证券后,一旦证券市场突变,出现某种证券价格持续上涨或自己持有的证券价格暴跌时,也会抛出手中证券,转而购买价格仍在上涨的证券或另外选择资金运用方式,以求得更多的差价收益或避免更大的损失,这时投资者就变成投机者;相反,投机者在购入证券后,如捕捉不到好的销售时机,也可能继续持有证券而成为长期投资者。

> **相关链接**
>
> **证券融资属于直接融资还是间接融资?**
>
> 直接融资是资金盈余单位通过直接与资金需求单位协议,或在金融市场上购买资金需求单位所发行的有价证券,将货币资金提供给需求单位使用。商业信用、企业发行股票和债券,以及企业之间、个人之间的直接借贷,均属于直接融资。直接融资是资金直供方式,投融资双方都有较多的选择自由。而且,对投资者来说收益较高,对筹资者来说成本却又比较低。但由于筹资人资信程度不一样,造成了债权人承担的风险各不相同,且部分直接融资方式具有不可逆性。
>
> 间接融资是指资金盈余单位与资金短缺单位之间不发生直接关系,而是通过存款,或者购买银行、信托、保险等金融机构发行的有价证券,资金盈余单位将其暂时闲置的

资金先行提供给这些金融中介机构,然后再由这些金融机构以贷款、贴现等形式,或购买有价证券的方式把资金提供给短缺者,从而实现资金融通的过程。常见的间接融资方式包括银行信用融资、消费信用融资、租赁融资等。

在许多情况下,单纯从融资活动中所使用的金融工具出发,尚不能准确地判断融资的性质属于直接融资还是间接融资。一般习惯上认为凡是债权债务关系中的一方是金融机构的融资就是间接融资,而不考虑这种融资工具的最初债权人、债务人的性质。

微课1-2

任务二　证券市场的参与者

证券市场的参与主体主要包括证券的发行者、投资者、中介机构及管理机构等。

一、证券发行者

证券发行人是指为筹措资金而发行债券、股票等证券的发行主体。主要包括:

(一) 公司(企业)

企业的组织形式可分为独资制、合伙制和公司制。现代公司主要采取股份有限公司和有限责任公司两种形式,其中,只有股份有限公司才能发行股票。公司发行股票所筹集的资金属于自有资本,而通过发行债券所筹集的资金属于借入资本,发行股票和长期公司(企业)债券是公司(企业)筹措长期资金的主要途径,发行短期债券则是补充流动资金的重要手段。

在公司证券中,通常将银行及非银行金融机构发行的证券称为金融证券。金融机构作为证券市场的发行主体,既发行债券,也发行股票。欧美等西方国家能够发行证券的金融机构一般都是股份公司,所以将金融机构发行的证券归入公司证券。而我国和日本则把金融机构发行的债券定义为金融债券,从而突出了金融机构作为证券市场发行主体的地位,但股份制的金融机构发行的股票并没有定义为金融证券,而是归类于一般的公司股票。

(二) 政府和政府机构

政府以及中央政府直属机构已成为证券发行的重要主体之一,但政府发行的证券品种一般仅限于债券。

政府发行债券所筹集的资金既可以用于协调财政资金短期周转、弥补财政赤字、兴建政府投资的大型基础性建设项目,也可以用于实施某种特殊的政策,在战争期间还可以用于弥补战争费用的开支。

由于中央政府拥有税收、货币发行等特权,通常情况下,中央政府债券不存在违约风险,因此,这一类证券被视为无风险证券,相对应的证券收益率被称为无风险利率,是金融市场上最重要的价格指标。

中央银行是代表一国政府发行法定货币、制定和执行货币政策、实施金融监管的重要机构。中央银行作为证券发行主体,主要涉及两类证券。一类是中央银行股票。在一些国家,如美国,中央银行采取了股份制组织结构,通过发行股票募集资金,但是,中央银行的股东并不享有决定中央银行政策的权利,只能按期收取固定的红利,其股票类似于优先股。另一类是中央银行出于调控货币供给量的目的而发行的特殊债券。中国人民银行从2003年起开始发行中央银行票据,期限从三个月到三年不等,主要用于调节金融体系中的流动性。

二、证券投资者

证券投资者是证券市场的投资主体,是指进入证券市场进行证券买卖的各类投资者。主要包括四类:一是个人,包括其家庭;二是政府,包括中央政府部门和地方政府;三是企业,包括各种以盈利为目的的工商企业;四是金融机构,主要有商业银行、保险公司、证券公司及各种基金组织等。前面一类称为个人投资者,后面三类合称为机构投资者。证券投资过程实际上是证券投资者一系列投资活动的综合,而不同类别投资者的投资行为有较大的差别。这些差别主要是因各自的资金来源与规模、投资理念、动机、目的等因素不同造成的。众多的证券投资者保证了证券发行和交易的连续性,是推动证券市场价格形成和流动性的根本动力。

(一) 个人投资者

个人投资者是指从事证券投资的社会自然人,他们是证券市场最广泛的投资者。居民个人作为一个独立的社会经济单位把自己的合法财产投资于有价证券,其投资资金的主要来源是储蓄。在国外,个人投资者的资金还可能来自向证券公司、商业银行和人寿保险公司的贷款,但这种融资投资有很大的投机性和风险性。2010年3月31日,我国上交所与深交所开始接受融资融券交易申报,个人投资者也可以进行融资投资。

1. 个人投资者的风险特征

个人投资者的风险特征主要由三方面构成:风险偏好、风险认知度、实际风险承受能力。根据个人投资者对待投资中风险和收益的态度,理论上可分为风险偏好型、风险中立型、风险规避型三种。实践中,金融机构通常采用客户调查问卷、产品风险评估与充分披露等方法,根据客户分级和资产分级匹配原则,避免误导投资者和错误销售。

2. 投资者适当性管理

投资者适当性是指中间人(金融中介机构)所提供的金融产品或服务与客户的财务状况、投资目标、风险承受水平、财务需求、知识和经验之间的契合程度。[①] 投资者适当性管理就是通过一系列措施,让"适合的投资者购买恰当的产品",避免在金融产品销售过程中,将金融产品提供给风险并不匹配的投资群体,导致投资者由于误解而发生较大风险。

投资者适当性管理工作主要以经营机构适当性义务为主线展开的,包括三类:一是以判断投资者风险承受能力为目标的投资者分类义务;二是以判断产品风险等级为目标的

---

① 2008年国际清算银行、国际证监会组织、国际保险监管协会联合发布的《金融产品和服务零售领域的客户适当性》。

产品分级义务;三是以"将适当的产品销售给适当的投资者"为目标的销售匹配义务。

3.《证券法》中对投资者适应性管理的相关规定

我国新《证券法》于2020年3月开始实施,其中增加了对证券公司投资者适当性的要求。明确了证券公司未履行投资者适当性要求时的责任,强调证券公司在销售证券、提供服务时应了解投资者,充分揭示风险,提供与投资者状况相匹配的证券服务,明确证券公司违反上述规定导致投资者损失的应当承担相应的赔偿责任。

根据新《证券法》第八十八条的规定,证券公司向投资者销售证券、提供服务时,应当按照规定充分了解投资者的基本情况、财产状况、金融资产状况、投资知识和经验、专业能力等相关信息;如实说明证券、服务的重要内容,充分揭示投资风险;销售、提供与投资者上述状况相匹配的证券、服务。投资者在购买证券或者接受服务时,应当按照证券公司明示的要求提供前款所列真实信息。拒绝提供或者未按照要求提供信息的,证券公司应当告知其后果,并按照规定拒绝向其销售证券、提供服务。

(二) 机构投资者

机构投资者是在证券市场上从事投资及相关活动的法人机构。按照政策标准,分为一般机构投资者和战略机构投资者;按照投资者业务与资本市场的关系,分为金融机构投资者和非金融机构投资者;按照投资者身份或组织结构,可将机构投资者限定为与个人投资者相对应的一类投资者即法人。

1. 政府机构类投资者

政府机构参与证券投资的目的主要是为了调剂资金余缺和进行宏观调控。各级政府及政府机构出现资金剩余时,可通过购买政府债券、金融债券投资于证券市场。

中央银行以公开市场操作作为政策手段,通过买卖政府债券或金融债券,影响货币供应量进行宏观调控。

我国国有资产管理部门或其授权部门持有国有股,履行国有资产的保值增值和通过国家控股、参股来支配更多社会资源的职责。

从各国的具体实践看,出于维护金融稳定的需要,政府还可成立或指定专门机构参与证券市场交易,减少非理性的市场震荡。

2. 金融机构类投资者

(1) 证券经营机构。证券经营机构是证券市场上最活跃的投资者,以其自有资本、营运资金和受托投资资金进行证券投资。我国证券经营机构主要为证券公司。按照《证券法》的规定,证券公司可以通过从事证券自营业务和证券资产管理业务,以自己的名义或代其客户进行证券投资。证券公司从事自营业务,其投资的范围包括股票、基金、认股权证、国债、公司或企业债券等上市证券以及证券监管机构认定的其他证券。经中国证监会批准,证券公司可以在客户资产管理业务范围内为单一客户办理定向资产管理业务、为多个客户办理集合资产管理业务以及为客户办理特定目的的专项资产管理业务,这些业务应与证券公司自营业务相分离。

(2) 银行业金融机构。银行业金融机构包括商业银行、城市商业银行、农村信用合作社等吸收公众存款的金融机构以及政策性银行。根据《中华人民共和国商业银行法》规定,银行业金融机构可用自有资金买卖政府债券和金融债券,除国家另有规定外,在中华人民共和国境内不得从事信托投资和证券经营业务,不得向非自用不动产投资或者向非银行金融机构和企业投资。《中华人民共和国外资银行管理条例》规定,外商独资银行、中外合资银行可买卖政府债券、金融债券,买卖股票以外的其他外币有价证券。银行业金融机构因处置贷款质押资产而被动持有的股票,只能单向卖出。

(3) 保险经营机构。保险公司是全球最重要的机构投资者之一,曾一度超过投资基金成为投资规模最大的机构投资者,除大量投资于各类政府债券、高等级公司债券外,还广泛涉足基金和股票投资。《中华人民共和国保险法》规定,债券、股票、证券投资基金份额等有价证券均属保险公司资金运用范围,经国务院保险监督管理机构会同国务院证券监督管理机构批准,保险公司可以设立保险资产管理公司从事证券投资活动,还可运用受托管理的企业年金进行投资。根据2018年1月中国保监会发布的《保险资金运用管理办法》,保险资金三大新增投向,分别为资产证券化产品、创业投资基金、保险私募基金。

(4) 其他金融机构。其他金融机构包括信托投资公司、企业集团财务公司、金融租赁公司等。这些机构通常也在自身章程和监管机构许可的范围内进行证券投资。

信托投资公司可以受托经营资金信托、有价证券信托和作为投资基金或者基金管理公司的发起人从事投资基金业务。企业集团财务公司达到相关监管规定的,也可申请从事对金融机构的股权投资和证券投资业务。我国目前尚未批准金融租赁公司从事证券投资业务。

3. 合格境外机构投资者

合格境外机构投资者(QFII,Qualified Foreign Institutional Investor)是指符合《合格境外机构投资者境内证券投资管理办法》规定,经中国证监会批准投资于中国证券市场,并取得国家外汇管理局额度批准的中国境外基金管理机构、保险公司、证券公司以及其他资产管理机构。QFII制度是一国(地区)在货币没有实现完全可自由兑换、资本项目尚未完全开放的情况下,有限度地引进外资、开放资本市场的一项过渡性制度。这种制度要求外国投资者若要进入一国证券市场,必须符合一定的条件,得到该国有关部门的审批通过后汇入一定额度的外汇资金,并转换为当地货币,通过严格监管的专门账户投资当地证券市场。

按照《合格境外机构投资者境内证券投资管理办法》,合格境外机构投资者在经批准的投资额度内,可以投资于中国证监会批准的人民币金融工具,具体包括在证券交易所挂牌交易的股票、在证券交易所挂牌交易的债券、证券投资基金、在证券交易所挂牌交易的权证、在银行间债券市场交易的固定收益产品、股指期货以及中国证监会允许的其他金融工具。合格境外机构投资者可以参与新股发行、可转换债券发行、股票增发和配股的申购。

> **相关链接**
>
> #### 什么是RQFII?
>
> RQFII是指人民币合格境外机构投资者,R代表人民币。是境外金融机构将离岸筹集的人民币资金投资境内资本市场。它与QFII的最大区别就是使用的货币不同。

> 2011年12月16日,《基金管理公司、证券公司人民币合格境外机构投资者境内证券投资试点办法》发布,开启了人民币合格境外机构投资者(RQFII)的试点。
> 2013年2月,将参与RQFII试点机构的范围从中国香港扩大至试点国家和地区范围内的资产管理机构,截至2019年,共有20个国家和地区获得RQFII国家和地区额度,2020年进一步取消了国家和地区额度限制。

合格境外机构投资者的境内股票投资,应当遵守中国证监会规定的持股比例限制和国家其他有关规定:单个境外机构持有一家上市公司的持股比例不得超过该公司总股份的10%;全部境外机构对单个上市公司的持股上限为30%。同时,境外投资者根据《外国投资者对上市公司战略投资管理办法》对上市公司战略投资的,其战略投资的持股不受上述比例限制。

4. 合格境内机构投资者

合格境内机构投资者(QDII,Qualified Domestic Institutional Investor),是指经一国金融管理当局审批通过、获准直接投资境外股票或者债券市场的国内机构投资者。在一定规定下通过基金形式募集一定额度的人民币资金,通过严格监管的专门账户投资国外证券市场,其汇回的资本利得、股息红利等经审核后可转为本币的一种市场开发机制。和QFII制度一样,它也是在货币没有实现完全可自由兑换、资本项目尚未开放的情况下,有限度地允许境内投资者投资境外证券市场的一项过渡性的制度安排。

QDII可投资的证券品种和比例存在一定限制,具体包括:(1)银行存款、可转让存单、银行承兑汇票、银行票据、商业票据、回购协议、短期政府债券等货币市场工具;(2)政府债券、公司债券、可转换债券、住房按揭支持证券、资产支持证券等,以及经中国证监会认可的国际金融组织发行的证券;(3)已与中国证监会签署双边监管合作谅解备忘录的国家或地区证券市场挂牌交易的普通股、优先股、全球存托凭证和美国存托凭证、房地产信托凭证;(4)在已与中国证监会签署双边监管合作谅解备忘录的国家或地区证券监管机构登记注册的公募基金;(5)与固定收益、股权、信用、商品指数、基金等标的物挂钩的结构性投资产品;(6)远期合约、互换及在已与中国证监会签署双边监管合作谅解备忘录的国家或地区交易所上市交易的权证、期权、期货等金融衍生产品。

为分散投资风险,QDII基金的境外投资需遵循一定的投资比例限制,包括:(1)单只基金、集合计划持有同一家银行的存款不得超过基金、集合计划净值的20%,在基金、集合计划托管账户的存款可以不受上述限制;(2)单只基金、集合计划持有同一机构(政府、国际金融组织除外)发行的证券市值不得超过基金、集合计划净值的10%,指数基金可以不受上述限制;(3)单只基金、集合计划持有与中国证监会签署双边监管合作谅解备忘录国家或地区以外的其他国家或地区证券市场挂牌交易的证券资产不得超过基金、集合计划资产净值的10%,其中持有任一国家或地区市场的证券资产不得超过基金、集合计划资产净值的3%;(4)基金、集合计划不得购买证券用于控制或影响发行该证券的机构或其管理层,同一境内机构投资者管理的全部基金、集合计划不得持有同一机构10%以上具有投票权的证券发行总量,指数基金可以不受上述限制;(5)单只基金、集合计划持有的非流动性资产市值不得超过基金、集合计划净值的10%;(6)单只基金、集合计划持有的境外基金的市值合计不得超过基金、集合计划净值的10%,持有货币市场基金可以不受上述限制;(7)同一境内机构投资者管理的全部基金、集合计划持有的任何一只境外基金,不得超过该境外基金总份额的20%。

5. 企业和事业法人类投资者

企业可以用自己的积累资金或暂时不用的闲置资金进行证券投资。企业可以通过股票投资实现对其他企业的控股或参股,也可以将暂时闲置的资金通过自营或委托专业机构进行证券投资以获取收益。我国现行的规定是,各类企业可参与股票配售,也可投资于股票二级市场;事业法人可用自有资金和有权自行支配的预算外资金进行证券投资。

6. 基金类投资者

(1) 证券投资基金。证券投资基金是指通过公开发售基金份额筹集资金,由基金管理人管理,基金托管人托管,为基金份额持有人的利益,以资产组合方式进行证券投资活动的基金。《中华人民共和国证券投资基金法》(以下简称《证券投资基金法》)规定我国的证券投资基金可投资于上市交易的股票、债券和国务院证券监督管理机构规定的其他证券品种。

(2) 社保基金。在大多数国家,社保基金分为两个层次:一是国家以社会保障税等形式征收的全国性社会保障基金;二是由企业定期向员工支付并委托基金公司管理的企业年金。由于资金来源不一样,且最终用途不一样,这两种形式的社保基金管理方式亦完全不同。全国性社会保障基金属于国家控制的财政收入,主要用于支付失业救济和退休金,是社会福利网的最后一道防线,对资金的安全性和流动性要求非常高。而由企业控制的企业年金,资金运作周期长,对账户资产增值有较高要求,但对投资范围限制不多。

在我国,社保基金主要由两部分组成:一部分是全国社会保障基金;另一部分为社会保险基金。二者资金来源性质和用途不同,因此,投资运行和资产配置方式也不相同。

① 全国社会保障基金。该基金由中央财政预算拨款、国有资本划转、基金投资收益和以国务院批准的其他方式筹集的资金构成,其性质为国家社会保障储备基金,用于人口老龄化高峰时期的养老保险等社会保障支出的补充、调剂。

全国社会保障基金的投资采取全国社保基金理事会直接运作与委托投资管理人运作相结合的方式,风险小的投资由社保基金理事会直接运作,风险较高的投资则委托专业性投资管理机构进行投资运作。2001年12月13日,财政部和劳动保障部颁布的《全国社会保障基金投资管理暂行办法》规定,社保基金投资的范围限于银行存款、买卖国债和其他具有良好流动性的金融工具,包括上市流通的证券投资基金、股票、信用等级在投资级以上的企业债、金融债等有价证券。理事会直接运作的社保基金的投资范围限于银行存款、在一级市场购买国债,其他投资需委托社保基金投资管理人管理和运作,并委托社保基金托管人托管。

② 社会保险基金。该基金是为了保障公民在年老、疾病、工伤、失业、生育等情况下获得物质帮助而建立的,主要由用人单位和个人缴费构成,包括基本养老保险基金、基本医疗保险基金、工伤保险基金、失业保险基金和生育保险基金,用于公民养老、医疗、工伤、

失业、生育等各项社会保险待遇的当期发放。

社会保险基金对投资风险的控制要求更高,投资范围较窄,投资运营活动限定条件更多。现阶段,我国社会保险基金的部分积累项目主要是基本养老保险基金。2010年1月28日,全国人大常委会通过的《中华人民共和国保险法》规定,社会保险基金在保证安全的前提下,按照国务院规定投资运营实现保值增值。这是关于社会保险基金投资运营的原则性规定。2015年8月17日,国务院发布的《基本养老保险基金投资管理办法》对基本养老保险基金的投资运营做出了明确规定。《基本养老保险基金投资管理办法》规定,养老基金限于境内投资。投资范围包括:银行存款中央银行票据,同业存单;国债,政策性、开发性银行债券,信用等级在投资级以上的金融债、企业(公司)债、地方政府债券、可转换债(含分离交易可转换债)、短期融资券、中期票据、资产支持证券、债券回购;养老金产品,上市流通的证券投资基金,股票,股权,股指期货,国债期货。

(3) 企业年金。企业年金是指企业及其职工在依法参加基本养老保险的基础上,自愿建立的补充养老保险基金。按照我国现行法规,企业年金可由年金受托人或受托人指定的专业投资机构进行证券投资。企业年金基金财产限于境内投资,投资范围包括:银行存款、国债、中央银行票据、债券回购、万能保险产品、投资联结保险产品、证券投资基金、股票,以及信用等级在投资级以上的金融债、企业(公司)债、可转换债券、短期融资券和中期票据等金融产品。

(4) 社会公益基金。社会公益基金是指将收益用于指定的社会公益事业的基金,如福利基金、科技发展基金、教育发展基金、文学奖励基金等。我国有关政策规定,各种社会公益基金应当按照合法、安全、有效的原则实现基金的保值、增值。不过,对各类基金会的投资对象和范围,目前并无明确规定。

(三) 证券投资者的投资特点

个人投资者与机构投资者相比,两者的资金来源、投资方向、投资目的等各不相同,具体见表1-1:

表1-1 个人投资者与机构投资者投资特点对比

	个人投资者	机构投资者
特点一	资金量小	资金庞大
特点二	投资活动具有盲目性	信息收集和分析能力强
特点三	风险承受能力低	可以进行良好的投资组合,分散投资风险
特点四	投资要借助于中介机构	投资稳健,目标切实,注重资产的安全性
特点五	决策效率高	决策与行动效率较低

1. 个人投资者的投资特点

(1) 风险承受能力较低。由于个人投资证券的资金有限,难以通过投资组合分散风险,所以风险承受能力较低,难以经受住市场的剧烈波动。个人证券投资首要的要求,是安全方便,其次才是资本增值,另外在有些国家还有合法避税的考虑。

(2) 投资活动更具盲目性。由于个人投资者力量分散,资金数量有限,很难将资金分散投资于各种有价证券来分散风险,而且个人投资者获取和处理投资信息的精力和能力有限,因而其投资活动的盲目性大。

(3) 要借助于中介机构。个人投资者的投资活动需借助于中介机构,其间很少或不允许进行直接交易。

(4) 决策效率高。由于投资规模小,船小好掉头,个人说了算,所以进出市场灵活快捷,只要能够克服贪婪和恐惧这两大劲敌,当市场发生转折时,就能够及时做出反应。

2. 机构投资者的投资特点

(1) 资金庞大,实力惊人。机构投资者从社会吸收闲散资金,能够集聚起庞大的资金力量。特别是随着世界金融证券业的一体化发展,机构证券投资的活动能量和范围都远远超出了人们的想象,它们不仅能够左右某一市场乃至某一个国家的市场,甚至能够大范围地左右世界某一区域的市场。当然,机构投资者的这些巨额资金在一国政府的有效控制和规范条件下也有其积极的重要作用,如可以利用其巨大的资本吞吐能力来稳定金融市场价格,防止金融市场出现过度波动,有助于建立合理的市场投资结构,完善市场监管体系,保持市场稳定发展。

(2) 信息收集和分析能力强。一般机构投资者都设有专门的部门、机构负责收集、分析信息,并拥有一批证券投资分析的专家和管理人员,使其证券投资有条件地建立在对经济形势和市场状况进行科学分析的基础上,并严格按照所制订的投资计划和投资目标进行投资活动。这一点是个人投资者无法比拟的。

(3) 可以进行良好的投资组合,分散投资风险。分散投资是有效规避投资风险的一种主要方法,也是机构投资者投资的一个重要原则。机构投资者可利用其信息和分析预测条件,将庞大的资金分散投资到众多的证券种类上,建立合理的资产组合,从而降低风险。

(4) 投资稳健,目标切实,注重资产的安全性。一般来讲,机构投资者能够用比较长远的眼光来对待市场的变化,投资策略和投资目的是建立在大量科学分析和充分研究的基础上,收益预期较为稳健切实、合理可行。另外,除了证券经营机构的自营业务外,机构投资者的大部分资金来源于社会闲置资金(如居民储蓄、保险费、养老基金等),与个人投资者的资金相比属于负债,从客观上也要求投资稳健、安全第一,注重资产的安全性。

(5) 决策与行动的相对低效率。相对于个人投资决策和行动的高效率,机构投资者决策和行动的效率要低得多。一是庞大的组织机构其决策成本比较高,决策过程比较长;二是组织内部的信息提供者与意志决定者之间有一个信息交流传递过程。这是证券市场上机构投资者几乎唯一不占优势的方面。

三、证券中介机构

证券中介机构是指为证券市场参与者如发行者、投资者等提供相关服务的专职机构。按提供服务的内容不同,证券中介机构又分为证券经营机构和证券服务机构两大类。

(一) 证券经营机构

证券经营机构是在证券市场上经营证券业务的金融机构,一般指证券公司。它是证券市场上最重要的中介机构,也是证券市场的主要参与者。一方面,证券公司是证券市场投融资服务的提供者,为证券发行人和投资者提供专业化的中介服务,如证券经纪、投资咨询、保荐与承销等;另一方面,证券公司本身也是证券市场重要的机构投资者。此外,证券公司还通过资产管理方式,为投资者提供证券及其他金融产品的投资管理服务等。

(二) 证券服务机构

证券服务机构是指依法设立的从事证券服务业务的法人机构。常见的证券服务机构有证券投资咨询机构、信用评级机构、律师事务所、会计师事务所、资产评估机构、财务顾问机构、信息技术系统服务机构等。

证券服务包括证券投资咨询,证券发行、策划、财务顾问、证券资信评估服务以及经证券管理部门认定的其他业务。新《证券法》将信息技术系统服务机构纳入证券服务机构的范围,并规定从事证券投资咨询服务业务,应当经国务院证券监督管理机构核准,从事其他证券服务业务,应当报国务院证券监督管理机构和国务院有关主管部门备案。同时,取消了大多数证券服务机构从事证券服务业务必须经过批准的规定,旨在通过取消相关行政许可,落实证券市场"放管服"要求,把更多行政监管资源从事前审批转到加强事中事后监管上来,促进证券服务业的发展。

四、证券管理机构

从世界各国证券监管的实践来看,实施证券监管活动的主体是多元化的,可以是国家有关主管部门,也可以是证券业协会或证券交易商协会等自律机构,还可以是证券交易所或者其他机构。选择什么样的机构作为证券市场管理机构并不完全从经济上考虑,而是政治、经济、历史、传统等各个方面因素综合作用的结果,因此各国在证券监管主体方面都有自己的特点。但是几乎所有国家的证券监管活动都是由政府部门、行业协会和证券交易所共同完成的。在大多数国家,政府部门承担了较多的职责,行业协会和证券交易所承担了较少的职责;有些国家政府部门承担的职责较少,大部分监管职责交由行业协会和证券交易所承担。

证券市场监管的对象及其内容是证券市场监管的核心。从各国证券市场监管的实践来看,证券市场监管的具体内容因各国经济金融体制不同而各有差异,但总的来说,主要是对证券市场构成要素的监管。

中国证券管理机构也有两类:一是政府机构,即中国证券监督管理委员会(简称中国证监会)及其派出机构。二是自律性管理机构,主要包括上海、深圳两家交易所和中国证券业协会。

(一) 证券市场监督机构

中国证券监督管理委员会(以下简称"中国证监会")是国务院直属事业单位,是全国证券、期货市场的主管部门,依照法律、法规和国务院授权,统一监督管理全国证券期货市场,维护证券期货市场秩序,保障其合法运行。中国证监会成立于1992年10月。中国证监会在省、自治区、直辖市和计划单列市设立了36个证券监管局,以及上海、深圳证券监管专员办事处。派出机构受中国证监会垂直领导,依法以自己的名义履行监管职责,负责辖区内的一线监管工作。

国务院证券监督管理机构的主要职责为：依法制定有关证券市场监督管理的规章、规则，并依法进行审批、注册，办理备案；依法对证券的发行、上市、交易、登记、存管、结算等行为，进行监督管理；依法对证券发行人、证券公司、证券服务机构、证券交易场所、证券登记结算机构的证券业务活动，进行监督管理；依法制定从事证券业务人员的行为准则，并监督实施；依法监督检查证券发行、上市和交易的信息披露；依法对证券业协会的自律管理活动进行指导和监督；依法监测并防范、处置证券市场风险；依法开展投资者教育；依法对证券违法行为进行查处；法律、行政法规规定的其他职责。

(二) 自律性组织

我国证券自律管理机构是证券交易所、国务院批准的其他全国性证券交易场所、证券业协会。根据《证券登记结算管理办法》，我国的证券登记结算机构实行行业自律管理。

1. 证券交易所

证券交易所是证券买卖双方公开交易的场所，是一个高度组织化、集中进行证券交易的市场，它是整个证券市场的核心。证券交易所本身并不进行证券买卖，也不决定证券价格，而是为证券交易提供场所和设施，配备必要的管理和服务人员，并对证券交易进行周密的组织和严格的管理，使证券交易顺利进行且有一个稳定、公开、高效的系统。我国《证券法》第九十六条规定："证券交易所、国务院批准的其他全国性证券交易场所为证券集中交易提供场所和设施，组织和监督证券交易，实行自律管理，依法登记，取得法人资格。"我国《证券法》在借鉴他国经验的基础上，将原由政府部门行使的一部分权力授予了证券交易所，从而确认了证券交易所的组织特性和监管特性。新《证券法》授权证券交易所可以根据证券品种、行业特点、公司规模等因素设立不同的市场层次。

2. 中国证券业协会

中国证券业协会是证券业的自律性组织，是社会团体法人。中国证券业协会正式成立于1991年8月28日，是依据《证券法》和《社会团体登记管理条例》的有关规定设立的具有独立法人地位的、由经营证券业务的金融机构自愿组成的行业性自律组织，是非营利性社会团体法人。中国证券业协会采取会员制的组织形式，证券公司应当加入中国证券业协会。

中国证券业协会的最高权力机构是由全体会员组成的会员大会，理事会为其执行机构。中国证券业协会实行会长负责制。中国证券业协会会员由单位会员构成，包括法定会员、普通会员和特别会员，另设观察员。截至2020年8月底，中国证券业协会共有会员和观察员855家。

3. 证券登记结算公司

中国证券市场实行中央登记制度，即证券登记结算业务全部由中国证券登记结算有限责任公司承接，中国证券登记结算有限责任公司提供沪、深证券交易所上市证券的存管、清算和登记服务。中国证券登记结算有限责任公司是为证券交易提供集中登记、存管与结算服务，不以营利为目的的法人。按照《证券登记结算管理办法》，证券登记结算机构实行行业自律管理。

2001年3月30日,中国证券登记结算有限责任公司成立,原上海证券交易所和深圳证券交易所所属的证券登记结算公司重组为中国证券登记结算有限责任公司的上海分公司和深圳分公司,这标志着全国集中、统一的证券登记结算体制的组织构架已经基本形成。

> 同步测试

一、名词解释

1. 证券投资 2. 有价证券 3. 证券经营机构 4. QFII

二、单项选择题

1. 证券市场最广泛的投资者是(　　)。
   A. 政府机构类投资者　　　　　　B. 金融机构类投资者
   C. 个人投资者　　　　　　　　　D. 基金类投资者
2. 证券按(　　)来划分,可以分为无价证券和有价证券。
   A. 用途　　　　B. 性质　　　　C. 对象　　　　D. 内容
3. 提货单表明了持有人有权得到该提货单所标明物品的权利,说明提货单是一种(　　)。
   A. 有价证券　　B. 商品证券　　C. 货币证券　　D. 资本证券
4. 证券登记结算公司性质上属于(　　)。
   A. 证券服务机构　　　　　　　　B. 证券经营机构
   C. 证券管理机构　　　　　　　　D. 自律性组织
5. 证券业协会性质上是(　　)。
   A. 证券监管机构　B. 证券服务机构　C. 证券投资人　D. 自律性组织
6. 对非上市证券认识不正确的是(　　)。
   A. 非上市证券指未申请上市或不符合证券交易所上市条件的证券
   B. 非上市证券不允许在证券交易所内交易
   C. 非上市证券不可以在其他证券交易市场交易
   D. 凭证式国债、电子式储蓄国债、普通开放式基金和非上市公众公司的股票都属于非上市证券
7. 有价证券是(　　)的一种形式。
   A. 商品证券　　B. 权益资本　　C. 虚拟资本　　D. 债务资本
8. 广义的有价证券包括(　　)、货币证券和资本证券。
   A. 商品证券　　B. 凭证证券　　C. 权益证券　　D. 债务证券
9. 有价证券具有的主要特征是(　　)。
   A. 期限性、收益性、变通性、风险性
   B. 产权性、收益性、变通性、非返还性
   C. 期限性、收益性、流通性、风险性

D. 产权性、期限性、收益性、风险性
10. 按( )分类,有价证券可分为上市证券与非上市证券。
A. 募集方式 B. 是否在证券交易所挂牌交易
C. 证券所代表的权利性质 D. 证券发行主体的不同
11. 中国证监会按照( )授权和依照相关法律法规对证券市场进行集中、统一监管。
A. 全国人大 B. 国务院
C. 全国人大常务委员会 D. 中国人民银行
12. 为了加强市场准入管理,对证券服务机构从事证券服务业务的审批管理办法由( )和有关主管部门制定。
A. 商务部 B. 国务院证券监督管理机构
C. 中国证券业协会 D. 中国人民银行

三、多项选择题

1. 资本证券包括( )。
A. 运货单 B. 仓库栈单 C. 本票 D. 债券
E. 股票
2. 证券投资与证券投机的不同之处在于( )。
A. 对待风险的态度 B. 投资时间长短 C. 交易方式 D. 分析方法
E. 存续时间
3. 个人投资者的特点在于( )。
A. 风险承受能力低 B. 决策效率低 C. 投资活动盲目
D. 信息收集能力强 E. 借助于中介机构
4. 证券是指( )。
A. 各类记载并代表一定权利的法律凭证
B. 各类证明持有者身份和权利的凭证
C. 用以证明或设定权利而做成的书面凭证
D. 用以证明持有人或第三者有权取得该证券拥有的特定权益的凭证
5. 以下属于货币证券的是( )。
A. 商业汇票 B. 商业本票
C. 银行汇票 D. 存折
6. 广义的有价证券包括很多种,其中有( )。
A. 商品证券 B. 凭证证券 C. 货币证券 D. 资本证券
7. 货币证券具体包括( )。
A. 商业汇票 B. 商业本票 C. 银行汇票 D. 银行本票
8. 以下属于资本证券的是( )。
A. 可转换证券 B. 股票 C. 债券 D. 基金证券
9. 商品证券是证明持有人有商品所有权或使用权的凭证,具体包括( )。

A. 提货单　　　　B. 购物券　　　　C. 仓库栈单　　　　D. 运货单
10. 有价证券按发行主体的不同可分为（　　）。
A. 政府证券　　　B. 无价证券　　　C. 公司证券　　　　D. 金融证券
11. 按募集方式分，有价证券可分为（　　）。
A. 公募证券　　　B. 上市证券　　　C. 私募证券　　　　D. 非上市证券
12. 公募证券与私募证券的不同之处在于（　　）。
A. 审核的严格程度不同　　　　　　B. 发行对象特定与否
C. 采取公示制度与否　　　　　　　D. 证券公开发行与否
13. 有价证券具有的主要特征是（　　）。
A. 期限性　　　　B. 风险性　　　　C. 流动性　　　　　D. 收益性
14. 机构投资者的共同特点是（　　）。
A. 投资资金数量大　　　　　　　　B. 收集和分析信息的能力强
C. 可通过有效的资产组合分散风险　D. 投资活动对市场影响大
15. 证券交易所的主要职责有（　　）。
A. 提供交易场所与设施
B. 制定交易规则
C. 监管在该交易所上市的证券以及会员交易行为的合规性与合法性
D. 确保交易市场的公开、公平和公正
16. 属于公募证券特征的是（　　）。
A. 发行人通过中介机构向不特定的社会公众投资者公开发行
B. 与私募证券相比，审核较严格
C. 采取公示制度
D. 投资者多为与发行人有特定关系的机构投资者
17. 证券的机构投资者主要有（　　）。
A. 政府机构　　　　　　　　　　　B. 金融机构
C. 企业和事业法人　　　　　　　　D. 各类基金

四、判断题

1. 有价证券代表着一定的财产权利，持有人可凭该证券直接取得一定量的商品、货币，或是取得利息、股息等收入，因此本身具有价值。（　　）
2. 货币证券是有价证券的主要形式。（　　）
3. 按照我国《证券法》的规定，证券公司可以通过从事证券自营业务和证券资产管理业务，以自己的名义或代其客户进行证券投资。（　　）
4. 机构投资者主要是开放式共同基金、封闭式投资基金、养老基金、保险基金、信托基金，此外还有对冲基金、创业投资基金等。（　　）
5. 1990年12月和1991年7月，上海证券交易所和深圳证券交易所分别正式营运，标志着我国证券集中交易市场的形成。（　　）
6. 虚拟资本是独立于实际资本之外的一种资本存在形式，并能在实体经济运行过程

中发挥一定作用。   (   )
  7. 狭义的有价证券即指货币证券。   (   )
  8. 非上市证券就是那些不符合证券交易所上市条件的证券。   (   )
  9. 上市公司采取定向增发方式发行的有价证券属私募证券。   (   )
  10. 我国的证券监督管理机构直属国家经济改革发展委员会领导。 (   )

五、简答题

1. 简述证券投资与实物投资的联系与区别。
2. 简述证券投资的基本要素及其内容。
3. 简述我国现行的证券监管体制。

六、论述题

以沪深股市某只股票为例，试述投资决策全过程。

七、案例分析

【材料一】巴菲特这个名字如雷贯耳，长年雄踞全球富豪榜前三，在股票投资界是神一样的存在，被称为股神。

但他却把自己过得很"寒酸"，他在一个人口只有40万不到，名叫奥马哈的小镇住的房子，是1958年花3.15万美元买的，住到现在已经超过半个世纪了。事实上，巴菲特是个对物质一无所求的人，他生平的仅有的几样物质爱好是喝可乐、吃冰淇淋。

在投资以外，他每年有个价格高昂的"巴菲特午餐"，中标者有一次与巴菲特共进午餐的机会，询问个股以外的任何问题。目前为止，最高的拍卖价是2020年的460万美元，每年的这个收入全数捐给一家慈善机构，为无家可归者提供支持。

巴菲特最著名的名言是：人生就像滚雪球，最重要的是发现很湿的雪和很长的坡。这句话，也是巴菲特一生坚守的"价值投资"的最好注解。他很少关注短期小利，而总是致力于寻找那些有前途的伟大公司，并长期持有他们的股票。这也是他投资成功的最重要密码。

【材料二】我理解的投资归纳起来就是：买股票就是买公司，买公司就是买公司的未来现金流折现。对于大多数不太了解生意的人而言，千万不要以为股市是个可以赚快钱的地方。

把事情做对是要靠学习的，在实践中学习，在犯错误中学习。不做永远都不犯错，但永远学不会。

一般来讲，聪明人知道如何把事情做对，但有智慧指的是要做对的事情。投机投的是零和游戏，投资投的是企业带来的利润。所以投资不需要那么聪明就可以了，而投机者就算很聪明早晚还是会掉坑里的。（资料来源：《段永平投资问答录》）

结合材料，回答以下问题：
1. 投资的目的是什么？
2. 投资与投机的区别是什么？

工 具 篇

股票与债券是两大重要的证券投资工具,证券投资基金是当今世界金融市场最普遍流行的投资工具之一,而金融衍生工具通常是从这些原生资产派生出来的金融工具。证券投资的主要对象就是这些传统的金融投资工具及衍生的金融投资工具。

立体化资源2

项目二
千股千寻——走进股票的世界

▶ 学习目标

1. 系统学习股票这一常见金融工具,了解股票的基本特征;
2. 知道股票常见的分类方式,并认识我国特有的股票种类;
3. 掌握股份公司分红派息的几个重要日期,以及除权价、除息价的计算。

▶ 引导案例

1984年11月18日,中国上海第一家经中国人民银行上海市分行批准,向社会公开发行股票的股份制企业上海飞乐音响(600651)公司成立,并向社会发行每股面值50元的股票1万股。这是中国改革开放以来发行的第一张上市股票,也是新中国成立以来第一次公开向社会发行的股票。

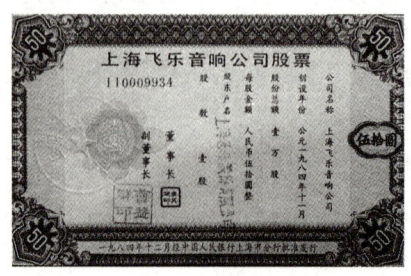

【案例思考】
1. 股票的性质与特征是什么?
2. 假如你持有一张股票,你拥有什么样的权利?承担什么样的义务?
3. 现在我国资本市场上发行的股票是怎样的形式?有哪些种类?

任务一　股票的特征与类型

微课2-1

一、股票概述

世界上最早出现的股份有限公司是1602年在荷兰成立的东印度公司。伴随着股份的诞生,以股票形式集资入股的方式逐渐出现,并且产生了买卖、交易和转让股票的需求,客观上带动了股票市场的形成,并促使其不断发展完善。

(一) 股票的概念

股票是一种有价证券,它是股份有限公司签发的证明股东所持股份的凭证。

股份有限公司的资本划分为股份,每一股金额相等。公司的股份采取股票的形式。股份的发行,实行公平、公正的原则,同种类的每一股份应当具有同等权利。股票一经发行,购买股票的投资者即成为公司的股东。股票实质上代表了股东对股份公司的所有权,股东凭借股票可以获得公司的股息和红利,参加股东大会并行使自己的权力,同时也承担相应的责任与风险。

股票作为一种所有权凭证,有一定的格式。从股票的发展历史看,最初的股票票面格式既不统一,也不规范,由各发行公司自行决定。随着股份制度的发展和完善,许多国家对股票票面格式做了规定,提出票面应载明的事项和具体要求。《中华人民共和国公司法》(以下简称《公司法》)规定,股票采用纸面形式或国务院证券监督管理机构规定的其他形式。股票应载明的事项主要有公司名称、公司成立的日期、股票种类、票面金额及代表的股份数、股票的编号。股票由法定代表人签名,公司盖章。发起人的股票,应当标明"发起人股票"字样。

(二) 股票的性质

1. 股票是有价证券

有价证券是财产价值和财产权利的统一表现形式。持有有价证券,一方面表示拥有一定价值量的财产,另一方面也表明有价证券持有人可以行使该证券所代表的权利。股票具有有价证券的这些特征:第一,虽然股票本身没有价值,但股票是一种代表财产权的有价证券,它包含着股东可以依其持有的股票要求股份公司按规定分配股息和红利的请求权;第二,股票与它代表的财产权有不可分离的关系,它们两者合为一体。换言之,行使股票所代表的财产权,必须以持有股票为条件,股东权利的转让应与股票占有的转移同时进行,股票的转让就是股东权的转让。

2. 股票是要式证券

股票应具备《公司法》规定的有关内容，如果缺少规定的要件，股票就无法律效力。而且，股票的制作和发行须经国务院证券监督管理机构的核准，任何个人或者团体不得擅自印制、发行股票。

3. 股票是证权证券

证券可以分为设权证券和证权证券。设权证券是指证券所代表的权利本来不存在，随着证券的制作而产生，即权利的发生是以证券的制作和存在为条件。证权证券是指证券是权利的一种物化的外在形式，它是权利的载体，权利是已经存在的。股票代表的是股东权利，它的发行是以股份的存在为条件的，股票只是把已存在的股东权利表现为证券的形式，它的作用不是创造股东的权利，而是证明股东的权利。所以说，股票是证权证券。

4. 股票是资本证券

股份公司发行股票是一种吸引认购者投资以筹措公司自有资本的手段，对于认购股票的人来说，购买股票就是一种投资行为。因此，股票是投入股份公司资本份额的证券化，属于资本证券。但是，股票又不是一种现实的资本，股份公司通过发行股票筹措的资金，是公司用于营运的真实资本。股票独立于真实资本之外，在股票市场上进行着独立的价值运动，是一种虚拟资本。

5. 股票是综合权利证券

股票不属于物权证券，也不属于债权证券，而是一种综合权利证券。物权证券是指证券持有者对公司的财产有直接支配处理权的证券；债权证券是指证券持有者为公司债权人的证券。股票持有者作为股份公司的股东，享有独立的股东权利。换言之，当公司股东将出资交给公司后，股东对其出资财产的所有权就转化为股东权（股权）了。股东权是一种综合权利，股东依法享有资产收益、重大决策、选择管理者等权利。股东虽然是公司财产的所有人，享有种种权利，但对于公司的财产不能直接支配处理，而对财产的直接支配处理是物权证券的特征，所以股票不是物权证券。另外，一旦投资者购买了公司股票，即成为公司部分财产的所有人，但该所有人在性质上是公司内部的一分子，而不是与公司对立的债权人，所以股票也不是债权证券。

（三）股票的特征

1. 收益性

收益性是股票最基本的特征，它是指股票可以为持有人带来收益的特性。持有股票的目的在于获取收益。股票的收益来源可分成两类：一是来自股份公司。认购股票后，持有者即对发行公司享有经济权益，这种经济权益的实现形式是从公司领取股息和分享公司的红利。股息红利的多少取决于股份公司的经营状况和盈利水平。二是来自股票流通。股票持有者可以持股票到依法设立的证券交易场所进行交易，当股票的市场价格高于买入价格时，卖出股票就可以赚取差价收益。这种差价收益称为资本利得。

2. 风险性

风险性是指持有股票可能产生经济利益损失的特性。股票风险的内涵是预期收益的不确定性。股票可能给它的持有者带来收益,但这种收益是不确定的,股东能否获得预期的股息红利收益,完全取决于公司的盈利情况,利大多分,无利不分;公司发生亏损时股东以其认购的股份为限对公司承担责任;公司破产时可能血本无归。股票的市场价格也会随公司的盈利水平、市场利率、宏观经济状况、政治局势等各种因素的影响而变化,如果股价下跌,股票持有者会因股票贬值而蒙受损失。由此可见,股票的风险性与收益性是并存的。

3. 流动性

流动性是指股票可以在依法设立的证券交易所上市交易或在经批准设立的其他证券交易场所转让。股票持有人虽然不能直接从股份公司退股,但可以在股票交易市场上很方便地卖出股票来变现,在收回投资(可能大于或小于原出资额)的同时,将股票所代表的股东身份及其各种权益让渡给受让者,因此股票是流动性很强的证券。

4. 永久性

永久性是指股票所载有权利的有效性是始终不变的,因为它是一种无期限的法律凭证。股票的有效期与股份公司的存续期间相联系,两者是并存的关系。这种关系实质上反映了股东与股份公司之间比较稳定的经济关系。股票代表着股东的永久性投资,当然股票持有者可以出售股票而转让其股东身份,而对于股份公司来说,由于股东不能要求退股,所以通过发行股票募集到的资金,在公司存续期间是一笔稳定的自有资本。

5. 参与性

参与性是指股票持有人有权参与公司重大决策的特性。股票持有人作为股份公司的股东,有权出席股东大会,体现对公司经营决策的参与权。股东参与公司重大决策权利的大小取决于其持有股份数量的多少,如果某股东持有的股份数量达到决策所需要的有效多数时,就能实质性地影响公司的经营方针。

二、股票的分类

股票的种类很多,分类方法亦有差异。常见的股票类型如下:

(一) 普通股票和优先股票

按股东享有权利的不同,股票可以分为普通股票和特别股票。普通股票是秉持"一股一权"规则之下收益权与表决权无差别、等比例配置的股票。普通股票是最基本最常见的一种股票,其持有者享有股东的基本权利和义务。特别股票是指设有特别权利或特别限制的股票。优先股就是一种最常见的特别股票,持有人优先于普通股股东分配公司利润和剩余财产,但参与公司决策管理等权利受到限制。

1. 普通股

普通股是股份公司资本构成中最普通、最基本的股份。普通股的股利完全随公司盈利的高低而变化。在公司盈利较多时,普通股股东可获得较高的股利收益,但在公司盈利和剩余财产的分配顺序上列在债权人和优先股股东之后,故其承担的风险也较高。股份有限公司成立后,即向股东正式交付股票。

(1) 普通股股东的权利

① 公司重大决策参与权。股东基于股票的持有而享有股东权，这是一种综合权利，其中首要的是可以以股东身份参与股份公司的重大事项决策。作为普通股股东，行使这一权利的途径是参加股东大会、行使表决权。股东大会是股份公司的权力机构，由全体股东组成。股东大会依法行使以下职权：决定公司的经营方针和投资计划；选举和更换非由职工代表担任的董事、监事，决定有关董事、监事的报酬事项；审议批准董事会报告；审议批准监事会或监事报告；审议批准公司的年度财务预算方案、决算方案；审议批准公司的利润分配方案和弥补亏损方案；对公司增加或减少注册资本做出决议；对发行公司债券做出决议；对公司合并、分立、解散、清算或者变更公司形式做出决议；修改公司章程；公司章程规定的其他职权。

股东大会一般每年或半年定期召开一次，当出现董事会认为必要或监事会提议召开等情形时，也可召开临时股东大会。股东出席股东大会，所持每一股份有一表决权。股东大会做出决议必须经出席会议的股东所持表决权过半数通过。但是，股东大会做出修改公司章程、增加或减少注册资本的决议，以及公司合并、分立、解散或者变更公司形式的决议，必须经出席会议的股东所持表决权的三分之二以上通过。

② 公司资产收益权和剩余资产分配权。普通股股东拥有公司盈余和剩余资产分配权，这一权利直接体现了其在经济利益上的要求。表现为两个方面：一是普通股股东有权按照实缴的出资比例分取红利，但是全体股东约定不按照出资比例分取红利的除外；二是普通股股东在股份公司解散清算时，有权要求取得公司的剩余资产。

普通股股东行使资产收益权有一定的限制条件：第一，法律上的限制。许多国家在公司法或者其他法律中对股份公司红利的支付条件明确加以规定。一般原则是，只能用留存收益支付；股利的支付不能减少其注册资本；公司在无力偿债时不能支付红利。我国有关法律规定，公司缴纳所得税后的利润，在支付普通股票的红利之前，应按如下顺序分配：弥补亏损，提取法定公积金，提取法定公益金，提取任意公积金。可见，普通股股东能否分到红利以及分得多少，取决于公司的税后利润多少以及公司未来发展的需要。第二，其他方面的限制。如公司对现金的需要，股东所处的地位，公司的经营环境，公司进入资本市场获得资金的能力等。

普通股股东行使剩余资产分配权也有一定的先决条件：第一，普通股股东要求分配公司资产的权利不是任意的，必须是在公司解散清算之时。第二，公司的剩余资产在分配给股东之前，一般应按下列顺序支付：支付清算费用，支付公司员工工资和劳动保险费用，缴付所欠税款，清偿公司债务；如还有剩余资产，再按照股东持股比例分配给各股东。《公司法》规定，公司财产在分别支付清算费用、职工的工资、社会保险费用和法定补偿金，缴纳所欠税款，清偿公司债务后的剩余财产，按照股东持有的股份比例分配。公司财产在未按照规定清偿前，不能分配给股东。

③ 其他权利。除了上面两种基本权利外，普通股票股东还可以享有由法律和公司章程所规定的其他权利。《公司法》规定，股东还有以下主要权利：

第一，知情权。股东有权查阅公司章程、股东名册、公司债券存根、股东大会会议记录、董事会会议决议、监事会会议决议、财务会计报告，对公司的经营提出建议或者质询。

第二,处置权。股东持有的股份可依法转让。股东转让股份应在依法设立的证券交易所进行或按照国务院规定的其他方式进行。公司发起人、董事、监事、高级管理人员的股份转让受《公司法》和公司章程的限制。

第三,优先认股权。指当股份公司为增加公司资本而决定增加发行新的股票时,原普通股股东享有的按其持股比例、以低于市价的某一特定价格优先认购一定数量新发行股票的权利,又称配股权。赋予股东这种权利有两个主要目的:一是能保证普通股股东在股份公司中保持原有的持股比例;二是能保护原普通股股东的利益和持股价值。因为当公司增资扩股后,在一段时间内,公司的每股税后净利会因此而摊薄,原普通股股东以优惠价格优先购买一定数量的新股,可从中得到补偿或取得收益。享有优先认股权的股东可以有三种选择:一是行使此权利来认购新发行的普通股票;二是将该权利转让给他人,从中获得一定的报酬;三是不行使此权利而听任其过期失效。

(2) 普通股票股东的义务。我国《公司法》中规定,普通股股东负有以下义务:

第一,出资义务。股东可以用货币出资,也可以用实物、知识产权、土地使用权等可以用货币估价并可以依法转让的非货币财产作价出资。但是法律、行政法规规定不得作为出资的财产除外。对作为出资的非货币财产应当评估作价,核实财产,不得高估或者低估作价。法律、行政法规对评估作价有规定的,从其规定。

以发起设立方式设立股份公司的,发起人应当书面认足公司章程规定其认购的股份,并按照公司章程规定缴纳出资。以非货币财产出资的,应当依法办理其财产权的转移手续。发起人不依照规定缴纳出资的,应当按照发起人协议承担违约责任。

第二,不得滥用股东权利的义务。公司股东应当遵守法律、行政法规和公司章程,依法行使股东权利,不得滥用股东权利损害公司或其他股东的利益;不得滥用公司法人独立地位和股东有限责任损害公司债权人的利益。公司股东滥用股东权利给公司或者其他股东造成损失的,应当依法承担赔偿责任。公司股东滥用公司法人独立地位和股东有限责任,逃避债务,严重损害公司债权人利益的,应当对公司债务承担连带责任。公司的控股股东、实际控制人、董事、监事、高级管理人员不得利用其关联关系损害公司利益。如违反有关规定,给公司造成损失的,应当承担赔偿责任。

2. 优先股

优先股与普通股相对应,是指股东享有某些优先权利(如优先分配公司盈利和剩余财产权)的股票。相对于普通股而言,优先股在其股东权利上附加了一些特殊条件,是特殊股票中最重要的一个品种。优先股的内涵可以从两个不同的角度来认识:一方面,优先股作为一种股权证书,代表着对公司的所有权。这一点与普通股一样,但优先股股东又不具备普通股股东所具有的基本权利,有些权利是优先的,有些权利又受到限制。另一方面,优先股也兼有债券的若干特点,它在发行时事先确定固定的股息率,像债券的利息率事先固定一样。

优先股是一种特殊股票,虽然它不是股票的主要品种,但是它的存在对股份公司和投资者来说仍有一定的意义。首先,对股份公司而言,发行优先股票的作用在于可以筹集长期稳定的公司股本,又因其股息率固定,可以减轻利润的分派负担。另外,优先股股东无表决权,这样可以避免公司经营决策权的改变和分散。其次,对投资者而言,由于优先股的股息收益稳定可靠,而且在财产清偿时也先于普通股股东,因而风险相对较小,不失为一种较安全的投资对象。优先股因收入稳定,二级市场价格波动小,风险较低,适宜中长线投资,在国外大部分优先股为保险公司、养老基金等稳健型机构投资者所持有。

(1) 优先股的特征:

① 股息率固定。普通股的股息是不固定的,它取决于股份公司的经营状况和盈利水平。而优先股在发行之时就约定了固定的股息率,无论公司经营状况和盈利水平如何变化,该股息率不变。在公司经营有方、盈利丰厚的情况下,优先股的股息收益可能会大大低于普通股。

② 股息分派优先。在股份公司盈利分配顺序上,优先股排在普通股之前。各国公司法对此一般都规定,公司盈利首先应支付债权人的本金和利息,缴纳税金;其次是支付优先股股息;最后才分配普通股股利。因此,从风险角度看,优先股的风险小于普通股。

③ 剩余资产分配优先。当股份公司因解散或破产进行清算时,在对公司剩余资产的分配上,优先股股东排在债权人之后、普通股股东之前。也就是说,优先股股东可优先于普通股股东分配公司的剩余资产,但一般是按优先股的面值清偿。

④ 一般无表决权。优先股股东权利是受限制的,最主要的是表决权限制。普通股股东参与股份公司的经营决策主要通过参加股东大会行使表决权,而优先股股东在一般情况下没有投票表决权,不享有公司的决策参与权。只有在特殊情况下,如讨论涉及优先股股东权益的议案时,他们才能行使表决权。

(2) 优先股的种类。优先股根据不同的附加条件,大致可以分为以下几类:

① 累积优先股和非累积优先股。这种分类的依据是优先股股息在当年未能足额分派时,能否在以后年度补发。

所谓累积优先股,是指历年股息累积发放的优先股。股份公司发行累积优先股的目的,主要是为了保障优先股股东的收益不会因公司盈利状况的波动而减少。由于规定未发放的股息可以累积起来,待以后年度一起支付,这就有利于保护优先股投资者的利益。

非累积优先股,是指股息当年结清、不能累积发放的优先股。非累积优先股的特点是股息分派以每个营业年度为界,当年结清。如果本年度公司的盈利不足以支付全部优先股股息,对其所欠部分,公司将不予累积计算,优先股股东也不得要求公司在以后的营业年度中予以补发。

② 参与优先股和非参与优先股。这种分类的依据是优先股在公司盈利较多的年份里,除了获得固定的股息以外,能否参与或部分参与本期剩余盈利的分配。

参与优先股,是指优先股股东除了按规定分得本期固定股息外,还有权与普通股股东一起参与本期剩余盈利分配的优先股。

非参与优先股,是指除了按规定分得本期固定股息外,无权再参与对本期剩余盈利分配的优先股。非参与优先股是一般意义上的优先股,其优先权不是体现在股息多少上,而是在分配顺序上。

③ 可转换优先股和不可转换优先股。这种分类的依据是优先股在一定的条件下能否转换成其他品种。

可转换优先股,是指发行后,在一定条件下允许持有者将它转换成其他种类股票的优先股。在大多数情况下,股份公司的转换股是由优先股转换成普通股,或者由某种优先股转换成另一种优先股。

不可转换优先股,是指发行后不允许其持有者将它转换成其他种类股票的优先股。不可转换优先股与转换优先股不同,它没有给投资者提供改变股票种类的机会。

④ 可赎回优先股和不可赎回优先股。这种分类的依据是在一定条件下,该优先股能否由原发行的股份公司出价赎回。

可赎回优先股,是指在发行后一定时期可按特定的赎回价格由发行公司收回的优先股。一般的股票从某种意义上说是永久的,因为它的有效期限是与股份公司的存续期并存的,而可赎回优先股却不具有这种性质,它可以依照该股票发行时所附的赎回条款,由公司出价赎回。股份公司一旦赎回自己的股票,必须在短期内予以注销。

不可赎回优先股,是指发行后根据规定不能赎回的优先股。这种股票一经投资者认购,在任何条件下都不能由股份公司赎回。由于股票投资者不能再从公司抽回股本,这就保证了公司资本的长期稳定。

⑤ 股息率可调整优先股和股息率固定优先股。这种分类的依据是股息率是否允许变动。

股息率可调整优先股,是指股票发行后,股息率可以根据情况按规定进行调整的优先股。这种股票与一般优先股股息事先固定的特点不同,它的特性在于股息率是可变动的。但是,股息率的变化一般又与公司经营状况无关,而主要是随市场上其他证券价格或者银行存款利率的变化做调整。股息率可调整优先股的产生,主要是为了适应国际金融市场不稳定、各种有价证券价格和银行存款利率经常波动以及通货膨胀的情况。发行这种股票,可以保护股票持有者的利益,同时对股份公司来说,有利于扩大股票发行量。

股息率固定优先股,是指发行后股息率不再变动的优先股。大多数优先股的股息率是固定的,一般意义上的优先股就是指股息率固定优先股。

(二) 记名股票和不记名股票

股票按是否记载股东姓名,可以分为记名股票和不记名股票。

1. 记名股票

所谓记名股票,是指在股票票面和股份公司的股东名册上记载股东姓名的股票。很多国家的公司法都对记名股票的有关事项做出了具体规定。一般来说,如果股票是归某人单独所有,则应记载持有人的姓名;如果股票是归国家授权投资的机构或者法人所有,则应记载国家授权投资的机构或者法人的名称;如果股票持有者因故改换姓名或者名称,就应到公司办理变更姓名或者名称的手续。我国《公司法》规定,公司发行的股票可以为记名股票,也可以为无记名股票。股份有限公司向发起人、法人发行的股票,应当为记名股票,并应当记载该发起人、法人的名称或者姓名,不得另立户名或者以代表人姓名记名。公司发行记名股票的,应当置备股东名册,记载下列事项:股东的姓名或者名称及住所、各股东所持股份数、各股东所持股票的编号、各股东取得股份的日期。

记名股票有如下特点:

(1) 股东权利归属于记名股东。对于记名股票来说,只有记名股东或其正式委托授权的代理人才能行使股东权。除了记名股东以外,其他持有者(非经记名股东转让和经股份公司过户的)不具有股东资格。

(2) 可以一次或分次缴纳出资。缴纳股款是股东基于认购股票而承担的义务。一般来说,股东应在认购时一次缴足股款。但是,基于记名股票所确定的股份公司与记名股东之间的特定关系,有些国家也规定允许记名股东在认购股票时可以不需一次缴足股款。《公司法》规定,设立股份有限公司的条件之一是发起人认购和募集的股本达到法定资本最低限额。采取发起设立方式设立股份有限公司的,注册资本为在公司登记机关登记的全体发起人认购的股本总额。发起人应当书面认足公司章程规定其认购的股份;一次缴纳的,应当缴纳全部出资;分期缴纳的,应当缴纳首期出资。全体发起人首次出资额不得低于注册资本的百分之二十,其余部分由发起人自公司成立之日起两年内缴足。以募集方式设立股份有限公司的,发起人认购的股份不得低于公司股份总数的百分之三十五。

(3) 转让相对复杂或受限制。记名股票的转让必须依据法律和公司章程规定的程序进行,而且要服从规定的转让条件。一般来说,记名股票的转让都必须由股份公司将受让人的姓名或名称、住所记载于公司的股东名册,办理股票过户登记手续,这样受让人才能取得股东的资格和权利。而且,为了维护股份公司和其他股东的利益,法律对于记名股票的转让有时会规定一定的限制条件,如有的国家规定记名股票只能转让给特定的人。《公司法》规定,记名股票由股东以背书方式或者法律、行政法规规定的其他方式转让;转让后由公司将受让人的姓名或名称及住所记载于股东名册。

(4) 便于挂失,相对安全。记名股票与记名股东的关系是特定的,因此,如果股票遗失,记名股东的资格和权利并不消失,并可依据法定程序向股份公司挂失,要求公司补发新的股票。

2. 无记名股票

所谓无记名股票,是指在股票票面和股份公司股东名册上均不记载股东姓名的股票。无记名股票也称不记名股票,与记名股票的差别不是在股东权利等方面,而是在股票的记载方式上。无记名股票发行时一般留有存根联,它在形式上分为两部分:一部分是股票的主体,记载了有关公司的事项,如公司名称、股票所代表的股数等;另一部分是股息票,用于进行股息结算和行使增资权利。我国《公司法》规定,发行无记名股票的,公司应当记载其股票数量、编号及发行日期。无记名股票有如下特点:

(1) 股东权利归属股票的持有人。确认无记名股票的股东资格不以特定的姓名记载为根据,所以,为了防止假冒、舞弊等行为,无记名股票的印制特别精细,其印刷技术、颜色、纸张、水印、号码等均须符合严格的标准。为保护无记名股票股东的合法权益,《公司法》规定,发行无记名股票的公司应当于股东大会会议召开前三十日公告会议召开的时间、地点和审议事项。无记名股票持有人出席股东大会会议的,应当于会议召开五日前至股东大会闭幕时将股票交存于公司。

(2) 认购股票时要求一次缴纳出资。无记名股票上不记载股东姓名,若允许股东缴纳部分出资即发给股票,以后实际上无法催缴未缴纳的出资,所以认购者必须缴足出资后才能领取股票。

(3) 转让相对简便。与记名股票相比,无记名股票的转让较为简单与方便,原持有者只要向受让人交付股票便发生转让的法律效力,受让人取得股东资格不需要办理过户手续。

(4) 安全性较差。因无记载股东姓名的法律依据,不记名股票一旦遗失,原股票持有者便丧失股东权利,且无法挂失。

(三) 有面额股票和无面额股票

股票按是否在股票票面上标明金额,可以分为有面额股票和无面额股票。

1. 有面额股票

所谓有面额股票,是指在股票票面上记载一定金额的股票。这一记载的金额也称为票面金额、票面价值和股票面值。股票票面金额的计算方法是用资本总额除以股份数求得,但实际上很多国家是通过法规予以直接规定,而且一般是限定了这类股票的最低票面金额。另外,同次发行的有面额股票的每股票面金额是相等的。票面金额一般以国家主币为单位。大多数国家的股票都是有面额股票。我国《公司法》规定,股份有限公司的资本划分为股份,每一股的金额相等。

有面额股票具有如下特点:

第一,可以明确表示每一股所代表的股权比例。例如,某股份公司发行1000万元的股票,每股面额为1元,则每股代表着公司净资产千万分之一的所有权。

第二,为股票发行价格的确定提供依据。我国《公司法》规定股票发行价格可以按票面金额,也可以超过票面金额,但不得低于票面金额。这样,有面额股票的票面金额就成为股票发行价格的最低界限。

2. 无面额股票

所谓无面额股票,是指在股票票面上不记载股票面额,只注明它在公司总股本中所占比例的股票。无面额股票也称为比例股票或份额股票。无面额股票的价值随股份公司净资产和预期未来收益的增减而相应增减。公司净资产和预期未来收益增加,每股价值上升;反之,公司净资产和预期未来收益减少,每股价值下降。无面额股票淡化了票面价值的概念,但仍然有内在价值,它与有面额股票的差别仅在表现形式上。也就是说,它们都代表着股东对公司资本总额的投资比例,股东享有同等的股东权利。20世纪早期,美国纽约州最先通过法律,允许发行无面额股票,以后美国其他州和其他一些国家也相继仿效。但目前世界上很多国家(包括中国)的《公司法》规定不允许发行这种股票。

无面额股票有如下特点:

第一,发行或转让价格较灵活。由于没有票面金额,因而发行价格不受票面金额的限制。在转让时,投资者也不易受股票票面金额影响,而更注重分析每股的实际价值。

第二,便于股票分割。如果股票有面额,分割时就需要办理面额变更手续。由于无面额股票不受票面金额的约束,发行该股票的公司就比较容易地进行股票分割。

任务二　我国特有的股票称谓

当前在我国,对股票有一些特殊的分类方式,也就形成了我国特有的股票称谓。

一、A股、B股、H股等

在我国,按照股票的上市地点划分,股票可以分为A股、B股、H股、N股、L股和S股。

(一) A股

即人民币普通股票,指由中国境内公司发行、上市,以人民币购买交易的股票。A股最早主要面向我国境内机构和个人而设立的,但自2018年7月,进一步放开了外籍人士A股证券账户的开立。主要放开两类人员在中国境内开立A股证券账户:一是在境内工作的外籍人士;二是A股上市公司中在境外工作并参与股权激励的外籍员工。

A股账户按持有人分为自然人证券账户、一般机构证券账户、证券公司自营证券账户和基金管理公司的证券投资基金专用证券账户等。在实际运用中,A股账户是我国目前用途最广、数量最多的一种通用型证券账户,既可用于买卖人民币普通股票,也可用于买卖债券、上市基金、权证等各类证券。沪市A股买卖的代码是以600、601、603开头;深市A股买卖的代码是以000开头,中小板股票代码以002开头,创业板股票代码以300开头。

(二) B股

即人民币特种股票,是由中国境内注册、上市的公司发行,以人民币标明面值,但以其他货币认购和交易的股票。在上海证券交易所上市的B股,以美元进行交易买卖,在深圳证券交易所上市的B股,以港币进行交易买卖。2001年2月,B股向我国境内居民投资开放,即允许境内居民以合法持有的外汇开立B股账户。沪市B股代码以900开头,深市B股代码以200开头。

1991年11月,上海真空电子器件股份有限公司向海外投资者发行面值100元人民币、总共100万股的人民币特种股票,并于1992年2月在上交所上市。这是中国证券市场的第一只B股。

(三) H股、N股、S股、L股

H股是指注册地在我国内地、上市地在香港的外资股,认购和交易均用港币。香港的英文是HONG KONG,取其字首,在香港上市的外资股就叫作H股。依此类推,纽约的第一个英文字母是N,新加坡的第一个英文字母是S,伦敦的第一个英文字母是L,因此,在纽约、新加坡、伦敦上市的外资股就分别称为N股、S股、L股。

1993年6月,青岛啤酒股份有限公司在中国香港发行上市,成为中国内地首家在香港上市的H股。1994年8月,山东华能发电股份有限公司在纽约证券交易所发行上市,成为中国内地首家在纽约上市的N股。1997年3月,北京大唐发电股份有限公司在伦敦证券交易所挂牌上市,成为中国内地首家在伦敦上市的L股。1997年5月,天津中新药业在新加坡证券交易所发行上市,成为中国内地首家在新加坡上市的S股。

二、国家股、法人股、社会公众股、外资股

在我国,按投资主体的不同性质,可以将股票划分为国家股、法人股、社会公众股和外资股等不同类型。

(一) 国家股

国家股是指有权代表国家投资的部门或机构以国有资产向公司投资形成的股份,包括公司现有国有资产折算成的股份。在我国企业的股份制改造中,原来一些全民所有制企业改组为股份公司,从性质上讲,这些全民所有制企业的资产属于国家所有,因此在改组为股份公司时,就折成国家股。另外,国家对新组建的股份公司进行投资,也构成了国家股。国家股由国务院授权的部门或机构持有,或根据国务院决定,由地方人民政府授权的部门或机构持有。

国家股从资金来源上看,主要有三个方面:第一,现有国有企业改组为股份公司时所拥有的净资产;第二,现阶段有权代表国家投资的政府部门向新组建的股份公司的投资;第三,经授权代表国家投资的投资公司、资产经营公司、经济实体性总公司等机构向新组建股份公司的投资。如以国有资产折价入股的,须按国务院及国有资产管理部门的有关规定办理资产评估、确认、验证等手续。

国家股是国有股权的一个组成部分(国有股权的另一组成部分是国有法人股)。国有资产管理部门是国有股权的行政管理专职机构。国有股权可由国家授权投资的机构持有,也可由国有资产管理部门持有或由国有资产管理部门代政府委托其他机构或部门持有。国有股股利收入由国有资产管理部门监督收缴,依法纳入国有资产经营预算,并根据国家有关规定安排使用。国有股股权可以转让,但转让应符合国家的有关规定。

(二) 法人股

法人股是指企业法人或具有法人资格的事业单位和社会团体以其依法可支配的资产投入公司形成的股份。法人持股所形成的也是一种所有权关系,是法人经营自身财产的一种投资行为。法人股股票以法人记名。

如果是具有法人资格的国有企业、事业单位及其他单位以其依法占用的法人资产向独立于自己的股份公司出资形成或依法定程序取得的股份,可称为国有法人股。国有法人股属于国有股权。

作为发起人的企业法人或具有法人资格的事业单位和社会团体,在认购股份时,可以用货币出资,也可以用其他形式的资产,如实物、工业产权、非专利技术、土地使用权等作价出资。但对其他形式资产必须进行评估作价,核实财产,不得高估或者低估作价。

(三) 社会公众股

社会公众股是指社会公众依法以其拥有的财产投入公司时形成的可上市流通的股份。在社会募集方式下,股份公司发行的股份,除了由发起人认购一部分外,其余部分应该向社会公众公开发行。我国《证券法》规定,社会募集公司申请股票上市的条件之一是,向社会公开发行的股份达到公司股份总数的25%以上。公司股本总额超过人民币四亿元的,向社会公开发行股份的比例为10%以上。

(四) 外资股

外资股是指股份公司向外国和我国香港、澳门、台湾地区投资者发行的股票。这是我国股份公司吸收外资的一种方式。外资股按上市地域可以分为境内上市外资股和境外上市外资股。

1. 境内上市外资股

境内上市外资股主要指我国的 B 股。B 股以前是面向境外投资者进行交易的,投资者限于外国的自然人、法人和其他组织;我国香港、澳门、台湾地区的自然人、法人和其他组织;定居在国外的中国公民等。从 2001 年 2 月起,对境内居民个人开放 B 股市场之后,境内投资者逐渐成为 B 股市场的重要投资主体,B 股的"外资股"性质也发生了变化。境内居民个人可以用现汇存款和外币现钞存款以及从境外汇入的外汇资金从事 B 股交易,但不允许使用外币现钞。境内居民个人与非居民之间不得进行 B 股协议转让。境内居民个人所购 B 股不得向境外转托管。经有关部门批准,境内上市外资股或者其派生形式,如认股权凭证和境外存股凭证,可以在境外流通转让。公司向境内上市外资股股东支付股利及其他款项,以人民币计价和宣布,以外币支付。

2. 境外上市外资股

境外上市外资股是指股份有限公司向境外投资者募集并在境外上市的股份。它也采取记名股票形式,以人民币标明面值,以外币认购。在境外上市时,可以采取境外存股凭证形式或者股票的其他派生形式。在境外上市的外资股除了应符合我国相关法规外,还须符合上市所在地国家或者地区证券交易所制定的上市条件。依法持有境外上市外资股、其姓名或者名称登记在公司股东名册上的境外投资人,为公司的境外上市外资股股东,公司向境外上市外资股股东支付股利及其他款项,以人民币计价和宣布,以外币支付。

境外上市外资股主要由 H 股、N 股、S 股等构成。

值得一提的是,红筹股不属于外资股。红筹股是指在中国境外注册、在香港上市,但主要业务在中国内地或大部分股东权益来自中国内地公司的股票。早期的红筹股主要是一些中资公司收购香港的中小型上市公司后重组而形成的,此后出现的红筹股主要是内地一些省市或中央部委将其在香港的窗口公司改组并在香港上市后形成的。现在,红筹股已经成为内地企业进入国际资本市场筹资的一条重要渠道。

三、有限售条件股份、无限售条件股份

在我国,已完成股权分置改革的公司,按股份流通受限与否划分,分为有限售条件股份和无限售条件股份。

(一) 有限售条件股份

有限售条件股份是指股份持有人依照法律、法规规定或按承诺有转让限制的股份,包括因股权分置改革暂时锁定的股份,内部职工股,董事、监事、高级管理人员持有的股份等。具体包括:

1. 国家持股

国家持股是指有权代表国家投资的机构或部门(如国有资产授权投资机构)持有的上

市公司股份。

2. 国有法人持股

国有法人持股是指国有企业、国有独资公司、事业单位以及第一大股东为国有及国有控股企业且国有股权比例合计超过50%的有限责任公司或股份有限公司持有的上市公司股份。

3. 其他内资持股

其他内资持股是指境内非国有及国有控股单位(包括民营企业、中外合资企业、外商独资企业等)及境内自然人持有的上市公司股份。其中,又分为境内法人持股和境内自然人持股两类。

4. 外资持股

外资持股是指境外股东持有的上市公司股份。其中,又分为境外法人持股和境外自然人持股两类。

(二)无限售条件股份

无限售条件股份是指流通转让不受限制的股份。具体包括:
(1) 人民币普通股,即A股,含向社会公开发行股票时向公司职工配售的公司职工股。
(2) 境内上市外资股,即B股。
(3) 境外上市外资股,即在境外证券市场上市的普通股,如H股。
(4) 其他。

> **相关链接**
>
> ## 我国股权分置改革
>
> 所谓股权分置,是指上市公司的一部分股份上市流通,另一部分暂不上市流通。股权分置问题是由于我国证券市场建立初期,改革不配套和制度设计上的局限所形成的制度性缺陷。股权分置造成上市公司的股权结构极不合理、不规范。
>
> 2005年4月29日,经国务院批准,中国证监会发布《关于上市公司股权分置改革试点有关问题的通知》,启动了股权分置改革的试点工作。经过两批试点,取得了一定经验。2005年8月23日,中国证监会、国务院国有资产监督管理委员会、财政部、中国人民银行、商务部联合发布《关于上市公司股权分置改革的指导意见》,9月4日中国证监会发布《上市公司股权分置改革管理办法》,我国的股权分置改革进入全面铺开阶段。
>
> 上市公司股权分置改革是通过非流通股股东和流通股股东之间的利益平衡协商机制,消除A股市场股份转让制度性差异的过程,是为非流通股可上市交易做出的制度安排。公司股权分置改革的动议,原则上应当由全体非流通股股东一致同意提出。非流通股股东提出改革动议应委托公司董事会召集A股市场相关股东举行会议,审议公司股权分置改革方案。改革方案应当兼顾全体股东的即期利益和远期利益,有利于公司发展和市场稳定,并可根据公司实际情况,采用控股股东增持股份、上市公司回购股份、预设原非

流通股股份实际出售的条件、预设回售价格、认沽权等具有可行性的股价稳定措施。相关股东会议投票表决改革方案,需经参加表决的股东所持表决权的三分之二以上通过,并经参加表决的流通股股东所持表决权的三分之二以上通过。改革方案获得相关股东会议表决通过,公司股票复牌后,市场称这类股票为"G股"。

股权分置改革后,公司原非流通股股份的出售,应遵守以下规定:自改革方案实施之日起,在十二个月内不得上市交易或转让;自此后,持有上市公司股份总数百分之五以下的原非流通股股份(俗称"小非")即可流通转让。持有上市公司股份总数百分之五以上的原非流通股股东(俗称"大非")在上述规定期满后,通过证券交易所挂牌交易出售原非流通股股份,出售数量占该公司股份总数的比例在十二个月内不得超过百分之五,在二十四个月内不得超过百分之十。股权分置改革是为解决A股市场相关股东之间的利益平衡问题而采取的举措。

任务三　如何看待股票价格的突升突降
——除权除息

一、股票的收益

投资者购买股票的主要动机就是取得收益,股票的收益形式有股票升值、获取股利两种。

(一) 股票升值

股票升值是根据企业资产增加的程度和经营状况而定,具体体现为股票的交易价格上升所带来的收益。股票升值的本质原因是发行该股票的企业经营效益好,获得较大的利润,且预期股利收入也将增大。

(二) 获取股利

股利是股份公司以股东持有股票的数量按一定的比例支付给股票持有者的投资收入。其体现形式为股息和分红,股息和红利一般通过现金、股票、商品来实现。一般而言,优先股按固定的股息率优先取得股息,它不以企业利润的多少或有无为转移。普通股的股息一般是在支付了优先股的股息之后,再根据剩下利润数额的多少确定和支付的,它是不固定的。股利政策体现了公司的发展战略和经营思路,稳定可预测的股利政策有利于股东利益最大化,是股份公司稳健经营的重要指标。实务中通常有固定股利政策、固定股利支付率政策、零股利政策和剩余股利政策四种股利政策。固定股利政策是指公司每年支付固定的或者稳定增长的股利;固定股利支付率政策是指公司每年发放的每股现金股利与每股收益保持固定的比率关系;零股利政策是将公司所有收益全部投资于本公司用于内部积累;剩余股利政策是指现金优先用于公司投资需要,只有在满足该需要后有剩余,剩余的部分才用来发放股利。股利分配的形式主要有现金红利和股票红利两种。

(1) 派现,也称现金股利,指股份公司以现金分红方式将盈余公积和当期应付利润的部分或全部发放给股东,股东为此应支付所得税。我国对个人投资者获取上市公司现金分红适用的利息税率为20%,目前减半征收。机构投资者由于本身需要缴纳所得税,为避免双重税负,在获取现金分红时不需要缴税。现金股利的发放致使公司的资产和股东权益减少同等数额,导致企业现金流出。稳定的现金股利政策对公司现金流管理有较高的要求,通常把那些经营业绩较好、具有稳定且较高的现金股利支付的公司股票称为蓝筹股。

(2) 送股,也称股票股利,是指股份公司对原有股东采取无偿派发股票的行为。送股时,将上市公司的留存收益转入股本账户,留存收益包括盈余公积和未分配利润,现实中上市公司一般只将未分配利润部分送股。送股实质上是留存利润的凝固化和资本化,表面上看,送股后,股东持有的股份数量因此而增长,其实股东在公司里占有的权益份额和价值均无变化。

股利在分配的程序上一般涉及五个日期,即:

一是董事会公告日,即股利宣告日。公司董事会决定并宣布公司这次董事会预先通过的股利预分方案。

二是股东大会决议公告日,即公司董事会的预分方案在股东大会以决议的形式通过。

三是股权登记日,即股权登记日这一天交易收盘后,还持有公司股票的投资人可以得到公司的股利。

四是除权除息日,通常为股权登记日之后的一个工作日,本日(含本日)之后买入的股票不再享有本期股利。

五是派发日,即股利正式发放给股东的日期。根据证券存管和资金划转的效率不同,通常会在几个工作日之内到达股东账户。

二、股份变动

股份公司在首次公开发行股票并在证券交易所上市以后,还会因增发和定向增发、配股、公积金转增股本、股份回购、可转换债券转换为股票、股票分割和合并等而引起公司股份总数的变动并对股票价格产生影响。

(一) 增发和定向增发

增发是股份公司向不特定对象公开募集股份的行为,定向增发是股份公司采用非公开方式向特定对象发行股票的行为。增发或定向增发之后,公司注册资本和股份相应增加。增发或定向增发之后,若会计期内增量资本未能产生相应效益,将导致每股收益下降,则被称为稀释效应,会促使股价下跌;若增发价格高于增发前每股净资产,则增发后可能会导致公司每股净资产提升,有利于股价上涨;若增发总体上增加了发行在外的股票总量,短期内增加了股票供给,若无相应需求增长,股价可能下跌。

(二) 配股

配股是上市公司向原股东配售股份的行为。原股东可以参与配股,也可以放弃配股权。现实中,由于配股价通常低于市场价格,配股上市之后可能导致股价下跌。在实践中,对那些业绩优良、财务结构健全、具有发展潜力的公司而言,配股(包括增发和定向增发)意味着将增加公司经营实力,会给股东带来更多回报,股价不仅不会下跌,可能还会上涨。

(三) 资本公积金转增股本

资本公积金转增股本是在股东权益内部,把资本公积金转入股本账户,并按照投资者所持有公司股份份额比例的大小分到各个投资者的账户中,以此增加每个投资者的投入资本。股份公司的资本公积金主要来源于股票发行的溢价收入、接受的赠与资产增值、因合并而接受其他公司资产净额等。其中,股票发行溢价是上市公司最常见、最主要的资本公积金来源。资本公积金转增股本以后,股东权益总量和每位股东占公司的股份比例均未发生变化,唯一的变动是发行在外的股份总数增加了。

(四) 股份回购

股份回购是股份公司利用自有资金买回发行在外股份的行为。通常,股份回购会导致公司股价上涨,一是因为股份回购改变了原有供求平衡,增加需求,减少供给;二是向市场传达了积极的信息,因为公司通常在股价较低时实施回购,而市场一般认为公司基于信息优势做出的内部估值比外部投资者的估值更准确。

(五) 可转换债券转换为股票

可转换债券转换为股票,公司收回并注销发行的可转换债券,同时发行新股。此时,公司的实收资本和股份总数增加,由于稀释效应,有可能导致股价下降。

(六) 股票分割和合并

股票分割又被称为拆股、拆细,是将1股股票均等地拆成若干股。股票合并又被称为并股,是将若干股股票合并为1股。从理论上说,不论是分割还是合并,将增加或减少股份总数和股东持有股票的数量,但并不改变公司的实收资本和每位股东所持股东权益占公司全部股东权益的比重。理论上,股票分割或合并后股价会以相同的比例向下或向上调整,但股东所持股票的市值不发生变化。也就是说,如果把1股分拆为2股,则分拆后股价应为分拆前的一半;同样,若把2股并为1股,并股后股价应为此前的两倍。实践中,股票分割或合并通常会刺激股价上升或下降。

三、股价的修正——除息和除权

上市公司分红或股份发生变动,相应地要对公司股价进行调整,这称为除息和除权。

(一) 除息

除息是指从股票价格上扣除交易中股票参与股息分配的权利,即股票不再含有最近已宣布发放的股息(现金股利)。股票的除息是从除息交易日开始的,当天的开盘基准价就是除息报价。除息报价的计算公式如下:

$$P_d = P_t - P_c \qquad (2-1)$$

式中:P_d——除息报价;

P_t——除息日前的交易收盘价;

P_c——公司准备发放的现金股息。

例如：某公司某年4月宣布了上一年股息分配方案，5月24日为股息发放日，每股发放0.6元的现金股息。5月13日为登记日，14日为除息日。13日该公司股票的收盘价为20元/股。请问5月14日除息报价为多少？

根据公式(2-1)，该股票5月14日的除息报价为：
$$P_d = 20 - 0.6 = 19.40(元)$$

(二) 除权

除权是指从股票价格中扣除交易中股票参与分配股票股息以及配售股票的权利，即股票不再含有最近已宣布的送股、配股及转增权益。交易中股票的除权对象包括发放股票股息、以公积金转增股票和配售股票，前两者俗称送股，后者称为配股。无论是送股还是配股，在除权日都要进行价格上的技术处理，当天开盘基准价就是除权报价。送股的除权报价的计算公式为：

$$P_r = \frac{P_t}{1 + R_d} \qquad (2-2)$$

式中：P_r——送股的除权报价；

R_d——送股比例；

P_t——除权日前一天收盘价。

在上例中，该公司如以10∶6的比例分配股票股息来替代派发现金股息，其他条件不变，则该公司股票5月14日的除权报价为：
$$P_r = 20/(1 + 0.6) = 12.50(元)$$

配售股票的除权报价的计算公式为：

$$P_r = \frac{P_t + P_a \times R_d}{1 + R_d} \qquad (2-3)$$

式中：P_r——配售股票的除权报价；

R_d——配股比例；

P_t——除权日前一天收盘价；

P_a——配售股票的单价。

例如：某公司在9月3日宣布了本年度的增资方案，向全体股东以10∶4的比例配股，每股认购价为10.18元，9月8日是股权最后登记日，9月9日是除权日，9月8日的收盘价为11.98元，则9日该股票的除权报价为多少？

根据公式(2-3)，9月9日的除权报价应为：
$$P_r = (11.98 + 10.18 \times 0.4)/(1 + 0.4) = 11.47(元)$$

从上述计算可以看出，除息对原股价影响不大，但如经常高额派息，则可增加投资者对股份公司的信心；除权计算能造成股价大幅度稀释，尤其大量送股或低配售价配股，更能造成该股的填权效应，即股价向除权日前的收盘价方向运动；高配售价配售股票则易引发贴权，即股价跌破配售价格。在发放股息或增发股票的实践中，经常出现上述除息除权混合进行的现象，我们以同一天进行派息、送股、配股为例，其除息除权价格计算公式为：

$$P_{rd} = \frac{P_t - D_c + P_a \times R_d}{1 + R_d + R_d} \qquad (2-4)$$

例如,如上述该股份公司在 9 月 3 日同时宣布本年度股息分配和增资方案,每一股派息 0.60 元,并以 10∶2 的比例送股票股息,以 10∶4 的比例转增股票,另以 10∶4 的比例配售新股,配售价为 10.18 元,除权日为 9 月 9 日。除权日前一天的收盘价为 20 元,则 9 日的除息除权报价应为多少?

$$P_{rd}=(20-0.6+10.18\times 0.4)/(1+0.2+0.4+0.4)=11.74(元)$$

从理论上说,除息日股票价格应下降与每股现金股利相同的数额,除权日股票价格应按送股、配股或转增比例相应下降。但是,在实践中,除息除权后,股价变化与理论价格之间通常会存在一定的差异。

相关链接

几个概念:含息和含权证券、填权、贴权

上市公司宣布分红派息方案(包括因配股、公积金转增导致股份变动)后至除权除息日前,该上市证券为含息或含权证券。

在除权除息后的一段时间里,如果多数人看好该只股票,该只股票交易市价高于除权除息基准价,这种行情就称为填权。假如一只股票价格是 20 元,后来要十送十股,送股后的除权价为 10 元,如果股价再从 10 元上涨,就是走的填权行情,上涨到 20 元就是填满了权。

贴权是指在除权除息后的一段时间里,如果多数人不看好该股,交易市价低于除权除息基准价,即股价比除权除息前有所下降,则为贴权。

同步测试

一、名词解释

1. 可转换优先股票 2. 记名股票 3. 除权 4. 除息 5. 红筹股 6. 现金股利

二、单项选择题

1. 股票最基本的特征是(   )。
A. 风险性   B. 流动性   C. 永久性   D. 收益性
2. 下面关于股票性质描述错误的是(   )。
A. 股票是有价证券、要式证券   B. 股票是证权证券、资本证券
C. 股票是综合权利证券   D. 股票是物权证券、债权证券
3. 优先认股权是指当股份公司为增加公司资本而决定增加发行新的股票时,原普通股股东享有的按其持股比例,以(   )认购一定数量新发行股票的权利。
A. 低于市场价格的任意价格   B. 高于市场价格的价格
C. 与市场价格相同的价格   D. 低于市场价格的某一特定价格
4. 优先股票特征不包括(   )。

A. 股息率固定 B. 股息分派优先
C. 剩余资产分配优先 D. 具有优先认股权

5. 由 H 股、N 股、S 股等构成是( )。
A. 社会公众股 B. 境内上市外资股
C. 境外上市外资股 D. 红筹股

6. 股权分置改革是为解决( )市场相关股东之间的利益平衡问题而采取的举措。
A. B 股 B. H 股 C. A 股 D. N 股

7. 已完成股权分置改革的公司,按股份流通受限与否,可分为( )。
A. 未上市流通股份和已上市流通股份 B. 有限售条件股份和无限售条件股份
C. 外资股和内资股 D. 普通股票和优先股票

8. 下列关于无记名股票特点的叙述不正确的是( )。
A. 无记名股票转让相对简便
B. 无记名股票安全性较差
C. 无记名股票认购股票时可以分次缴纳出资
D. 股东权利归属股票的持有人

9. 下列关于有面额股票的叙述不正确的是( )。
A. 能为股票发行价格的确定提供依据
B. 可以明确表示每一股所代表的股权比例
C. 股票票面金额的计算方法是用资本总额除以股份数求得,但实际上很多国家是通过法规予以直接规定,而且一般是限定了这类股票的最低票面金额
D. 股票的发行或转让价格较灵活

10. 国家股是指有权代表国家的投资部门或机构以国有资产向公司投资形成的股份,( )资产应该折算成国家股。
A. 国有企业以其法人资产向公司投资形成的股份
B. 国有事业单位以其法人资产向公司投资形成股份
C. 国有企业改制成股份公司形成的股份
D. 社会公众投资形成的股份

11. 在上海证交所上市的股票中,B 股是以人民币标明面值的,以( )买卖的。
A. 人民币 B. 美元 C. 港元 D. 日元

12. 股票实际上代表了股东对股份公司的( )。
A. 产权 B. 债权 C. 物权 D. 所有权

13. 除按规定分得本期固定股息外,还可以再参与本期剩余盈利分配的优先股,称为( )。
A. 累积优先股 B. 非参与优先股
C. 参与优先股 D. 非累积优先股

14. 不是普通股股东享有的权利主要有( )。
A. 公司重大决策的参与权 B. 选择管理者
C. 有优先剩余资产分配权 D. 优先配股权

15. 股票按股东享有权利的不同,可以分为( )。
    A. 普通股票和优先股票　　　　　B. 记名股票和无记名股票
    C. 有面额股票和无面额股票　　　D. 份额股票和比例股票

16. 某股份公司因破产进行清算,公司财产在支付完破产费用后,其偿付的优先顺序依次是( )。
    A. 优先股股东、债权人、普通股股东　　B. 债权人、优先股股东、普通股股东
    C. 优先股股东、普通股股东、债权人　　D. 普通股股东、债权人、优先股股东

17. B股采取记名股票形式,以( )标明股票面值,以外币认购、买卖,在境内证券交易所上市交易。
    A. 人民币　　　　　　　　　　　B. 美元
    C. 欧元　　　　　　　　　　　　D. 港元

三、多项选择题

1. 股票收益主要来自( )。
   A. 股份公司　　　　　　　　　　B. 股票流通
   C. 利率的降低　　　　　　　　　D. 法定存款准备金的降低

2. 我国《公司法》规定股票发行价格可以是( )。
   A. 票面金额　　　　　　　　　　B. 超过票面金额
   C. 低于票面金额　　　　　　　　D. 任意金额

3. 下面关于无面额股票的阐述正确的是( )。
   A. 无面额股票是指在股票票面上不记载股票面额,只注明它在公司总股本中所占比例的股票
   B. 无面额股票也称为比例股票或份额股票
   C. 无面额股票的价值随股份公司净资产和预期未来收益的增减而相应增减
   D. 我国的《公司法》允许发行无面额股票

4. 普通股票股东的权利包括( )。
   A. 公司重大决策参与权
   B. 公司资产收益权和剩余资产分配权
   C. 查阅公司章程、股东名册、公司债券存根、股东大会会议记录、董事会会议决议、监事会会议决议、财务会计报告的权利
   D. 持有的股份可依法转让的权利

5. 赋予股东优先认股权的主要目的是( )。
   A. 保证普通股股东在股份公司保持原有的持股比例
   B. 保护原有普通股股东的利益和持股价值
   C. 确保公司股份能足额认购
   D. 增加公司的募集资金

6. 关于股票收益性描述正确的是( )。
   A. 股票的收益只来源于股份公司

B. 其实现形式可以是从公司领取股息和分享公司的红利

C. 其实现形式可以是资本利得

D. 收益性是股票最基本的特征

7. 关于优先股票的论述正确的是（　　）。

A. 优先股票是指股东享有某些优先权利的股票

B. 相对于普通股票而言，优先股票在其股东权利上附加了一些特殊条件，是特殊股票中最重要的一个品种

C. 优先股东不具备普通股股东所具有的基本权利，它的有些权利是优先的，有些权利又受到限制

D. 对股份公司而言，发行优先股票的作用在于可以筹集长期稳定的公司股本，又因其股息率固定，可以减轻利润的分派负担

8. 下面可对境内上市外资股进行投资的是（　　）。

A. 外国的自然人、法人和其他组织

B. 我国香港、澳门、台湾地区的自然人、法人和其他组织

C. 定居在国外的中国公民

D. 境内居民个人

9. 优先股票的特征包括（　　）。

A. 股息率固定　　　　　　　　B. 股息分派优先

C. 剩余资产分配优先　　　　　D. 一般无表决权

10. 记名股票是指在股票和股份公司的股东名册上记载股东姓名的股票，它有以下（　　）特点。

A. 不必一次缴足　　　　　　　B. 转让相对复杂或受限制

C. 便于挂失　　　　　　　　　D. 要求一次缴足股款

11. 境外上市外资股是指股份公司向境外投资者募集并在境外上市的股份。下面（　　）是属于境外上市外资股。

A. A股　　　　B. N股　　　　C. H股　　　　D. B股

12. 境内居民个人可以用（　　）从事B股交易。

A. 现汇存款　　　　　　　　　B. 外币现钞存款

C. 外币现钞　　　　　　　　　D. 从境外汇入的外汇资金

13. 股票的性质叙述正确的是（　　）。

A. 股票本身具有价值

B. 股票的转让就是股东权的转让

C. 股票与它代表的财产权有不可分离的关系，它们两者合为一体

D. 股票是一种代表财产权的有价证券

14. 国家股由（　　）持有。

A. 国务院授权的部门

B. 国务院授权的机构

C. 财政部授权的部门

D. 根据国务院规定,由地方人民政府授权的部门或机构

15. 有限售条件股份是指股份持有人依照法律、法规规定或按承诺有转让限制的股份,包括(　　)。

A. 因股权分置改革暂时锁定的股份　　B. 内部职工股
C. 高级管理人员持有的股份　　D. 董事、监事持有的股份

四、判断题

1. 对于股份公司来说,由于股东不能要求退股,所以通过发行股票募集到的资金,在公司存续期间是一笔稳定的自有资本。(　　)
2. 股票是投入股份公司资本份额的证券化,属于资本证券,所以股票是一种现实资本。(　　)
3. 股票可能给它的持有者带来收益,而且这种收益具有确定性,这是股票流动性的内在原因。(　　)
4. 外资股是指股份公司向外国投资者发行的股票,不包括向我国香港、澳门、台湾地区发行的股票。(　　)
5. 境外上市外资股主要由H股、S股、N股和B股组成。(　　)
6. 股权分置改革方案获得相关股东会议表决通过,公司股票复牌后,市场称这类股票为S股。(　　)
7. 我国《公司法》规定,记名股票由股东以背书方式或者法律、行政法规规定的其他方式转让,转让后由公司将受让人的姓名或名称及住所记载于股东名册。(　　)
8. 我国《公司法》规定,无记名股票持有人无权出席股东大会会议。(　　)
9. 公司为增加注册资本发行新股时,普通股股东有权按照实缴的出资比例认购新股。(　　)
10. 优先股股东具有剩余资产分配优先和表决权。(　　)

五、简答题

1. 普通股股东权利包括哪些?
2. 优先股股票的特征是什么?
3. 对比记名股票与不记名股票的特点。
4. 对比有面额股票与无面额股票的特点。
5. 简述剩余资产分配的条件和顺序。

六、论述题

浅议我国股权分置改革的主要内容。

七、案例分析

案例一

【材料一】筚路蓝缕30年,A股市场已变成市值近80万亿元的全球第二大证券市场。回望成长之路,中国企业两大阵营国企与民企,在不同历史时段登台发力,这看似有计划色彩,实则吻合中国经济发展节奏,股市初期10年,国企脱困是大事;中间10年,国企开始与民企同台共舞,中国制造业迅速崛起;及至最近10年,科创板块风起云涌,战略性新兴产业开始引领高质量发展。这三部曲,大致构成了中国公司的成长力阶梯,中国经济从高速发展转到高质量发展,隐然其中。30年风云际会,这里成为中国经济最佳的市场化资源配置平台,从国之重器到科创新锐,从吃喝住行到农业龙头,都厕身其间,各显锋芒。(资料来源:《上海证券报》)

【材料二】近30年来,资本市场有力推动了我国现代企业制度和公司治理机制的建立健全,大大促进了金融体制改革和金融结构优化。从沪市"老八股"和深市"老五股"上市开始,建立并逐步完善信息披露制度,规范公司治理运行,坚决清理大股东占用和违规担保,持续推进市场化并购重组,今天上市公司已超过4 100家,一批具有全球竞争力的企业进入世界500强,实体上市公司利润总额相当于全国规模以上企业的五成,已成为国民经济的"基本盘"、产业升级的"领跑者",经济运行"晴雨表"的功能日益提升。

30年来,我们坚持服务实体经济的根本宗旨,从服务国企改革起步,到中小板、创业板、新三板、科创板相继推出,私募股权和创业投资规范发展,多层次资本市场体系渐趋完备。资本市场促进资本形成、优化要素资源配置、完善现代产权制度、普及市场经济理念等重要功能日益得到各方认可,服务实体经济的覆盖面和深度持续拓展,在支持国家创新驱动发展、区域协调发展、国资国企改革和脱贫攻坚等国家战略中,发挥着独特而重要的作用。(资料来源:易会满主席在中国资本市场建立30周年座谈会上的讲话摘选)

结合上述材料,谈谈股票对于经济发展有什么作用。

案例二

中国证券市场开放:从"沪港通"到"深港通"

为了促进我国资本市场的开放,加强与港股的互联互通,中国政府先后启动了"沪港通"和"深港通",这对中国证券市场的对外开放具有里程碑意义。

(一)"沪港通"与"深港通"

"沪港通"是指上海证券交易所和香港联合交易所允许两地投资者通过当地证券公司买卖规定范围内的对方交易所上市的股票,是沪港市场交易互联互通的机制。"沪港通"于2014年11月17日正式启动。

"深港通"是深圳证券交易所和香港联合交易所有限公司建立技术连接,使内地和香港投资者可以通过当地证券公司买卖规定范围内的对方交易所上市的股票。2016年12月5日,"深港通"正式落地。

"沪港通"和"深港通"两者的主要特点和异同点如表 2-1 所示。

表 2-1 "沪港通"和"深港通"特点对比

	沪港通	深港通
投资者门槛	沪股通：无门槛要求 港股通：机构投资者或 50 万元人民币准入条件的个人投资者	深股通：无门槛要求 港股通：机构投资者或 50 万元人民币准入条件的个人投资者
标的股票	沪股通：上证 180 指数和上证 380 指数，以及上海交易所上市的 A+H 股票 港股通：恒生综合大型股指数、恒生综合中性股指数成分股、A+H 股公司股票	深股通：市值 60 亿元人民币以上的深证成指、中小创新指数 港股通：恒生综合大型股指数、恒生综合中型股指数成分股、市值 50 亿港币以上的恒生综合小型股指数成分股、A+H 股公司股票
额度规模	沪股通：每日额度 130 亿元人民币，已取消总限额 3 000 亿元人民币 港股通：每日额度 105 亿元人民币，已取消总限额 2 500 亿元人民币	深股通：每日额度 130 亿元人民币，无总限额 港股通：每日额度 105 亿元人民币，无总限额
交易制度安排	沪股通：T+1 以人民币报价交易	深股通：T+1 以人民币报价交易
交易时间	沪股通：两地共同交易日、上交所交易时间	深股通：两地共同交易日、深交所交易时间

（资料来源：南方财富网）

（二）里程碑意义

"沪港通"和"深港通"的启动是促进内地资本市场的开放和改革重要进程。香港与内地证券市场互联互通，有助于吸引更多的境外长期投资进入 A 股市场。在两地资本市场实现资金互通和信息共享之后，能够有效改善现有的 A 股市场的投资者结构和资金结构，推动经济的转型和新发展。另一方面，对内地投资者来说，能够接触到更理性的投资理念。相比 QFII 和 QDII，其市场参与者门槛降低，促使更多的境外机构投资者和个人投资者参与到 A 股中来，使得 A 股中的投资群体趋于合理化和多元化。

"沪港通"和"深港通"拓宽了投资者的投资渠道。在互联互通的过程中，进一步扩大了内地和香港股票市场的投资标的的范围与额度，跨境投资和多样的风险管理需求都可以得到满足。大量的外资进入不仅提高了 A 股市场的活跃度和成交量，而且由于 A 股与港股的互联互通促进了两地资金的自由流动，这就使得 A 股的估值水平得到改善，缩小两地的估值差异，增强 A 股与港股价格波动的联动性。

请结合以上资料，思考"沪港通"和"深港通"的机制及其对中国股票市场的影响。

立体化资源 3

项目三
另一种投资工具——债券

▶ 学习目标

1. 了解债券的基本特征,股票与债券的异同;
2. 掌握不同种类债券的特点,以及外国债券与欧洲债券的不同;
3. 认识我国常见的几种国债及其交易方式。

▶ 引导案例

我国曾分别于1998年和2007年两次发行特别国债。第一次是1998年向四大国有独资商业银行发行2 700亿元长期特别国债,所筹集的资金全部用于补充国有独资商业银行资本金;第二次是2007年发行1.55万亿元特别国债,用于购买约2 000亿美元外汇,作为即将成立的国家外汇投资公司的资本金。

2020年,我国特别国债迎来历史上第三次发行。本次重启特别国债发行,主要意图是缓解新冠肺炎疫情造成的财政收支压力。疫情对各地的财政都形成了较大的压力,财政缺口加大,经济的恢复也需要加大财政的投入。在刺激经济政策方面,除了减税、增加支出手段以外,债务是非常重要的手段。

【案例思考】

1. 特别国债属于哪种债券?该种债券有什么特点?
2. 此次发行特别国债,可以发挥怎样的作用?

任务一 债券的特征与类型

一、债券概述

债券是一种有价证券,是社会各类经济主体为筹集资金而向债券投资者出具的、承诺按一定利率定期支付利息、到期偿还本金的债权债务凭证。债券所规定的借贷双方的权利义务关系包含四个方面的含义:第一,发行人是借入资金的经济主体;第二,投资者是出借资金的经济主体;第三,发行人需要在一定时期付息还本;第四,债券反映了发行者和投资者之间的债权、债务关系,而且是这一关系的法律凭证。

(一) 债券的性质

1. 债券属于有价证券

首先,债券反映和代表一定的价值。债券本身有一定的面值,通常它是债券投资者投入资金的量化表现;另外,持有债券可按期取得利息,利息也是债券投资者收益的价值表现。其次,债券与其代表的权利联系在一起,拥有债券也就拥有了债券所代表的权利,转让债券也就将债券代表的权利一并转移。

2. 债券是一种虚拟资本

债券尽管有面值,代表了一定的财产价值,但它也只是一种虚拟资本,而非真实资本。因为债券的本质是证明债权债务关系的证书,在债权、债务关系建立时所投入的资金已被债务人占用,债券是实际运用的真实资本的证书。债券的流动并不意味着它所代表的实际资本也同样流动,债券独立于实际资本之外。

3. 债券是债权的表现

债券代表债券投资者的权利,这种权利不是直接支配财产权,也不以资产所有权表现,而是一种债权。拥有债券的人是债权人,债权人不同于财产所有人,是公司的外部利益相关者。

(二) 债券的特征

1. 偿还性

偿还性是指债券有规定的偿还期限,债务人必须按期向债权人支付利息和偿还本金。债券的偿还性使得资金筹措者不能无限期地占用债券购买者的资金,换言之,他们之间的资金借贷关系将随偿还期结束、还本付息手续完毕而不复存在。这一特征与股票的永久性有很大的区别。在历史上,债券的偿还性也有例外,曾有国家发行过无期公债或永久性公债。这种公债无固定偿还期,持券者不能要求政府清偿,只能按期取息。当然,这只是个别现象,不能因此而否定债券具有偿还性的一般特性。

2. 流动性

流动性是指债券持有人可按自身的需要和市场的实际状况,灵活地转让债券,以提前收回本金和实现投资收益。流动性首先取决于市场为转让所提供的便利程度；其次还表现为债券在迅速转变为货币时,是否在以货币计算的价值上蒙受损失。

3. 安全性

安全性是指债券持有人的收益相对固定,不随发行者经营收益的变动而变动,并且可按期收回本金。一般来说,具有高度流动性的债券同时也是较安全的,因为它不但可以迅速地转换为货币,而且还可以按一个较稳定的价格转换。债券投资不能收回有两种情况：

第一,债务人不履行债务,即债务人不能按时足额履行约定的利息支付或者偿还本金。不同的债务人不履行债务的风险程度是不一样的,一般政府债券不履行债务的风险最低。

第二,流通市场风险,即债券在市场上转让时因价格下跌而承受损失,许多因素会影响债券的转让价格,其中较重要的是市场利率水平。

4. 收益性

收益性是指债券能为投资者带来一定的收入,即债权投资的报酬。在实际经济活动中,债券收益可以表现为两种形式：一种是利息收入,即债权人在持有债券期间按约定的条件分期、分次取得利息或者到期一次取得利息；另一种是资本损益,即债权人到期收回的本金与买入债券或中途卖出债券与买入债券之间的价差收入。从理论上讲,如果利率水平一直不变,这一价差就是自买入债券或是自上次付息至卖出债券这段时间的利息收益表现形式。但是,由于市场利率会不断变化,债券在市场上的转让价格将随市场利率的升降而上下波动。债券持有者能否获得转让价差或获得转让价差的多少,要视市场情况而定。

（三）债券的票面要素

债券作为证明债权债务关系的凭证,一般以有一定格式的票面形式来表现。通常,债券票面上有四个基本要素。

1. 债券的票面价值

债券的票面价值是债券票面标明的货币价值,是债券发行人承诺在债券到期日偿还给债券持有人的金额。在债券的票面价值中,首先要规定票面价值的币种,即以何种货币作为债券价值的计量标准。确定币种主要考虑债券的发行对象。一般来说,在本国发行的债券通常以本国货币作为面值的计量单位；在国际金融市场筹资,则通常以债券发行地所在国家的货币或以国际通用货币为计量标准。此外,确定币种还应考虑债券发行者本身对币种的需要。币种确定后,则要规定债券的票面金额。票面金额大小不同,可以适合不同的投资对象,同时也会产生不同的发行成本。票面金额定得较小,有利于小额投资者购买,持有者分布面广,但债券本身的印刷及发行工作量大,费用可能较高；票面金额定得较大,有利于少数大额投资者认购,且印刷费用等也会相应减少,但使小额投资者无法参与。因此,债券票面金额的确定也要根据债券的发行对象、市场资金供给情况及债券发行费用等因素综合考虑。

2. 债券的到期期限

债券到期期限是指债券从发行之日起至偿清本息之日止的时间,也是债券发行人承诺履行合同义务的全部时间。各种债券有不同的偿还期限,短则几个月,长则几十年,习惯上有短期债券、中期债券和长期债券之分。发行人在确定债券期限时,要考虑多种因素的影响,主要有:

(1) 资金使用方向。债务人借入资金可能是为了弥补临时性资金周转之短缺,也可能是为了满足对长期资金的需求。在前者情况下可以发行短期债券,在后者情况下可以发行中长期债券。这样安排的好处是既能保证发行人的资金需要,又不因占用资金时间过长而增加利息负担。

(2) 市场利率变化。债券偿还期限的确定应根据对市场利率的预期,相应选择有助于减少发行者筹资成本的期限。一般来说,当未来市场利率趋于下降时,应选择发行期限较短的债券,可以避免市场利率下跌后仍须支付较高的利息;而当未来市场利率趋于上升时,应选择发行期限较长的债券,这样能在市场利率趋高的情况下保持较低的利息负担。

(3) 债券的变现能力。这一因素与债券流通市场发育程度有关。如果流通市场发达,债券容易变现,长期债券较能被投资者接受;如果流通市场不发达,投资者买了长期债券而又急需资金时不易变现,长期债券的销售就可能不如短期债券。

3. 债券的票面利率

债券票面利率也称名义利率,是债券年利息与债券票面价值的比率,通常年利率用百分数表示。利率是债券票面要素中不可缺少的内容。在实际经济生活中,债券利率有多种形式,如单利、复利和贴现利率等。债券利率亦受很多因素影响,主要有:

(1) 借贷资金市场利率水平。市场利率较高时,债券的票面利率也相应较高,否则,投资者会选择其他金融资产投资而舍弃债券;反之,市场利率较低时,债券的票面利率也相应较低。

(2) 筹资者的资信。如果债券发行人的资信状况好,债券信用等级高,投资者的风险小,债券票面利率可以定得比其他条件相同的债券低一些;如果债券发行人的资信状况差,债券信用等级低,投资者的风险大,债券票面利率就需要定得高一些。此时的利率差异反映了信用风险的大小,高利率是对高风险的补偿。

(3) 债券期限长短。一般来说,期限较长的债券流动性差,风险相对较大,票面利率应该定得高一些;而期限较短的债券流动性强,风险相对较小,票面利率就可以定得低一些。但是,债券票面利率与期限的关系较复杂,它们还受其他因素的影响,所以有时也会出现短期债券票面利率高而长期债券票面利率低的现象。

4. 债券发行者名称

这一要素指明了该债券的债务主体,既明确了债券发行人应履行对债权人偿还本息的义务,也为债权人到期追索本金和利息提供了依据。

需要说明的是,以上四个要素虽然是债券票面的基本要素,但它们并非一定在债券票面上印制出来。在许多情况下,债券发行者是以公布条例或公告形式向社会公开宣布某债券的期限与利率,只要发行人具备良好的信誉,投资者也会认可接受。此外,债券票面上有时还包含一些其他要素,有的债券具有分期偿还的特征,在债券的票面上或发行公告中附有分期偿还时间表;有的债券附有一定的选择权,即发行契约中赋予债券发行人或持有人具有某种选择的权利,包括附有赎回选择权条款的债券、附有出售选择权条款的债券、附有可转换条款的债券、附有交换条款的债券、附有新股认购权条款的债券等。

二、债券的分类

债券种类很多,在债券的历史发展过程中曾经出现过许多不同品种的债券,各种债券共同构成了一个完整的债券体系。债券可以依据不同的标准进行分类。

(一) 按发行主体分类

按发行主体的不同,债券可分为政府债券、金融债券、公司(企业)债券等几大类。政府债券的发行人是各级政府和政府机构;金融债券是指银行或其他非银行的金融机构发行的债券;公司(企业)债券是由股份公司或企业发行的债券(具体见任务二、三、四)。

(二) 按付息方式分类

根据债券合约条款中是否规定在约定期限向债券持有人支付利息,可分为零息债券、附息债券和息票累积债券三类。

1. 零息债券

零息债券也称贴现债券,指在票面上不规定利率,发行时按某一折扣率,以低于票面金额的价格发行,发行价与票面金额之差额相当于预先支付的利息,到期时按面额赎回。

2. 附息债券

债券合约中明确规定,在附息债券存续期内,对持有人定期支付利息(通常每半年或每年支付一次)。按照计息方式的不同,这类债券还可细分为固定利率债券和浮动利率债券两大类。固定利率债券是在债券存续期内票面利率不变的债券。浮动利率债券是在票面利率的基础上参照预先确定的某一基准利率予以定期调整的债券。有些附息债券可以根据合约条款推迟支付定期利息,故称为缓息债券。

3. 息票累积债券

与附息债券相似,息票累积债券也规定了票面利率,但是,债券持有人必须在债券到期时一次性获得本息,存续期间没有利息支付。

(三) 按募集方式分类

1. 公募债券

公募债券是指发行人向不特定的社会公众投资者公开发行的债券。公募债券的发行量大,持有人数众多,可以在公开的证券市场上市交易,流动性好。

2. 私募债券

私募债券是指向特定的投资者发行的债券。私募债券的发行对象一般是特定的机构投资者,如银行、信托公司、保险公司和各种基金会等。这些专业投资机构一般都拥有经验丰富的专家,对债券及其发行者具有充分调查研究的能力加上发行人与投资者相互都比较熟悉,所以没有公开展示的要求,即私募发行不采取公开制度。在我国,私募公司债券的发行对象为合格投资者,每次发行对象不得超过 200 人。

(四) 按担保性质分类

1. 有担保债券

有担保债券指以抵押财产为担保发行的债券。按担保品不同,分为抵押债券、质押债券和保证债券。

抵押债券以不动产作为担保,又称不动产抵押债券,是指以土地、房屋等不动产作抵押品而发行的一种债券。若债券到期不能偿还,持券人可依法处理抵押品受偿。

质押债券以动产或权利作担保,通常以股票、债券或其他证券为担保。发行人主要是控股公司,用作质押的证券可以是它持有的子公司的股票或债券、其他公司的股票或债券,也可以是公司自身的股票或债券。质押的证券一般应以信托形式过户给独立的中介机构,在约定的条件下,中介机构代全体债权人行使对质押证券的处置权。

保证债券以第三人作为担保,担保人或担保全部本息,或仅担保利息。担保人一般是发行人以外的其他人,如政府、信誉好的银行或举债公司的母公司等。一般公司债券大多为担保债券。

2. 无担保债券

无担保债券也被称为"信用债券",仅凭发行人的信用而发行,不提供任何抵押品或担保而发行的债券。由于无抵押担保,所以债券的发行主体须具有较好的声誉,并且必须遵守一系列的规定和限制,以提高债券的可靠性。国债、金融债券、信用良好的公司发行的公司债券,大多为信用债券。

(五) 按债券形态分类

债券有不同的形式,根据债券券面形态可以分为实物债券、凭证式债券和记账式债券。

1. 实物债券

实物债券是一种具有标准格式实物券面的债券。在标准格式的债券券面上,一般印有债券面额、债券利率、债券期限、债券发行人全称、还本付息方式等各种债券票面要素。有时债券利率、债券期限等要素也可以通过公告向社会公布,而不再在债券券面上注明。无记名国债就属于这种实物债券,它以实物券的形式记录债权、面值等,不记名、不挂失,可上市流通。实物债券是一般意义上的债券,很多国家通过法律或者法规对实物债券的格式予以明确规定。

2. 凭证式债券

凭证式债券的形式是债权人认购债券的一种收款凭证,而不是债券发行人制定的标准格式的债券。我国 1994 年开始发行凭证式国债,我国的凭证式国债通过各银行储蓄网点和财政部门国债服务部面向社会发行,券面上不印制票面金额,而是根据认购者的认购额填写实际的缴款金额,是一种国家储蓄债,可记名、挂失,以"凭证式国债收款凭证"记录债权,不能上市流通,从购买之日起计息。在持有期内,持券人如遇特殊情况需要提取现金,可以到原购买网点提前兑取。提前兑取时,除偿还本金外,利息按实际持有天数及相应的利率档次计算,经办机构按兑付本金的 1‰ 收取手续费。

3. 记账式债券

记账式债券是没有实物形态的票券,利用账户通过电脑系统完成国债发行、交易及兑付的全过程。我国1994年开始发行记账式国债。目前,上海证券交易所和深圳证券交易所已为证券投资者建立了电子证券账户,发行人可以利用证券交易所的交易系统来发行债券。投资者进行记账式债券买卖,必须在证券交易所设立账户。记账式国债可以记名、挂失,安全性较好,同时由于记账式债券的发行和交易均无纸化,所以发行时间短,发行效率高,交易手续简便,成本低,交易安全。

三、债券与股票的比较

(一) 债券与股票的相同点

1. 两者都属于有价证券

尽管股票和债券有各自的特点,但它们都属于有价证券。债券和股票作为有价证券体系中的一员,是虚拟资本,它们本身无价值,但又都是真实资本的代表。持有债券或股票,都有可能获取一定的收益,并能行使各自的权利和流通转让。债券和股票都在证券市场上交易,并构成了证券市场的两大支柱。

2. 两者都是筹措资金的手段

债券和股票都是有关经济主体为筹资需要而发行的有价证券。经济主体在社会经济活动中一定会产生对资金的需求,从资金融通角度看,债券和股票都是筹资手段。与向银行贷款等间接融资相比,发行债券和股票筹资的数额大,时间长,成本低,且不受贷款银行的条件限制。

3. 两者的收益率相互影响

从单个债券和股票看,它们的收益率经常会发生差异,而且有时差距还很大。但是,总体而言,如果市场是有效的,则债券的平均利率和股票的平均收益率会大体保持相对稳定的关系,其差异反映了两者风险程度的差别。这是因为,在市场规律的作用下,证券市场上一种融资手段收益率的变动,会引起另一种融资手段收益率发生同向变动。

(二) 债券与股票的区别

1. 权利不同

债券是债权凭证,债券持有者与债券发行人之间的经济关系是债权、债务关系,债券持有者只可按期获取利息及到期收回本金,无权参与公司的经营决策。股票则不同,股票是所有权凭证,股票所有者是发行股票公司的股东,股东一般拥有表决权,可以通过参加股东大会选举董事、参与公司重大事项的审议和表决,行使对公司的经营决策权和监督权。

2. 目的不同

发行债券是公司追加资金的需要,它属于公司的负债,不是资本金。发行股票则是股份公司创立和增加资本的需要,筹措的资金列入公司资本。而且,发行债券的经济主体很多,中央政府、地方政府、金融机构、公司企业等一般都可以发行债券,但能发行股票的经济主体只有股份有限公司。

3. 期限不同

债券一般有规定的偿还期,期满时债务人必须按时归还本金,因此债券是一种有期投资。股票通常中途不能偿还,一旦投资入股,股东便不能从股份公司抽回本金,因此股票是一种无期投资,或称永久投资。但是,股票持有者可以通过市场转让收回投资资金。

4. 收益不同

债券通常有规定的利率,可获得固定的利息。股票的股息红利不固定,一般视公司经营情况而定。

5. 风险不同

股票风险大,债券风险相对较小。这是因为,第一,债券利息是公司的固定支出,属于费用范畴;股票的股息红利是公司利润的一部分,公司有盈利才能支付,而且支付顺序列在债券利息支付和纳税之后。第二,倘若公司破产,清理资产有余额偿还时,债券偿付在前,股票偿付在后。第三,在二级市场上,债券因其利率固定,期限固定,市场价格也较稳定;而股票无固定期限和利率,受各种宏观因素和微观因素的影响,市场价格波动频繁,涨跌幅度较大。

任务二　政府债券

一、政府债券概述

政府债券的发行主体是政府,它是指政府财政部门或其他代理机构为筹集资金,以政府名义发行的、承诺在一定时期支付利息和到期还本的债务凭证。中央政府发行的债券被称为中央政府债券或者国债,地方政府发行的债券被称为地方政府债券,两者统称为公债。

(一) 政府债券的性质

第一,从形式上看,政府债券也是一种有价证券,它具有债券的一般性质。政府债券本身有面额,投资者投资于政府债券可以取得利息,因此,政府债券具备债券的一般特征。第二,从功能上看,政府债券最初仅仅是政府弥补赤字的手段,但在现代商品经济条件下,政府债券已成为政府筹集资金、扩大公共事业开支的重要手段,并且随着金融市场的发展,逐渐具备了金融商品和信用工具的职能,成为国家实施宏观经济政策、进行宏观调控的工具。

(二) 政府债券的特征

1. 安全性高

政府债券是政府发行的债券,由政府承担还本付息的责任,是国家信用的体现。在各类债券中,政府债券的信用等级是最高的,通常被称为"金边债券"。投资者购买政府债券,是一种较安全的投资选择。

2. 流通性强

政府债券是一国政府的债务,它的发行量一般都非常大,同时,由于政府债券的信用好,竞争力强,市场属性好,所以,许多国家政府债券的二级市场十分发达,一般不但允许在证券交易所上市交易,还允许在场外市场进行买卖。发达的二级市场为政府债券的转让提供了方便,使其流通性大大增强。

3. 收益稳定

投资者购买政府债券,可以得到一定的利息。政府债券的付息由政府保证,其信用度最高,风险最小,对于投资者来说,投资政府债券的收益是比较稳定的。此外,因政府债券的本息大多数固定且有保障,所以其交易价格一般不会出现大的波动,二级市场的交易双方均能得到相对稳定的收益。

4. 免税待遇

政府债券是政府自己的债务,为了鼓励人们投资政府债券,大多数国家规定,对于购买政府债券所获得的收益,可以享受免税待遇。我国的个人所得税法规定,个人的利息、股息、红利所得,应缴纳个人所得税,但国债和国家发行的金融债券的利息收入,可免缴个人所得税。因此,在政府债券与其他证券名义收益率相等的情况下,如果考虑税收因素,投资者投资政府债券可以获得更多的实际投资收益。

二、中央政府债券

中央政府债券也称国家债券或国债。国债发行量大、品种多,是政府债券市场上最主要的融资和投资工具。

(一) 国债的分类

1. 按偿还期限分类

国债的偿还期限是国债的存续时间,以此为标准,习惯上把国债分为短期国债、中期国债和长期国债。

短期国债一般指偿还期限在1年以内的国债,具有周期短及流动性强的特点,在货币市场上占有重要地位。政府发行短期国债,一般是为满足国库暂时的入不敷出之需。在国际市场上,短期国债的常见形式是国库券,它是由政府发行用于弥补临时收支差额的一种债券。我国20世纪80年代以来也曾使用国库券的名称,但它与发达国家所指的短期国债不同,偿还期限大多是超过1年的。

中期国债是指偿还期限在1年或1年以上、10年以下(包括10年)的国债。政府发行中期国债筹集的资金或用于弥补赤字,或用于投资,不再用于临时周转。

长期国债是指偿还期限在10年以上的国债。长期国债由于期限长,政府短期内无偿还的负担,而且可以较长时间占用国债认购者的资金,所以常被用作政府投资的资金来源。长期国债在资本市场上有着重要地位。

短期国债、中期国债以及长期国债都属于有期国债。在国债发展史上,一些西方国家政府还曾发行过一种无期国债,这种国债在发行时并未规定还本期限,债权人平时仅有权按期索取利息,而无权要求清偿,但政府可以随时从市场上买回并将其注销。

2. 按资金用途分类

政府通过国债筹集的资金可用于各项开支。根据举借债务对筹集资金使用方向的规定,国债可以分为赤字国债、建设国债、战争国债和特种国债。

赤字国债是指用于弥补政府预算赤字的国债。政府收支不平衡是一种经常可能出现的现象,如果支出大于收入,便产生赤字。弥补赤字的手段有多种,除了举借国债外,还有增加税收、向中央银行借款、动用历年结余等。增加税收会加重社会负担,易引起人们的反对,而且增税还必须通过一定的法律程序,不适合作为政府临时增加收入的主要手段;向中央银行借款有可能增加货币供应量,导致通货膨胀;动用历年结余须视政府过去的年度收支情况,若无结余,此手段也无法运用。因此,发行国债常被政府用作弥补赤字的主要方式。

建设国债是指发债筹措的资金用于建设项目的国债。政府的职能有多种,它在社会经济中往往要承担一些大型基础性项目和公共设施的投资,如修建铁路和公路,这些项目耗资十分巨大,因此,常由政府通过举借债务筹集专项资金来建设。

战争国债专指用于弥补战争费用的国债。战争时期,军费开支庞大,在用其他方法已无法再筹集到资金的时候,政府就有可能以发行国债来弥补。

特种国债是指政府为了实施某种特殊政策而发行的国债。随着政府职能的扩大,政府有时为了某些特殊的社会目的而需要大量资金,为此也有可能举借国债。

3. 按付息方式分类

国债按付息方式分类,分为附息国债和贴现国债。附息国债是指债券发行时明确规定,在债券存续期内,对持有人定期支付利息(通常每半年或每年支付一次)。贴现国债是指在票面上不规定利率,发行时按某一折扣率,以低于票面金额的价格发行,发行价与票面金额之差额相当于预先支付的利息,到期时按面额偿还本息的国债。通常,期限在1年以下(含1年)的国债为贴现式国债,期限在1年以上的国债为附息式国债。

4. 按流通与否分类

流通性是债券的特征之一,也是国债的基本特点,但也有一些国债是不能流通的,因此,国债可以分为流通国债和非流通国债。流通国债是指可以在流通市场上交易的国债。这种国债的特征是投资者可以自由认购、自由转让,通常不记名,转让价格取决于对该国债的供给与需求。流通国债的转让一般在证券市场上进行,如通过证券交易所或柜台市场交易。在不少国家,流通国债占国债发行量的大部分。非流通国债是指不允许在流通市场上交易的国债。这种国债不能自由转让,可以记名,也可以不记名。非流通国债的发行对象,有的是个人,有的是一些特殊的机构。以个人为发行对象的非流通国债,一般以吸收个人的小额储蓄资金为主,故有时被称为储蓄债券。

5. 按币种分类

国债有一定的面值,有面值就需要有某种计量单位。依照币种,国债可以分为本币国债和外币国债。本币国债以本国货币为面值发行,外币国债以外国货币为面值发行。例如,1993年9月,我国财政部在日本发行300亿日元的武士债券;2014年10月英国政府成功发行首只人民币主权债券,规模为30亿元人民币,期限为3年。

(二) 我国国债的主要品种

1949年新中国成立以后,我国国债发行基本上分为两个阶段:20世纪50年代是第一阶段,80年代以来是第二阶段。

20世纪50年代,我国发行过两种国债:一种是1950年发行的人民胜利折实公债;另一种是1954~1958年为了进行社会主义经济建设发行的国家经济建设公债。1958年后,我国停止发行公债。20世纪80年代以后,为了更好地利用国债调节经济,中央政府于1981年恢复发行国债。1981~1994年,面向个人发行的国债只是无记名国库券。1994年我国面向个人发行的债券从单一型(无记名国库券)逐步转向多样型(凭证式国债和记账式国债等)。2006年财政部推出新的储蓄债券品种——储蓄国债(电子式)。2017年起发行的凭证式国债统一更名为储蓄国债(凭证式)。

1. 普通国债

(1) 记账式国债。我国的记账式国债是从1994年开始发行的一个上市券种。它是由财政部面向全社会各类投资者、通过无纸化方式发行的、以电子记账方式记录债权并可以上市和流通转让的债券。记账式国债的发行分为证券交易所市场发行、银行间债券市场发行以及同时在银行间债券市场和证券交易所市场发行(又称为跨市场发行)三种情况。个人投资者可以购买证券交易所市场发行和跨市场发行的记账式国债,而银行间债券市场的发行主要面向银行和非银行金融机构等机构投资者。

记账式国债的特点:① 可以记名、挂失,以无券形式发行可以防止证券的遗失、被窃与伪造,安全性好;② 可上市转让,流通性好;③ 期限有长有短,但更适合短期国债的发行;④ 通过证券交易所电脑网络发行,可以降低证券的发行成本;⑤ 上市后价格随行就市,具有一定的风险。

(2) 储蓄国债(凭证式)。储蓄国债(凭证式)是指由财政部发行的、有固定票面利率、通过纸质媒介记录债权债务关系的国债。发行储蓄国债(凭证式)一般不印制实物券面,而采用填制"中华人民共和国储蓄国债(凭证式)收款凭证"的方式,通过部分商业银行和邮政储蓄柜台,面向城乡居民个人和各类投资者发行。储蓄国债(凭证式)具有购买方便、变现灵活的特点,是我国重要的国债品种。

(3) 储蓄国债(电子式)。储蓄国债(电子式)是指财政部面向境内中国公民储蓄类资金发行的、以电子方式记录债权的、不可流通的人民币债券。从我国债券市场发展的情况看,储蓄国债(凭证式)和储蓄国债(电子式)这两个品种将在我国长期并存。储蓄国债(电子式)是2006年推出的国债新品种,具有以下特点:① 针对个人投资者,不向机构投资者发行;② 采用实名制,不可流通转让;③ 采用电子方式记录债权;④ 收益安全稳定,由财政部负责还本付息,免缴利息税;⑤ 鼓励持有到期;⑥ 手续简化;⑦ 付息方式较为多样。

储蓄国债(凭证式)和储蓄国债(电子式)都在商业银行柜台发行,不能上市流通,但都是信用级别最高的债券,以国家信用作保证,而且免缴利息税。不同之处在于:

第一,申请购买手续不同。投资者购买储蓄国债(凭证式),可持现金直接购买;购买储蓄国债(电子式),须开立个人国债托管账户并指定对应的资金账户后购买。

第二,债权记录方式不同。储蓄国债(凭证式)采取填制"中华人民共和国储蓄国债(凭证式)收款凭证"的形式记录债权,由各承销银行和投资者进行管理;储蓄国债(电子式)以电子记账方式记录债权,采取二级托管体制,由各承办银行总行和中央国债登记结算有限责任公司统一管理,降低了由于投资者保管纸质债权凭证带来的风险。

第三,付息方式不同。储蓄国债(凭证式)为到期一次还本付息;储蓄国债(电子式)付息方式比较多样,既有按年付息品种,也有利随本清品种。

第四,到期兑付方式不同。储蓄国债(凭证式)到期后,须由投资者前往承销机构网点办理兑付事宜,逾期不加计利息;储蓄国债(电子式)到期后,承办银行自动将投资者应收本金和利息转入其资金账户,转入资金账户的本息资金作为居民存款,按活期存款利率计付利息。

第五,发行对象不同。储蓄国债(凭证式)的发行对象主要是个人,部分机构也可认购;储蓄国债(电子式)的发行对象仅限于个人,机构不允许购买或者持有。

第六,承办机构不同。储蓄国债(凭证式)由储蓄国债(凭证式)承销团成员(包括商业银行和邮政储蓄机构)的营业网点销售,且只接受柜台购买。储蓄国债(电子式)承销机构已经逐渐推广到全部的储蓄国债(凭证式)承销机构,除了柜台购买之外,投资者还可以在部分银行的网上银行购买。

储蓄国债(电子式)与记账式国债都以电子记账方式记录债权,但具有下列不同之处:

第一,发行对象不同。对于记账式国债,机构和个人都可以购买;而储蓄国债(电子式)的发行对象仅限于个人。

第二,发行利率确定机制不同。记账式国债的发行利率是由记账式国债承销团成员投标确定的;储蓄国债(电子式)的发行利率由财政部参照同期银行存款利率及市场供求关系等因素确定。

第三,流通或变现方式不同。记账式国债可以上市流通,可以从二级市场上购买,需要资金时可以按照市场价格卖出;储蓄国债(电子式)只能在发行期认购,不可以上市流通,但可以按照有关规定提前兑取。

第四,到期前变现收益预知程度不同。记账式国债二级市场交易价格是由市场决定的,到期前市场价格(净价)有可能高于或低于发行面值。当卖出价格高于买入价格时,表明卖出者不仅获得了持有期间的国债利息,同时还获得了部分价差收益;当卖出价格低于买入价格时,表明卖出者虽然获得了持有期间的国债利息,但同时也承担了部分价差损失。因此,投资者购买可流通记账式国债于到期前卖出,其收益是不能预知的,并要承担市场利率变动带来的价格风险。而储蓄国债(电子式)在发行时就对提前兑取条件做出规定,也就是说,投资者提前兑取所能获得的收益是可以预知的,而且本金不会低于购买面值(因提前兑付带来的手续费除外),不承担由于市场利率变动而带来的价格风险。因此,储蓄国债(电子式)适合注重投资安全、收益稳定的投资者购买。

2. 其他类型国债

为了有效地发展我国的国民经济,增强我国的综合国力,提高人民的生活水平,我国政府除了有规律性地发行适度规模的普通国债外,还不定期地发行一定数量的其他类型国债。其他类型国债主要有国家重点建设债券、国家建设债券、财政债券、特种债券、保值债券、基本建设债券、特别国债、长期建设国债等。

三、地方政府债券

地方政府债券是由地方政府发行并负责偿还的债券,简称"地方债券",也可以称为"地方公债"或"地方债"。地方政府债券是地方政府根据本地区经济发展和资金需要状况,以承担还本付息责任为前提,向社会筹集资金的债务凭证。筹集的资金一般用于弥补地方财政资金的不足,或者用于交通、通信、住宅、教育、医院和污水处理系统等地方性公共设施的建设,以当地政府的税收能力作为还本付息的担保。

地方政府债券的发行主体是地方政府,地方政府一般又由不同的级次组成,而且在不同的国家有不同的名称。美国地方政府债券由州、市、区、县和州政府所属机关和管理局发行。日本地方政府债券则由一般地方公共团体和特殊地方公共团体发行,前者是指都、道、府、县、市、镇、村政府,后者是指特别地区、地方公共团体联合组织和开发事业团体等。

(一) 地方政府债券的分类

地方政府债券按资金用途和偿还资金来源分类,通常可以分为一般责任债券和专项债券。

一般责任债券(普通债券)是指地方政府为缓解资金紧张或解决临时经费不足而发行的债券,不与特定项目相联系,其还本付息得到发行政府信誉和税收的支持,发行一般必须经当地议会表决或全体公民表决同意。

专项债券(收益债券)是指为筹集资金建设某项具体工程而发行的债券,与特定项目或部分特定税收相联系,其还本付息来自投资项目的收益、收费及政府特定的税收或补贴。大部分专项债券是用来为政府拥有的公用事业和准公用事业等项目筹资。

(二) 我国地方政府债券

地方政府债券是政府债券的形式之一,在新中国成立初期就已经存在。如早在1950年,东北人民政府就发行过东北生产建设折实公债,但1981年恢复国债发行以来,却从未发行过地方政府债券。我国从1995年起实施的《中华人民共和国预算法》规定,地方政府不得发行地方政府债券(除法律和国务院另有规定外),因此我国目前的政府债券仅限于中央政府债券。但地方政府在诸如桥梁、公路、隧道、供水、供气等基础设施的建设中又面临资金短缺的问题,于是形成了具有中国特色的地方政府债券,即以企业债券的形式发行地方政府债券。如1999年上海城市建设投资开发公司发行5亿元浦东建设债券,名义上是公司债券,但所筹资金是用于上海地铁建设;济南自来水公司发行1.5亿元供水建设债券,名义上是公司债券,但所筹资金是用于济南自来水设施建设。

地方政府债券发行可大致分为三个阶段。

(1) 2009~2010年:"代发代还"阶段。2009年2月28日,财政部印发的《2009年地方政府债券预算管理办法》明确规定,地方政府债券是"经国务院批准,以省、自治区、直辖市和计划单列市政府为发行和偿还主体,由财政部代理发行并代办还本付息和支付发行费的债券"。此办法虽明确指出了地方政府的发债主体地位,但对于地方政府债券的发行额度和用途则完全受中央政府统一控制和约束,地方政府只是名义上的发债主体。

(2) 2011~2013年:"自发代还"阶段。2011年10月20日财政部批准了上海市、浙江省、广东省、深圳市四省市开展地方政府自行发债试点,允许四省市采用"自行发债"模式,即试点省市在国务院批准的发债规模限额内,自行组织发行本省市地方政府债券的发债,其实质是介于"中央代发"与"自主发债"之间的一种过渡方式。2013年,国务院批准新增江苏省和山东省成为"自发代还"地方政府债券试点地区,发行和还本模式仍采用之前的规定。

(3) 2014年至今:"自发自还"阶段。2014年5月22日,财政部印发《2014年地方政府债券自发自还试点办法》,继续推进地方政府债券改革。经国务院批准,2014年,上海市、浙江省、广东省、深圳市等十省市试点地方政府债券自发自还。2014年8月31日,第十二届全国人大常委会通过了《中华人民共和国预算法》的修改,规定"经国务院批准的省、自治区、直辖市的预算中必需的建设投资的部分资金,可以在国务院确定的限额内,通过发行地方政府债券举借债务的方式筹措",由此确立了地方政府债券的法律地位。国务院于2014年10月2日发布了《国务院关于加强地方政府性债务管理的意见》,进一步规定"坚决制止地方政府违法违规举债,地方政府举债采取政府债券方式",为随后的地方政府债务置换和发行新债确定了法律和政策基础。

> **相关链接**
>
> ### 稳健的理财工具——国债逆回购
>
> 国债逆回购,本质就是一种短期贷款。即投资者(融券方)通过国债回购市场把自己的资金借出去,获得固定的利息收益,回购方(融资方)用自己的国债作为抵押获得这笔借款,交易双方在成交的同时约定好未来某一时间以某一价格双方再行反向交易。即回购方在约定时间以约定的价格再买回该笔债券,并按约定的利率支付利息给投资者。
>
> (一)国债逆回购的特点
>
> (1) 安全性好,风险较低。国债逆回购操作的整个交易过程受到证券交易所的严格监管,即使借款方出现违约这种小概率事件,也有券商结算备付金账户作为后备。此外,与股票交易不同的是,逆回购交易在初始交易时未来的收益已经确定,逆回购到期日之前市场利率水平的波动与其收益无关。所以,做逆回购交易不需要承担市场风险。
>
> (2) 收益率高。一般国债逆回购收益率高于同期银行存款利率水平,尤其在月(年)底资金紧张时,收益率也时会达到两位数以上。
>
> (3) 操作方便,流动性好。投资者购买国债逆回购,直接在开立的账户中一键操作,到期资金自动到账,无须自己再进行反向操作。
>
> (二)国债逆回购的交易品种
>
> 国债逆回购分为沪市(代码204＊＊＊)、深市(代码1318＊＊)两个市场的回购产品,共18个品种。
>
> 上交所回购品种:1天国债回购(GC001,代码204001)、2天国债回购(GC002,代码204002)、3天国债回购(GC003,代码204003)、4天国债回购(GC004,代码204004)、7天

国债回购(GC007,代码204007)、14天国债回购(GC014,代码204014)、28天国债回购(GC028,代码204028)、91天国债回购(GC091,代码204091)、182天国债回购(GC182,代码204182)。

深交所回购品种:1天国债回购(R-001,代码131810)、2天国债回购(R-002,代码131811)、3天国债回购(R-003,代码131800)、4天国债回购(R-004,代码131809)、7天国债回购(R-007代码131801)、14天国债回购(R-014,代码131802)、28天国债回购(R-028,代码131803)、91天国债回购(R-091,代码131805)、182天国债回购(R-182,代码131806)。

任务三　金融债券

微课 3-3

一、金融债券概述

所谓金融债券,是指银行及非银行金融机构按照法定程序发行并约定在一定期限内还本付息的有价证券。20世纪60年代以前,只有投资银行、投资公司之类的金融机构才发行金融债券,因为这些机构一般不吸收存款,或者只吸收少量的长期存款,发行金融债券成为其筹措资金来源的一个重要手段。而商业银行等金融机构,因能吸收存款,有稳定的资金来源,一般不允许发行金融债券。20世纪60年代以后,商业银行等金融机构为改变资产负债结构或用于某种特定用途,纷纷加入发行金融债券的行列,从而打破了金融债券的发行格局。在欧美很多国家,由于商业银行和其他金融机构多采用股份公司这种组织形式,所以这些金融机构发行的债券与公司债券一样,受相同的法规管理,一般归类于公司债券。日本则有所不同,金融债券的管理受制于特别法规。我国和日本一样,将金融机构发行的债券定义为金融债券,以突出金融机构作为证券市场发行主体的地位。

二、金融债券的种类

(一) 按利息支付方式的不同,分为附息金融债券和贴现金融债券

附息金融债券是在债券的券面上附有息票的金融债券。其利息支付方式及本金偿还方式与一般附息债券相同。附息金融债券通常为中长期金融债券。

贴现金融债券是发行时按规定的折扣率(贴现率)以低于票面金额的价格发行,到期仍按票面金额偿还本金的金融债券。发行价与票面金额的差价即为发行人支付给投资者的利息。

(二) 按发行条件的不同,分为普通金融债券和累进利息金融债券

普通金融债券是一种类似于定期存单式的债券,平价发行,不计复利,到期一次还本付息。需要注意的是,普通金融债券尽管形式上类似于定期存单,但其本质上是债券,由发行人统一给定发行条件,到期前持券人不能要求发行人提前兑付,但可以流通转让。

累进利息金融债券是一种期限浮动、利率与期限挂钩的金融债券。其期限最短为1年,最长为5年,债券持有人可以在最短与最长期限之间随时到发行银行兑付。其利息采用累进制,即将债券的利率按债券的期限分成几个不同的等级,每一个时间段按相应利率计付利息。利息通常采取对年对月对日的计算方法,不足年的部分不计息,超过五年的部分不另计息。

三、我国的金融债券

(一) 政策性金融债券

政策性金融债券是政策性银行在银行间债券市场发行的金融债券。按规定,政策性银行按年向中国人民银行报送金融债券发行申请,经核准后便可发行。1999年以后,我国金融债券的发行主体集中于政策性银行,其中,以国家开发银行为主。国家开发银行在银行间债券市场是仅次于财政部的第二发债主体,发行金融债券已成为其筹措资金的主要方式。

从1999年起,我国银行间债券市场以政策性银行为发行主体开始发行浮动利率债券。基准利率曾采用1年期银行定期存款利率和7天回购利率。从2007年6月起,浮息债券以上海银行间同业拆放利率(Shibor)为基准利率。Shibor是中国货币市场的基准利率,是以16家报价行的报价为基础,剔除一定比例的最高价和最低价后的算术平均值,自2007年1月4日正式运行。目前对外公布的Shibor共有8个品种,期限从隔夜到1年。2007年以来国家开发银行、国家进出口银行、农业发展银行和华夏银行等在银行间债券市场所发行的浮息债券均选择3个月Shibor作为基准利率。

2007年6月,中国人民银行、国家发展和改革委员会发布《境内金融机构赴香港特别行政区发行人民币债券管理暂行办法》,境内政策性银行和商业银行经批准可在中国香港地区发行人民币债券。国家开发银行成为获准的第一家,在中国香港地区发行首只人民币债券50亿元。

(二) 商业银行金融债券

商业银行金融债券是指依法在中华人民共和国境内设立的商业银行在全国银行间债券市场发行的、按约定还本付息的有价证券。商业银行除发行普通的金融债券外,还包括次级债券、资本补充债券。

1. 商业银行金融债券

根据《全国银行间债券市场金融债券发行管理办法》,商业银行发行金融债券应具备以下条件:"具有良好的公司治理机制;核心资本充足率不低于4%;最近三年连续盈利;贷款损失准备计提充足;风险监管指标符合监管机构的有关规定;最近三年没有重大违法、违规行为;中国人民银行要求的其他条件。"根据商业银行的申请,中国人民银行可以豁免以上所规定的个别条件。

2. 商业银行次级债券

2004年6月17日,《商业银行次级债券发行管理办法》颁布实施。商业银行次级债券是指商业银行发行的,本金和利息的清偿顺序列于商业银行其他负债之后、先于商业银行股权资本的债券。次级债券可在全国银行间债券市场公开发行或私募发行。商业银行次级债券的发行可采取一次足额发行或限额内分期发行的方式。次级债券的承销可采用包销、代销和招标承销等方式。次级债券在全国银行间债券市场按有关规定进行交易。

3. 资本补充债券

2018年2月27日,中国人民银行发布2018年第3号公告,就银行业金融机构发行资本补充债券有关事宜进行了规定。资本补充债券是银行业金融机构为满足资本监管要求而发行的、对特定触发事件下债券偿付事宜做出约定的金融债券,包括但不限于无固定期限资本债券和二级资本债券。

(三)证券公司债券

1. 证券公司债券

证券公司债券是指证券公司依法发行的、约定在一定期限内还本付息的有价证券。证券公司债券不包括证券公司发行的可转换债券和次级债券。证券公司债券可以向社会公开发行,也可以向合格投资者定向发行。中国证监会依法对证券公司债券的发行和转让行为进行监督管理。

2. 证券公司短期融资券

证券公司短期融资券是指证券公司以短期融资为目的,在银行间债券市场发行的约定在一定期限内还本付息的金融债券。

3. 证券公司次级债务

证券公司次级债是指证券公司向股东或机构投资者定向借入的清偿顺序在普通债之后的次级债务,以及证券公司向机构投资者发行的、清偿顺序在普通债之后的有价证券。证券公司次级债券可在证券交易所或中国证监会认可的交易场所依法向机构投资者发行、转让。

次级债务分为长期次级债务和短期次级债务。证券公司借入期限在1年以上(不含1年)的次级债务为长期次级债务。长期次级债务可以按一定比例计入净资本,到期期限在3年、2年、1年以上的,原则上分别按100%、70%、50%的比例计入净资本。证券公司为满足承销股票、债券等特定业务的流动性资金需要,借入期限在3个月以上(含3个月)、1年以下(含1年)的次级债务为短期次级债务。短期次级债务不计入净资本,仅可在公司开展有关特定业务时按规定和要求扣减风险资本准备。

(四)保险公司次级债

保险公司次级债是指保险公司为了弥补临时性或者阶段性资本不足,经批准募集、期限在五年以上(含五年),且本金和利息的清偿顺序列于保单责任和其他负债之后、先于保险公司股权资本的保险公司债务。保险公司募集次级债所获取的资金,可以计入附属资本,但不得用于弥补保险公司日常经营损失。保险公司计入附属资本的次级债金额不得超过净资产的50%。

(五)财务公司债券

为满足企业集团发展过程中财务公司充分发挥金融服务功能的需要,为改变财务公司资金来源单一的现状,满足其调整资产负债期限结构和化解金融风险的需要,同时也为了增加银行间债券市场的品种、扩大市场规模,2007年7月,中国银监会下发《企业集团财务公司发行金融债券有关问题的通知》,明确规定企业集团财务公司发行债券的条件和程序,并允许财务公司在银行间债券市场发行财务公司债券。2007年有7家财务公司在全国银行间债券市场发行普通金融债券150亿元。

(六) 金融租赁公司和汽车金融公司的金融债券

金融租赁公司是指经原中国银监会批准设立,以经营融资租赁业务为主的非银行金融机构;汽车金融公司是指经原中国银监会批准设立,为中国境内的汽车购买者及销售者提供金融服务的非银行金融机构。符合条件的金融租赁公司和汽车金融公司可以在银行间债券市场发行和交易金融债券。金融租赁公司和汽车金融公司发行金融债券后,资本充足率均应不低于8%。

任务四　公司债券

一、公司债券

(一) 公司债券的定义

公司债券是公司依照法定程序发行的、约定在一定期限还本付息的有价证券。公司债券属于债券体系中的一个重要品种,它反映发行债券的公司和债券投资者之间的债权债务关系。2015年之前,我国公司债券的发行主体限于沪、深证券交易所上市公司及发行境外上市外资股的境内股份有限公司。2015年1月15日,中国证监会发布的《公司债券发行与交易管理办法》将公司债券发行主体扩大到所有公司制法人,但其规定的发行主体不包括地方融资平台公司。

(二) 公司债券的类型

各国在实践中曾创造出许多种类的公司债券,这里选择几个品种进行介绍。

1. 信用公司债券

信用公司债券是一种不以公司任何资产作担保而发行的债券,属于无担保证券范畴。一般来说,政府债券无须提供担保,因为政府掌握国家资源可以征税,所以政府债券安全性最高。金融债券大多数也可免除担保,因为金融机构作为信用机构,本身就具有较高的信用。公司债券不同,一般公司的信用状况要比政府和金融机构差,所以,大多数公司发行债券被要求提供某种形式的担保。但少数大公司经营良好,信誉卓著,也发行信用公司债券。信用公司债券的发行人实际上是将公司信誉作为担保。为了保护投资者的利益,可要求信用公司债券附有某些限制性条款,如公司债券不得随意增加,债券未清偿之前股东的分红要有限制等。

2. 不动产抵押公司债券

不动产抵押公司债券是以公司的不动产(如房屋、土地等)作抵押而发行的债券,是抵押证券的一种。公司以这种财产的房契或地契作抵押,如果发生了公司不能偿还债务的情况,抵押的财产将被出售,所得款项用来偿还债务。另外,用作抵押的财产价值不一定与发生的债务额相等,当某抵押品价值很大时,可以分作若干次抵押,这样就有所谓第一抵押债券、第二抵押债券等之分。在处理抵押品偿债时,要按顺序依次偿还优先一级的抵押债券。

3. 保证公司债券

保证公司债券是公司发行的由第三者作为还本付息担保人的债券,是担保证券的一种。担保人是发行人以外的其他人(或称第三者),如政府、信誉好的银行或举债公司的母公司等。一般来说,投资者比较愿意购买保证公司债券,因为一旦公司到期不能偿还债务,担保人将负清偿之责,实践中,保证行为常见于母子公司之间,如由母公司对子公司发行的公司债券予以保证。

4. 收益公司债券

收益公司债券也是一种具有特殊性质的债券,它与一般债券相似,有固定到期日,清偿时债权排列顺序先于股票。但另一方面它又与一般债券不同,其利息只在公司有盈利时才支付,即发行公司的利润扣除各项固定支出后的余额用作债券利息的来源。如果余额不足支付,未付利息可以累加,待公司收益增加后再补发。所有应付利息付清后,公司才可对股东分红。

5. 可转换公司债券

可转换公司债券是指发行人依照法定程序发行,在一定期限内依据约定的条件可以转换成股份的公司债券。这种债券附加转换选择权,在转换前是公司债券形式,转换后相当于增发了股票。可转换公司债券兼有债权投资和股权投资的双重优势。可转换公司债券与一般的债券一样,在转换前投资者可以定期得到利息收入,但此时不具有股东的权利;当发行公司的经营业绩取得显著增长时,可转换公司债券的持有人可以在约定期限内,按预定的转换价格转换成公司的股份,以分享公司业绩增长带来的收益。可转换公司债券一般要经股东大会或董事会的决议通过才能发行,而且在发行时,应在发行条款中规定转换期限或转换价格。

6. 附新股认股权公司债券

附新股认股权公司债券是公司发行的一种附有认购该公司股票权利的债券。这种债券的购买者可以按预先规定的条件在公司发行股票时享有优先购买权。预先规定的条件主要是指股票的购买价格、认购比例和认购期间。附新股认股权公司债券与可转换公司债券不同,前者在行使新股认购权之后,债券形态依然存在;而后者在行使转换权之后,债券形态随即消失。

按照附新股认股权和债券本身能否分开来划分,这种债券有两种类型:一种是可分离型,即债券与认股权可以分开,可独立转让。在我国,"分离交易的可转换公司债券"在概念上属于可分离型附新股认股权公司债券,该产品的公司债券和认股权证在发行时是合在一起的,上市后自动拆分成公司债券和认股权证,分别交易。另一种是非分离型,即不能把认股权从债券上分离,认股权不能成为独立买卖的对象。

> 相关链接

你所不知道的"可转债"

我们都知道,可转债具有股权与债权双重特性,所以进可攻退可守。即涨了可以行使转换权换成股票赚取股价上涨的收益,跌了不转换继续收取债券利息到期兑换本金,虽然利息低一些,但不至于亏损本金。

(一)可转债的交易特点

(1) T+0交易机制。即当日买入,当日就可以卖出。

(2)涨跌幅限制。深交所的可转债没有涨跌幅限制;上交所的为20%,一旦触发20%,则停牌30分钟,如果触发30%,就停到14:55,之后就没有临时停牌限制了。

(3)交易成本低。交易可转债只收取佣金,没有印花税,相较股票而言,交易成本低。

(二)可转债的交易问题

1. 转股价值的计算

可转债行使转换权,主要在于转换价值与转股溢价率。

$$转换价值 = 转股比例 \times 正股股价 = \frac{可转债面值}{转股价} \times 正股股价$$

$$转股溢价率 = \frac{可转债市价 - 转换价值}{转换价值}$$

2. 交易方式

(1)转股折价套利。当可转债市价低于转换价值时,即转股溢价率为负时,有套利机会。

例如,某只可转债市价为107元/张,转股价为10元,其正股股价为11元/股。此时,可以套利。即以107元买入一张可转债,行使转换权,将其转为该公司股票10股(100÷10),此时,可转债的转股价值为110元(10×11)。该公司股票第二日如果没有下跌,则此时,每张可转债可以套利3元。

所以投资者可以选择转股溢价率为负的可转债进行套利。

(2)转股溢价,持券收息或直接抛售可转债。当可转债市价高于转换价值,即转股溢价率为正时,可转债行使转换权不利于交易者,此时,可以直接持有可转债,获取债券利息,当可转债涨幅过大时,也可直接抛售。

(三)可转债交易中的"强赎"问题

可转债发行时,为了维护发行人的利益,一般都会规定"强制赎回条款",即上市公司的正股价连续15~20个交易日高于转股价的130%,则会触发强制赎回条款,上市公司将以较低的价格赎回投资者手上的可转债。如2020年3月9日再升转债、2020年10月21日蓝盾转债。为什么可转债会有强赎条款呢?从上市公司的角度出发,他们希望投资者尽快将手中的可转债转换成股票,这样可以少支付利息,减少成本负担,所以,一般可转债上市半年后就可以转换成股票。

可转债一旦触发强赎,则投资者至少有30%的利润,并且强赎触发持续15~20天,意味着投资者有转长时间可以操作可转债,卖出或者转股。但是,一旦强赎日期公布,投资者就只能接受上市公司以较低价格强制赎回了。

二、企业债券

(一) 企业债券的定义

在我国,企业债券有广义和狭义之分。广义的企业债券包括公司债券、狭义的企业债券和银行间市场发行的非金融企业债务。狭义的企业债券是我国存在的一种特殊法律规定的债券形式,它的出现与我国债券发展历史有关。本书中所说"企业债券"均指狭义的企业债券。

我国企业债券出现的历史远远早于公司债券。20世纪90年代前期,我国企业债券一直被限制在国有经济部门内,企业债券发行主体主要是中央政府部门所属机构、国有独资企业或国有控股企业等大型国有机构,且均由大型银行、大型国有集团对债券进行担保,这样,使得当时的企业债券具有较高的信用级别。20世纪90年代中后期以来,随着国有企业公司制改革的启动,国有企业普遍在组织形式上转化为有限责任公司或股份有限公司,有些还成为上市公司,越来越多的非国有公司获得了发行企业债券的资格。2007年8月14日,中国证监会颁布实施《公司债券发行试点办法》,规定试点期间上市公司可向中国证监会率先申请发行公司债券,标志着公司债券这一品种的正式诞生。2008年,国家发改委明确表示不再受理上市公司发行企业债券的申请。自此,企业债券和公司债券成为我国债券市场上两种不同类型的债券。

企业债券是指按照《企业债券管理条例》规定发行与交易的,由国家发改委监督管理的,约定在一定期限内还本付息的有价证券。企业债券的发行主体可以是股份有限公司,可以是有限责任公司,也可以是尚未改制为现代公司制度的企业法人,但不包括上市公司。公司制法人申请发行企业债券将受到《公司法》《证券法》及国家发改委实施的相关规定的共同约束。

(二) 企业债券的分类

企业债券一般划分为城投企业债券(以下简称城投债)、产业类企业债券(以下简称产业债)和集合类企业债券(以下简称集合债)。

城投债是指通过设立隶属于地方政府的企业作为融资平台发行,由地方政府财政收入或地方政府信用对债券提供隐性担保,募集资金用于地方基础设施建设的债券,有时也被视为是"准市政债"。城投债一度占据着我国企业债券的主导地位。2013年以后,其审核和发行进度才有所放缓。

产业债是一个相对于城投债而言的概念,主要指具有自主经营能力、盈利能力及现金流产生能力,对政府及政策依赖性相对较弱的大中型国有及民营企业发行的、募集资金投向其生产经营相关领域的企业债券。

集合债券是指以多个发行人作为联合发行主体,按照"统一组织、分别负债、统一担保、集合发行"的原则共同发行的企业债券。2007年3月,国家发改委发布了《关于下达2007年第一批企业债券发行规模及发行核准有关问题的通知》;随后,中小企业集合债的试点工作开展。

近年来,国家发改委积极推出各种创新型企业债券品种,包括城市地下综合管廊建设专项债券、战略性新兴产业专项债券、养老产业专项债券、城市停车场建设专项债券、"双创"孵化专项债券、配电网建设改造专项债券、可续期债券、绿色债券、项目收益债券、创投企业债券、小微企业增信集合债券、债贷组合等。

三、我国企业债券和公司债券的区别

(一) 发行主体不同

企业债券的发行主体可以是股份有限公司和有限责任公司,也可以是尚未改制为公司制的企业法人,但不包括上市公司;公司债券的发行主体是所有公司制法人。

(二) 发行制度和监管机构不同

企业债券的发行由核准制改为注册制。国家发改委为企业债券的法定注册机关,发行企业债券应当依法经国家发改委注册。国家发改委指定相关机构负责企业债券的受理、审核。其中,中央国债登记结算有限责任公司为受理机构,中央国债登记结算有限责任公司、中国银行间市场交易商协会为审核机构。公司债券的发行也由核准制改为注册制。公开发行公司债券由证券交易所负责受理、审核,报中国证监会履行发行注册程序。

(三) 募集资金用途不同

公司债券的募集资金用途由发行人自行决定,不强制与项目挂钩,包括可以用于偿还银行贷款、改善财务结构等股东大会核准的用途,除金融类企业外,募集资金不得转借他人。企业债券募集资金用途主要限制在固定资产投资和技术革新改造方面,并与政府部门审批的项目直接相连。

(四) 发行期限不同

企业债券的发行期限一般为3~20年,以10年为主;公司债券的发行期限一般为3~10年,以5年为主。

(五) 发行定价方式不同

企业债券的定价存在利率限制,要求发债利率不高于同期银行存款利率的40%;公司债券的发债利率没有明确的限制,由发行人和保荐人通过市场询价确定。

(六) 担保要求不同

企业债券包括无担保信用债券、资产抵押债券、第三方担保债券,实践中企业债券相对较多地采取担保的方式;公司债券大部分是无担保信用债。

(七) 发行市场不同

企业债券发行市场包括银行间债券市场和证券交易所市场;公司债券发行市场仅为证券交易所市场。

微课3-5

任务五　国际债券

国际债券是指一国借款人在国际证券市场上以外国货币为面值,向外国投资者发行

的债券。国际债券的发行人主要是各国政府、政府所属机构、银行或其他金融机构、工商企业及一些国际组织等。国际债券的投资者主要是银行或其他金融机构、各种基金会、工商财团和自然人。

一、国际债券的特征

国际债券是一种跨国发行的债券,涉及两个或两个以上的国家。同国内债券相比,具有一定的特殊性。

(一) 资金来源广、发行规模大

发行国际债券是在国际证券市场上筹措资金,发行对象为各国的投资者,因此资金来源比国内债券广泛得多。发行国际债券的目的之一就是要利用国际证券市场资金来源的广泛性和充足性。同时,发行人进入国际债券市场的门槛比较高,必须由国际著名的资信评估机构进行债券信用级别评定,只有高信誉的发行人才能顺利地进行筹资,因此,在发行人债信状况得到充分肯定的情况下,国际债券的发行规模一般都比较大。

(二) 存在汇率风险

发行国内债券,筹集和还本付息的资金都是本国货币,所以不存在汇率风险。发行国际债券,筹集到的资金是外国货币,汇率一旦发生波动,发行人和投资者都有可能蒙受意外损失或获取意外收益,所以,汇率风险是国际债券的重要风险。

(三) 有国家主权保障

在国际债券市场上筹集资金,有时可以得到一个主权国家政府最终偿债的承诺保证。若得到这样的承诺保证,各个国际债券市场都愿意向该主权国家开放,这也使得国际债券市场有较高的安全性。当然,代表国家主权的政府也要对本国发行人在国际债券市场上借债进行审查和控制。

(四) 以自由兑换货币作为计量货币

国际债券在国际市场上发行,因此其计价货币往往是国际通用货币,一般以美元、英镑、欧元、日元和瑞士法郎为主。这样,发行人筹集到的资金是一种可通用的自由外汇资金。

二、国际债券的分类

(一) 外国债券

外国债券是指某一国借款人在本国以外的某一国家发行以该国货币为面值的债券。它的特点是债券发行人属于一个国家,债券的面值货币和发行市场则属于另一个国家。

外国债券是一种传统的国际债券。在美国发行的外国债券称为扬基债券,它是由非美国居民在美国市场发行的吸收美元资金的债券。在日本发行的外国债券称为武士债券,它是外国发行人在日本债券市场上发行的以日元为面值的债券。

2005年2月18日,中国人民银行、财政部、国家发改委和中国证监会联合发布了《国际开发机构人民币债券发行管理暂行办法》,允许符合条件的国际开发机构在中国发行人民币债券。2005年10月,中国人民银行批准国际金融公司和亚洲开发银行在全国银行间债券市场分别发行人民币债券11.3亿元和10亿元。这是中国债券市场首次引入外资机构发行主体,是中国债券市场对外开放的重要举措和有益尝试。根据国际惯例,国外金融机构在一国发行债券时,一般以该国最具特征的吉祥物命名。据此,财政部前部长金人庆将国际多边金融机构首次在华发行的人民币债券命名为"熊猫债券"。因此"熊猫债券"是指在中国发行的以人民币计价的外国债券。

(二) 欧洲债券

欧洲债券是指借款人在本国境外市场发行的,不以发行市场所在国货币为面值的国际债券。欧洲债券是在20世纪60年代初期随着欧洲货币市场的形成而出现和发展起来的。欧洲债券可以在欧洲以外的国家发行,同时其发行面值也可以以欧元以外的其他货币来表示。事实上,大多数欧洲债券仍然是以美元为面值货币发行的。目前,欧洲债券已成为各经济体在国际资本市场上筹措资金的重要手段。

欧洲债券的特点是债券发行者、债券发行地点和债券面值所使用的货币分别属于不同的国家。由于它不以发行市场所在国的货币为面值,故也被称为无国籍债券。欧洲债券票面使用的货币一般是可自由兑换的货币,主要为美元,其次还有欧元、英镑、日元等,也有使用复合货币单位的,如特别提款权。

三、外国债券与欧洲债券的区别

(一) 在发行方式方面

外国债券一般由发行地所在国的证券公司、金融机构承销,而欧洲债券则由一家或几家大银行牵头,联合十几家或几十家国际性银行组成银团机构,在一个国家或几个国家同时承销。

(二) 在发行法律方面

外国债券的发行受发行地所在国有关法规的管制和约束,并且必须经官方主管机构批准,而欧洲债券在法律上所受的限制比外国债券宽松得多。它不需要官方主管机构的批准,也不受货币发行国有关法令的管制和约束。

(三) 在发行纳税方面

外国债券受发行地所在国的税法管制,而欧洲债券的预扣税一般可以豁免,投资者的利息收入也免缴所得税。

> 同步测试

一、名词解释

1. 凭证式债券 2. 记账式债券 3. 零息债券 4. 可转换公司债券 5. 外国债券 6. 欧洲债券

二、单项选择题

1. 公司证券的形式包括(   )。

A. 公司债券、商业票据及政府债券　　　B. 商业票据、金融债券
C. 股票、金融债券　　　　　　　　　　D. 股票、公司债券及商业票据

2. 可转换债券是指可兑换成(　　)的债券。
   A. 基金　　　　B. 股票　　　　C. 另一种债券　　　D. 任意证券

3. 公司破产后,对公司剩余财产的分配顺序上列为最后的是(　　)。
   A. 普通股票　　B. 优先股票　　C. 银行债权　　　　D. 普通债权

4. 贴现债券通常在票面上(　　),是一种折价发行的债券。
   A. 不规定利率　B. 规定利率　　C. 标明折价　　　　D. 不标明折价

5. 债券根据券面形式,其中(　　)是具有标准格式的债券。
   A. 实物债券　　B. 凭证式债券　C. 记账式债券　　　D. 电子债券

6. 可以提前兑现的债券是(　　)。
   A. 实物债券　　　　　　　　　　B. 凭证式债券
   C. 记账式债券　　　　　　　　　D. 以上都不能

7. 兼有债权和股权双重性质的公司债是(　　)。
   A. 优先股　　　　　　　　　　　B. 可转换公司债
   C. 收益公司债　　　　　　　　　D. 信用公司债

8. 债券和股票的不同点表现在(　　)。
   A. 偿还期限不同　　　　　　　　B. 都属于有价证券
   C. 都是筹资手段　　　　　　　　D. 收益率相互影响

9. 国际债券在国际市场上发行,其记价货币往往是国际通用货币,一般不用(　　)表示。
   A. 美元　　　　B. 日元　　　　C. 英镑　　　　　　D. 人民币

10. 在最低票面利率的基础上参照预先确定的某一基准利率予以定期调整的债券指的是(　　)。
    A. 零息债券　　B. 浮动利率债券　C. 息票累积债券　D. 附息债券

11. 一国借款人在国际证券市场上以外国货币为面值,向外国投资者发行的债券是(　　)。
    A. 国际债券　　B. 亚洲债券　　C. 外国债券　　　　D. 欧洲债券

12. 某一国家借款人在本国以外的其他国家发行以该国货币为面值的债券属于(　　)。
    A. 欧洲债券　　B. 美洲债券　　C. 外国债券　　　　D. 亚洲债券

13. 无记名国债属于(　　)。
    A. 实物债券　　B. 记账式债券　C. 凭证式债券　　　D. 以上都不是

14. 根据发行主体的不同,债券可以分为(　　)。
    A. 零息债券、附息债券和息票累积债券　　B. 实物债券、凭证式债券和记账式债券
    C. 政府债券、金融债券和公司债券　　　　D. 国债和地方债券

15. (　　)是指债券持有人具有按约定条件购买债券发行公司新发行的普通股股票的选择权。

A. 附有新股认购权条款的债券　　B. 附有出售选择权条款的债券
C. 附有可转换条款的债券　　　　D. 附有交换条款的债券

16. 可转换公司债券在转换前，投资者可以定期得到利息收入，但此时不具有（　　）。
A. 债权人的权利　　　　　　　　B. 股东的权利
C. 债权人的义务　　　　　　　　D. 债权人的责任

三、多项选择题

1. 下列债券与股票的比较，正确的是（　　）。
A. 债券通常有规定的利率，股票的股息红利不固定
B. 债券是一种有期投资，股票是一种无期投资
C. 股票风险较大，债券风险相对较小
D. 发行债券的经济主体很多，但能发行股票的经济主体只有股份有限公司

2. 公司债券的种类包括（　　）。
A. 信用公司债券　　　　　　　　B. 不动产抵押公司债券
C. 保证公司债券　　　　　　　　D. 可转换公司债券

3. 关于外国债券论述正确的是（　　）。
A. 在日本发行的外国债券被称为扬基债券
B. 在英国发行的外国债券被称为猛犬债券
C. 外国债券是指某一国家借款人在本国发行以外国货币为面值的债券
D. 债券发行人属于一个国家，债券的面值货币和发行市场则属于另一个国家

4. 熊猫债券（　　）。
A. 是国际多边金融机构在中国发行的人民币债券
B. 是国际多边金融机构在中国发行的美元债券
C. 属于欧洲债券
D. 属于外国债券

5. 债券的基本性质有（　　）。
A. 债券属于有价证券　　　　　　B. 债券具有流动性
C. 债券是一种虚拟资本　　　　　D. 债券是债权的表现

6. 一般来说，债券具有（　　）的特征。
A. 流动性　　　　　　　　　　　B. 永久性
C. 安全性　　　　　　　　　　　D. 收益性

7. 按照付息的方式分类，债券可以分为（　　）。
A. 附息债券　　　　　　　　　　B. 贴现债券
C. 息票累积债券　　　　　　　　D. 累进利率债券

8. 下列属于地方政府发行债券，筹集资金用途的是（　　）。
A. 用于弥补地方财政资金的不足　B. 用于支付地方政府官员薪资
C. 用于医院的建设　　　　　　　D. 用于交通设施的建设

9. 我国1981年后发行的国债品种有（　　）。

A. 储蓄国债(电子式) B. 记账式国债
C. 储蓄国债(凭证式) D. 人民胜利折实公债

10. 下列属于我国发行普通国债总体特征的有(   )。
A. 规模越来越大 B. 期限越来越长
C. 期限趋于多样化 D. 发行方式趋于市场化

11. 下列属于我国发行的国债品种的有(   )。
A. 普通国债 B. 特别国债
C. 长期建设国债 D. 无期国债

12. 债券信用评级的对象包括(   )。
A. 国家财政发行的国库券 B. 国家银行发行的金融债券
C. 企业发行的债券 D. 地方政府发行的债券

13. 与国内债券相比,国际债券具有(   )等特点。
A. 资金来源广 B. 发行规模大
C. 存在汇率风险 D. 存在信用风险

14. 政府债券的举债主体包括(   )。
A. 中央政府 B. 地方政府
C. 国有企业 D. 国有金融机构

15. 中央政府发行的国债,主要用途有(   )。
A. 改变自身资产负债结构
B. 解决由政府投资的公共基础设施或重点建设项目的资金需求
C. 弥补国家财政赤字
D. 满足国有企业经营需要

16. 公募债券的特点有(   )。
A. 发行量大 B. 持有人数多
C. 对象一般限定为机构投资者 D. 发行者一般有较高的信誉

四、判断题

1. 凭证式债券的形式是债权人认购债券的一种收款凭证,也是债券发行人制定的标准格式的债券。   (   )
2. 金融债券的发行主体是银行或非银行金融机构。金融机构一般有雄厚的资金实力,信用度较高,通常被称为金边债券。   (   )
3. 股票的收益率一般高于债券,是因为股票面临的经营风险、财务风险和经济周期波动风险比债券大得多,必须给投资者相应补偿。   (   )
4. 公司债券的发行主体是股份公司。   (   )
5. 可转换债券转股时股票总股本扩大。   (   )
6. 企业债券募集资金可以用于房地产买卖、股票买卖。   (   )
7. 公司破产清算前,债券清偿顺序在股票之前。   (   )
8. 保证公司债券的担保人可以是发行人自身、举债公司的母公司。   (   )

9. 外国债券的面值货币与发行市场属于同一个国家。　　　　　　　　(　　)
10. 附认股权证的公司债券在行使新股认购权后,债券形态依然存在。 (　　)

五、简答题

1. 简述债券与股票的异同。
2. 简述储蓄国债(凭证式)和储蓄国债(电子式)的区别。
3. 简述我国公司债券与企业债券的不同。
4. 简述政府债券的性质和特征。

六、案例分析

案例一

国家开发银行成功发行"粤港澳大湾区建设"主题债券

2020年12月4日,国家开发银行发行3、5年期"粤港澳大湾区建设"主题债券共计100亿元,相关发行信息在中华(澳门)金融资产交易股份有限公司(以下简称澳门交易所)启动挂牌,本次发债所募资金将主要用于国开行向粤港澳大湾区及周边地区发放基础设施和生态建设等领域贷款。

本次发行的3、5年期债券发行金额均为50亿元,发行利率分别为3.10%、3.31%,认购倍数均超过6倍,得到了债券市场投资人的高度认可。

国开行资金局有关负责人介绍,这是国开行发挥"两基一支"传统优势,通过债券市场引导社会资金支持粤港澳大湾区基础设施建设和生态建设的新举措。同时,国开行境内人民币债券首次通过中央结算公司"债券信息通"在澳门交易所挂牌公告,对深入推动澳门与内地金融市场互联互通、助力澳门债券市场金融基础设施建设等具有重要意义。

下一步,国开行将深入贯彻落实党中央、国务院关于粤港澳大湾区建设的决策部署,创新基础设施等领域投融资模式,以市场化方式助力将粤港澳大湾区建设成富有活力和国际竞争力的一流湾区和世界级城市群。

(资料来源:国家开发银行)

根据以上资料,请回答下述问题:
1. 判断"粤港澳大湾区建设"主题债券属于哪种债券?
2. 谈谈发行该债券的意义。

案例二

作为债券市场跨境投融资工具之一,熊猫债已成为优化人民币跨境循环、稳妥推进人民币国际化进程的重要渠道。所谓熊猫债,是指注册地在境外的、发行人在境内发行的,以人民币等货币计价的债券。据统计,以债券起息日计,截至8月2日,今年以来熊猫债发行总额合计566亿元,涉及发行主体共17家,发行债券总计35只,分别较去年同期减少12.88%、15%和20.45%,总体发行规模有一定收缩。

虽然今年以来熊猫债发行规模不及去年同期,但也不乏亮点。比如,5月18日,金砖国家新开发银行在银行间债券市场成功发行一笔熊猫债,债券规模70亿元人民币,期限3年,票面利率2.70%。这是迄今为止超主权机构在我国银行间市场发行的最大一笔熊猫债,充分体现了我国债券市场在全球金融市场中的重要性。

中诚信国际业务评级总监兼国际业务部总经理张婷婷在接受《证券日报》记者采访时表示,当前,熊猫债市场规模占债券市场的比例较低,但有巨大发展空间。随着熊猫债发行准入的进一步优化,熊猫债市场的不断扩容有利于推动人民币国际化。

站在人民币国际化角度,张婷婷认为,从发行端来看,作为境外优质客户人民币债券融资渠道,熊猫债市场有助于吸引对中国市场具有长期战略布局的境外发行人。通过建立长期稳定的人民币融资渠道,不仅有助于外国企业持续拓展中国市场,同时伴随熊猫债募集资金出境管理的放松,人民币资金的境外自由使用也将持续推动境外发行人募集人民币资金的积极性。从投资端来看,近年来监管多措并举持续对现有境外主体的投资渠道进行优化,特别是"债券通"安排下,境外投资者群体显著扩充,也有效提高了熊猫债市场的活跃度。纯境外主体发行的熊猫债吸引了众多优质的境外机构投资者参与中国债券市场,也从投资端助力了人民币的国际化。

(资料来源:中国经济网 https://baijiahao.baidu.com/s?id=1740182778975396284&wfr=spider&for=pc)

根据材料,请回答以下问题:
1. 什么是熊猫债券?
2. 发行熊猫债券有什么意义?

立体化资源 4

项目四
专家理财产品——证券投资基金

▶ **学习目标**

1. 掌握基金这种常见的证券投资工具,了解证券投资基金的当事人及其特点;
2. 掌握不同种类的基金产品——封闭式基金与开放式基金;股票型基金、债券型基金与指数基金;ETF 与 LOF;
3. 了解我国创新的基金产品,以及不同种类基金的异同;
4. 掌握开放式基金的申购与赎回问题。

▶ **引导案例**

对于收入相对固定的工薪阶层,购买基金最好采用"定额定投"方式。所谓基金"定额定投"指的是投资者在每月固定的时间以固定的金额投资到指定的开放式基金中,类似于银行的零存整取方式。由于基金"定额定投"起点低、方式简单,所以它也被称为"小额投资计划"或"懒人理财"。

在海外成熟市场,有超过半数的家庭购买基金,而他们投资基金的方式大多数都采用定期定额投资。不过,这种投资方式需要经过一段时间才能看出成效,最好能持续投资 5 年以上。工薪阶层以"定额定投"方式购买基金的最大好处是小投资实现大收获。比如,每月投资 1 000 元,按 8% 的平均年收益率计算,投资者连续投资 5 年,其资金总额将达到 7 万元左右。

【案例思考】

1. 基金作为"专家理财产品",其优点有哪些?
2. 基金定投适合什么样的投资者?基金定投适合短期投资吗?

任务一 认识证券投资基金

证券投资基金是一种利益共享、风险共担的集合证券投资方式,即通过发行基金单位,集中投资者的资金,由基金托管人托管,由基金管理人管理和运用资金,从事股票、债券等金融工具投资,以获得投资收益和资本增值的投资方式。证券投资基金是一种间接的证券投资方式,投资者是通过购买基金而间接投资于证券市场。

基金起源于英国,经过一百多年的发展,世界证券投资基金从无到有,从小到大,尤其是20世纪70年代以来,随着世界投资规模的剧增,现代金融业的创新,品种繁多、名目各异的基金风起云涌,形成了一个庞大的产业。当前,基金业已经与银行业、证券业、保险业并驾齐驱,成为现代金融体系的四大支柱之一。

作为一种大众化的信托投资工具,各国对证券投资基金的称谓不尽相同,如美国称"共同基金",英国和我国香港地区称"单位信托基金",日本和我国台湾地区则称"证券投资信托基金"等。

一、证券投资基金的特点

证券投资基金之所以在许多国家受到投资者的广泛欢迎,发展迅速,与证券投资基金本身的特点有关。作为一种成效卓著的现代化投资工具,证券投资基金所具备的特点是十分明显的。

(一) 集合理财、专业管理

基金的特点是将零散的资金汇集起来,交给专业机构投资于各种金融工具,以谋取资产的增值。基金对投资的最低限额要求不高,投资者可以根据自己的经济能力决定购买数量,有些基金甚至不限制投资额大小,因此,基金可以广泛吸收社会闲散资金,集腋成裘,汇成规模巨大的投资资金。在参与证券投资时,资本越雄厚,优势越明显,而且可能享有大额投资在降低成本上的相对优势,从而获得规模效益的好处。基金由专业机构进行管理与运作,他们一般拥有专业的投资研究人员和强大的信息网络,能够更好地对证券市场进行动态跟踪与深入分析。因此,购买基金,相当于聘请了一个专业的投资经理,帮投资者进行投资管理。

(二) 组合投资、分散风险

以科学的投资组合降低风险、提高收益是基金的另一大特点。在投资活动中,风险和收益总是并存的,因此,"不能将鸡蛋放在一个篮子里",但是要实现投资资产的多样化,需要一定的资金实力。对小额投资者而言,由于资金有限,很难做到这一点,而基金则可以帮助中小投资者解决这个困难,即可以凭借其集中的巨额资金,在法律规定的投资范围内进行科学的组合,分散投资于多种证券,实现资产组合多样化。通过多元化的投资组合,一方面借助于资金庞大和投资者众多的优势,每个投资者面临的投资风险变小;另一方面又利用不同投资对象之间收益率变化的相关性,达到分散投资风险的目的。

(三) 利益共享、风险共担

证券投资基金实行利益共享、风险共担的原则,基金收益在扣除基金费用后,由基金投资者按其持有的基金份额享受盈利和承担亏损。

二、证券投资基金的当事人

投资基金的创立和运作一般涉及以下三方。

(一) 基金持有人

基金持有人即基金投资者,是基金的出资人、基金资产的所有者和基金投资收益的受益人。基金资产通常由基金托管人保管,并且一般以托管人名义持有;但是,基金最后的权益属于基金持有人,持有人承担基金投资的亏损和收益。

1. 基金持有人的权利

基金持有人的基本权利包括对基金收益的享有权,对基金份额的转让权,以及一定程度上对基金经营的决策权。对于不同类型的基金,持有人对投资决策的影响方式是不同的。在公司型基金中,基金份额持有人通过股东大会选举产生基金公司的董事会来行使对基金公司重大事项的决策权,对基金运作的影响力大些。而在契约型基金中,基金份额持有人只能通过召开基金受益人大会对基金的重大事项做出决议,但对基金日常决策一般不能施加直接影响。

我国《证券投资基金法》规定,基金份额持有人享有下列权利:分享基金财产收益;参与分配清算后的剩余基金财产;依法转让或者申请赎回其持有的基金份额;按照规定要求召开基金份额持有人大会;对基金份额持有人大会审议事项行使表决权;查阅或者复制公开披露的基金信息资料;对基金管理人、基金托管人、基金份额发售机构损害其合法权益的行为依法提起诉讼;基金合同约定的其他权利。

2. 基金持有人的义务

基金持有人在享有法律、法规赋予权利的同时,也必须承担一定的义务。包括:遵守基金契约、交纳基金认购款项及规定的费用、承担基金亏损或者终止的有限责任、不从事任何有损基金及其他基金投资人合法权益的活动、在封闭式基金存续期间,不得要求赎回基金份额、在封闭式基金存续期间,交易行为和信息披露必须遵守法律、法规的有关规定,以及法律、法规及基金契约规定的其他义务。

(二) 基金管理人

基金管理人是负责基金发起设立与经营管理的专业性机构,不仅负责基金的投资管理,而且承担着产品设计、基金营销、基金注册登记、基金估值、会计核算和客户服务等多方面的职责。我国《证券投资基金法》规定,基金管理人由依法设立的基金管理公司担任。基金管理公司通常由证券公司、信托投资公司或其他机构等发起成立,具有独立法人地位。基金管理人作为受托人,必须履行"诚信义务",不得出于自身利益的考虑损害基金持有人的利益。

1. 基金管理人的资格

基金管理人的主要业务是发起设立基金和管理基金。由于基金份额持有人通常是人数众多的中小投资者,为了保护这些投资者的利益,必须对基金管理人的资格做出严格规定,使基金管理人更好地负起管理基金的责任。对基金管理人需具备的条件,各个国家和地区有不同的规定。我国对基金管理公司实行市场准入管理,《证券投资基金法》规定:"设立基金管理公司,应当具备下列条件,并经国务院证券监督管理机构批准:有符合本法和《中华人民共和国公司法》规定的章程;注册资本不低于一亿元人民币,且必须为实缴货币资本;主要股东具有从事证券经营、证券投资咨询、信托资产管理或者其他金融资产管理的较好的经营业绩和良好的社会信誉,最近三年没有违法记录,注册资本不低于三亿元人民币;取得基金从业资格的人员达到法定人数;有符合要求的营业场所、安全防范设施和与基金管理业务有关的其他设施;有完善的内部稽核监控制度和风险控制制度;法律、行政法规规定的和经国务院批准的国务院证券监督管理机构规定的其他条件。"

2. 基金管理人的职责

我国《证券投资基金法》规定:"基金管理人应当履行下列职责:依法募集基金,办理或者委托经国务院证券监督管理机构认定的其他机构代为办理基金份额的发售、申购、赎回和登记事宜;办理基金备案手续;对所管理的不同基金财产分别管理、分别记账,进行证券投资;按照基金合同的约定确定基金收益分配方案,及时向基金份额持有人分配收益;进行基金会计核算并编制基金财务会计报告;编制中期和年度基金报告;计算并公告基金资产净值,确定基金份额申购、赎回价格;办理与基金财产管理业务活动有关的信息披露事项;召集基金份额持有人大会;保存基金财产管理业务活动的记录、账册、报表和其他相关资料;以基金管理人名义,代表基金份额持有人利益行使诉讼权利或者实施其他法律行为;国务院证券监督管理机构规定的其他职责。"

3. 我国基金管理公司的主要业务范围

目前我国基金管理公司的业务主要包括证券投资基金业务、特定客户资产管理业务和投资咨询服务;此外,基金管理公司还可以从事社保基金管理和企业年金管理业务、QDII业务等。

(1)证券投资基金业务。证券投资基金业务是基金管理公司最核心的一项业务,主要包括基金募集与销售、基金的投资管理和基金营运服务。按照《证券投资基金法》的规定,依法募集基金是基金管理公司的一项法定权利,其他任何机构不得从事基金的募集活动。基金管理公司应当按照基金合同的约定,对基金进行投资管理及基金注册登记、核算与估值、基金清算和信息披露等业务。

(2)特定客户资产管理业务。特定客户资产管理业务是指基金管理公司向特定客户募集资金或者接受特定客户财产委托担任资产管理人,由商业银行担任资产托管人,为了资产委托人的利益,运用委托财产进行证券投资的活动。根据2011年10月1日开始施行的《基金管理公司特定客户资产管理业务试点办法》的规定,符合条件的基金管理公司经中国证监会批准可以开展特定客户资产管理业务。委托财产应当投资于股票、债券、证券投资基金、央行票据、短期融资券、资产支持证券、金融衍生品、商品期货及中国证监会规定的其他投资品种。基金公司既可以为单一客户办理特定资产管理业务,也可以为特定的多个客户办理特定资产管理业务。基金管理公司为单一客户办理特定资产管理业务的,客户委托的初始资产不得低于3 000万元人民币。基金管理公司为多个客户办理特定资产管理业务的,单个资产管理计划的委托人人数不得超过200人,客户委托的初始资产合计不得低于3 000万元人民币。

(3) 投资咨询服务。基金管理公司不需报经中国证监会审批,可以直接向合格境外机构投资者、境内保险公司及其他依法设立运作的机构等特定对象提供投资咨询服务。同时,基金管理公司向特定对象提供投资咨询服务时,不得有侵害基金份额持有人和其他客户的合法权益、承诺投资收益、与投资咨询客户约定分享投资收益或者分担投资损失、通过广告等公开方式招揽投资咨询客户以及代理投资咨询客户从事证券投资的行为。

(三) 基金托管人

基金托管人又称为基金保管人,是根据法律法规的要求,在证券投资基金运作中承担资产保管、交易监督、信息披露、资金清算与会计核算等相应职责的当事人。基金托管人是基金持有人权益的代表,在我国,由依法设立并取得基金托管资格的商业银行或其他金融机构担任。基金托管人与基金管理人签订托管协议,在托管协议规定的范围内履行自己的职责并收取一定的报酬。也就是说,基金托管人都是按照基金管理人的指令行事,而基金管理人的指令也必须通过基金托管人来执行。

(四) 证券投资基金当事人之间的关系

1. 持有人与管理人之间的关系

在基金的当事人中,基金份额持有人通过购买基金份额或基金股份,参加基金投资并将资金交给基金管理人管理,享有基金投资的收益权,是基金资产的终极所有者和基金投资收益的受益人。基金管理人则是接受基金份额持有人的委托,负责对所筹集的资金进行具体的投资决策和日常管理,并有权委托基金托管人保管基金资产的金融中介机构。因此,基金份额持有人与基金管理人之间的关系是委托人、受益人与受托人的关系,也是所有者和经营者之间的关系。

2. 管理人与托管人之间的关系

基金管理人与托管人的关系是相互制衡的关系。基金管理人是基金的组织者和管理者,负责基金资产的经营,是基金运营的核心;托管人由主管机关认可的金融机构担任,负责基金资产的保管,依据基金管理机构的指令处置基金资产并监督管理人的投资运作是否合法合规。对基金管理人而言,处理有关证券、现金收付的具体事务交由基金托管人办理,就可以专心从事资产的运用和投资决策。基金管理人和基金托管人均对基金份额持有人负责。他们的权利和义务在基金合同或基金公司章程中已预先界定清楚,任何一方有违规之处,对方都应当监督并及时制止,直至请求更换违规方。这种相互制衡的运行机制,有利于基金信托财产的安全和基金运用的绩效。但是这种机制的作用得以有效发挥的前提是基金托管人与基金管理人必须严格分开,由不具有任何关联关系的不同机构或公司担任,两者在财务、人事、法律地位上应该完全独立。

3. 持有人与托管人之间的关系

基金份额持有人与托管人的关系是委托与受托的关系,也就是说,基金份额持有人将基金资产委托给基金托管人保管。对持有人而言，将基金资产委托给专门的机构保管，可以确保基金资产的安全；对基金托管人而言，必须对基金份额持有人负责，监管基金管理人的行为，使其经营行为符合法律法规的要求，为基金份额持有人的利益而勤勉尽责，保证资产安全，提高资产的报酬。

三、证券投资基金与股票、债券的区别

（一）反映的经济关系不同

股票反映的是所有权关系，债券反映的是债权债务关系，而基金反映的则是信托关系，但公司型基金除外。

（二）所筹集资金的投向不同

股票和债券是直接投资工具，筹集的资金主要投向实业，而基金是间接投资工具，所筹集的资金主要投向有价证券等金融工具。

（三）风险水平不同

股票的直接收益取决于发行公司的经营收益，不确定性强，投资股票有较大的风险；债券的直接收益取决于债券利率，而债券利率一般是事先确定的，投资风险较小。基金主要投资于有价证券，投资选择灵活多样，从而使基金的收益有可能高于债券，投资风险又可能小于股票。因此，基金能满足那些不能或不宜直接参与股票、债券投资的个人或机构的需要。

四、我国证券投资基金的发展

证券投资基金在我国的发展分为四个阶段。

（一）早期探索阶段（1990～1997年）

20世纪90年代初，在中国证券市场初步发展以及境外"中国概念基金"的影响下，作为一种新的投资方式，投资基金开始受到一些地方政府的重视而被引入，并在1992年前后在国内形成"投资基金热"。1992年11月深圳市投资基金管理公司设立了国内最早的封闭式基金——天骥基金，规模达到5.81亿元人民币。与此同时，国内第一家公司型封闭式投资基金——淄博乡镇企业投资基金正式设立，并于1993年8月在上海证券交易所挂牌上市，成为我国首家在证券交易所上市交易的投资基金。

这一时期，中国人民银行是基金的审批和管理部门。当时共设立基金79只，总资产90多亿元，投资者约120万户。人们也习惯将1997年之前设立的基金称为"老基金"。

（二）规范发展阶段（1998～2003年）

1997年11月，国务院证券委员会颁布了《证券投资基金管理暂行办法》，为我国证券投资基金的规范发展奠定了基本的法律基础。1998年3月27日，南方基金管理公司与国泰基金管理公司分别发起设立的规模均为20亿元的两只封闭式基金——基金开元与基金金泰，拉开了中国证券投资基金业发展的序幕。

2001年9月我国第一只开放式基金——华安创新诞生；2003年12月首只货币市场基金诞生。开放式基金的发展为我国证券投资基金业的发展注入新的活力。2003年年

底,我国开放式基金的数量超过封闭式基金的数量而成为证券投资基金的主要形式。

(三) 创新发展阶段(2004~2012年)

2003年10月28日,《证券投资基金法》颁布并于2004年6月1日施行,我国基金业的法律规范得到重大完善,引导基金业走上了创新发展阶段。这一阶段,基金产品创新层出不穷,先后出现了上市开放式基金(LOF)(2004年10月)、ETF基金(2004年12月)、分级基金(2007年7月)、QDII基金(2007年9月)等主要基金创新品种。

2008年以后,由于全球金融危机的影响,我国经济增速的放缓和股市的大幅调整,基金业进入平稳发展时期,管理资产规模停滞徘徊,股票型基金也呈现持续净流出态势。

(四) 稳步发展阶段(2013年至今)

2012年12月,修订后的《证券投资基金法》颁布并于2013年6月1日正式实施。新《证券投资基金法》在许多方面实现了重大突破,如将私募基金纳入监管;放开机构准入,允许券商、保险、私募等资产管理机构发行公募基金;降低基金公司股东门槛;放宽基金投资范围等。法律法规的修订日益完善,使我国基金业的发展环境进一步优化,我国基金业进入全新的发展阶段。2015年7月,内地与香港地区开启基金互认,香港地区成立的基金可以向内地销售,内地成立的基金也可以进入中国香港市场。2016年9月恒生前海基金管理公司正式开业,成为内地第一家港资控股的公募基金管理公司。2017年9月,首批6只公募FOF获批发行。

截至2020年2月底,我国境内共有基金管理公司128家,其中,中外合资公司4家,内资公司84家,取得公募基金管理资格的证券公司或证券公司资产管理子公司共13家、保险资产管理公司2家。以上机构管理的公募基金资产净值合计16.36万亿元。

任务二 不同种类的基金产品

微课4-2

目前市面上所发行的基金品种很多,有股票型基金、债券基金、货币市场基金、保本基金,此外,ETF基金、LOF基金、分级基金、基金中基金等也纷纷问世。这些基金产品各具特色,极大地丰富了我国证券投资基金市场。

一、契约型基金和公司型基金

按基金的组织形式划分,可分为契约型基金和公司型基金。

契约型基金又称为单位信托基金,是指将投资者、管理人、托管人三者作为基金的当事人,通过签订基金契约的形式发行受益凭证而设立的一种基金。契约型基金起源于英国,后来在中国香港、新加坡、印度尼西亚等国家和地区流行。契约型基金通过基金契约来规范三方当事人的行为。基金投资者购买基金份额后成为基金持有人,依法享有权利并承担义务,基金管理人负责基金的管理操作;基金托管人作为基金资产的名义持有人,负责基金资产的保管和处置,对基金管理人的运作实行监督。

公司型基金是依据基金公司章程设立,在法律上具有独立法人地位的股份投资公司。

公司型基金以发行股份的方式募集资金,投资者购买基金公司的股份后,以基金持有人的身份成为基金公司的股东,凭其持有的股份依法享有投资收益。公司型基金在组织形式上与股份有限公司类似,由股东选举董事会,由董事会选聘基金管理公司,基金管理公司负责管理基金的投资业务。

契约型基金与公司型基金的区别如下:

一是资金的性质不同。契约型基金的资金是通过发行基金份额筹集起来的信托财产;公司型基金的资金是通过发行普通股票筹集起来的,是公司法人的资本。

二是投资者的地位不同。契约型基金的投资者购买基金份额后成为基金契约的当事人之一,投资者既是基金的委托人,即基于对基金管理人的信任,将自己的资金委托给基金管理人管理和营运,又是基金的受益人,即享有基金的受益权。公司型基金的投资者购买基金公司的股票后成为该公司的股东,因此,公司型基金的投资者对基金运作的影响大过契约型基金的投资者。

三是基金的营运依据不同。契约型基金依据基金契约营运基金,公司型基金依据基金公司章程营运基金。

由此可见,契约型基金和公司型基金在法律依据、组织形式以及有关当事人的地位等方面是不同的,但它们的投资方式都是把投资者的资金集中起来,按照基金设立时所规定的投资目标和策略,将基金资产分散投资于众多的金融产品上,获取收益后再分配给投资者。目前,我国的基金全部是契约型基金。

二、封闭式基金和开放式基金

按基金运作方式划分,可分为封闭式基金和开放式基金。

封闭式基金是指经核准的基金份额总额在基金合同期限内固定不变,基金份额可以在依法设立的证券交易所交易,但基金份额持有人不得申请赎回的基金。封闭式基金在封闭期内不能追加认购和赎回,投资者只能通过证券经纪商在二级市场上进行基金的买卖。封闭式基金的期限是指基金的存续期,即基金从成立起到终止之间的时间。基金期限届满即为基金终止,管理人应组织清算小组对基金资产进行清产核资,并将清产核资后的基金净资产按照投资者的出资比例进行公正合理的分配。

开放式基金是指基金份额总额不固定,基金份额可以在基金合同约定的时间和场所申购或者赎回的基金。为了满足投资者赎回资金、实现变现的要求,开放式基金一般都从所筹资金中拨出一定比例,以现金形式持有这部分资产。这虽然会影响基金的盈利水平,但对于开放式基金来说是必需的。

封闭式基金与开放式基金主要有以下区别:

(一) 期限不同

封闭式基金有固定的封闭期,通常在 5 年以上,一般为 10 年或 15 年,经受益人大会通过并经主管机关同意可以适当延长期限。开放式基金没有固定期限,投资者可随时向基金管理人申购、赎回基金份额,若大量赎回甚至会导致清盘。

(二) 发行规模限制不同

封闭式基金的基金规模是固定的,在封闭期限内未经法定程序认可不能增加发行。开放式基金没有发行规模限制,投资者可随时提出申购或赎回申请,基金规模随之增加或减少。

(三) 基金份额交易方式不同

封闭式基金的基金份额在封闭期限内不能赎回,持有人只能在证券交易所出售给第三者,交易在基金投资者之间完成。开放式基金的投资者则可以首次发行结束一段时间内,随时向基金管理人或中介机构提出申购或赎回申请,绝大多数开放式基金不上市交易,交易在投资者与基金管理人或其代理人之间进行。

(四) 价格形成方式不同

封闭式基金与开放式基金的基金份额除了首次发行价都是按面值加一定百分比的购买费计算外,以后的交易计价方式不同。封闭式基金的买卖价格受市场供求关系的影响,常出现溢价或折价现象,并不必然反映单位基金份额的净资产值。开放式基金的交易价格则取决于每一基金份额净资产值的大小,其申购价一般是基金份额净资产值加一定的购买费,赎回价是基金份额净资产值减去一定的赎回费,不直接受市场供求影响。

(五) 基金份额资产净值公布的时间不同

封闭式基金一般每周或更长时间公布一次,开放式基金一般在每个交易日连续公布。

(六) 投资策略不同

封闭式基金在封闭期内基金规模不会减少,因此可进行长期投资,基金资产的投资组合能有效地在预定计划内进行。开放式基金份额可随时赎回,为应付投资者随时赎回兑现,所募集的资金不能全部用来投资,更不能把全部资金用于长期投资,必须保持基金资产的流动性,在投资组合上需保留一部分现金和高流动性金融工具。

三、债券基金、股票基金、混合基金、货币市场基金

按基金的投资标的划分,可分为债券基金、股票基金、混合基金、货币市场基金等。

(一) 债券基金

债券基金是一种以债券为主要投资对象的证券投资基金。由于债券的年利率固定,因而这类基金的风险较低,适合于稳健型投资者。债券基金的收益会受市场利率的影响,当市场利率下调时,其收益会上升;反之,若市场利率上调,其收益将下降。除此以外,如果基金投资于境外市场,汇率也会影响基金的收益,管理人在购买国际债券时,往往还需要在外汇市场上做套期保值。

在我国,根据中国证监会对基金类别的分类标准,80%以上的基金资产投资于债券的为债券基金。

(二) 股票基金

股票基金是指以股票为主要投资对象的证券投资基金。股票基金的投资目标侧重于追求资本利得和长期资本增值。基金管理人拟定投资组合,将资金投放到一个或几个国家甚至全球的股票市场,以达到分散投资、降低风险的目的。

股票基金是最重要的基金品种,它的优点是资本的成长潜力较大,投资者不仅可以获得资本利得,还可以通过股票基金将较少的资金投资于各类股票,从而实现在降低风险的

同时保持较高收益的投资目标。按基金投资的分散化程度，可将股票基金划分为一般股票基金和专门化股票基金。前者分散投资于各种普通股票，风险较小；后者专门投资于某一行业、某一地区的股票，风险相对较大。由于股票投资基金聚集了巨额资金，几只甚至一只大规模的基金就可以引发股市动荡，所以各国政府对股票基金的监管都十分严格，不同程度地规定了基金购买某一家上市公司的股票总额不得超过基金资产净值的一定比例，以防止基金过度投机和操纵股市。

在我国，根据中国证监会对基金类别的分类标准，80%以上的基金资产投资于股票的，为股票基金。

（三）混合基金

混合基金是指同时投资于股票与债券的基金，该类基金由于资产配置比例不同，风险收益差异较大。一般根据资产配置的不同，将混合基金分为偏股型基金、偏债型基金、股债平衡型基金、灵活配置型基金等。偏股型基金中股票配置比例较高，债券配置比例较低；相反，偏债型基金中债券配置比例较高，股票配置比例较低；股债平衡型基金中股票与债券的配置比例较为均衡；灵活配置型基金在股票、债券上的配置比例则会根据市场情况进行灵活调整，有时股票配置的比例较高，有时债券配置比例较高。

（四）货币市场基金

货币市场基金是以货币市场工具为投资对象的一种基金，其投资对象期限一般在1年以内，包括银行短期存款、国库券、公司短期债券、银行承兑票据及商业票据等货币市场工具。货币市场基金的优点是资本安全性高。因此，货币市场基金通常被认为是低风险的投资工具。

四、成长型基金、收入型基金、平衡型基金

按基金的投资目标划分，可分为成长型基金、收入型基金、平衡型基金。

（一）成长型基金

成长型基金追求的是基金资产的长期增值。为了达到这一目标，基金管理人通常将基金资产投资于信誉度较高、有长期成长前景或长期盈余的所谓成长公司的股票。成长型基金又可分为稳健成长型基金和积极成长型基金。

积极成长型基金也称高成长基金或资本增值基金。与普通成长型基金追求资本的长期增长不同，它的主要目标在于尽可能争取资本的快速增长，有时甚至是短期内的最大增值。这种基金投资于有高成长潜力的股票或其他证券，有时还包括一些被兼并企业的股票或低于其内在价值的股票或债券。这些被投资的企业往往是一些具有很强活力的企业。为了能使企业快速成长，这些企业把赢利作为再投资，而很少向股东派发股息和红利。因此，积极成长型基金的目标就是资本利得，而不是经常收入。

稳健成长型基金是利用投资于可带来收入的证券及有成长潜力的股票，来达到既有收入又能使资本增值的双重目的。通常这种基金的投资目标中成长稍重于收入。因此，成长兼收入型基金是成长型基金中投资策略较为保守的一种，它既可以满足投资者希望资本能不断增值的心理预期，又可以为投资者带来一定时期的当期收入。

(二) 收入型基金

收入型基金主要投资于可带来现金收入的有价证券,以获取当期的最大收入为目的。收入型基金资产的成长潜力较小,损失本金的风险相对也较低,一般可分为固定收入型基金和股票收入型基金。固定收入型基金的主要投资对象是债券和优先股,因而尽管收益率较高,但长期成长的潜力较小,而且当市场利率波动时,基金净值容易受到影响。股票收入型基金的成长潜力比较大,但易受股市波动的影响。

(三) 平衡型基金

平衡型基金将资产分别投资于两种不同特性的证券上,并在以取得收入为目的的债券及优先股和以资本增值为目的的普通股之间进行平衡。这种基金一般将 25%~50% 的资产投资于债券及优先股,其余的投资于普通股。平衡型基金的主要目的是从其投资组合的债券中得到适当的利息收益,与此同时又可以获得普通股的升值收益。投资者既可获得当期收入,又可得到资金的长期增值。平衡型基金的特点是风险比较低,缺点是成长的潜力不大。

五、主动型基金和被动型基金

按基金的投资理念划分,可分为主动型基金和被动型基金。

(一) 主动型基金

主动型基金是指通过积极的选股和择时,力图取得超越基准组合表现的基金。

(二) 被动型基金

被动型基金一般选取特定指数作为跟踪对象,力图复制指数表现的一类基金。通常又被称为"指数基金"。指数基金是 20 世纪 70 年代以来出现的新的基金品种。由于其投资组合模仿某一股价指数或债券指数,收益随着即期的价格指数上下波动,因此当价格指数上升时,基金收益增加;反之,收益减少。基金因始终保持即期的市场平均收益水平,因而收益不会太高,也不会太低。

六、公募基金和私募基金

按基金的募集方式划分,可分为公募基金和私募基金。

公募基金是面向社会公众公开发售的基金。公募基金可以向社会公众公开发售基金份额和宣传推广,基金募集对象不固定;基金份额的投资金额要求较低,适合中小投资者参与;基金必须遵守有关的法律法规,接受监管机构的监管并定期公开相关信息。

私募基金是向特定的投资者发售的基金。私募基金不能进行公开发售和宣传推广,只能采取非公开方式发行;基金份额的投资金额较高,风险较大,监管机构对投资者的资格和人数会加以限制;基金的投资范围较广,在基金运作和信息披露方面所受的限制和约束较少。

七、特殊类型基金

(一) 交易所交易的开放式基金

交易所交易的开放式基金是传统封闭式基金的交易便利性与开放式基金可赎回性相

结合的一种新型基金。我国沪、深交易所已经分别推出交易所开放式指数基金和上市开放式基金两类品种。

1. ETF

ETF 是英文 Exchange Traded Funds 的简称，常被译为"交易所交易基金"，上海证券交易所则将其定名为"交易型开放式指数基金"。ETF 是一种在交易所上市交易的、基金份额可变的基金。ETF 结合了封闭式基金与开放式基金的运作特点，投资者一方面可以像封闭式基金一样在交易所二级市场进行 ETF 的买卖，另一方面又可以像开放式基金一样申购、赎回。不同的是，它的申购是用一篮子股票换取 ETF 份额，赎回时也是换回一篮子股票而不是现金。这种交易方式使该类基金存在一级、二级市场之间的套利机制，可有效防止类似封闭式基金的大幅折价现象。

(1) ETF 的产生。ETF 出现于 20 世纪 90 年代初期。加拿大多伦多证券交易所于 1991 年推出的指数参与份额（简称 TIPs）是严格意义上最早出现的 ETF，于 2000 年终止。现存最早的 ETF 是美国证券交易所于 1993 年推出的标准普尔存托凭证（简称 SPDRs）。ETF 尽管出现的时间不长，但发展迅速。在亚洲，自 1999 年我国香港地区推出盈富基金以来，新加坡、日本、我国台湾等地的交易所也纷纷推出了 ETF 产品（我国香港称"交易所买卖基金"，我国台湾称"指数股票型证券投资信托基金"）。2004 年 12 月 30 日，我国华夏基金管理公司以上证 50 指数为模板，募集设立了"上证 50 交易型开放式指数证券投资基金"（简称 50ETF），并于 2005 年 2 月 23 日在上海证券交易所上市交易，采用的是完全复制法。2006 年 2 月 21 日，易方达深证 100ETF 正式发行，这是深圳证券交易所推出的第一只 ETF。

(2) ETF 的特点。ETF 是以某一选定的指数所包含的成分证券为投资对象，依据构成指数的证券种类和比例，采用完全复制或抽样复制的方法进行被动投资的指数型基金。ETF 的重要特征在于它独特的双重交易机制。也就是说，ETF 同时为投资者提供了两种不同的交易方式：一方面投资者可以在一级市场交易 ETF，即进行申购与赎回；另一方面，投资者可以在二级市场交易 ETF，即在交易所挂牌交易。

在一级市场，采取实物申购、赎回机制，即 ETF 的申购是用一篮子股票换取 ETF 份额，赎回时以基金份额换回一篮子股票而不是现金。ETF 有"最小申购、赎回份额"的规定，通常最小申购、赎回单位是 50 万份或 100 万份，申购、赎回必须以最小申购、赎回单位的整数倍进行，一般只有机构投资者才有实力参与一级市场的实物申购与赎回交易。

ETF 实行一级市场和二级市场并存的交易制度。在一级市场，机构投资者可以在交易时间内以 ETF 指定的一篮子股票申购 ETF 份额或以 ETF 份额赎回一篮子股票。在二级市场，ETF 与普通股票一样在证券交易所挂牌交易，基金买入申报数量为 100 份或其整数倍，不足 100 份的基金可以卖出，机构投资者和中小投资者都可以按市场价格进行 ETF 份额交易。这种双重交易机制使 ETF 的二级市场价格不会过度偏离基金份额净值，因为一级、二级市场的价差会产生套利机会，而套利交易会使二级市场价格回复到基金份额净值附近。

> **相关链接**
>
> ### 其他 ETF
>
> ETF 联接基金是指将大部分基金资产(通常在90%以上)投资于跟踪同一标的指数的 ETF,密切跟踪标的指数表现,追求跟踪误差最小化的开放式基金。
>
> 黄金 ETF 是指将绝大部分基金财产投资于黄金交易所挂盘交易的黄金品种,紧密跟踪黄金价格,使用黄金品种组合或基金合同约定的方式进行申购赎回,并在证券交易所上市交易的开放式基金。
>
> 商品期货 ETF 是指以商品期货交易所挂盘交易的商品期货合约为主要策略,以跟踪商品期货价格或价格指数为目标,使用商品期货合约组合或基金合同约定的方式进行申购赎回,并在证券交易所上市交易的开放式基金。

2. LOF

LOF(Listed Open-ended Funds,上市开放式基金),是一种可以同时在场外市场进行基金份额申购、赎回,在交易所进行基金份额交易,并通过份额转托管机制将场外市场与场内市场有机地联系在一起的一种开放式基金。

尽管同样是交易所交易的开放式基金,但就产品特性看,深圳证券交易所推出的 LOF 在世界范围内具有首创性。与 ETF 不同,LOF 不一定采用指数基金模式,也可以是主动管理型基金;同时,申购和赎回均以现金进行,对申购和赎回没有规模上的限制,可以在交易所申购、赎回,也可以在代销网点进行。LOF 所具有的可以在场内外交易,以及场内外转托管的制度安排,使 LOF 不会出现封闭式基金大幅度折价交易的现象。2004年10月14日,南方基金管理公司募集设立了"南方积极配置证券投资基金"(LOF),并于2004年12月20日在深圳证券交易所上市交易。

(二) 分级基金

分级基金又称为结构型基金、可分离交易基金,是指在一只基金内部通过结构化的设计或安排,将普通基金份额拆分为具有不同预期收益与风险的两类(级)或多类(级)份额并可分离上市交易的一种基金产品。分级基金的基础份额被称为母基金份额,预期风险收益较低的子份额被称为 A 类份额(或优先份额),预期风险收益较高的子份额被称为 B 类份额(或进取份额)。

分级基金借助结构化设计将同一基金资产划分为预期风险收益特征不同的份额类别,可以同时满足不同风险收益偏好投资者的需求。以最简单的融资类分级基金为例,A 类份额根据基金合同的约定可以定期获得约定收益(通常在基准利率的基础上有所上浮),B 类份额在向 A 类份额保证支付约定收益后可获得基金全部的收益或承担基金的全部亏损。这相当于 B 类份额以一定的成本向 A 类份额融资,A 类份额可获得类似固定收益产品的稳定收益,有低风险、稳定收益的特征,而 B 类份额则具备杠杆投资的特性,有高风险、高预期收益的特征。

分级基金涉及收益分配权的分割与收益保障等结构性条款的设置,具有内含衍生工具与杠杆的特征,同时不同的份额又可按约定进行拆分、合并、交易,增加了收益实现方式。其复杂程度远远超过普通类型基金。

(三) 基金中基金(FOF)

基金中基金是以其他基金为投资对象的基金。在我国,根据中国证监会对基金类别的分类标准,80%以上的基金资产投资于其他基金份额的,为基金中基金。

> **相关链接**
>
> ### 大限已至,分级基金集体退市!
>
> 根据《关于规范金融机构资产管理业务的指导意见》要求,所有分级基金最后交易日为2020年12月31日,伴随着2020年年底的最后期限已过,这也意味着分级基金在日内迎来了集体终止上市。
>
> 分级基金退市有两种选择:一是转型为LOF或指数基金,二是清盘。根据基金公告显示,存量的66只分级基金将于2021年1月4日和5日陆续转换成LOF基金。集思录数据显示,目前全市场尚有66只分级基金,其中仅有2只溢价率为正,平均溢价率为-1.97%。
>
> **(一) 分级基金的发家史**
>
> 分级基金始于2007年7月9日,由国投瑞银基金公司推出的国内首只分级型基金"国投瑞银瑞福分级基金"正式开始募集,拉开了分级基金的大幕。由于当时没有股指期货、融资融券,带杠杆的投资工具权证又被要求停止发行而逐渐淡出证券市场,但因其稀缺性,造成带杠杆的封闭期五年的老瑞福进取在上市初期溢价交易。
>
> 2013年开始,分级基金迅猛发展,分级基金跟踪的标的越来越细分化,从起初房地产、医药、有色等行业分级到军工、国企改、工业4.0等各种细分领域行业和主题的分级基金越来越多。
>
> 然而,当时间进入2015年下半年,由于市场波动和投资者教育等问题,监管层叫停审批分级基金。在2018年4月发布的资管新规中,明确规定了公募产品和开放式私募产品不得进行份额分级。文件指出,按照"新老划断"原则设置过渡期,确保平稳过渡,过渡期为本意见发布之日起至2020年年底。
>
> 直到2020大限年到来,分级基金才迎来"清退潮"。
>
> **(二) 转型中的困难**
>
> 有分析人士此前指出,清盘好办,但转型并不容易。转型要通过基金份额持有人大会通过,但囿于分级产品的市场稀缺性,想以此作为杠杆投资工具的投资人不在少数。这与到期清盘或规模萎缩带来的刚性任务不同,阻力依然很大。
>
> 尽管有基金持有人大会反对的声浪,但依旧有此类基金公司公告指出:基金管理人将按照监管部门联合发布的《关于规范金融机构资产管理业务的指导意见》的要求于2020年年底完成整改,取消分级运作机制,并终止相关分级基金份额的上市。这也意味着,中小投资者的不配合或反对,导致持有人大会召开失败,实际上并不能阻挡分级基金

的整改大限。

(三) 之后将如何走？

据基金公告所示，持有的分级基金A、分级B份额，会以2020年12月31日当日日终基础份额净值为基准，按照各自的基金份额净值折算成场内基础份额。A、B份额基金持有人将持有份额折算成场内基础份额取整计算，余额计入基金资产。

折算基准日次日，也就是2021年1月1日，原分级基金的基金合同失效，LOF基金的合同生效，之后基金管理人就可以申请基金份额上市交易了。

(资料来源：选股定App)

任务三　投资基金的费用、收入与风险

微课4-3

一、基金的费用

(一) 基金费用的种类

在基金运作过程中涉及的费用可以分为两大类：一类是基金销售过程中发生的由基金投资者承担的费用，主要包括申购费(认购费)、赎回费及基金转换费等；另一类是基金管理过程中发生的费用，主要包括基金管理费、基金托管费、基金合同生效后的会计师费和律师费、基金份额持有人大会费用、基金的证券交易费、信息披露费等，这些费用由基金资产承担。

这两大类费用性质不同。第一类费用并不参与基金的会计核算，而第二类费用则需要直接在基金资产中列支，其种类及计提标准需在基金合同及基金招募说明书中明确规定。

(二) 各种费用的计提标准及计提方式

1. 基金管理费、基金托管费和基金销售服务费

基金管理费是基金管理人管理基金资产而向基金收取的费用。基金托管费是指基金托管人为基金提供托管服务而向基金收取的费用。基金销售服务费是用于基金的持续销售和为基金份额持有人提供服务而收取的费用。

我国的基金管理费、基金托管费及基金销售服务费均是按照前一日基金资产净值的一定比例逐日计提，按月支付。基金管理费率通常与基金规模成反比，与风险成正比。基金规模越大，风险程度越低，基金管理费率越低。我国积极管理的股票基金一般按照年管理费率1.5%的比例计提管理费，指数基金和债券基金的年管理费率一般为0.3%～1.0%，货币市场基金的年管理费率一般为0.15%～0.33%。股票型基金的年托管费率一般为0.25%，指数型基金和债券型基金的年托管费率一般为0.1%～0.25%，货币市场基金的年托管费率一般为0.05%～0.1%。此外，基金可以从基金资产列支基金销售服务费，年费率一般不高于0.8%。

2. 基金交易费

基金交易费是指基金在进行证券买卖交易时所发生的相关交易费用。目前,我国证券投资基金的交易费用主要包括印花税、交易佣金、过户费、经手费、证管费。交易佣金由证券公司按成交金额的一定比例向基金收取,印花税、过户费、经手费、证管费等由登记公司或交易所按有关规定收取。参与银行间债券交易的,还需向中央国债登记结算有限责任公司支付银行间账户服务费,向全国银行间同业拆借中心支付交易手续费等服务费用。

3. 基金运作费

基金运作费是指为保证基金正常运作而发生的应由基金承担的费用,包括审计费、律师费、上市年费、信息披露费、分红手续费、持有人大会费、开户费、银行汇划手续费等。按照有关规定,发生的这些费用如果影响基金份额净值小数点后第五位的,即发生的费用大于基金净值十万分之一,应采用预提或待摊的方法计入基金损益。发生的费用如果不影响基金份额净值小数点后第五位的,即发生的费用小于基金净值十万分之一,应于发生时直接计入基金损益。

二、基金的收入、估值及利润

(一) 基金的收入来源

证券投资基金的收入是基金资产在运作过程中所产生的各种收入。基金收入主要来源于利息、股息、红利、资本利得等。基金收入的构成包括:基金投资所得红利、股息、债券利息;买卖证券价差;存款利息;法律、法规及基金契约规定的其他收入。

(二) 基金资产估值

1. 基金资产估值

基金资产估值是指通过对基金所拥有的全部资产及所有负债按一定的原则和方法进行估算,进而确定基金资产公允价值的过程。基金资产总值是指基金全部资产的价值总和,从基金资产总值中扣除所有负债即是基金资产净值。基金资产净值除以基金当前的总份额,就是基金的份额净值。即为:

$$基金资产净值 = 基金资产总值 - 基金负债$$

$$基金份额净值 = \frac{基金资产净值}{基金总份额}$$

基金份额净值是计算投资者申购基金份额、赎回资金金额的基础,也是评价基金投资业绩的基础指标之一。

2. 基金资产估值的频率与公允性问题

基金一般都按照固定的时间间隔对基金资产进行估值。我国的开放式基金于每个交易日估值,并不晚于下一交易日公告份额净值;封闭式基金和定期开放式基金的封闭期每个交易日都进行估值,但每周披露一次基金份额净值。

当基金投资标的为交易活跃的证券时,对其资产进行估值较为容易。在这种情况下,市场交易价格是可获得并被接受的,也是公允的,因此,也是可信的,直接采用市场交易价格就可以对标的资产估值。但是,当基金投资交易不活跃的证券时,基金持有的证券要么没有交易价格,要么交易价格不可信,此时资产估值问题复杂许多。需要根据不同的情况采取不同的方法,谨慎估值。我国针对投资标的交易不活跃的情况,在相关法律法规中明确规定了相应的估值方法。2020年8月1日起执行的《公开募集证券投资基金侧袋机制指引(试行)》,是对不活跃证券估值问题的针对性解决方案。侧袋机制,是将基金投资组合中的特定资产从原有账户分离至一个专门账户进行处置清算,目的在于有效隔离并化解风险,确保投资者得到公平对待,属于流动性风险管理工具。侧袋机制实施期间,原有账户被称为主袋账户,专门账户被称为侧袋账户。由于流动性差以及对问题证券进行估值时涉及主观判断,需要托管人承担更多的职责以核对详细的估值规则,并规范估值行为,这将有助于规避基金资产估值时出现价格操纵及滥估现象。

3. 基金资产估值方法的一致性及公开性

估值方法的一致性是指基金在进行资产估值时均应采用同样的估值方法,遵守同样的估值规则。估值方法的公开性是指基金采用的估值方法需要在法定募集文件中公开披露。若基金变更了估值方法,必须及时进行披露。

(三) 基金的利润分配

基金利润是指基金在一定会计期间的经营成果,利润(收益)包括收入减去费用后的净额、公允价值变动损益等,也被称为"基金收益"。基金在获取投资收入扣除费用后,须将利润分配给受益人。基金利润分配通常有两种方式:一是分配现金,这是最普遍的分配方式;二是分配基金份额,即将应分配的净收益折为等额的新的基金份额送给受益人。

按照《证券投资基金管理办法》的规定,封闭式基金的收益分配每年不得少于一次,封闭式基金年度收益分配比例不得低于基金年度可供分配利润的90%。封闭式基金一般采用现金方式分红。

开放式基金的基金合同应当约定每年基金收益分配的最多次数和每次基金收益分配的最低比例。开放式基金的分红方式有现金分红和分红再投资转换为基金份额两种。根据规定,基金收益分配应当采用现金方式。开放式基金的基金份额持有人可以事先选择将所获分配的现金收益按照基金合同有关基金份额申购的约定转为基金份额;基金份额持有人事先未做出选择的,基金管理人应当支付现金。

货币市场基金的份额净值固定在1元人民币,对货币市场基金的收益分配,中国证监会有专门的规定。《货币市场基金监督管理办法》规定:"对于每日按照面值进行报价的货币市场基金,可以在基金合同中将收益分配的方式约定为红利再投资,并应当每日进行收益分配。"货币市场基金在每日进行利润分配时,当日申购的基金份额自下一个工作日起享有基金的分配权益,当日赎回的基金份额自下一个工作日起不享有基金的分配权益。

三、基金的投资风险

(一) 市场风险

基金主要投资于证券市场,投资者购买基金,相对于购买股票而言,由于能有效地分散投资和利用专家优势,可能对控制风险有利。分散投资虽能在一定程度上消除来自个别公司的非系统风险,但无法消除市场的系统性风险。因此,证券市场价格因经济因素、政治因素等各种因素的影响而产生波动时,将导致基金收益水平和净值发生变化,从而给基金投资者带来风险。

(二) 管理风险

基金管理人作为专业投资机构,虽然比普通投资者在风险管理方面确实有某些优势,如能较好地认识风险的性质、来源和种类,能较准确地度量风险,通常能够按照自己的投资目标和风险承受能力构造有效的证券组合,在市场变动的情况下,及时对投资组合进行更新,从而将基金资产风险控制在预定的范围内等。但是,不同的基金管理人的基金投资管理水平、管理手段和管理技术存在差异,从而对基金收益水平产生影响。

(三) 技术风险

当计算机、通信系统、交易网络等技术保障系统或信息网络支持出现异常情况时,可能导致基金日常的申购或赎回无法按正常时限完成、注册登记系统瘫痪、核算系统无法按正常时限显示基金净值、基金的投资交易指令无法及时传输等风险。

(四) 巨额赎回风险

这是开放式基金所特有的风险。若因市场剧烈波动或其他原因而连续出现巨额赎回,并导致基金管理人出现现金支付困难时,基金投资者申请赎回基金份额,可能会遇到部分顺延赎回或暂停赎回等风险。

(五) 其他风险

战争、自然灾害等不可抗力可能导致基金资产面临遭受损失的风险,以及证券市场、基金管理人及基金销售代理人可能因不可抗力无法正常工作,从而有影响基金的申购和赎回按正常时限完成的风险。

微课 4-4

任务四　开放式基金的认购、申购与赎回

一、开放式基金的认购

认购是指投资人在基金募集期按照基金的单位面值加上少量手续费购买基金的行为。国内许多开放式基金在发行时为吸引更多投资者,认购费率会比基金成立后低廉。

开放式基金的认购采取金额认购的方式,即投资者在办理认购时,认购申请上填写需要认购多少金额的基金份额,而不是直接填写需要认购多少份基金份额,基金注册登记人在基金认购结束后,再按基金份额的认购价格,将申请认购基金的金额换算成投资人应得的基金份额。

(一) 开放式基金的认购费率及收费模式

基金管理人针对不同的基金类型、不同的认购金额设置不同的认购费率。我国股票型基金的认购费率大多在 1%～1.5%,债券型基金的认购费率通常在 1% 以下,货币市场基金一般不收取认购费。

基金份额的认购通常有前端收费和后端收费两种模式。前端收费是指在认购基金份额时,就支付认购费用;后端收费是指在认购基金份额时不收费,而在赎回基金份额时才支付认购费用。后端收费模式是为了鼓励投资者长期持有基金,所以后端收费的认购费率一般设计为随着基金份额持有时间的延长而递减,甚至不再收取认购费用。

(二)开放式基金认购份额的计算

按照中国证监会的规定,基金认购费用统一按净认购金额为基础收取,基金的认购费用与认购份额的计算公式为:

$$认购净额 = \frac{认购总金额}{1+认购费率}$$

$$认购份额 = \frac{认购净额}{基金面值}$$

【例 4-1】 一位投资人有 100 万元用来认购开放式基金,假定认购的费率为 1%,基金单位面值为 1 元,那么其认购份额是多少?

$$认购净额 = \frac{1\ 000\ 000}{1+1\%} = 990\ 099(元)$$

因为新基金在发行时,通常单位面值都为 1 元,所以新基金的认购净额也就是认购的份额数。

二、申购、赎回

申购指投资人在基金成立之后,按照基金的最新单位资产净值加上少量手续费购买基金的行为。赎回是指投资人将已经持有的开放式基金单位出售给基金管理人,收回资金的行为。

(一)申购、赎回的原则

一般开放式基金,在申购、赎回时遵循"未知价"交易原则,即投资者在申购、赎回一般开放式基金份额时,并不能即时获知成交价格。申购、赎回价格只能以申购、赎回日交易时间结束后,基金管理人公布的基金份额净值为基准进行计算,这与股票、封闭式基金等金融产品按"已知价"原则进行买卖不同。

申购、赎回时采用"金额申购、份额赎回"的原则,即以申购金额填报数量申请,以赎回份额填报数量申请。"申购"对应"买入","赎回"对应"卖出"。申购、赎回的成交价格按当日基金份额净值确定。

(二)申购份额及赎回金额的计算

> **相关链接**
>
> #### 买基金,究竟应该买 A 类还是买 C 类?
>
> 基金 A 类与 C 类的主要不同在于收费方式。其中,A 类基金需要缴纳申购费用,赎回费用随持仓时间递减,不需要缴纳销售服务费;C 类基金申购时不需要缴纳申购费用,

> 持有7天一般没有赎回费用,但是需要缴纳销售服务费。申购费用、赎回费用都是一次性收取的,销售服务费用按照持仓时间收取,持仓时间越长,销售服务费用就越高。由此可见,因为没有销售服务费,A类基金更适合长期投资;因为没有申购费,C类基金更适合短期投资。
>
> 相对来说,C类基金定投更为划算,C类基金手续费更低,A类基金和C类基金投资标的一样,运作方式也一样,收益会有所区别。

中国结算公司根据基金管理人给定的申购费率,以申购当日的基金份额净值为基准,采用外扣法,计算投资者申购所得基金份额。场内申购份额保留到整数位,零碎份额对应的资金返还到投资者资金账户。

$$净申购金额 = \frac{申购总金额}{1+申购费率}$$

$$申购份额 = \frac{净申购金额}{单位净值}$$

对于投资者申请赎回时,按照基金管理人给定的赎回费率,以赎回当日基金份额净值为基准,计算投资者可得到的净赎回金额。赎回总金额、净赎回金额按四舍五入的原则保留到小数点后两位。

$$赎回总金额 = 基金份额 \times 单位净值$$

$$赎回手续费 = 赎回总金额 \times 赎回费率$$

$$净赎回金额 = 赎回总金额 - 赎回手续费$$

【例4-2】 某投资者通过场内投资1万元申购上市开放式基金,假设管理人规定的申购费率为1.5%,申购当日基金份额净值为1.025 0元,则其申购手续费、可得到的申购份额及返还的资金余额是多少?

$$净申购金额 = \frac{10\ 000}{1+1.5\%} = 9\ 852.22(元)$$

申购手续费 = 10 000 - 9 852.22 = 147.78(元)

$$申购份额 = \frac{9\ 852.22}{1.025\ 0} = 9\ 611.92(份)$$

因场内份额保留至整数份,故投资者申购所得份额为9 611份,不足1份部分的申购资金零头返还给投资者。

实际净申购金额 = 9 611 × 1.025 0 = 9 851.28(元)

退款金额 = 10 000 - 9 851.28 - 147.78 = 0.94(元)

即投资者投资1万元申购基金,假设申购当日基金份额净值为1.025 0元,可得到9 611份基金单位,并得到返还的申购资金零头0.94元。

【例4-3】 某投资者赎回上市开放式基金1万份基金单位,持有时间为一年半,对应的赎回费率为0.50%。假设赎回当日基金单位净值为1.025 0元,则其可得净赎回金额为多少?

赎回总金额 = 10 000 × 1.025 0 = 10 250(元)

赎回手续费＝10 250×0.50％＝51.25(元)

净赎回金额＝10 250－51.25＝10 198.75(元)

即投资者赎回1万份基金单位,假设赎回当日基金单位净值为1.025 0元,则可得到10 198.75元净赎回金额。

> 同步测试

一、名词解释

1. 证券投资基金　2. 契约型基金　3. 封闭式基金　4. 开放式基金　5. ETF

二、单项选择题

1. 证券投资基金不可以按(　　)进行分类。
 A. 基金的组织形式　　　　　　　B. 基金是否可自由赎回
 C. 基金规模是否固定　　　　　　D. 基金管理公司的人数
2. 证券投资基金反映的是投资者和基金管理人之间的一种(　　)关系。
 A. 债权关系　　　　　　　　　　B. 所有权关系
 C. 综合权利关系　　　　　　　　D. 委托代理关系
3. 封闭式基金的交易价格主要取决于(　　)。
 A. 基金总资产　　　　　　　　　B. 供求关系
 C. 基金净资产　　　　　　　　　D. 基金负债
4. 在下列几种基金中,一般(　　)的年管理费率最低。
 A. 债券基金　　　　　　　　　　B. 货币基金
 C. 股票基金　　　　　　　　　　D. 认股权证基金
5. 基金持有人与托管人之间的关系是(　　)。
 A. 所有人与经营者的关系　　　　B. 经营与监管的关系
 C. 持有与监管的关系　　　　　　D. 委托与受托的关系
6. 为了满足投资者中途抽回资金、实现变现的需要,(　　)一般在基金资产中保持一定比例的现金。
 A. 封闭式基金　　B. 开放式基金　　C. 国债基金　　D. 股票基金
7. 下列说法错误的是(　　)。
 A. 开放式基金没有固定期限,投资者可随时向基金管理人赎回基金份额,若大量赎回甚至导致清盘
 B. 绝大多数开放式基金不上市交易,交易在投资者与基金管理人或其代理人之间进行
 C. 封闭式基金与开放式基金的基金份额首次发行价都是按面值加一定百分比的购买费计算
 D. 开放式基金一般每周或更长时间公布一次基金份额资产净值
8. ETF是一种在交易所上市交易的、基金份额可变的基金。ETF结合了(　　)的运

作特点。

  A. 契约型基金与公司型基金   B. 封闭式基金与开放式基金
  C. 股票基金与货币基金   D. 成长型基金、收入型基金

9. 按基金的组织形式不同,证券投资基金可分为(　　)。
  A. 契约型基金和公司型基金   B. 封闭式基金和开放式基金
  C. 国债基金、股票基金、货币市场基金   D. 成长型基金、收入型基金和平衡型基金

10. 下列选项中,对封闭式基金认识不正确的是(　　)。
  A. 经核准的基金份额总额在基金合同期限内固定不变
  B. 基金份额可以在依法设立的证券交易场所交易
  C. 基金份额持有人不得申请赎回
  D. 投资者只能通过证券经纪商在一级市场上进行基金的买卖

11. 下列对基金份额持有人与管理人之间的关系认识错误的是(　　)。
  A. 是委托人、受益人与受托人的关系
  B. 基金份额持有人是基金资产的终极所有者和基金投资收益的受益人;基金管理人则是接受基金份额持有人的委托,负责对所筹集的资金进行具体的投资决策和日常管理
  C. 是所有者和经营者之间的关系
  D. 是相互制衡的关系

12. 根据《中华人民共和国证券投资基金法》的规定,基金托管人通常由依法设立并取得基金托管资格的(　　)及其他金融机构担任。
  A. 商业银行   B. 基金管理公司
  C. 证券登记公司   D. 证券交易所

三、多项选择题

1. 证券投资基金与股票、债券的区别在于(　　)。
  A. 风险水平不同   B. 收益水平不同
  C. 所筹资金的投向不同   D. 所反映的关系不同

2. 封闭式基金与开放式基金的区别在于(　　)。
  A. 投资者的身份不同
  B. 期限和发行规模限制不同
  C. 基金单位交易方式和价格计算标准不同
  D. 投资策略不同

3. 下列说法正确的是(　　)。
  A. 开放式基金的买卖价格受市场供求关系的影响,常出现溢价或折价现象,并不必然反映单位基金份额的净资产值
  B. 绝大多数封闭式基金不上市交易,交易在投资者与基金管理人或其代理人之间进行
  C. 开放式基金没有发行规模限制,投资者可随时提出申购或赎回申请

D. 开放式基金的赎回价是基金份额净资产减去一定的赎回费,不直接受市场供求影响

4. 成长型基金可分为( )。
   A. 稳健成长型基金   B. 一般成长型基金
   C. 积极成长型基金   D. 专业成长型基金

5. 一般来说,证券投资基金当事人之间的关系包括( )。
   A. 基金份额持有人和管理人之间的关系
   B. 基金管理人和托管人之间的关系
   C. 基金份额持有人和托管人之间的关系
   D. 基金份额持有人和基金投资者之间的关系

6. 按照《中华人民共和国证券投资基金法》和其他相关法规的规定,基金可投资的品种包括( )。
   A. 公开发行上市的股票   B. 非公开发行股票
   C. 资产支持证券   D. 金融债券

7. 以下属于证券投资基金特征的是( )。
   A. 集合理财,专业管理   B. 组合投资,分散风险
   C. 收益平稳,风险较小   D. 独立托管,保障安全

8. 在我国,基金性质的机构投资者包括( )。
   A. 证券投资基金   B. 社保基金
   C. 社会公益基金   D. 企业年金

9. 下列关于基金投资范围的说法中,正确的有( )。
   A. 股票基金应有80%以上的基金资产投资于股票
   B. 债券基金应有90%以上的基金资产投资于债券
   C. 货币市场基金投资对象为期限较短的货币市场工具
   D. 混合型基金是可同时投资于股票与债券的基金

10. 关于基金认购费用及份额计算,下列说法正确的有( )。
    A. 认购费用=净认购金额×认购费率
    B. 认购费用=认购金额×认购费率
    C. 认购份额=(净认购金额+认购利息)/基金份额面值
    D. 认购份额=认购金额/基金份额面值

11. 下列选项中,属于ETF和LOF共同特点的有( )。
    A. 可以申购、赎回   B. 可以场内交易
    C. 报价频率相同   D. 申购、赎回的场所相同

12. 开放式基金的特点有( )。
    A. 没有固定期限   B. 没有发行规模限制
    C. 基金份额资产净值每周公布一次 D. 全部资金可用于长期投资

13. 基金管理人处理( )的具体事务交由基金托管人办理。
    A. 证券收付   B. 现金收付

C. 资产运作　　　　　　　　　　　D. 投资决策

14. 基金运作费是指为保证基金正常运作而发生的应由基金承担的费用,包括(　　)。
A. 审计费、律师费　　　　　　　　B. 上市年费、信息披露费
C. 分红手续费　　　　　　　　　　D. 开户费、银行汇划手续费

15. 下列属于基金收入来源的是(　　)。
A. 管理费收入　　　　　　　　　　B. 存款利息
C. 证券买卖差价　　　　　　　　　D. 债券利息

四、判断题

1. 契约型基金是基于信托原理而组织起来的代理投资方式,没有基金章程,也没有公司董事会,而是通过基金契约来规范三方当事人的行为。(　　)
2. 投资者在买卖封闭式基金时,在基金价格之外要支付手续费;投资者在买卖开放式基金时,则要支付申购费和赎回费。(　　)
3. 封闭期内,投资者可在一级市场上进行封闭式基金的买卖。(　　)
4. 基金管理费率的大小通常与基金规模成正比,与风险成反比。(　　)
5. 交易所交易的开放式基金是传统封闭式基金的交易便利性与开放式基金可赎回性相结合的一种新型基金。(　　)
6. 在我国,根据《公开募集证券投资基金运作管理办法》的规定,80%以上的基金资产投资于股票的,为股票基金。(　　)
7. 基金管理费率的大小通常与基金规模成反比,与风险成正比。(　　)
8. 基金托管费从基金资产中提取。(　　)
9. 证券投资基金的资金主要投向有价证券及实业。(　　)
10. 股票型基金的托管费率要高于债券型基金和货币市场基金的托管费率。(　　)

五、简答题

1. 试述证券投资基金的特点。
2. 试述契约型基金与公司型基金的区别。
3. 试述封闭式基金与开放式基金的区别。
4. 简述基金与股票、债券的区别。

六、案例分析

基础设施公募 REITs

公开募集基础设施证券投资基金(以下简称基础设施公募 REITs)是指依法向社会投资者公开募集资金形成基金财产,通过基础设施资产支持证券等特殊目的载体持有基础设施项目,由基金管理人等主动管理运营上述基础设施项目,并将产生的绝大部分收益分配给投资者的标准化金融产品。按照规定,我国基础设施公募 REITs 在证券交易所上市交易。

基础设施资产支持证券是指以基础设施项目产生的现金流为偿付来源，以基础设施资产支持专项计划为载体，向投资者发行的代表基础设施财产或财产权益份额的有价证券。基础设施项目主要包括仓储物流，收费公路、机场港口等交通设施，水电气热等市政设施，污染治理、信息网络、产业园区等其他基础设施。

作为资本市场重要的金融创新产品之一，基础设施公募（REITs）进展迅速。从产品申报到快速获批，从启动发售到线下询价，这一创新品种每一阶段都受到市场的极大关注。

各类机构投资者对基础设施公募REITs的投资热情高涨，基础设施公募REITs的快速走红，与该类产品的收益风格、普惠特点密切相关。作为区别于股、债资产的另类投资品种，基础设施公募REITs较长的投资期限、较高的分红比例、稳健的收益特征，天然会受到保险、社保、年金、养老金等关注长期和稳健收益的投资者青睐；与股、债类金融资产关联度低，有资产价值提升预期，分散效果较好等特点，也让该品种成为银行理财、券商、私募等机构差异化资产配置的新工具；而较低的参与门槛、挂钩基础设施、抗通胀、产品上市可交易等特点，也让个人投资者增加了资产配置的新选择。

在产品形式上，以"公募基金+基础设施资产支持证券"的形式运作，将优质的基础设施建设项目以公募基金的模式推向市场，也大幅降低了投资者门槛。1 000元即可参与，金融普惠的特点让基础设施公募REITs成为居民增加财产性收入的新工具。基础设施公募REITs对抗通胀的特性，海外市场的成功实践，都让这类强制分红、相对稳健的投资品种受到市场的高度关注和追捧。

在投资的视角之外，基础设施公募REITs还有利于盘活海量的优质资产，优化基础设施的融资模式，助力资金向新基建领域倾斜。而作为基础设施投资大国，我国庞大的基础设施存量规模，相对偏低的证券化率，都让这一新兴投资领域未来发展充满想象空间。

（资料来源：根据《证券时报》2021年5月28日第A01版整理）

根据以上资料，请谈谈基础设施公募REITs的意义及产品特点。

立体化资源 5

项目五 金融产品中的"双刃剑"
——金融衍生工具

▶ **学习目标**

1. 了解金融衍生产品的主要类别及其基本特征；
2. 掌握金融远期、期货、期权、互换等衍生品的运作方式；
3. 掌握我国股指期货与股指期权的种类及交易；
4. 能够运用金融衍生产品进行避险保值。

▶ **引导案例**

天气期货在国外已有十余年的发展历史。天气期货和其他期货的交易原理基本相同，以温度指数期货为例，每月初期货市场主管机构会根据过去10年当月气温情况，为降温度日数或升温度日数确定一个初始值，如40华氏度（约22.2℃）。为使市场运转，指定的"做市商"将喊出"出价"和"要价"，前者比初始值稍低，后者稍高，这是投资者可以买进或卖出的度数。随着天气的变化和市场的反应，这些交易值在一个月中将起伏不定。到了月底，交易所根据实际温度进行结算，以1华氏度等于100美元的价格兑现所有期货合同。而投资者所要做的，就是预测一下未来的温度变化，然后进行买卖赚取利润。天气期货最大的作用是具有避险功能。从农业、电力、旅游、交通等行业的企业，到滑雪场、高尔夫球场、海滨旅游胜地，甚至是保险公司都可通过它来对冲风险。

【案例思考】

1. 假如你是雪糕企业的经理，若预测气温将下降，你该如何通过天气期货规避销量下跌风险？
2. 进行期货交易的目的有哪些？

任务一 金融衍生工具

微课5-1

近30年来,衍生品市场的快速崛起成为市场经济史中最引人注目的事件之一。过去,通常把市场区分为商品(劳务)市场和金融市场,进而根据金融市场工具的期限特征把金融市场分为货币市场和资本市场。衍生品的普及改变了整个市场结构:它们连接起传统的商品市场和金融市场,并深刻地改变了金融市场与商品市场的截然划分;衍生品的期限可以从几天扩展至数十年,已经很难将其简单地归入货币市场或资本市场;其杠杆交易特征撬动了巨大的交易量,它们无穷的派生能力使所有的现货交易都相形见绌;衍生工具最令人着迷的地方还在于其强大的构造特性,不但可以用衍生工具合成新的衍生品,还可以复制出几乎所有的基础产品,它们所具有的这种不可思议的能力已经改变了"基础产品决定衍生工具"的传统思维模式,使基础产品与衍生品之间的关系成为不折不扣的"鸡与蛋孰先孰后"的不解之谜。

2007年以来,起源于美国的次贷危机波及全球金融市场,并进而将全球经济带入下降轨道。美联储估计原本规模1 000亿美元左右的美国次级贷款,何以最终涉及大量金融机构,最终放大为一场金融"海啸"呢?很多人将其归咎于金融衍生产品的泛滥和难以估值、无法约束。早在2002年,巴菲特就在其致股东信中断言衍生产品是"魔鬼""定时炸弹",甚至是"大规模杀伤武器"。要论衍生产品功过,还是要坚持一分为二的辩证立场。衍生产品所具有的灵活方便、设计精巧、高效率等特征的确是风险管理和金融投资利器,不能因为引致金融"海啸"就彻底否定它,对它的研究和运用都还需要进一步深化;同时,也必须看到,对微观个体分散风险有利的衍生工具,并没有从根本上消除金融风险的源头,反而可能引起风险总量的净增长,在特定条件下,就可能酝酿出巨大的金融灾难。因此,强化对金融衍生产品的政府监管、信息披露以及市场参与者的自律将是必要之举。

一、金融衍生工具的概念与特征

金融衍生工具,又称"金融衍生产品",是与基础金融产品相对应的一个概念,指建立在基础产品或基础变量之上,其价格取决于后者价格(或数值)变动的派生金融产品。这里所说的基础产品是一个相对的概念,不仅包括现货金融产品(如债券、股票、银行定期存款单等),也包括金融衍生工具。作为金融衍生工具基础的变量则包括利率、各类价格指数甚至天气指数。

由金融衍生工具的定义可以看出,它们具有下列四个显著特性。

(一) 跨期性

金融衍生工具是交易双方通过对利率、汇率、股价等因素变动趋势的预测,约定在未来某一时间按照一定条件进行交易或选择是否交易的合约。无论是哪一种金融衍生工具,都会影响交易者在未来一段时间内或未来某时点上的现金流,跨期交易的特点十分突出。这就要求交易双方对利率、汇率、股价等价格因素的未来变动趋势做出判断,而判断的准确与否直接决定了交易者的交易盈亏。

(二) 杠杆性

金融衍生工具交易一般只需要支付少量的保证金或权利金就可签订远期大额合约或互换不同的金融工具。例如,若期货交易保证金为合约金额的 5％,则期货交易者可以控制 20 倍于所投资金额的合约资产,实现以小搏大的效果。在收益可能成倍放大的同时,投资者所承担的风险与损失也会成倍放大,基础工具价格的轻微变动也许就会带来投资者的大盈大亏。金融衍生工具的杠杆效应一定程度上决定了它的高投机性和高风险性。

(三) 联动性

金融衍生工具的价值与基础产品或基础变量紧密联系、规则变动。通常,金融衍生工具与基础变量相联系的支付特征由衍生工具合约规定,其联动关系既可以是简单的线性关系,也可以表达为非线性函数或者分段函数。

(四) 不确定性(高风险性)

金融衍生工具的交易后果取决于交易者对基础工具(变量)未来价格(数值)的预测和判断的准确程度。基础工具价格的变幻莫测决定了金融衍生工具交易盈亏的不稳定性,这是金融衍生工具高风险性的重要诱因。

二、金融衍生工具的分类

金融衍生工具可以按照产品形态、基础工具的种类、自身交易方式及特点以及交易场所的不同而有不同的分类。

(一) 按照产品形态分类

1. 独立衍生工具

这是指本身即为独立存在的金融合约,例如期权合约、期货合约或者互换交易合约等。

2. 嵌入式衍生工具

这是指嵌入到非衍生合同(以下简称"主合同")中的衍生金融工具,该衍生工具使主合同的部分或全部现金流量将按照特定利率、金融工具价格、汇率、价格或利率指数、信用等级或信用指数,或类似变量的变动而发生调整,例如目前公司债券条款中可能包含赎回条款、返售条款、转股条款、重设条款等。

(二) 按照基础工具的种类分类

金融衍生工具从基础工具分类角度,可以划分为股权类产品的衍生工具、货币衍生工具和利率衍生工具、信用衍生工具以及其他衍生工具。

1. 股权类产品的衍生工具

它是指以股票或股票指数为基础工具的金融衍生工具,主要包括股票期货、股票期权、股票指数期货、股票指数期权以及上述合约的混合交易合约。

2. 货币衍生工具

它是指以各种货币作为基础工具的金融衍生工具,主要包括远期外汇合约、货币期货、货币期权、货币互换以及上述合约的混合交易合约。

3. 利率衍生工具

它是指以利率或利率的载体为基础工具的金融衍生工具，主要包括远期利率协议、利率期货、利率期权、利率互换以及上述合约的混合交易合约。

4. 信用衍生工具

它是以基础产品所蕴含的信用风险或违约风险为基础变量的金融衍生工具，用于转移或防范信用风险，是20世纪90年代以来发展最为迅速的一类衍生产品，主要包括信用互换、信用联结票据等。

5. 其他衍生工具

除以上四类金融衍生工具以外，还有相当数量金融衍生工具是在非金融变量的基础上开发的，例如用于管理气温变化风险的天气期货、管理政治风险的政治期货、管理巨灾风险的巨灾衍生产品等。

（三）按照自身交易的方式及特点分类

金融衍生工具从自身交易的方式和特点可以分为金融远期合约、金融期货、金融期权、金融互换和结构化金融衍生工具。

1. 金融远期合约

它是指合约双方同意在未来日期按照固定价格买卖基础金融资产的合约。金融远期合约规定了将来交割的资产、交割的日期、交割的价格和数量，合约条款根据双方需求协商确定。金融远期合约主要包括远期利率协议、远期外汇合约和远期股票合约。

2. 金融期货

它是指买卖双方在有组织的交易所内以公开竞价的形式达成的，在将来某一特定时间交收标准数量特定金融工具的协议。金融期货主要包括货币期货、利率期货、股票指数期货和股票期货四种。

3. 金融期权

它是指合约买方向卖方支付一定费用（称为"期权费"或"期权价格"），在约定日期内（或约定日期）享有按事先确定的价格向合约卖方买卖某种金融工具的权利的契约。金融期权包括现货期权和期货期权两大类。

4. 金融互换

它是指两个或两个以上的当事人按照共同商定的条件，在约定的时间内定期交换现金流的金融交易。金融互换可分为货币互换、利率互换、股权互换等。

5. 结构化金融衍生工具

前述四种常见的金融衍生工具通常也被称作建构模块工具，它们是最简单和最基础的金融衍生工具，而利用其结构化特性，通过相互结合或者与基础金融工具相结合，能够开发设计出更多具有复杂特性的金融衍生产品，后者通常被称为结构化金融衍生工具，简称为结构化产品。例如，在股票交易所交易的各类结构化票据，目前我国各家证券公司发行的挂钩收益凭证、商业银行推广的挂钩不同标的资产的理财产品等都是其典型代表。

(四) 按照交易场所分类

1. 交易所交易的衍生工具

它是指在有组织的交易所上市交易的衍生工具,例如在股票交易所交易的股票期权产品,在期货交易所和专门的期权交易所交易的各类期货合约、期权合约等。

2. 场外交易市场(OTC)交易的衍生工具

它是指通过各种通讯方式,不通过集中的交易所,实行分散的、一对一交易的衍生工具,例如金融机构之间、金融机构与大规模交易者之间进行的各类互换交易和信用衍生品交易。从近年来的发展看,这类衍生产品的交易量逐年增大,已经超过交易所市场的交易额,市场流动性也得到增强,还发展出专业化的交易商。

微课 5-2

任务二 金融远期、期货与互换

一、金融远期交易

金融远期合约是最基础的金融衍生产品。它是交易双方在场外市场上通过协商,按约定价格(称为"远期价格")在约定的未来日期(交割日)买卖某种标的金融资产的合约。由于采用了"一对一交易"的方式,交易事项可协商确定,较为灵活,金融机构或大型工商企业通常利用远期交易作为风险管理手段。远期合约中购买金融资产的一方称为多头,出售金融资产的一方称为空头。在合约到期时,交易双方必须进行交割,即空方付给多方合约规定数额的金融资产,多方付给空方按约定价格计算的现金。

(一) 远期合约的价值和远期价格

远期合约的价值是对合约的多空双方而言,在某一时刻合约本身具有的价值。该价值的决定因素是合约金融资产的价格。在合同生效初始,远期合约的价值为0,因为多空之间均没有因合同而发生现金流动,双方就不会产生收益和损失。此后,随着金融资产现货价格的变化,虽然多空双方没有实现现金的支付或收取,但一方有了账面上的收益,相应的另一方也有了账面上的损失,此时对多空双方而言合约就有了价值,该价值可能为正也可能为负。

远期价格是远期合约的金融资产在未来某一时刻的价格。在合约生效初始时刻 t,在约定的交割价格 K 下,合约价值 f 为0,此时的远期价格就是合约的约定价格(交割价格)。随着时间的推移,在时刻 t_1,合约交割价格是固定不变的,而远期价格却在发生变化,因而两者一般不再相等,此时合约价值 f 不再为0。假定此时存在一个能使 $f=0$ 的交割价格 K_1,K_1 就是时刻 t_1 金融资产的远期价格。就同一金融资产的远期合约而言,远期价格随着期限的不同而不同,远期价格高于即期价格,称为远期升水;反之,称为远期贴水。

(二)远期合约的损益

在远期合约的交割日,合约多方必须以价格 K 买入金融资产,而此时该资产的市场价格为 S_T,这样远期合约的损益可表示如下:

多方: 收益 $= S_T - K$

空方: 收益 $= K - S_T$

远期合约的损益如图 5-1 所示。

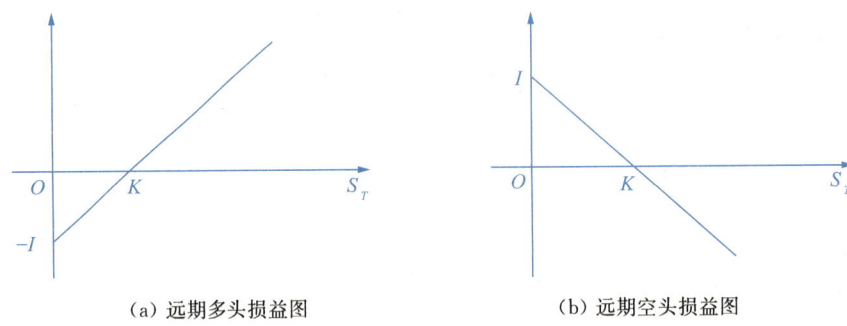

(a) 远期多头损益图　　　　　　　　(b) 远期空头损益图

图 5-1　远期合约损益图

二、金融期货合约

金融期货是期货交易的一种。期货交易是指交易双方在集中的交易所市场以公开竞价方式进行的期货合约交易。而期货合约则是由交易双方订立的、约定在未来某日期按成交时约定的价格交割一定数量的某种商品的标准化协议。金融期货合约的基础工具是各种金融工具,如外汇、债券、股票、股价指数等。换言之,金融期货是以金融工具为基础工具的期货交易。

(一)金融期货交易的特征

与金融现货交易相比,金融期货的特征具体表现在以下几个方面:

第一,交易对象不同。金融现货交易的对象是某一具体形态的金融工具,通常,它是代表着一定所有权或债权关系的股票、债券或其他金融工具,而金融期货交易的对象是金融期货合约。金融期货合约是由期货交易所设计的一种对指定金融工具的种类、规格、数量、交收月份、交收地点都做出统一规定的标准化协议。

第二,交易目的不同。金融工具现货交易的首要目的是筹资或投资,即为生产和经营筹集必要的资金,或为暂时闲置的货币资金寻找生息获利的投资机会。金融期货交易主要目的是套期保值,即为不愿承担价格风险的生产经营者提供稳定成本的条件,从而保证生产经营活动的正常进行。与现货交易相似,也可以通过金融期货交易进行套利、投机活动,但通常后者具有更高的交易杠杆。

第三,交易价格的含义不同。金融现货的交易价格是在交易过程中通过公开竞价或协商议价形成的,这一价格是实时的成交价,代表在某一时点上供求双方均能接受的市场均衡价格。金融期货的交易价格也是在交易过程中形成的,但这一交易价格是对金融现货未来价格的预期,这相当于在交易的同时发现了金融现货基础工具的未来价格。因此,从这个意义上看,期货交易过程也就是未来价格的发现过程。当然,所谓"价格发现"并不是绝对的,学术界有很多证据表明,出于各种原因,期货价格与未来的现货价格之间可能存在一定偏离。

第四,交易方式不同。金融工具现货交易一般要求在成交后的几个交易日内完成资金与金融工具的全额交割,成熟市场中通常也允许进行保证金买入或卖空,但所涉及的资金或证券缺口部分系由经纪商出借给交易者,要收取相应利息。期货交易则实行保证金交易和逐日盯市制度,交易者并不需要在成交时拥有或借入全部资金或基础金融工具。

第五,结算方式不同。金融现货交易通常以基础金融工具与货币的转手而结束交易活动。在金融期货交易中,仅有极少数的合约到期进行实物交割,绝大多数的期货合约是通过做相反交易实现对冲而平仓的。

(二)金融期货的主要交易制度

金融期货交易有一定的交易规则,这些规则是期货交易正常进行的制度保证,也是期货市场运行机制的外在体现。

1. 集中交易制度

金融期货在期货交易所或证券交易所进行集中交易。期货交易所是专门进行期货合约买卖的场所,是期货市场的核心。期货交易所为期货交易提供交易场所和必要的交易设施,制定标准化的期货合约,为期货交易制定规章制度和交易规则,监督交易过程,控制交易风险,保证各项制度和规则的实施,提供期货交易的信息,承担着组织、监督期货交易的重要职能。期货交易所一般实行会员制度,只有交易所的会员才能直接进场进行交易,而非会员交易者只能委托属于交易所会员的期货经纪商参与交易。

2. 标准化的期货合约和对冲机制

期货合约是由交易所设计、经主管机构批准后向市场公布的标准化合约。期货合约对基础金融工具的品种、交易单位、最小变动价位、每日限价、合约月份、交易时间、最后交易日、交割日、交割地点、交割方式等都做了统一规定,除某些合约品种赋予卖方一定的交割选择权外,唯一的变量是基础金融工具的交易价格。交易价格是在期货交易所以公开竞价的方式产生的。

期货合约设计标准化的合约是为了便于交易双方在合约到期前分别做一笔相反的交易进行对冲,从而避免实物交割。实际上绝大多数的期货合约并不进行实物交割,通常在到期日之前即已平仓。

3. 保证金制度

为了控制期货交易的风险和提高效率,期货交易所的会员经纪公司必须向交易所或结算所缴纳结算保证金,而期货交易双方在成交后都要通过经纪人向交易所或结算所缴纳一定数量的保证金。设立保证金的目的是当交易者出现亏损时能及时制止,防止出现不能偿付的现象。

由于在期货交易中买卖双方都有可能在最后结算时发生亏损,所以双方都要缴纳保证金。双方成交时缴纳的保证金叫初始保证金,以后每天都要以结算所公布的结算价格与成交价格加以对照,调整保证金账户余额。因市场行情的变化,交易者的保证金账户会产生浮动盈亏,因而保证金账户中实际可用于弥补亏损和提供担保的资金就会随时发生变动。保证金账户必须保持一个最低的水平,称为维持保证金,该水平由交易所规定。当交易者连续亏损,保证金余额不足以维持最低水平时,结算所会通过经纪人发出追加保证金的通知,要求交易者在规定时间内追缴保证金至初始保证金水平。交易者如果不能在规定时间内补足保证金,结算所有权将交易者的期货合约平仓了结,所导致的亏损由交易者负责。

4. 结算所和无负债结算制度

结算所是期货交易的专门清算机构,通常附属于交易所,但又以独立的公司形式组建。结算所通常也采取会员制。所有的期货交易都必须通过结算会员由结算机构进行,而不是由交易双方直接交割清算。结算所的职责是确定并公布每日结算价及最后结算价,负责收取和管理保证金,负责对成交的期货合约进行逐日清算,对结算所会员的保证金账户进行调整,监督管理到期合约的实物交割以及公布交易数据等有关信息。期货合约成交后,买卖双方都无须了解自己的交易对手是谁,因为所有的交易都记载在结算所的账户上,结算所成为所有交易者的对手,充当了所有买方的卖方,又是所有卖方的买方;当合约对冲或到期平仓时,结算所又负责一切盈亏清算。

5. 限仓制度

限仓制度是交易所为了防止市场风险过度集中和防范操纵市场的行为,而对交易者持仓数量加以限制的制度。根据不同的目的,限仓可以采取根据保证金数量规定持仓限额、对会员的持仓量限制和对客户的持仓量限制等几种形式。通常,限仓制度还实行近期月份严于远期月份、对套期保值者与投机者区别对待、对机构与散户区别对待、总量限仓与比例限仓相结合、相反方向头寸不可抵消等原则。

6. 大户报告制度

大户报告制度是交易所建立限仓制度后,当会员或客户的持仓量达到交易所规定的数量时,必须向交易所申报有关开户、交易、资金来源、交易动机等情况,以便交易所审查大户是否有过度投机和操纵市场行为,并判断大户的交易风险状况的风险控制制度。通常,交易所规定的大户报告限额小于限仓限额,所以大户报告制度是限仓制度的一道屏障,以防止大户操纵市场的违规行为。对于有操纵市场嫌疑的会员和客户,交易所有权随时限制其建立新的头寸或要求其平仓。如果会员或客户不在交易所规定的时间内自行平仓,交易所有权对其强行平仓。

7. 每日价格波动限制及断路器规则

为防止期货价格出现过大的非理性变动,交易所通常对每个交易时段允许的最大波动范围做出规定,一旦达到涨(跌)幅限制,则高于(低于)该价格的买入(卖出)委托无效。

除此之外,有的交易所还规定了一系列涨跌幅限制,达到这些限幅之后交易暂停,十余分钟后再恢复交易,目的是给市场充分时间消化特定信息的影响。除上述常规制度之外,期货交易所为了确保交易安全,还规定了强行平仓、强制减仓、临时调整保证金比例(金额)等交易规则,交易者在入市之前务必透彻掌握相关规定。

（三）中国金融期货交易所与期货合约

1. 中国金融期货交易所

2006年9月8日,中国金融期货交易所在上海成立,经国务院同意、中国证监会批准,由上海期货交易所、郑州商品交易所、大连商品交易所、上海证券交易所和深圳证券交易所共同发起设立的中国首家公司制交易所,注册资本为5亿元人民币。

> **相关链接**
>
> ## 我国四大期货交易所
>
> 1. 上海期货交易所,成立于1990年11月26日,上市交易的有铜、铝、天然橡胶、燃料油、黄金、白银、锌、铅、螺纹钢、线材等;
>
> 2. 大连商品交易所,成立于1993年2月28日,上市交易的有玉米、黄大豆1号、黄大豆2号、豆粕、豆油、棕榈油、鸡蛋、线型低密度聚乙烯、聚氯乙烯、焦炭和焦煤等;
>
> 3. 郑州商品交易所,成立于1990年10月12日,交易的品种有强筋小麦、普通小麦、PTA、一号棉花、白糖、菜籽油、早籼稻、玻璃、菜籽、菜粕、甲醇等;
>
> 4. 中国金融期货交易所,成立于2006年9月8日,在上海成立,交易的品种有股指期货、国债期货等。

2010年1月12日,中国证监会批复同意中国金融期货交易所组织股票指数期货交易;2010年4月16日,推出第一个股指期货——沪深300股指期货合约上市交易。上市后第二年成为中国和全球最大的单个衍生产品合约之一。随后,中国金融期货交易所于2013年9月6日、2015年3月20日、2015年4月16日,陆续推出5年期国债期货合约、10年期国债期货合约,以及中证500股指期货合约和上证50股指期货合约。

2. 期货合约

(1) 沪深300股指期货合约。沪深300指数是由沪、深证券交易所于2005年4月8日联合发布的反映A股市场整体走势的指数。沪深300指数选择A股市场中规模较大、流动性较好的最具代表性的300只股票构成指数样本。合约乘数定为每点价值300元人民币,也就是说,假设股指期货报价为3 000点,则每张合约名义金额为300×3 000＝900 000元人民币。合约详情具体见表5-1。

(2) 中证500股指期货合约。中证500股指期货合约(见表5-1)的标的是中证500指数,由中证指数有限公司于2007年1月15日正式发布,是综合反映沪、深证券市场内小市值公司整体状况的指数。合约乘数为每点价值200元人民币,合约月份为当月、下月及随后两个季月,交易代码为IC。

(3) 上证50股指期货合约。上证50股指期货合约(见表5-1)的标的是上证50指数,2004年1月2日正式发布,其成分股是上海证券市场规模较大、流动性较好的50只股票,综合反映了上海证券市场最具市场影响力的一批龙头企业的整体状况。合约乘数为每点价值300元人民币,合约月份为当月、下月及随后两个季月,交易代码为IH。

表 5-1 中国金融期货交易所股指期货合约

合约名称	沪深 300 股指期货合约	中证 500 股指期货合约	上证 50 股指期货合约
合约标的	沪深 300 指数	中证 500 指数	上证 50 指数
合约乘数	每点 300 元	每点 200 元	每点 300 元
报价单位	指数点	指数点	指数点
最小变动价位	0.2 点	0.2 点	0.2 点
合约月份	当月、下月及随后两个季月	当月、下月及随后两个季月	当月、下月及随后两个季月
交易时间	上午：9:30～11:30 下午：13:00～15:00	上午：9:30～11:30 下午：13:00～15:00	上午：9:30～11:30 下午：13:00～15:00
每日价格最大波动限制	上一个交易日结算价的 10%	上一个交易日结算价的 10%	上一个交易日结算价的 10%
最低交易保证金	合约价值的 8%	合约价值的 8%	合约价值的 8%
最后交易日	合约到期月份的第三个周五，遇国家法定节假日顺延	合约到期月份的第三个周五，遇国家法定节假日顺延	合约到期月份的第三个周五，遇国家法定节假日顺延
交割日期	同最后交易日	同最后交易日	同最后交易日
交割方式	现金交割	现金交割	现金交割
交易代码	IF	IC	IH

（四）金融期货的基本功能

1. 套期保值功能

套期保值是通过在现货市场与期货市场建立相反的头寸，从而锁定未来现金流的交易行为。

套期保值的基本做法是：在现货市场买进或卖出某种金融工具的同时，做一笔与现货交易品种、数量、期限相同但方向相反的期货交易，以期在未来某一时间通过期货合约的对冲，以一个市场的盈利来弥补另一个市场的亏损，从而规避现货价格变动带来的风险，实现保值的目的。套期保值的基本类型有两种：一是多头套期保值，是指持有现货空头（如持有股票空头者）的交易者担心将来现货价格上涨（如股市大盘上升）而给自己造成经济损失，于是买入期货合约（建立期货多头）。若未来现货价格果真上涨，则持有期货头寸所获得的盈利正好可以弥补现货头寸的损失。二是空头套期保值，是指持有现货多头（如持有股票多头）的交易者担心未来现货价格下跌，在期货市场卖出期货合约（建立期货空头），当现货价格下跌时以期货市场的盈利来弥补现货市场的损失。

期货交易的对象是标准化产品，因此，套期保值者很可能难以找到与现货头寸在品种、期限、数量上恰好匹配的期货合约。如果选用替代合约进行套期保值操作，则并不能完全锁定未来现金流，由此带来的风险被称为"基差风险"。

【例 5-1】 股指期货空头套期保值。

假设 2021 年 3 月 1 日，沪深 300 指数现货报价为 5 343.67 点，2021 年 9 月到期（9 月

17日到期)的沪深300股指期货合约报价为5 236.2点,某投资者持有价值为1亿人民币的市场组合,为防范在9月17日之前出现股市大跌的系统性风险,可做空9月份沪深300指数期货进行保值。

卖出股指期货合约份数:$\frac{100\,000\,000}{5\,343.67 \times 300} = 62.38$(份)

3月1日,该投资者做空63手9月到期合约。

9月17日收盘时:

现货头寸价值 = $100\,000\,000 \times \frac{9月17日现货收盘价}{3月1日现货报价}$

期货头寸盈亏 = $300元 \times (9月17日期货结算价 - 3月1日期货报价) \times 合约份数$

假设2021年9月17日,沪深300指数收盘为4 900点,则该投资者现货头寸价值为91 679 279.21元,期货头寸盈亏为6 354 180元,其账户总计为98 033 459.21元。在不同指数点位下,头寸变化见表5-2。

表 5-2 沪深 300 指数期货套期保值

2021年9月17日沪深300指数	现货头寸价值(元)	期货头寸价值(元)	合计(元)
4 900	91 679 279.21	6 354 180	98 033 459.21
5 000	93 568 652.26	4 464 180	98 032 832.26
5 100	95 440 025.30	2 574 180	98 014 205.30
5 200	97 311 398.35	684 180	97 995 578.35
5 300	99 182 771.39	−1 205 820	97 976 951.39
5 400	101 054 144.44	−3 095 820	97 958 324.44
5 500	102 925 517.48	−4 985 820	97 939 697.48
5 600	104 796 890.53	−6 875 820	97 921 070.53
5 700	106 668 263.57	−8 765 820	97 902 443.57

由表5-2可知,经空头套期保值后,无论2021年9月沪深300指数如何变化,该投资者的账户总值基本维持不变(注:投资者账户总值低于1亿元,是因为当期期货价格实际上被低估了)。如果投资者拥有较多资金欲投资于股票现货,担心建仓期大盘出现非预期大幅上涨导致建仓成本过高,也可以采取多头套期保值,即在期货上建立多头头寸,利用期货盈余抵消现货成本上升的风险。

2. 价格发现功能

价格发现功能是指在一个公开、公平、高效、竞争的期货市场中,通过集中竞价形成期货价格的功能。期货价格具有预期性、连续性和权威性的特点,能够比较准确地反映出未来商品价格的变动趋势。期货市场之所以具有价格发现功能,是因为期货市场将众多影响供求关系的因素集中于交易所内,通过买卖双方公开竞价,集中转化为一个统一的交易价格。这一价格一旦形成,立即向世界各地传播,并影响供求关系,从而形成新的价格。如此循环往复,使价格不断趋于合理。

由于期货价格与现货价格的走势基本一致并逐渐趋同,所以,今天的期货价格可能就是未来的现货价格,这一关系使世界各地的套期保值者和现货经营者都利用期货价格来衡量相关现货商品的近、远期价格发展趋势,利用期货价格和传播的市场信息来制定各自的经营决策。

3. 投机功能

与所有有价证券交易相同,期货市场上的投机者也会利用对未来期货价格走势的预期进行投机交易,预计价格上涨的投机者会建立期货多头,反之则建立空头。投机者的存在对维持市场流动性具有重大意义,当然,过度的投机必须受到限制。

与现货市场投机相比较,期货市场投机有两个重要区别:一是目前我国股票市场实行T+1清算制度,而期货市场是T+0,可以进行日内投机;二是期货交易的保证金制度导致期货投机具有较高的杠杆率,盈亏相应放大,具有更高的风险性。

【例 5-2】 股票指数期货投机。

2021年3月1日,沪深300指数开盘报价为5 389.25点,9月份到期的沪深300指数期货合约开盘价为5 299点。若期货投机者预期当日期货报价将下跌,开盘即空头开仓,并在当日最低价5 276点进行空头平仓,则:

当日即实现盈利=(5 299-5 276)×300=6 900(元)

若期货公司要求的初始保证金为15%,则:

投入资金=5 299×300×15%=238 455(元)

日收益率=6 900÷238 455=2.89%

4. 套利功能

套利的理论基础在于经济学中所谓的"一价定律",即忽略交易费用的差异,同一商品只能有一个价格。严格意义上的期货套利是指利用同一合约在不同市场上可能存在的短暂价格差异进行买卖,赚取差价,称为"跨市场套利"。行业内通常也根据不同品种、不同期限合约之间的比价关系进行双向操作,分别被称作跨品种套利和跨期限套利,但其结果不一定可靠。对于股价指数等品种,还可以和成分股现货联系起来进行指数套利,当股指期货价格高于理论值时,做空股指期货,买入指数组合,被称为"正套";反之,若股指期货价格低于理论值,则做多股指期货,做空指数组合,被称为"反套"。期货套利机制的存在对于提高金融市场的有效性具有重要意义。

【例 5-3】 不付红利股票的期货套利。

设某股票报价为30元,该股票在两年内不发放任何股利。若2年期货报价为35元(出于举例方便考虑,现实中基本上不存在2年期期货合约),则可进行如下套利:

按5%年利率借入3 000元资金,并购买该100股股票,同时卖出100股2年期期货。两年后,期货合约交割获得现金3 500元,偿还贷款本息3 307.50元[=3 000×$(1+0.05)^2$],盈利为192.50元。

三、金融互换交易

金融互换是指买卖双方依据预先约定的协议,在一定的时间内交换一系列的现金流的合约。从交易结构上看,可以将互换交易视为一系列远期交易的组合。金融互换发展的时间较短,但品种不断创新,除了传统的货币互换和利率互换以外,各种新的互换品种也不断出现。

(一) 货币互换

货币互换是将一种货币的本金和固定利息与另一种货币的等价本金和固定利息进行交换。货币互换的主要原因是双方在各自国家的金融市场上具有比较优势。

【例5-4】 假定美元和人民币的汇率为1美元=6.5元人民币。甲公司想借入1年期的827万人民币,乙公司想借入1年期的100万美元借款。甲乙公司在金融市场上的筹资成本不同。其中,甲公司美元借款利率为8.0%,人民币借款利率为11.6%;乙公司美元借款利率为10.0%,人民币借款利率为12.0%。双方根据各自的比较优势进行借款,并货币互换,并且均分互换收益。

表5-3 市场向甲、乙两公司提供的借款利率

	美元	人民币
甲公司	8.0%	11.6%
乙公司	10.0%	12.0%

如果甲、乙两家公司进行货币互换,它们都将借入自己有比较优势的货币,甲公司对美元有比较优势,而乙公司对人民币有比较优势。那么,甲公司将以8%的利率借入100万美元,乙公司将以12%的利率借入827万元人民币。然后,双方再进行利息互换,假定甲、乙双方平分互换收益,则两家公司都将使成本降低0.8%,即甲公司支付10.8%的人民币利率,乙公司支付9.2%的美元利率。到期后,甲公司将支付的利息为89.32万元人民币,而乙公司将支付9.2万美元利息。

以上都不考虑汇率风险,通过上面的分析,可以发现通过货币互换对甲、乙两家公司来说,都降低了筹资成本,双方都将从货币互换中得到收益。上述货币互换的流程图可以图5-2表示。

图5-2 甲、乙两公司货币互换流程图

甲、乙两公司经过此次货币互换后的结果为:

表5-4 甲、乙公司互换后的收益

甲公司		乙公司	
筹资总成本	10.8%人民币利率	筹资总成本	9.2%美元利率
不安排互换的筹资总成本	11.6%人民币利率	不安排互换的筹资总成本	10%美元利率
节约成本	0.8%人民币利率	节约成本	0.8%美元利率

(二) 利率互换

利率互换是指双方同意在未来的一定期限内根据同种货币同样的名义本金交换现金

流,其中一方的现金流根据浮动利率计算出来,而另一方的现金流根据固定利率计算。产生利率互换的主要原因是双方在固定利率和浮动利率市场上具有比较优势。

利率互换的基本原理:互换双方签订一份协议;根据协议双方各向对方定期支付利息,并预先确定付息日期;付息金额由名义金额确定,以同种货币支付利息;互换一方是固定利率支付者,固定利率在互换之初确定;互换另一方是浮动利率支付者,浮动利率参照互换期内某种特定的市场利率加以确定,双方互换利息,不涉及本金的互换。

【例 5-5】 信用评级为 AAA 的甲公司与信用评级为 BBB 的乙公司有相同的融资要求,他们都需要 1 000 万元 5 年期的美元资金。其中甲愿意支付浮动利率,且甲可以在市场上以 11% 的固定利率或 LIBOR+0.1% 的浮动利率筹集到资金;而乙愿意支付固定利率,且乙可以在市场上以 12% 的固定利率或 LIBOR+0.5% 的浮动利率筹集到资金。现双方决定以各自的比较优势互换利率,并且均分互换收益。

表 5-5 市场向甲、乙两公司提供的借款利率

	固定利率	浮动利率
甲公司	11.00%	6 个月期 LIBOR+0.1%
乙公司	12.00%	6 个月期 LIBOR+0.5%

从表 5-5 可以看出,在固定利率市场上,甲公司比乙公司具有优势,在浮动利率市场上,乙公司比甲公司具有优势,所以,甲公司以固定利率,乙公司以浮动利率分别借款,然后进行利率互换。甲公司每年向乙公司支付等同于 LIBOR 的浮动利率,乙每年以 11.20% 向甲支付固定利率。甲、乙公司互换关系如图 5-3 所示,互换结果如表 5-6 所示。

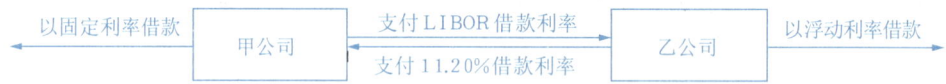

图 5-3 甲、乙两公司利率互换流程图

表 5-6 甲、乙公司互换后的收益

甲公司		乙公司	
支付固定利率给第三方	11.00%	支付浮动利率给第三方	LIBOR+0.5%
支付浮动利率给第三方	LIBOR	支付固定利率给第三方	11.20%
从乙公司收到固定利率	−11.20%	从甲公司收到浮动利率	−LIBOR
筹资总成本	LIBOR−0.2%	筹资总成本	11.70%
不安排互换的筹资总成本	LIBOR+0.1%	不安排互换的筹资总成本	12%
节约成本	0.3%	节约成本	0.3%

这样双方都按自己的意图获得了融资,但两者的成本比不进行互换要低 0.3%。以上,可以看出通过利率互换能节约筹资成本。

微课5-3

任务三　金融期权

期权和期权类衍生产品是最复杂而且种类较多的金融衍生品,由于它们具有较好的结构特性,在风险管理和产品开发设计中得到广泛运用。本部分主要介绍交易所交易的金融期权产品。

一、金融期权的定义和特征

(一) 金融期权的定义

期权又称选择权,是指其持有者能在规定的期限内按交易双方商定的价格购买或出售一定数量的基础工具的权利。期权交易就是对这种选择权的买卖。

金融期权,是指以金融工具或金融变量为基础工具的期权交易形式。具体来说,其购买者在向出售者支付一定费用后,就获得了能在规定期限内以某一特定价格向出售者买进或卖出一定数量的某种金融工具的权利。

期权交易实际上是一种权利的单方面有偿让渡。期权的买方以支付一定数量的期权费为代价而拥有了这种权利,但不承担必须买进或卖出的义务;期权的卖方则在收取了一定数量的期权费后,在一定期限内必须无条件服从买方的选择并履行成交时的允诺。

(二) 金融期权的特征

与金融期货相比,金融期权的主要特征在于它仅仅是买卖权利的交换。期权的买方在支付了期权费后,就获得了期权合约所赋予的权利,即在期权合约规定的时间内,以事先确定的价格向期权的卖方买进或卖出某种金融工具的权利,但并没有必须履行该期权合约的义务。期权的买方可以选择行使他所拥有的权利;期权的卖方在收取期权费后就承担着在规定时间内履行该期权合约的义务。即当期权的买方选择行使权力时,卖方必须无条件地履行合约规定的义务,而没有选择的权利。

二、金融期权的分类

根据不同的分类标准,可以将金融期权划分为多种类别。

(一) 按照选择权的性质分类

看涨期权也称为"认购权",指期权的买方具有在约定期限内(或合约到期日)按协定价格(又称"敲定价格"或"行权价格")买入一定数量金融工具的权利。交易者之所以买入看涨期权,是因为他预期这种金融工具的价格在合约期限内将会上涨。如果判断正确,按协议价买入该项金融工具并以市价卖出,可赚取市价与协议价之间的差额;如果判断失误,则放弃行权,损失期权费。

看跌期权也称为"认沽权",指期权的买方具有在约定期限内按协定价格卖出一定数量金融工具的权利。交易者买入看跌期权,是因为他预期该项金融工具的价格在近期内将会下跌。如果判断正确,可从市场上以较低的价格买入该项金融工具,再按协定价卖给期权的卖方,将赚取协定价与市价的差额;如果判断失误,则放弃行权,损失期权费。

(二) 按照合约所规定的履约时间的不同分类

欧式期权只能在期权到期日执行;美式期权则可在期权到期日或到期日之前的任何一个营业日执行;修正的美式期权也称为百慕大期权或大西洋期权,可以在期权到期日之前的一系列规定日期执行。

(三) 按照金融期权基础资产性质的不同分类

1. 股权类期权

与股权类期货类似,股权类期权也包括三种类型:单只股票期权、股票组合期权和股价指数期权。

单只股票期权(简称"股票期权")指买方在交付了期权费后,即取得在合约规定的到期日或到期日以前按协定价格买入或卖出一定数量相关股票的权利。

股票组合期权是以一篮子股票为基础资产的期权,代表性品种是交易所交易基金的期权。

股票指数期权以股票指数为基础资产,买方在支付了期权费后,即取得在合约有效期内或到期时以协定指数与市场实际指数进行盈亏结算的权利。股票指数期权没有可作实物交割的具体股票,只能采取现金轧差的方式结算。

2. 利率期权

利率期权指买方在支付了期权费后,即取得在合约有效期内或到期时以一定的利率(价格)买入或卖出一定面额的利率工具的权利。利率期权合约通常以政府短期、中期、长期债券,欧洲美元债券,大面额可转让存单等利率工具为基础资产。

3. 货币期权

货币期权又称外币期权、外汇期权,指买方在支付了期权费后,即取得在合约有效期内或到期时以约定的汇率购买或出售一定数额某种外汇资产的权利。货币期权合约主要以美元、欧元、日元、英镑、瑞士法郎、加拿大元及澳大利亚元等为基础资产。

4. 金融期货合约期权

金融期货合约期权是一种以金融期货合约为交易对象的选择权,它赋予其持有者在规定时间内以协定价格买卖特定金融期货合约的权利。

5. 互换期权

金融互换期权是以金融互换合约为交易对象的选择权,它赋予其持有者在规定时间内以规定条件与交易对手进行互换交易的权利。

三、金融期权的理论价格及其影响因素

金融期权是一种权利的交易。在期权交易中,期权的买方为获得期权合约所赋予的权利而向期权的卖方支付的费用就是期权的价格。期权价格受多种因素影响,但从理论上说,主要受内在价值和时间价值的影响。

内在价值也称履约价值,是期权合约本身所具有的价值,也就是期权的买方如果立即执行该期权所能获得的收益。一种期权有无内在价值以及内在价值的大小,取决于该期权的协定价格与其基础资产市场价格之间的关系。根据协定价格与基础资产市场价格的关系,可将期权分为实值期权、虚值期权和平价期权三种类型。

对看涨期权而言,若市场价格高于协定价格,期权的买方执行期权将有利可图,此时为实值期权;若市场价格低于协定价格,期权的买方将放弃执行期权,为虚值期权。对看跌期权而言,市场价格低于协定价格为实值期权;市场价格高于协定价格为虚值期权;若市场价格等于协定价格,则看涨期权和看跌期权均为平价期权。从理论上说,实值期权的内在价值为正,虚值期权的内在价值为负,平价期权的内在价值为零。但实际上,无论是看涨期权还是看跌期权,也无论期权基础资产的市场价格处于什么水平,期权的内在价值都必然大于零或等于零,而不可能为负值。这是因为期权合约赋予买方执行期权与否的选择权,而没有规定相应的义务,当期权的内在价值为负时,买方可以选择放弃期权。

如果以 EV_t 表示期权在 t 时点的内在价值,x 表示期权合约的协定价格,S_t 表示该期权基础资产在 t 时点的市场价格,m 表示期权合约的交易单位,则每一看涨期权在 t 时点的内在价值可表示为:

$$EV_t = \begin{cases} (S_t - x) \cdot m & (S_t > x) \\ 0 & (S_t \leqslant x) \end{cases}$$

每一看跌期权的内在价值可表示为:

$$EV_t = \begin{cases} 0 & (S_t \geqslant x) \\ (x - S_t) \cdot m & (S_t < x) \end{cases}$$

四、我国主要期权品种

我国目前的期权品种包括上证50ETF期权和沪深300ETF期权,以及在证券公司机构间与证券公司柜台市场交易的场外期权。

(一)50ETF 期权

上海证券交易所2015年2月9日开始,上市交易上证50ETF期权合约(见表5-7)。合约标的为上证50交易型开放式指数基金,包括认购期权、认沽期权两类;到期月份分别为当月、下月及随后的两个季月;采用实物交易方式。

表 5-7 上证 50ETF 期权合约要素

要素	内容
合约类型	认购期权、认沽期权
合约单位	10 000 份
合约到期月份	当月、下月、随后两个季月
行权方式	到期日行权(欧式)
交割方式	实物交割(业务规则另有规定的除外)

续　表

要素	内容
到期日	到期月份的第四个星期三(遇法定节假日顺延)
行权日	同合约到期日,行权指令提交时间为 9:15～9:25,9:30～11:30,13:00～15:30
交收日	行权日次一交易日
交易时间	上午 9:15～9:25,9:30～11:30 (9:15～9:25 为开盘集合竞价时间) 下午 13:00～15:00 (14:57～15:00 为收盘集合竞价时间)
委托类型	普通限价委托、市价剩余转限价委托、市价剩余撤销委托、全额即时限价委托、全额即时市价委托、业务规则规定的其他委托类型
买卖类型	买入开仓、买入平仓、卖出开仓、卖出平仓、备兑开仓、备兑平仓、业务规则规定的其他买卖类型
最小报价单位	0.000 1 元
申报单位	1 张或其整数倍

根据目前交易所规定,投资者单日买入开仓限额为总持仓限额的 2 倍,最大不超过 1 万张;单笔申报最大数量为 30 张,市价申报的单笔申报最大数量为 10 张。

【例 5-6】　认沽期权买方(权利方)

假设 2021 年 5 月 20 日,投资者买入 50ETF 沽 6 月期 3500,10 张,买入价格 0.073 0 元,如果 10 天后,50ETF 沽 6 月期 3500 价格为 0.068 2 元,则该投资者的盈亏为多少？如果到期日,50ETF 到 3.370 元,则该投资者是否行权,盈亏为多少？

50ETF 沽 6 月期 3500 代表着,投资者买入的是认沽期权,合约到期日是 6 月 23 日(当月第四个星期三),行权价格为 3.5 元。

10 天后盈亏:(0.068 2－0.073 0)×10 000×10＝－480(元)

到期日:50ETF 为 3.370 元,低于行权价 3.500 元,因此,该投资者行权,盈利为

(3.5－3.37)×10 000×10＝13 000(元)

扣除权利金,净盈利为:13 000－0.073 0×10 000×10＝5 700(元)

【例 5-7】　认沽期权卖方(义务方)

假设 2021 年 5 月 20 日,投资者卖出 50ETF 沽 6 月期 3500,10 张,价格为 0.073 0 元,如果 10 天后,50ETF 沽 6 月期 3500 价格为 0.068 2 元,则该投资者的盈亏为多少？如果到期日,50ETF 到 3.580 元,对手方弃权,则该投资者盈亏为多少？

10 天后盈亏为:(0.073 0－0.068 2)×10 000×10＝480(元)

到期日,该投资者盈利为:0.073 0×10 000×10＝7 300(元)

(二) 沪深 300ETF 期权

深圳证券交易所于 2019 年 12 月 23 日上市交易沪深 300ETF 期权合约(见表 5-8)。该产品是以沪深 300ETF 交易型指数基金为标的的标准化合约。沪深 300ETF 期权交易规则大体上与上证 50ETF 期权交易规则一致,只是跟踪的标的物不同。

表 5-8 沪深 300ETF 期权合约要素

要素	内容
合约类型	认购期权、认沽期权
合约单位	10 000 份
合约到期月份	当月、下月、随后两个季月
行权价格	9 个（1 个平值合约，4 个虚值合约，4 个实值合约）
行权价格间距	3 元或以下为 0.05 元，3～5 元（含）为 0.1 元，5～10 元（含）为 0.25 元，10～20 元（含）为 0.5 元，20～50 元（含）为 1 元，50～100 元（含）为 2.5 元，100 以上为 5 元
行权方式	到期日行权（欧式）
交割方式	实物交割（业务规则另有规定的除外）
到期日	到期月份的第四个星期三（遇法定节假日顺延）
行权日	同合约到期日，行权指令提交时间为 9:15～9:25,9:30～11:30,13:00～15:30
交收日	行权日次一交易日
交易时间	上午 9:15～9:25,9:30～11:30（9:15～9:25 为开集合竞价时间） 下午 13:00～15:00（14:57～15:00 为收盘集合竞价时间）
委托类型	普通限价委托、市价剩余转限价委托、市价剩余撤销委托、全额即时限价委托、全额即时市价委托、业务规则规定的其他委托类型
买卖类型	买入开仓、买入平仓、卖出开仓、卖出平仓、备兑开仓、备兑平仓、业务规则规定的其他买卖类型
最小报价单位	0.000 1 元
申报单位	1 张或其整数倍

（三）场外期权

证券公司场外期权业务是指证券公司在机构间市场或在柜台，根据与交易对手达成的协议，与交易对手直接开展的期权交易。场外期权业务自 2013 年开始试点，合约标的主要以沪深 300、中证 500、上证 50 为主的股指，A 股个股，黄金期现货及部分境外标的。

通过场外期权交易，投资者可以实现风险管理、收益管理。例如，投资者支付名义本金 8% 的期权费，购买了平值认购期权，如果标的股票下跌，他的最大损失是期权费；如果标的股票上涨，他将获得 100% 名义本金的收益。投资者还可以在买入一定份额期权的同时，卖出不同行权价的另一种期权，构成期权组合以降低期权费。投资者还可以通过构建不同的期权组合，在大涨大跌、不涨不跌等各类行情走势情况下获利。

> **相关链接**
>
> ### 我国期权交易种类
>
> 一、目前国内的期权按照交易标的分为
> 1. 商品期权：PP、PTA、PVC、白糖、菜粕、动力煤、豆粕、沪铝、沪铜、沪锌、黄金、甲醇、

棉花、塑料、铁矿石、橡胶、液化气、玉米期权等。

2. 股指期权:IO。

注:沪深 300 股指期权合约代码为 IOYYMM－C/P－XXXX,其中 IO 为品种,YYMM 为合约到期月份,C 为看涨期权,P 为看跌期权,XXXX 为行权价格。如 IO1402－C－2300 表示为 2014 年 2 月到期的行权价格为 2300 点的看涨期权。

3. 股票期权:50ETF 期权、沪深 300ETF 期权。

4. 场外期权。

二、具体交易

1. 可以做投机:买方(买入看涨/买入看跌),期权实值后,行权获得相应标的,或者盈利平仓;卖方(卖出看涨/卖出看跌),期权实值后,行权获得相应标的,或者盈利平仓,卖方需要注意保证金风险。

2. 可以在持有标的的条件下做组合策略,比如:

持有股票/ETF＋买入认沽期权＝保险策略(注:用期权做保护,亏损有限收益无限)

持有股票/ETF＋买入认沽期权＋卖出认购期权＝领口策略(注:保护的基础上降低买方权利金成本支出)

持有股票/ETF＋卖出认购期权＝备兑开仓(适用于震荡行情)

以及其他组合策略……

以上 4 种期权,个人投资者只能交易前 3 种,机构都可以交易,一般机构户参与期权交易多数是为了对冲风险,比如现在的"保险＋期权"项目中,涉及保险公司针对客户投保的品种在期权市场上做风险对冲,而且多数是做场外期权,比较灵活。

(资料来源:知乎 https://www.zhihu.com/question/31833187/answer/1927249439)

> 同步测试

一、名词解释

1. 金融远期　2. 金融期货　3. 金融互换　4. 看跌期权　5. 看涨期权　6. 套期保值

二、单项选择题

1. 在交易所进行的标准化的远期交易是(　　)。
A. 期货交易　　　　　　　　　　B. 远期交易
C. 现货交易　　　　　　　　　　D. 期权交易

2. 下列说法错误的是(　　)。
A. 买入期权又称看涨期权
B. 交易者买入看涨期权,是因为他预期这种金融工具的价格在合约期限内会下跌
C. 卖出期权又称看跌期权
D. 交易者买入看跌期权,是因为他预期该项金融工具的价格在近期内将会下跌

3. 若 A 股票报价为 40 元,该股票在 2 年内不发放任何股利;2 年期期货报价为 50

元。某投资者按10%年利率借入4 000元资金(复利计息),并购买该股票100股;同时卖出100股2年期期货。2年后,期货合约交割,投资者可以盈利(　　)元。

A. 120　　　　　　B. 140　　　　　　C. 160　　　　　　D. 180

4. 金融远期合约的主要优点在于(　　)。

A. 标准化的,可以减少寻找交易对家的成本

B. 可以灵活地依据交易双方的需要订立

C. 没有违约风险

D. 不受金融当局监管

5. 金融期货合约成功并且发展迅速的原因包括(　　)。

A. 金融期货合约标准化　　　　　　B. 合约可随时进行交易,流动性高

C. 通过期货交易所交易　　　　　　D. 以上原因都正确

6. 通过支付一系列现金流管理利率、汇率风险的金融衍生工具是(　　)。

A. 金融期权　　　　　　　　　　　B. 金融互换

C. 金融期货　　　　　　　　　　　D. 远期利率综合协议

7. 金融期权持有者的损失和收益符合以下哪种情况(　　)。

A. 损失不受限制,收益受到限制　　B. 收益不受限制,损失受到限制

C. 损失和收益均不受限制　　　　　D. 损失和收益均受限制

8. 只有在到期日才能执行买卖权利的金融期权称为(　　)。

A. 欧式期权　　　　　　　　　　　B. 看涨期权

C. 看跌期权　　　　　　　　　　　D. 美式期权

9. 金融期权相对于金融期货的优点是(　　)。

A. 金融期权的流动性好　　　　　　B. 金融期权的交易费用低

C. 金融期权的价格低　　　　　　　D. 金融期权在规避风险的同时可能获取收益

10. 如果可转换公司债券的面额为1 000元,规定其转换价格为20元,当前公司股票的市场价格为18元,则转换比例为(　　)。

A. 55.56　　　　　　B. 50　　　　　　C. 18　　　　　　D. 20

三、多项选择题

1. 比较金融现货交易与金融期货交易,正确的是(　　)。

A. 金融现货交易的对象是某一具体形态的金融工具,而金融期货交易的对象是金融期货合约

B. 金融现货交易和金融期货交易的主要目的都是套期保值

C. 金融现货的交易价格是实时的成交价,期货交易价格是对金融现货未来价格的预期

D. 金融现货交易和金融期货交易在交易方式和结算方式上是相似的

2. 套期保值的基本做法是(　　)。

A. 持有现货空头,买入期货合约　　B. 持有现货空头,卖出期货合约

C. 持有现货多头,卖出期货合约　　D. 持有现货多头,买入期货合约

3. 关于金融期权与金融期货论述不正确的是( )。

A. 金融期权与金融期货都是人们常用的套期保值工具,它们的作用与效果是相同的

B. 人们利用金融期货进行套期保值,在避免价格不利变动造成损失的同时,也必须放弃若价格有利变动可能获得的利益

C. 通过金融期权交易,既可避免价格不利变动造成的损失,又可在相当程度上保住价格有利变动而带来的利益

D. 在现实的交易活动中,人们往往将金融期权与金融期货结合起来,通过一定的组合或搭配来实现某一特定目标

4. 以下金融工具,属于金融衍生产品的是( )。

A. 金融期货	B. 金融期权
C. 可转换债券	D. 地方政府债券

5. 金融衍生工具通常有以下特征( )。

A. 跨期交易	B. 杠杆效应
C. 高风险性	D. 合约存续的短期性

6. 金融衍生工具通常具有以下功能( )。

A. 资源配置	B. 套期保值
C. 价格发现	D. 投机套利

7. 下列有关金融期货的说法中,正确的有( )。

A. 金融期货交易双方的权利与义务是对称的

B. 金融期货交易双方的权利与义务是不对称的

C. 金融期货交易双方均需开立保证金账户

D. 金融期货交易双方都必须在交易所保有一定的流动性较高的资产

8. 与金融衍生产品相对应的基础金融产品可以有( )。

A. 债券	B. 股票
C. 银行定期存款单	D. 商品期货

9. 下列关于金融期权的说法中,正确的有( )。

A. 可作期权交易的金融工具都可作期货交易

B. 期权的购买者,无须开立保证金账户

C. 期权的购买者,无须缴纳保证金

D. 可作期权交易的金融工具未必可作期货交易

10. 下列有关金融期权的说法中,正确的有( )。

A. 期权的买方在支付了期权费后,就获得了期权合约所赋予的权利

B. 期权的买方可以选择行使他所拥有的权利

C. 期权的卖方在收取期权费后,就承担着在规定时间内履行该期权合约的义务

D. 期权的卖方可以有条件地履行合约规定的义务

11. 下列关于利率互换操作原则的说法中,正确的有( )。

A. 预期利率上升,固定利息收入者应将固定利率调为浮动利率

B. 预期利率下降,固定利息支出者应将固定利率调为浮动利率

C. 预期利率上升,固定利息支出者应不做利率互换
D. 预期利率上升,浮动利息收入者应将浮动利率调为固定利率

12. 下列关于套期保值的说法中,正确的有(　　)。
A. 套期保值策略能够降低非系统性风险,但不能降低系统性风险
B. 套期保值的目标是规避现货风险
C. 套期保值中现货和期货市场的交易必须同时完成
D. 套期保值活动中,在期货市场卖出或买进的合约应与现货品种相同、数值相当但方向相反

13. 金融衍生工具具备不确定性或高风险性的基本特征,其交易往往伴随着(　　)。
A. 信用风险　　　　　　　　　　B. 市场风险
C. 结算风险　　　　　　　　　　D. 流动性风险

14. 下列关于看涨期权交易双方的潜在盈亏的说法中,正确的有(　　)。
A. 看涨期权买方的潜在盈利是无限的,潜在亏损是有限的
B. 看涨期权买方的潜在盈利是有限的,潜在亏损是无限的
C. 看涨期权卖方的潜在盈利是无限的,潜在亏损是有限的
D. 看涨期权卖方的潜在盈利是有限的,潜在亏损是无限的

15. 利率衍生工具主要包括(　　)。
A. 远期利率协议　　　　　　　　B. 利率期权
C. 利率期货　　　　　　　　　　D. 利率互换

四、判断题

1. 根据基础工具,金融衍生工具可以分为金融远期、金融期货、金融期权、金融互换。(　　)

2. 金融衍生工具的价值与基础产品或基础变量紧密相连,具有规则的变动关系,这体现了金融衍生工具的不确定性或高风险性。(　　)

3. 购买者在向出售者支付一定费用后,就获得了能在规定期限内以某一特定价格向出售者买进或卖出一定数量的某种基础工具的权利,这种金融工具称之为期货。(　　)

4. 金融期货的基本功能包括套期保值、套利、投机。(　　)

5. 交易者买入看涨期权,是因为其预期基础金融工具的价格在合约期限内将会下跌。(　　)

6. 从产品属性看,权证是一种期货类金融衍生产品。(　　)

7. 在金融期货的主要交易制度中,能使套期保值者用少量资金为价值量很大的现货找到回避价格风险的手段的是保证金制度。(　　)

8. 可转换公司债券属于独立衍生金融工具。(　　)

9. 金融远期合约根据交易双方需求在场外市场协商确定。(　　)

10. 金融衍生工具产生的最基本原因是避险。(　　)

五、简答题

1. 简述金融期货交易与远期交易的区别。
2. 简述金融期权的特征。
3. 简述金融衍生工具的特征。

六、案例分析

【材料一】 美国时间 2020 年 4 月 20 日，国际油价创下一项新纪录，美国 5 月份轻质原油期货 WTI 价格暴跌创下历史新低，历史首次跌至负值。当日，即将到期的 5 月美国轻质原油期货价格暴跌约 300%，收于每桶 -37.63 美元。这是自石油期货从 1983 年在纽约商品交易所开始交易后首次跌入负数交易。

据媒体报道，美国疫情引发了基础设施和交通物流不畅等问题，原油很难外输或储存。纯粹为了经济性而关井停产是有风险的，所以要接着生产。如果储罐库容不够或者存储成本过高，生产商宁愿接受负油价，不得不赔钱让买家拉走。（资料来源：中国新闻网 https://baijiahao.baidu.com/s?id=1664545333104055754&wfr=spider&for=pc）

【材料二】 中行于 2018 年 1 月开办 "原油宝" 产品，为境内个人客户提供挂钩境外原油期货的交易服务，客户自主进行交易决策。其中，美国原油品种挂钩 CME 的 WTI 原油期货首行合约。个人客户办理 "原油宝" 需提交 100% 保证金，不允许杠杆交易。根据协议约定并提前公告，4 月 20 日为原油宝美国原油 5 月合约当月的最后交易日，交易截止时间为北京时间 22 点。北京时间 4 月 21 日凌晨 WTI 原油期货 5 月合约价格急剧下挫，下跌至史无前例的最低 -40 美元附近。

原油宝产品挂钩境外原油期货，类似期货交易的操作，结算价按照北京时间凌晨 2 点 28 分至 2 点 30 分的均价计算。对于原油宝产品，市场价格不为负值时，多头头寸不会触发强制平仓。对于已确定进入移仓或到期轧差处理的，将按结算价为客户完成到期处理，不再盯市、强平。（资料来源：中国银行官网）

【材料三】 近期，中国银保监会就中国银行 "原油宝" 产品风险事件依法开展调查工作，对所涉违法违规行为做出行政处罚决定，并采取相应的监管措施。中国银保监会以事实为依据，以法律为准绳，对中国银行及其分支机构合计罚款 5 050 万元；对中国银行全球市场部两任总经理均给予警告并处罚款 50 万元，对中国银行全球市场部相关副总经理及资深交易员等两人均给予警告并处罚款 40 万元。（资料来源：银保监会官网）

根据材料，请回答以下问题：

1. 为什么原油期货价格会跌至负值？
2. 结合材料，根据所学期货的运作原理，谈一谈怎样才能在现实中更好地使用该类投资工具，避免因操作不当造成的风险与损失。

第三篇

市 场 篇

立体化资源 6

项目六 证券市场运行

▶ 学习目标

1. 认识证券市场的构成；
2. 掌握证券的发行制度与承销制度；
3. 熟知我国股票、债券的发行方式及定价方式；
4. 掌握证券投资的风险与收益，及其相互关系。

▶ 引导案例

美国证券市场历史悠久、结构成熟，为人类史上很多伟大的公司完成了上市融资。大家耳熟能详的纽约证券交易所和纳斯达克交易所都是美股交易市场的一部分。在200多年前，股票的买卖都是私下进行，当时的华尔街几乎每间咖啡馆都有私下的股票交易，华尔街68号门前的梧桐树非常醒目，人们经常在那里聚会。1792年5月17日24位股票经纪人就在这棵梧桐树下签署了一份"梧桐树协议"。协议确定了三项原则：第一是24个经纪人建立同盟；第二是相互之间享有股票交易的优先权；第三是统一佣金标准。协议明文规定，股票交易的佣金不得低于千分之三。这就是著名的梧桐树协议，被称为"纽约股票交易所的起点"。

【案例思考】

1. 证券市场由哪些市场组成？
2. 你了解我国证券交易市场的发展和层次结构吗？

证券市场是股票、债券、投资基金等有价证券发行和交易的场所。证券市场是金融市场的重要组成部分，在金融市场体系中居基础地位。

广义地讲，金融市场包括货币市场和资本市场。货币市场是融通短期资金的市场，资本市场则是融通长期资金的市场。资本市场又可以进一步划分为中长期信贷市场和证券市场。其中，证券市场通过证券信用的方式融通资金，通过证券的买卖活动引导资金流动，有效合理地配置社会资源，支持和推动经济的发展。因而，证券市场是资本市场的核心和基础，是金融市场的重要组成部分。

证券市场具有三个显著特征：一是证券市场是价值直接交换的场所。有价证券都是价值的直接代表，它们本质上是价值的一种直接表现形式。由于证券市场上交易的对象是各种各样的有价证券，所以证券市场本质上是价值的直接交换场所。二是证券市场是产权直接交换的场所。证券市场上的交易对象是作为经济权益凭证的各种有价证券，它们本身就是一定量财产权利的代表，所以证券市场实际上是财产权利的直接交换场所。三是证券市场是风险直接交换的场所。有价证券既是一定收益权利的代表，同时也是一定风险的代表。有价证券的交换在转让收益权的同时，也把该证券所特有的风险转让出去，所以，从风险的角度分析，证券市场也是风险的直接交换场所。

按证券进入市场的顺序关系划分，证券市场的构成可分为一级市场（发行市场）和二级市场（流通市场或交易市场）。一级市场是发行者以筹集资金为目的，按照一定的法律规定和发行程序，向投资者出售新证券所形成的市场。在发行过程中，证券发行市场作为一个抽象的市场，其买卖活动并不局限于一个固定的场所。二级市场则是已发行的证券通过买卖交易实现流通转让的场所，其一方面为证券持有者提供在需要现金时能够方便地将证券出售的机会，另一方面也为新的投资者提供投资机会，因此它是促进证券流通、保证资本流动性的场所。

微课 6-1

任务一　证券的初级市场——发行市场

证券发行市场是政府或企业发行债券或股票以筹集资金的市场，是以证券形式吸收闲散资金，使之转化为生产资本的场所。由于证券首次作为商品进入证券市场，因此，证券发行市场又被称为一级市场。发行市场与证券流通市场相辅相成，构成统一的证券市场。

一、证券发行市场概述

（一）证券发行市场的构成

证券发行市场属于无形市场，即不存在具体形式的固定场所。从理论上说，证券发行人直接或者通过中介人向社会进行招募，而认购人购买其证券的交易行为即构成证券发行市场。由此可见，证券发行市场是由发行人、投资人和中介人等要素组成。

1. 发行人

证券发行人是指符合发行条件并且正在从事证券发行或者准备进行证券发行的政府组织、金融机构或者公司，它是构成证券发行市场的首要因素。为了保障社会投资者的利益,维护证券发行市场的秩序,防止各种欺诈舞弊行为,多数国家的证券法都对证券发行人的主体资格、净资产额、经营业绩和发起人责任设有条件限制。我国的《首次公开发行股票并上市管理办法》《企业债券管理条例》和有关的法规,对证券发行人也规定了严格的条件要求。

2. 投资人

证券发行中的投资人是指根据发行人的招募要约,已经认购证券或者将要认购证券的个人或社团组织。它是构成证券发行市场的另一基本要素。在证券发行实践中,投资人的构成较为复杂,它可以为个人,也可以为金融机构、基金组织、企业组织或其他机构投资人,它可以是未来享有股权的投资者,也可以是持股代理人,也可以是仅以承销为目的的中介人。

3. 中介人

这里所称的中介人主要是指媒介证券发行人与投资人交易的证券承销人,实践中又称之为"金融中介人""投资中介人""证券承销商"等。它通常是承担承销义务的投资银行、证券公司或信托投资公司。证券承销人也是证券发行市场中重要的构成要素。在现代社会的证券发行中,发行人通常不会把证券直接销售给投资人,而是由证券承销人承诺全部或部分包销,即使是在发行人直接销售证券的情况下,往往也需要获得中介人的协助。也就是说,证券发行过程首先是发行人与证券承销人之间的某种非标准化交易,只是在这一交易条件确定的基础上,才可能由证券承销人将标准化的证券分售给社会投资人。应当说,证券承销人作为经营证券的中介机构,在证券市场上起着沟通买卖、联结供求的重要桥梁作用。

(二) 证券发行市场的基本功能

1. 筹资功能

一级市场的筹资功能,表现在通过发行证券将闲散资金转化为生产资金。在市场经济运行过程中,货币在社会经济体系中的运动,实际上是货币在国民经济各部门之间的循环与流动。在这种循环与运动中,任何一个时期,不同类型单位的货币收支不可能都完全相等。在现实生活中,无论是企业、居民、部门,都常会发生资金闲置或资金不足的情况。在证券市场上,资金的需求者和供给者运用证券信用的方式,通过发行证券来筹资,以便将储蓄转化为投资。与流通市场相区别,发行市场的筹资是生产者向投资者直接筹资,将资金运用于生产;流通市场则是投资者之间的相互融通资金。

2. 产权复合功能

发行市场使货币转化为生产资本,将货币的所有者转化为资本的所有者,即为生产资料的所有者提供了可能,这尤其突出地表现在股票市场上。一级股票市场为产权的分割、融合与重组创造了条件。在没有证券市场的情况下,人们积累的货币资产向投资的转化,不可能导致产权的分割。一级股票市场使投资者通过购买股票,首先占有或取得金融资产,借以间接占有物质资产,以获取股息、红利等收益,形成股票所有者共同的复合产权结构,从而引起产权制度方面的深刻变化。与流通市场相区别,发行市场使产权分割的复合形式得以产生;流通市场则使产权复合不断重组,使得产权的复合得以持续。

(三) 证券发行方式

1. 按发行对象分类

(1) 公募发行。又称公开发行,是指发行人向不特定的社会公众广泛地发售证券。在公募发行情况下,所有合法的社会投资者都可以参加认购。为了保障广大投资者的利益,各国对公募发行都有严格的要求,如发行人要有较高的信用,并符合证券主管部门规定的各项发行条件,经批准后方可发行等。

采用公募方式发行证券的有利之处在于:① 公募以众多的投资者为发行对象,筹集资金潜力大,适合于证券发行数量较多、筹资额较大的发行人;② 公募发行投资者范围大,可避免囤积证券或证券被少数人操纵;③ 只有公开发行的证券方可申请在交易所上市,因此这种发行方式可以增强证券的流动性,有利于提高发行人的社会信誉。然而,公募方式也存在某些缺点,如发行过程比较复杂、登记核准所需时间较长、发行费用较高等。

(2) 私募发行。又称不公开发行或内部发行,是指面向少数特定的投资者发行证券的方式。私募发行的对象大致有两类:一类是个人投资者,例如公司老股东或发行机构自己的员工;另一类是机构投资者,如大的金融机构或与发行人有密切往来关系的企业等。私募方式发行面较小,有确定的投资人,因而各国对私募发行管制都较为宽松,认为其投资者都具备较强的风险意识和风险承受能力。私募发行的优势是发行手续简单,可以节省发行时间和费用;不足之处是投资者数量有限,流通性较差,而且也不利于提高发行人的社会信誉。

2. 按有无发行中介分类

(1) 直接发行。指发行人自己直接向投资者发售证券。这种发行方式的好处是可以节省付给发行中介机构的手续费,降低发行成本。不利之处是如果发行额较大,由于缺乏专门业务知识和拥有广泛发行网点,发行者自身要承担较大的发行风险。一旦认购申请额低于发行额,就会使发行归于失败。因此,这种方式只适用于有既定发行对象或发行风险低、手续简单的证券。一些社会信誉高、在市场上有实力和地位的公司,也可采用这种方式。直接发行多见于股份公司的送股、股票分割、股债转换和以兑现认股权的方式增发股票。

(2) 间接发行。指发行人委托投资银行、证券公司等证券中介机构代为向广大投资者发售证券。一般来说,新建公司初次公开发行证券都要委托证券中介机构进行承销,由于承销方式不同,委托人和承销商之间的承销风险和权利、义务也就不同。所以,各方当事人往往根据市场条件、客观可能性和自身的需要与能力来确定适当的承销方式。承销主要包括代销和包销两种。代销是指承销商代发行人发售证券,在承销期结束时,将未售出的证券全部退还给发行人的承销方式。包销是指证券公司将发行人的证券按照协议全部购入或者在承销期结束时将售后剩余的证券全部自行购入的承销方式。

直接发行和间接发行各有利弊。一般而言,公募发行多采取间接发行,而私募发行多以直接发行为主。

(四) 证券发行制度

证券发行制度是指发行人在申请发行证券时必须遵循的一系列程序化的规范。具体表现在发行监管制度、发行方式与发行定价等方面。证券发行制度主要有三种：审批制、核准制和注册制，每一种发行监管制度都对应一定的市场发展状况。在市场逐渐发育成熟的过程中，证券发行监管制度也逐渐地改变，以适应市场发展需求，其中审批制是完全计划发行的模式，核准制是从审批制向注册制过渡的中间模式，注册制则是依照法定条件进行证券发行申请注册的模式，是目前成熟证券市场普遍采用的模式。

1. 审批制

审批制是一国在证券市场的发展初期，为了维护上市公司的稳定和平衡复杂的社会经济关系，采用行政计划的办法分配股票发行的指标和额度，由地方或行业主管部门根据指标推荐企业发行股票的一种发行制度。审批制下公司发行股票的一个重要条件是取得发行指标和额度，没有发行指标和额度，公司就无法发行股票。公司发行股票的竞争焦点往往落在争取股票发行指标和额度上。

2. 核准制

核准制是介于注册制和审批制之间的中间形式。它一方面取消了发行指标和额度管理，并引进证券中介机构的责任，判断企业是否达到证券发行的条件；另一方面证券监管机构同时对证券发行的合规性和适销性条件进行实质性审查，并有权否决证券发行的申请。

证券发行核准制实行实质管理原则，即发行人不仅要以真实状况的充分公开为条件，而且必须符合证券监管机构制定的若干适合于发行的实质条件，证券监管机构有权否决不符合规定条件的证券发行申请。证券监管机构对申报文件的真实性、准确性、完整性和及时性进行审查，还对发行人的营业性质、财力、素质、发展前景、发行数量和发行价格等条件进行实质性审查，并据此做出发行人是否符合发行条件的价值判断和是否核准申请的决定。

3. 注册制

注册制是市场化程度较高的成熟证券市场所普遍采用的一种发行制度。注册制实行公开管理原则，发行人在准备发行证券时，必须将依法公开的各种资料完全、准确地向证券主管机关呈报并申请注册。发行人不仅要完全公开有关信息，不得有重大遗漏，并且要对所提供信息的真实性、完整性和可靠性承担法律责任。证券监管机关的职责是依据信息公开原则，对申报文件的全面性、真实性、准确性和及时性进行形式审查。证券监管机构不对证券发行行为及证券本身做出价值判断，对公开资料的审查只涉及形式，不涉及任何发行实质条件。也就是说，证券监管机构公布证券发行的必要条件，只要达到所公布条件要求的企业即可发行证券。2020年3月1日起，中国开始全面推行注册制。考虑到注册制改革是一个渐进的过程，新《证券法》授权国务院对证券发行注册制的具体范围、实施步骤进行规定，为有关板块和证券品种分步实施注册制留出了必要的法律空间。

表 6-1 审批制、核准制和注册制对比

	审批制	核准制	注册制
发行指标和额度	有	无	无
发行上市标准	有	有	有
主要推荐人	政府或行业主管部门	中介机构	中介机构
对发行作实质判断的主体	中国证监会	证券交易所、中介机构、中国证监会	证券交易所、中介机构
发行监管性质	中国证监会实质性审核	证券交易所、中介机构和中国证监会分担实质性审核职责	证券交易所和中介机构实质审核、中国证监会形式审核

4. 我国股票发行制度

（1）我国股票发行制度演变。1993年，我国证券市场建立了全国统一的股票发行审核制度，并先后经历了行政主导的审批制和市场化方向的核准制两个阶段。具体而言，审批制包括额度管理和指标管理两个阶段，而核准制包括通道制和保荐制两个阶段。2020年3月1日，新《证券法》正式施行，核准制开始向全面注册制转变，注册制改革是完善资本市场基础制度的重要体现。

2019年3月1日，上海证券交易所公布《上海证券交易所科创板股票发行上市审核规则》，明确上海证券交易所科创板试点注册制的股票发行上市审核工作。发行人股票在上海证券交易所科创板首次上市，应当经上交所审核并由中国证监会做出同意注册决定。发行人应当与上交所签订上市协议，明确双方的权利、义务和其他有关事项。科创板上市公司重大资产重组实施注册制是落实注册制改革的重要方面。根据科创板上市公司并购重组落实注册制试点要求，由交易所对申报材料进行审核，中国证监会在收到交易所审核意见后5个交易日内做出审查决定。2020年6月12日，中国证监会同意苏州华兴源创科技股份有限公司发行股份购买资产并募集配套资金的注册申请，这是首单科创板上市公司重大资产重组项目。

（2）保荐制度。指有资格的证券公司推荐符合条件的公司公开发行股票和上市，对发行人的申请文件和信息披露资料进行审慎核查，督导发行人规范运作。

保荐制度主要包括建立保荐机构资格核准和保荐代表人的登记制度。保荐制度的重点是明确保荐机构和保荐代表人的责任，并建立责任追究机制。保荐人的保荐责任期包括发行上市全过程以及上市后的一段时期。

（3）发行审核委员会制度。简称发审委，指由国务院证券监督管理机构的专业人员和所请的该机构外的有关专家组成，以投票方式对股票发行申请进行表决，提出审核意见。

发审委是股票发行制度的重要组成部分，其职权行使与股票发行核准制密切相关。在核准制下，发审委需要对发行申请人进行实质审查，既行使行政权力又要做出商业判断。

新《证券法》施行前，审核环节由中国证监会下设的发审委负责，核准环节和监督环节由中国证监会负责。新《证券法》施行后，作为发行监管体制的重大改革，审核环节下放到证券交易所，由证券交易所进行实质审核，中国证监会履行监督职能，真正实现监审分离。

二、股票发行市场

(一) 我国的股票发行方式

我国的股票发行主要采取公开发行并上市方式,同时也允许上市公司在符合相关规定的条件下向特定对象非公开发行股票。

我国现行的有关法规规定,我国股份公司首次公开发行股票和上市后向社会公开募集股份(公募增发)采取对公众投资者上网发行和对机构投资者配售相结合的发行方式。

1. 首次公开发行股票的发行方式

首次公开发行股票(IPO),是指公司首次在证券市场公开发行股票募集资金并上市的行为。通常,首次公开发行是发行人在满足必备条件,并经证券监管机构或国务院授权的部门注册后,通过证券承销机构面向社会公众公开发行股票并在证券交易所上市的过程。通过首次公开发行,发行人不仅募集到所需资金,而且完成了股份有限公司的设立或转制,成为上市公众公司。

根据现行有关法规规定,首次公开发行股票可以根据实际情况,采取网下发行、网上发行以及向战略投资者配售等方式。首次公开发行股票,网下发行与网上发行同时进行,网下和网上投资者在申购时无须缴付申购资金。投资者自行选择参与网下或网上发行,不允许同时参与。

(1) 网上发行。首次公开发行股票采用直接定价方式的,全部向网上投资者发行,不进行网下询价和配售。首次公开发行股票,持有一定数量非限售股份或存托凭证的投资者才能参与网上申购。网上投资者应当自主表达申购意向,不能全权委托证券公司进行新股申购。

(2) 网下发行。首次公开发行股票,网下投资者须具备丰富的投资经验和良好的定价能力,应当接受中国证券业协会的自律管理,遵守中国证券业协会的自律规则。网下投资者参与报价时,应当持有一定金额的非限售股份或存托凭证。

首次公开发行股票网上投资者申购数量不足网上初始发行量的,可回拨给网下投资者。网下投资者申购数量低于网下初始发行量的,发行人和主承销商不得将网下发行部分向网上回拨,应当中止发行。网上投资者有效申购倍数超过 50 倍、低于 100 倍(含)的,应当从网下向网上回拨,回拨比例为本次公开发行股票数量的 20%;网上投资者有效申购倍数超过 100 倍的,回拨比例为本次公开发行股票数量的 40%;网上投资者有效申购倍数超过 150 倍的,回拨后无锁定网下发行比例不超过本次公开发行股票数量的 10%。其中所指公开发行股票数量应按照扣除设定限售期的股票数量计算。

(3) 向战略投资者配售。首次公开发行股票数量在 4 亿股以上的,可以向战略投资者配售。发行人应当与战略投资者事先签署配售协议。发行人和主承销商应当在发行公告中披露战略投资者的选择标准、向战略投资者配售的股票总量、占本次发行股票的比例以及持有期限等。战略投资者不参与网下询价,且应当承诺获得本次配售的股票持有期限不少 12 个月,持有期自本次公开发行的股票上市之日起计算。

2. 上市公司发行股票方式

上市公司配股，应当向股权登记日登记在册的股东配售，且配售比例应当相同。上市公司增发，可以全部或者部分向原股东优先配售，优先配售比例应当在发行公告中披露。上市公司增发，主承销商可以对参与网下配售的机构投资者进行分类，对不同类别的机构投资者设定不同的配售比例，对同一类别的机构投资者应当按相同的比例进行配售。主承销商应当在发行公告中明确机构投资者的分类标准。主承销商未对机构投资者进行分类的，应当在网下配售和网上发行之间建立回拨机制，回拨后两者的获配比例应当一致。

（二）我国股票发行价格

股票发行价格是指投资者认购新发行的股票时实际支付的价格。根据我国《公司法》和《证券法》的规定，股票发行价格可以等于票面金额，也可以超过票面金额，但不得低于票面金额。以超过票面金额的价格发行股票所得的溢价款项列入发行公司的资本公积金。股票发行采取溢价发行的，发行价格由发行人与承销的证券公司协商确定。

股票发行的定价，可以通过向网下投资者询价的方式确定股票发行价格，也可通过发行人与主承销商自主协商直接定价等方式确定发行价格。公开发行股票数量在 2 000 万股（含）以下且无老股转让计划的，可以通过直接定价的方式确定发行价格。

根据规定，首次公开发行股票的公司及其主承销商应通过向询价对象询价的方式确定股票发行价格。发行申请经中国证监会核准后，发行人应公告招股意向书并开始推介和询价。询价分为初步询价和累计投标询价两个阶段。在初步询价阶段，发行人及其主承销商向询价对象征询发行价格区间，询价对象分别提交报价，主承销商和发行人在报价区间内选择并确定发行价格区间和相应的市盈率区间。发行价格区间确定并公布后，进入累计投标询价阶段。发行人及主承销商在发行价格区间向询价对象进行累计投标询价，参与初步询价并有效报价的询价对象在公布的发行价格区间和发行规模内选择一个或多个申购价格或申购数量，将所有申购价格和申购数量对应的申购金额汇入主承销商指定账户，发行人和主承销商根据累计投标询价的结果确定发行价格和发行市盈率。

首次公开发行的股票在中小企业板和创业板上市的，发行人及其主承销商可以根据初步询价结果协商确定发行价格，不再进行累计投标询价。

上市公司发行证券可以通过询价方式确定发行价格，也可以与主承销商协商确定发行价格。

三、债券发行市场

（一）债券发行条件

我国债券市场的债券品种有国债、金融债、企业债和公司债，其中在证券交易所上市的有国债、企业债、公司债和资产证券化证券。

关于公司债券的发行基本规范是 2020 年 3 月 1 日起施行的《证券法》和中国证监会发布的《公司债券发行与交易管理办法》。新《证券法》规定公开发行公司债采用注册制，符合以下条件：具备健全且运行良好的组织机构；最近三年平均可分配利润足以支付公司债券一年的利息；国务院规定的其他条件。

《证券法》规定公开发行公司债券筹集的资金,必须按照公司债券募集办法所列资金用途使用;改变资金用途,必须经债券持有人会议做出决议。公开发行公司债券筹集的资金,不得用于弥补亏损和非生产性支出。

(二) 债券发行方式

(1) 定向发行,又称私募发行、私下发行,即面向少数特定投资者发行。一般由债券发行人与某些机构投资者,如人寿保险公司、养老基金、退休基金等直接洽谈发行条件和其他具体事务,属于直接发行。

(2) 承购包销,指发行人与由商业银行、证券公司等金融机构组成的承销团通过协商条件签订承购包销合同,由承销团分销拟发行债券的发行方式。

(3) 招标发行,指通过招标方式确定债券承销商和发行条件的发行方式。根据标的物不同,招标发行可分为价格招标、收益率招标和缴款期招标;根据中标规则不同,可分为荷兰式招标(单一价格中标)和美式招标(多种价格中标)。

(三) 债券发行价格

债券的发行价格是指投资者认购新发行的债券实际支付的价格。债券的发行价格可以分为:平价发行,即债券的发行价格与面值相等;折价发行,即债券以低于面值的价格发行;溢价发行,即债券以高于面值的价格发行。在面值一定的情况下,调整债券的发行价格可以使投资者的实际收益率接近市场收益率的水平。

债券发行的定价方式以公开招标最为典型。以价格为标的的荷兰式招标,是以募满发行额为止所有投标者的最低中标价格作为最后中标价格,全体中标者的中标价格是单一的;以价格为标的的美式招标,是以募满发行额为止中标者各自的投标价格作为各中标者的最终中标价,各中标者的认购价格是不相同的。以收益率为标的的荷兰式招标,是以募满发行额为止的中标者最高收益率作为全体中标者的最终收益率,所有中标者的认购成本是相同的;以收益率为标的的美式招标,是以募满发行额为止的中标者所投标的各个价位上的中标收益率作为中标者各自的最终中标收益率,各中标者的认购成本是不相同的。一般情况下,短期贴现债券多采用单一价格的荷兰式招标,长期附息债券多采用多种收益率的美式招标。

任务二 证券的次级市场——交易市场

微课6-2

证券交易市场是买卖已经发行证券的市场,又称二级市场或流通市场。证券交易市场为投资者提供了灵活方便的变现场所。证券交易市场按组织方式的不同分为两种类型:一是有组织的、集中的场内交易市场即证券交易所,它是证券交易市场的主体和核心;二是非组织化的、分散的场外交易市场,它是证券交易所的必要补充。

一、证券交易所

(一) 证券交易所概述

证券交易所是证券买卖双方公开交易的场所,是一个高度组织化、集中进行证券交易的市场,它是整个证券市场的核心。证券交易所本身并不进行证券买卖,也不决定证券价格,而是为证券交易提供场所和设施,配备必要的管理和服务人员,并对证券交易进行周密的组织和严格的管理,使证券交易顺利进行且有一个稳定、公开、高效的系统。

1. 证券交易所的产生和发展

证券交易所作为一个历史范畴,是社会化大生产和市场经济的必然产物。在原始资本积累时期,由于只存在少量经营殖民地贸易的股份公司,因此当时证券交易所内周转的股票有限。资本主义制度确立初期,股份公司尚未广泛流行,证券交易所的作用远未得到充分发挥,交易所内交易的主要是国家有价证券。19世纪末,股份公司如雨后春笋般发展起来,有价证券发行数量急剧增多;由于货币资本的迅速积累和逐利的需要,对有价证券的需求也越来越大。于是,公司股票就取代了国家公债在交易所中的地位,从而使证券交易所成为金融市场上具有决定意义的因素。

20世纪30年代以后,受国家干预经济等因素的影响,证券市场通过发行证券而聚集资金的功能受到一定的削弱,通过证券制度控制经济运行的功能得到加强。其结果是,证券市场的中心由发行市场转向流通市场。与此同时,政府证券市场的作用和规模不断扩大。第二次世界大战后,证券市场的结构发生了显著变化,其趋势是越来越国际化。

证券交易所是市场经济发展的必然产物。它的产生和发展为证券买卖创立了一个常设市场,成为聚集社会资金、调节资金投向和转换的中心。各国对证券交易所都有比较严格的规定,交易所的设立须经政府批准,并应有完备的组织章程和管理细则。交易所应在指定的地点公开营业,经营业务应限于章程所规定的业务范围,不得擅自经营范围之外的业务,一切交易必须在场内公开作价成交,并每天向顾客公布证券交易的行市、数量等信息。股票一经在证券交易所上市,发行股票的企业便被视为一流企业,在社会上具有较高的信誉。

目前,世界上著名的证券交易所主要有美国的纽约证券交易所、英国的伦敦证券交易所、日本的东京证券交易所、中国香港的联合证券交易所、法国的巴黎证券交易所等。我国目前还有上海证券交易所和深圳证券交易所。

2. 证券交易所的特征

(1)证券交易所拥有固定的交易场所和交易时间。证券交易所是证券交易市场的重要组成部分,但与同属证券交易市场的店头交易市场等场外交易市场相比较,却有明显的区别。场外交易市场可以泛指除证券交易所外进行证券交易活动的市场,它可以没有交易大厅,没有交易柜台,也可以没有现代证券交易所惯常采用的电话、电脑等设备,但证券交易所却必须具备相应的物质条件。证券交易所有固定的场所和完备的设施,不仅是为了保证证券交易活动安全、合理和迅捷地完成,而且也有相关法律如《公司法》的强制性要求。因此,拥有固定的交易场所是证券交易所的基本特征之一。

(2)参加交易者为具备会员资格的证券经营机构,交易采取经纪制。一般投资者不能直接进入交易所买卖证券,只能委托会员作为经纪人间接进行交易。

(3)交易的对象限于合乎一定标准的上市证券。证券交易所和商品交易所在交易对象上明显不同,证券交易所不能进行商品交易,商品交易所同样也不能进行证券交易。证券交易所交易的有价证券必须是达到交易所规定的上市标准,并成功上市的,未上市的有价证券不能在证券交易所内进行交易。

(4) 证券交易所通过公开竞价的方式决定交易价格。

(5) 证券交易所集中了证券的供求双方,具有较高的成交速度和成交率。

(6) 证券交易所实行"公开、公平、公正"原则,并对证券交易加以严格管理。

(二) 证券交易所的组织形式

证券交易所以何种形式设立,对于发挥它的功能作用是非常重要的。证券交易所有两种基本组织形式:一是公司制证券交易所,就是按股份有限公司组织形式成立的证券交易所;二是会员制证券交易所,就是以会员协会组织形式成立的证券交易所。目前,世界上多数国家的证券交易所都采取会员制的单一组织结构,少数国家和地区也允许根据证券交易所的具体情况,分别采取会员制和公司制组织形式。

1. 公司制证券交易所

它是指以营利为目的,为证券商提供证券交易所需的交易场地、交易设备和服务人员,以便利证券商独立进行证券买卖的证券交易所形式。

公司制证券交易所一般是按照《公司法》和《证券法》的规定设立的,具有如下特点:

第一,证券交易所是独立的法律主体,虽然证券交易所可以由证券商投资兴办,但在法律上与证券商的地位相互独立。

第二,证券交易所是独立的经济实体,它只为证券商从事证券交易活动提供所需的物质条件和服务,证券交易所的职员不参与具体的证券交易活动。

第三,证券交易所有权向证券发行公司索取证券上市费,并向证券商收取证券成交的其他费用,具体收费比例按照证券交易所的规定执行,亦可以采取合同方式约定。

由于证券交易所通常都必须设有股东大会、董事会、监事会、董事长和总经理等机构。同时,因为证券交易所的特殊业务要求,其机构设置也要反映证券交易活动的实际需要,常设有业务部、财务部、仲裁部、研究部和文秘部,分别提供与证券交易有关的各环节服务。其中股东大会是证券交易所的最高决策机构,主要确定证券交易所的长期发展规划,决定董事会人选以及其他有关重大事宜。

公司制证券交易所因其本身不直接参与证券买卖,在证券交易过程中处于中立地位,故有助于保证交易的公平;同时,由于它的主要职责是提供证券交易所需的各种物质条件和服务,业务活动比较单纯,有利于向证券商提供尽可能完备的交易设施和服务。但是,公司制证券交易所也具有某些缺点。由于公司制证券交易所的收入主要来自买卖双方的证券交易成交额,证券交易额的多少与交易所利益直接相关,从而使证券交易所成为独立于证券买卖双方以外的第三人。证券交易所为了增加收入,可能会人为地推动某些证券交易活动,容易形成在证券交易所影响下的证券投机,进而影响证券交易市场的正常运行。与此同时,有的证券交易参加者为了避开公司制证券交易所的昂贵上市费用和佣金,可能会将上市证券转入场外交易市场去交易。

2. 会员制证券交易所

它是指由若干证券商自愿组成的非营利的证券交易所形式。目前,世界上许多著名的证券交易所都采取会员制证券交易所形式。

会员制证券交易所不同于公司制证券交易所,具有如下特点:

第一,会员制证券交易所是非营利的事业法人。这种证券交易所虽然也起到媒介证券交易的作用,但证券交易所不向证券交易各方收取相当于成交额一定比例的佣金。为了维持证券交易所的日常营业,证券交易所只向证券交易所会员收取会费。会费的数额和缴纳由证券交易所以章程形式确定。例如,东京证券交易所的会员就分为定额会费和浮动会费两种。

第二,会员制证券交易所由证券商组成。证券商实际上就是各种依法成立的证券公司。如依照日本证券交易所立法,设立证券交易所必须是取得大藏大臣颁发的营业许可的证券公司。这样,证券公司既是证券交易所的会员,也是媒介证券交易活动的证券商,同时具备两种身份。非证券公司既不能充当证券商,也不能作为证券交易所的会员。

第三,会员制证券交易所强调自律性原则的管理方式。所谓"自律"是指证券交易所通过自行确定规则的方式实现对证券交易所的管理,立法机关和政府不加干预。采取"自律自治"的管理方式曾经是英国证券交易所的重要特点。但在20世纪30年代初,由于发生多起证券交易丑闻以及单位信托的发展,以"自律自治"为主的传统封闭性管理体制逐渐变化,形成以自律自治和国家干预的双轨制管理体制。虽然政府对证券交易所的行政管理有所加强,但与公司制证券交易所相比较,会员制证券交易所仍具有自律自治的特点。

毫无疑问,公司制和会员制证券交易所各有利弊,接受任何形式的证券交易所也就意味着同时接受此种证券交易所优点和缺点。从世界范围来看,早期成立的证券交易所大多数采取了公司制形式,而目前多数国家和地区的证券交易所逐渐采取了会员制形式。

我国上海证券交易所和深圳证券交易所都是按照会员制事业法人的方式设立的。按照我国《证券法》的规定,证券交易所的设立和解散由国务院决定。设立证券交易所必须制定章程,证券交易所章程的制定和修改,必须经国务院证券监督管理机构批准。我国两家证券交易所的组织机构由会员大会、理事会、监察委员会和其他专门委员会、总经理及其他职能部门组成。会员大会是证券交易所的最高权力机构,理事会是证券交易所的决策机构,证券交易所设总经理一人,由国务院证券监督管理机构任免。

(三) 我国证券交易所市场的层次结构

2003年,我国提出建立多层次资本市场体系,经过近二十年的发展与健全,我国逐渐建立起包含沪深证券交易所的主板市场(包含中小板市场)、科创板市场、深圳证券交易所的创业板市场、全国中小企业股份转让系统、区域股权交易市场、券商柜台市场、机构间私募产品报价与服务系统、私募基金市场等内容的多层次资本市场体系。其中,主板市场、科创板市场、创业板市场和全国中小企业股份转让系统属于场内市场,区域股权交易市场、券商柜台市场、机构间私募产品报价与服务系统和私募基金市场属于场外市场。

1. 主板市场(包含中小板市场)

主板市场是一个国家或地区证券发行、上市及交易的主要场所,一般而言,各国主要的证券交易所代表着国内主板主场。主板市场对发行人的营业期限、股本大小、盈利水平、最低市值等方面的要求标准较高,上市企业多为大型成熟企业,具有较大的资本规模以及稳定的盈利能力。相对创业板市场而言,主板市场是资本市场中最重要的组成部分,很大程度上能够反映经济发展状况,有"宏观经济晴雨表"之称。上海、深圳证券交易所是我国证券市场的主板市场。上海证券交易所于 1990 年 12 月 19 日正式营业,深圳证券交易所于 1991 年 7 月 3 日正式营业。

2004 年 5 月,经国务院批准,中国证监会批复同意深圳证券交易所在主板市场内设立中小企业板块市场。设立中小企业板块的宗旨是为主业突出、具有成长性和科技含量的中小企业提供直接融资平台,是我国多层次资本市场体系建设的一项重要内容,也是分步推进创业板市场建设的一个重要步骤。

中小企业板块的设计要点主要是四个方面:第一,暂不降低发行上市标准,而是在主板市场发行上市标准的框架下设立中小企业板块,这样可以避免因发行上市标准变化带来的风险;第二,在考虑上市企业的成长性和科技含量的同时,尽可能扩大行业覆盖面,以增强上市公司行业结构的互补性;第三,在现有主板市场内设立中小企业板块,可以依托主板市场形成初始规模,避免直接建立创业板市场初始规模过小带来的风险;第四,在主板市场的制度框架内实行相对独立运行,目的在于有针对性地解决市场监管的特殊性问题,逐步推进制度创新,从而为建立创业板市场积累经验。

中小企业板块的总体设计可以概括为"两个不变"和"四个独立"。"两个不变"是指中小企业板块运行所遵循的法律、法规和部门规章与主板市场相同;中小企业板块的上市公司符合主板市场的发行上市条件和信息披露要求。"四个独立"是指中小企业板块是主板市场的组成部分,同时实行运行独立、监察独立、代码独立、指数独立。运行独立是指中小企业板块的交易由独立于主板市场交易系统的第二交易系统承担;监察独立是指深圳证券交易所建立独立的监察系统实施对中小企业板块的实时监控,该系统针对中小企业板块的交易特点和风险特征设置独立的监控指标和报警阈值;代码独立是指将中小企业板块股票作为一个整体,使用与主板市场不同的股票编码;指数独立是指中小企业板块在上市股票达到一定数量后,发布该板块独立的指数。

2. 创业板市场

创业板市场又称二板市场,是为具有高成长性的中小企业和高科技企业融资服务的资本市场。创业板市场是不同于主板市场的独特的资本市场,具有前瞻性、高风险、监管要求严格以及明显的高技术产业导向的特点。与主板市场相比,在创业板市场上市的企业规模较小、上市条件相对较低,中小企业更容易上市募集发展所需资金。创业板市场的功能主要表现在两个方面:一是在风险投资机制中的作用,即承担风险资本的退出窗口作用;二是作为资本市场所固有的功能,包括优化资源配置、促进产业升级等作用,而对企业来讲,上市除了融通资金外,还有提高企业知名度、分担投资风险、规范企业运作等作用。因而,建立创业板市场,是完善风险投资体系,为中小高科技企业提供直接融资服务的重要一环,也是多层次资本市场的重要组成部分。

经国务院同意,中国证监会批准,我国创业板市场于 2009 年 10 月 23 日在深圳证券交易所正式启动。我国创业板市场主要面向成长型创业企业,重点支持自主创新企业,支持市场前景好、带动能力强、就业机会多的成长型创业企业,特别是支持新能源、新材料、电子信息、生物医药、环保节能、现代服务等新兴产业的发展。

我国创业板的推出和发展,将发挥对高科技、高成长创业企业的"助推器"功能,为各类风险投资和社会资本提供风险共担、利益共享的进入和退出机制,促进创业投资良性循环,逐步强化以市场为导向的资源配置、价格发现和资本约束机制,提高我国资本市场的运行效率和竞争力。

3. 科创板市场

2019年3月1日,中国证监会、上交所关于设立科创板并试点注册制主要制度、规则正式发布,证券发行上市注册制时代正式来临。2019年3月2日,上海证券交易所做出首批9家企业的受理决定。2019年6月13日,在第十一届陆家嘴论坛开幕式上,中国证监会和上海市人民政府联合举办了上海证券交易所科创板开板仪式。

科创板是独立于现有主板市场的新设板块,并率先在该板块内进行注册制试点。在上海证券交易所设立科创板,对于完善多层次资本市场体系,提升资本市场服务实体经济的能力,促进上海国际金融中心、科创中心建设,具有重要意义。

根据科创板定位,保荐机构优先推荐三类企业和六大领域的科技创新企业上市。三类企业分别是:一是符合国家战略、突破关键核心技术、市场认可度高的科技创新企业;二是属于新一代信息技术、高端装备、新材料、新能源、节能环保以及生物医药等高新技术产业和战略性新兴产业的科技创新企业;三是互联网、大数据、云计算、人工智能和制造业深度融合的科技创新企业。六大领域的科技创新企业包括:一是新一代信息技术领域,主要包括半导体和集成电路、电子信息、下一代信息网络、人工智能、大数据、云计算、新兴软件、互联网、物联网和智能硬件等;二是高端装备领域,主要包括智能制造、航空航天、先进轨道交通、海洋工程装备及相关技术服务等;三是新材料领域,主要包括先进钢铁材料、先进有色金属材料、先进石油化工新材料、先进无机非金属材料、高性能复合材料、前沿新材料及相关技术服务等;四是新能源领域,主要包括先进核电、大型风电、高效光电光热、高效储能及相关技术服务等;五是节能环保领域,主要包括高效节能产品及设备、先进环保技术装备、先进环保产品、资源循环利用、新能源汽车整车、新能源汽车关键零部件、动力电池及相关技术服务等;六是生物医药领域,主要包括生物制品、高端化学药、高端医疗设备与器械及相关技术服务等。

4. 全国中小企业股份转让系统

又称"新三板",是经国务院批准设立的全国性的证券交易场所,成立于2012年9月20日,主要为创新型、创业型、成长型中小微企业发展服务。全国中小企业股份转让系统设立伊始分设创新层和基础层,符合不同标准的挂牌公司分别纳入创新层和基础层管理。根据规定,境内符合条件的股份公司均可通过主办券商申请在全国中小企业股份转让系统挂牌,公开转让股份,进行股权融资、债券融资、资产重组等,但不包括公开发行股份。

根据2013年2月起施行的《全国中小企业股份转让系统业务规则(试行)》的规定,股票转让采用无纸化的公开转让形式,或经中国证监会批准的其他转让形式。股票转让可以采用协议方式、做市方式、竞价方式或其他中国证监会批准的转让方式。经全国股份转让系统公司同意,挂牌股票可以转换转让方式。挂牌股票采取协议转让方式的,全国股份转让系统公司同时提供集合竞价转让安排;挂牌股票采取做市转让方式的,须有两家以上从事做市业务的主办券商为其提供做市报价服务。

为加强多层次资本市场的有机联系,规范全国中小企业股份转让系统挂牌公司向沪深交易所转板上市,2020年6月3日,中国证监会公布了《中国证监会关于全国中小企业股份转让系统挂牌公司转板上市的指导意见》。

> **相关链接**
>
> ### T+0回归渐行渐近
>
> 2020年5月29日,上交所在回应两会代表委员意见时表示,将在科创板适时推出做市商制度、研究引入单次T+0交易。这是证监会首次在公开场合正式回应T+0交易制度,国内恢复T+0交易制度的预期随之升温。
>
> **T+0他山之石**
>
> 所谓T+0交易制度,或者说日内回转交易(Day Trading),在境外资本市场是一项常见的制度。一般分为两种情况:第一种情况是当日买入某种证券后,当日卖出;第二种情况是当日卖空某种证券,当日买回。根据深圳交易所的统计,目前境外主要交易所均已实行日内回转交易制度。根据境外资本市场T+0制度的经验,尽管不同国家及地区对日内交易的具体实施细则上有所差别,主要是受不同国家国情的影响,但通常而言,T+0是成熟资本市场的通行制度。
>
> **T+0落地可期**
>
> 国内曾于1992年引入T+0制度,但当时市场条件并不成熟,T+0带来成交量增长的同时也引发了过度投机,1995年又重新启用T+1制度并延续至今。基于中国A股市场在成立初期的短暂经验以及境外较为成熟的发展经验,光大证券认为,中国T+0制度落地将是"小步慢跑"逐步推进的过程,可以在小范围内先行试点,待运行成熟后再全面推行落地。
>
> 实行T+0有利于中国与国际资本市场的接轨。T+0制度下有利于投资者及时止损,从而保护股民利益,也能更好地与注册制改革步伐接轨,促进中国建立更加成熟的资本市场。
>
> 股票交易T+0制度的实现也有利于实现交易风险的有效对冲。目前,除股票市场外,中国股指期货、国债期货市场均实行T+0交易制度,而期现交易制度不匹配不利于风险的有效对冲,同时,中国股指期货投资准入门槛较高,中小投资者参与难度较高。在股票T+1交易制度下也将使中小投资者缺乏有效的风险对冲手段,可能面临较大的风险敞口。
>
> **政策环境大变化**
>
> 基于稳妥起见,2019年3月科创板规则正式稿和2020年4月创业板规则征求稿均未纳入T+0。只是在2020年5月29日,上交所在回应两会代表关于"科创板部分关键制度供给仍显不足"时,表示后续在资本供给方面将聚焦并购重组、再融资制度优化和长期增量资金引入,制度供给方面,首提研究引入单次T+0交易。尽管此前市场对科创板及创业板试点T+0有所预期,但上交所此时首提T+0仍略超市场预期。
>
> 单次T+0若正式实施将明显提升市场的活跃度,利好券商经纪业务。当然,目前

该制度仍处于研究阶段,时间表尚未确定。目前来看,市场普遍预期 T＋0 将在科创板先行实施。

(资料来源:T＋0回归渐行渐近,证券市场周刊 2020－06－11)

二、场外交易市场

场外交易市场亦称柜台交易市场或店头交易市场（Over-the-counter Market）,是证券市场的一种特殊形式,它是指证券经纪人或证券商不通过证券交易所,将未上市的证券或已上市的证券直接同顾客进行买卖的市场。随着信息技术的发展,证券交易的方式逐渐演变为通过网络系统将订单汇集起来,再由电子交易系统处理,场内市场和场外市场的物理界限逐渐模糊。

（一）场外交易市场的特征

（1）场外交易市场是一个分散的无形市场。它没有固定的、集中的交易场所,而是由许多各自独立经营的证券经营机构分别进行交易,并且主要是依靠电话、电报、电传和计算机网络联系成交的。

（2）场外交易市场的组织方式大多采取做市商制。场外交易市场与证券交易所的区别在于不采取经纪制,投资者直接与证券商进行交易。证券交易通常在证券经营机构之间或是证券经营机构与投资者之间直接进行,不需要中介人。在场外证券交易中,证券经营机构先行垫入资金买进若干证券作为库存,然后开始挂牌对外进行交易。他们以较低的价格买进,再以略高的价格卖出,从中赚取差价,但其加价幅度一般受到限制。证券商既是交易的直接参加者,又是市场的组织者,他们制造出证券交易的机会并组织市场活动,因此被称为做市商(Market Maker)。这里的做市商是场外交易市场的做市商,与场内交易中的做市商不完全相同。

（3）场外交易市场是一个拥有众多证券种类和证券经营机构的市场,以未能或无须在证券交易所批准上市的股票和债券为主。在证券市场发达的国家,由于证券种类繁多,每家证券经营机构只固定地经营若干种证券。

（4）场外交易市场是一个以议价方式进行证券交易的市场。在场外交易市场上,证券买卖采取一对一的交易方式,对同一种证券的买卖不可能同时出现众多的买方和卖方,也就不存在公开的竞价机制。场外交易市场的价格决定机制不是公开竞价,而是买卖双方协商议价。具体地说,是证券公司对自己所经营的证券同时挂出买入价和卖出价,并无条件地按买入价买入证券和按卖出价卖出证券,最终的成交价是在挂牌价基础上经双方协商决定的不含佣金的净价。券商可根据市场情况随时调整所挂的牌价。

（5）场外交易市场的管理比证券交易所宽松。由于场外交易市场分散,缺乏统一的组织和章程,因此不易管理和监督,其交易效率也不及证券交易所。

（二）我国的场外交易市场

1. 区域性股权市场

区域性股权市场是为其所在省级行政区域内中小微企业证券非公开发行、转让及相关活动提供设施与服务的场所。除区域性股权市场外,地方其他各类交易场所不得组织证券发行和转让活动。区域性股权市场是地方人民政府扶持中小微企业政策措施的综合运用平台,对于促进中小微企业股权交易和融资,鼓励科技创新和激活民间资本,加强对实体经济薄弱环节的支持,具有积极作用。

在区域性股权市场发行或转让证券的,限于股票、可转换为股票的公司债券以及国务院有关部门按程序认可的其他证券。投资者买卖同一证券的时间间隔不得少于5个交易日;单只证券持有人累计不得超过200人,法律、行政法规另有规定的除外;证券持有人名册和登记过户记录必须真实、准确、完整,不得隐匿、伪造、篡改或毁损。

区域性股权市场实行合格投资者制度。合格投资者应是依法设立且具备一定条件的法人机构、合伙企业,金融机构依法管理的投资性计划,以及具备较强风险承受能力且金融资产不低于50万元人民币的自然人。

区域性股权市场由所在地省级人民政府按规定实施监管,并承担相应风险处置责任。区域性股权市场运营机构负责组织区域性股权市场的活动,对市场参与者进行自律管理,保障市场规范稳定运行。区域性股权市场的信息系统应符合有关法律法规和中国证监会制定的信息技术管理规范。区域性股权市场不得为所在省级行政区域外的企业私募证券或股权的融资、转让提供服务。

2. 券商柜台市场

券商柜台市场是指证券公司为与特定交易对手方在集中交易场所之外进行交易或为投资者在集中交易场所之外进行交易提供服务的场所或平台。

为推动证券行业创新发展,2012年12月10日,中国证监会同意中国证券业协会在遵循"限定私募、先行起步"基本原则的基础上,开展柜台市场试点工作。中国证券业协会于2014年8月,明确了证券公司在柜台市场发行、销售与转让的产品包括但不限于以下私募产品:① 证券公司及其子公司以非公开募集方式设立或者承销的资产管理计划、公司债融资工具等产品;② 银行、保险公司、信托公司等其他机构设立并通过证券公司发行、销售与转让的产品;③ 金融衍生品及中国证监会、中国证券业协会认可的产品。

证券公司可以采取协议、报价、做市、拍卖竞价、标购竞价等方式发行、销售与转让私募产品,不得采用集合竞价方式,法律行政法规有明确规定的除外。投资者在柜台市场交易私募产品,证券公司应当为其开立产品账户。证券公司可以接受委托,为客户依法持有或者管理的在其柜台市场发行、销售与转让的私募产品提供保管、清算交割、估值核算、投资监督、风险监控、出具托管报告等服务。

3. 机构间私募产品报价与服务系统

中证机构间报价系统股份有限公司(以下简称"中证报价"),2013年2月27日成立,2015年2月10日更名改制,是经中国证监会批准并由中国证券业协会按照市场化原则管理的金融机构。公司的主要业务包括:提供以非公开募集方式设立产品的报价、发行与转让服务;提供证券公司柜台市场、区域性股权交易市场等私募市场的信息和交易联网服务,并开展相关业务合作;提供以非公开募集方式设立产品的登记结算和担保品第三方管理等服务;管理和公布机构间私募产品报价与服务系统(简称"报价系统")相关信息,提供私募市场的监测、统计分析服务；制定报价系统业务规则，对其参与人和信息披露义务人进行监督管理，进行私募市场和私募业务的开发、推广、研究、调查与咨询；建设和维护报价系统的技术支持系统等。

报价系统参与人来自中国证券业协会、中国期货业协会、中国证券投资基金业协会、中国上市公司协会或中国证券业协会认可的其他自律组织会员，包含证券公司、私募基金、公募基金、银行、信托、保险、支付公司、投资咨询公司、地方股权交易中心及其他机构。

4. 私募基金市场

私募投资基金是指在中华人民共和国境内，以非公开方式向投资者募集资金设立的投资基金。私募基金财产的投资包括买卖股票、股权、债券、期货、期权、基金份额及投资合同规定的其他投资标的。私募基金主要分为私募证券基金、创业投资基金、私募股权基金、其他类别私募基金四种。私募证券基金，主要投资于公开交易的股份有限公司股票、债券、期货、期权、基金份额以及中国证监会规定的其他证券以及衍生产品；创业投资基金，主要是对处于创业各阶段的成长型企业进行股权投资；私募股权基金，除创业投资基金以外主要投资于非公开交易的企业股权；其他类别私募基金，是指投资除证券及其衍生品和股权以外的其他领域。

私募基金不能进行公开的发售和宣传推广，投资金额要求高，投资者的资格和人数常常受到严格的限制。相对于公募基金，私募基金在运作上具有较大的灵活性，它既可以投资于衍生金融产品进行买空卖空交易，也可以进行汇率、商品期货投机交易等。

> **相关链接**
>
> ### 沪港通、深港通、沪伦通
>
> （一）沪港通
>
> 沪港通，即沪港股票市场交易互联互通机制，是指上海证券交易所和香港联合交易所建立技术连接，使内地和香港投资者可以通过当地证券公司或经纪商买卖规定范围内的对方交易所上市的股票。沪港通于2014年11月17日正式开通。
>
> 沪港通包括沪股通、沪港通下的港股通两部分。
>
> 沪股通是指投资者委托香港经纪商，经由香港联合交易所在上海设立的证券交易服务公司，向上海证券交易所进行申报（买卖盘传递），买卖沪港通规定范围内的上海证券交易所上市的股票。沪股通股票范围包括上证180指数成分股、上证380指数成分股和A＋H股上市公司的上交所上市A股。（A＋H股上市公司是指在境内注册，其股票同时在上交所和香港联交所上市的公司）
>
> 沪港通下的港股通是指投资者委托内地证券公司，经由上海证券交易所在香港设立的证券交易服务公司，向香港联合交易所进行申报（买卖盘传递），买卖沪港通规定范围内的香港联合交易所上市的股票。
>
> （二）深港通
>
> 深港通，即深港股票市场交易互联互通机制，是指深圳证券交易所和香港联合交易

所建立技术连接,使内地和香港投资者可以通过当地证券公司或经纪商买卖规定范围内的对方交易所上市的股票。深港通包括深股通、深港通下的港股通两部分。深港通于2016年12月5日正式启动。

(三)沪伦通

2018年,中国证监会《关于上海证券交易所与伦敦证券交易所互联互通存托凭证业务的监管规定(试行)》及上交所配套规则的正式发布,为沪伦通的正式开通奠定了制度基础。

沪伦通是指上交所与伦交所的互联互通机制。初期从存托凭证起步。沪伦通存托凭证业务包括东西两个业务方向。东向业务是指符合条件的伦交所上市公司在上交所主板上市中国存托凭证(简称"CDR")。西向业务是指符合条件的上交所的A股上市公司在伦交所主板发行上市全球存托凭证(简称"GDR")。在试点初期,GDR发行人可以在伦敦市场融资。CDR发行人仅可以在上交所上市,而不在境内融资。存托凭证和基础股票之间可以相互转换,并因此实现了两地市场的互联互通。

任务三 证券投资的收益与风险

微课6-3

一、证券投资收益

人们投资于证券是为了获得投资收益。投资收益是未来的,而且一般情况下事先难以确定。未来收益的不确定性就是证券投资的风险。投资者总是既希望回避风险,又希望获得较高的收益。但是,收益和风险是并存的,通常收益越高,风险越大。投资者只能在收益和风险之间加以权衡,即在风险相同的证券中选择收益较高的,或在收益相同的证券中选择风险较小的进行投资。

(一)股票收益

1. 股息

股息是指股票持有者依据所持股票从发行公司分取的盈利。通常,股份有限公司在会计年度结算后,将一部分净利润作为股息分配给股东。其中,优先股票股东按照规定的固定股息率优先取得固定股息,普通股票股东则根据余下的利润分取股息。股东在取得固定的股息以后又从股份有限公司领取的收益,称为红利。由此可见,红利是股东在公司按规定股息率分派后所取得的剩余利润。但在概念的使用上,人们对股息和红利并未予以严格的区分。

股息的来源是公司的税后利润。公司从营业收入中扣减各项成本和费用支出、应偿还的债务及应缴纳的税金后,余下的即为税后利润。通常,税后利润按以下程序分配:如果有未弥补亏损,首先用于弥补亏损;按《公司法》规定提取法定公积金;如果有优先股票,按固定股息率对优先股票股东分配;经股东大会同意,提取任意公积金;剩余部分按股东持有的股份比例对普通股票股东分配。可见,税后净利润是公司分配股息的基础和最高限额,但因要做必要的公积金扣除,公司实际分配的股息总是少于税后净利润。

股息作为股东的投资收益,用以股份为单位的货币金额表示,但股息的具体形式可以有多种。

(1) 现金股息。现金股息是以货币形式支付的股息和红利,是最普通、最基本的股息形式。分派现金股息,既可以满足股东预期的现金收益目的,又有助于提高股票的市场价格,以吸引更多的投资者。在公司留存收益和现金足够的情况下,现金股息分发的多少取决于董事会对影响公司发展的诸多因素的权衡,并要兼顾公司和股东两者的利益。一般来说,股东更偏重于目前利益,希望得到比其他投资形式更高的投资收益;董事会更偏重于公司的财务状况和长远发展,希望保留足够的现金扩大投资或用于其他用途。但是由于股息的高低会直接影响公司股票的市价,而股价的涨跌又关系到公司本身信誉的高低及筹资能力的大小,因此董事会在权衡公司的长远利益和股东的近期利益后,会制定出较为合理的现金股息发放政策。

(2) 股票股息。股票股息是以股票的方式派发的股息,通常由公司用新增发的股票或一部分库存股票作为股息代替现金分派给股东。股票股息原则上是按公司现有股东持有股份的比例进行分配的,采用增发普通股票并发放给普通股股东的形式,实际上是将当年的留存收益资本化。也就是说,股票股息是股东权益账户中不同项目之间的转移,对公司的资产、负债、股东权益总额没有影响,对得到股票股息的股东在公司中所占权益的份额也不会产生影响,仅仅是股东持有的股票数比原来多了。发放股票股息既可以使公司保留现金,解决公司发展对现金的需要,又使公司股票数量增加,股价下降,有利于股票的流通。股东持有股票股息在大多数西方国家可免征所得税,出售增加的股票又可转化为现实的货币,有利于股东实现投资收益,因而是兼顾公司利益和股东利益的两全之策。

(3) 财产股息。财产股息是公司用现金以外的其他财产向股东分派股息。最常见的是公司持有的其他公司或子公司的股票、债券,也可以是实物。分派财产股息,可减少现金支出,满足公司对现金的需要,有利于公司的发展。在现金不足时,用公司产品以优惠价格充作股息,可扩大其产品销路。当公司需要对其他公司控股时,可有意将持有的其他公司股票作为股息,采用内部转移方式分派给股东,以继续维持控股公司的地位。

2. 资本利得

上市股票具有流动性,投资者可以在股票交易市场上出售持有的股票收回投资,赚取盈利,也可以利用股票价格的波动低买高卖来赚取差价收入。股票买入价与卖出价之间的差额就是资本利得,或称资本损益。资本利得可正可负,当股票卖出价大于买入价时,资本利得为正,此时可称为资本收益;当卖出价小于买入价时,资本利得为负,此时可称为资本损失。由于上市公司的经营业绩是决定股票价格的重要因素,因此资本损益的取得主要取决于股份公司的经营业绩和股票市场的价格变化,同时与投资者的投资心态、投资经验及投资技巧也有很大关系。

3. 公积金转增股本

公积金转增股本也采取送股的形式,但送股的资金不是来自当年未分配利润,而是公司提取的公积金。公司的公积金来源有以下几项:一是股票溢价发行时,超过股票面值的溢价部分列入公司的资本公积金;二是依据我国《公司法》的规定,每年从税后利润中按比例提存部分法定公积金;三是股东大会决议后提取的任意公积金;四是公司经过若干年经营以后资产重估增值部分;五是公司从外部取得的赠与资产,如从政府部门、国外部门及其他公司等处得到的赠与资产。我国《公司法》规定,公司分配当年税后利润时,应当提取利润的10%列入公司法定公积金。公司法定公积金累计额为公司注册资本50%以上的,可以不再提取。公司的法定公积金不足以弥补以前年度亏损的,在提取法定公积金之前,应当先用当年利润弥补亏损。公司从税后利润中提取法定公积金后,经股东大会决议,可以从税后利润中提取任意公积金。股份有限公司以超过股票票面金额的发行价格发行股份所得的溢价款以及国务院财政部门规定列入资本公积金的其他收入,应当列为资本公积金。公司的公积金用于弥补公司亏损、扩大公司生产经营或者转为公司资本,但是资本公积金不得用于弥补公司亏损。股东大会决议将公积金转为资本时,按股东原有股份比例派送红股或增加每股面值,但法定公积金转为资本时,所留成的该项公积金不得少于转增前公司注册资本的25%。

(二) 债券收益

1. 债息

债券的利息收益取决于债券的票面利率和付息方式。债券的票面利率是指一年的利息占票面金额的比率。票面利率的高低直接影响着债券发行人的筹资成本和投资者的投资收益,一般由债券发行人根据债券本身的性质和对市场条件的分析决定。首先,要考虑投资者的接受程度。发行人往往是参照了其他相似条件债券的利率水平后,在多数投资者能够接受的限度内,以最低利率来发行债券。其次,债券的信用级别是影响债券票面利率的重要因素。再次,利息的支付方式和计息方式也是决定票面利率要考虑的因素。最后,还要考虑证券主管部门的管理和指导。当债券的票面利率确定后,在债券有效期限内,无论市场上发生什么变化,发行人都必须按确定的票面利率向债券持有人支付利息。

2. 资本利得

债券投资的资本利得是指债券买入价与卖出价或买入价与到期偿还额之间的差额。同股票的资本利得一样,债券的资本利得可正可负,当卖出价或偿还额大于买入价时,资本利得为正,此时可称为资本收益;当卖出价或偿还额小于买入价时,资本利得为负,此时可称为资本损失。投资者可以在债券到期时将持有的债券兑现,或是利用债券市场价格的变动低买高卖,从中取得资本收益,当然,也有可能遭受资本损失。

3. 再投资收益

再投资收益是投资债券所获现金流量再投资的利息收入。对于附息债券而言,投资期间的现金流是定期取得的利息,再投资收益是将定期所获得的利息进行再投资而得到的利息收入。

对于投资于附息债券的投资者来说,只有将债券持有至到期日,并且各期利息都能按照到期收益率进行再投资,才能实现投资债券时预期的收益率;反之,如果未来的再投资收益率低于购买债券时预期的到期收益率,则投资者将面临再投资风险。

决定再投资收益的主要因素是债券的偿还期限、息票收入和市场利率的变化。在给定债券息票利率和到期收益率的情况下,债券的期限越长,再投资收益对债券总收益的影响越大,再投资风险也越大。在给定偿还期限和到期收益率的情况下,债券的息票利率越高,再投资收益对债券总收益的影响越大。当市场利率变化时,再投资收益率可能大于或小于到期收益率,使投资总收益发生相应变化。但是,对于无息票债券而言,由于投资期间并无利息收入,因而也不存在再投资风险,持有无息票债券直至到期所得到的收益就等于预期的到期收益。

二、证券投资风险

证券投资是一种风险性投资。一般而言,风险是指对投资者预期收益的背离,或者说是证券收益的不确定性。证券投资的风险是指证券预期收益变动的可能性及变动幅度。在证券投资活动中,投资者投入一定数量的本金,目的是希望能得到预期的若干收益。从时间上看,投入本金是当前的行为,其数额是确定的,而取得收益是在未来的时间。在持有证券这段时间内,有很多因素可能使预期收益减少甚至使本金遭受损失,因此,证券投资的风险是普遍存在的。与证券投资相关的所有风险称为总风险,总风险可分为系统风险和非系统风险两大类。

(一) 系统风险

系统风险是指由于某种全局性的共同因素引起的投资收益的可能变动,这种因素以同样的方式对所有证券的收益产生影响。在现实生活中,所有企业都受全局性因素的影响,这些因素包括社会、政治、经济等各个方面。由于这些因素来自企业外部,是单一证券无法抗拒和回避的,因此称为不可回避风险。这些共同的因素会对所有企业产生不同程度的影响,不能通过多样化投资而分散,因此又称为不可分散风险。系统风险包括政策风险、经济周期波动风险、利率风险和购买力风险等。

1. 政策风险

政策风险是指政府有关证券市场的政策发生重大变化或是有重要的法规、举措出台,引起证券市场的波动,从而给投资者带来的风险。

政府对本国证券市场的发展通常有一定的规划和政策,借以指导市场的发展和加强对市场的管理。证券市场政策应当是在尊重证券市场发展规律的基础上,充分考虑证券市场在本国经济中的地位、与社会经济其他部门的联系、整体经济发展水平、证券市场发展现状及对投资者保护等多方面因素后制定的。政府关于证券市场发展的规划和政策应该是长期稳定的,在规划和政策既定的前提条件下,政府应运用法律手段、经济手段和必要的行政管理手段引导证券市场健康、有序地发展。但是,在某些特殊情况下,政府也可能会改变发展证券市场的战略部署,出台一些扶持或抑制市场发展的政策,制定出新的法令或规章,从而改变市场原先的运行轨迹。特别是在证券市场发展初期,对证券市场发展的规律认识不足、法规体系不健全、管理手段不充分,更容易较多地使用政策手段来干预市场。由于证券市场政策是政府指导、管理整个证券市场的手段,一旦出现政策风险,几乎所有的证券都会受到影响,因此属于系统风险。

2. 经济周期波动风险

经济周期波动风险是指证券市场行情周期性变动而引起的风险。这种行情变动不是指证券价格的日常波动和中级波动,而是指证券行情长期趋势的改变。

证券行情变动受多种因素影响,但决定性的因素是经济周期的变动。经济周期是指社会经济阶段性的循环和波动,是经济发展的客观规律。经济周期的变化决定了企业的景气和效益,从而从根本上决定了证券行情,特别是股票行情的变动趋势。证券行情随经济周期的循环而起伏变化,总的趋势可分为看涨市场或称多头市场、牛市,以及看跌市场或称空头市场、熊市两大类型。在看涨市场,随着经济回升,股票价格从低谷逐渐回升,随着交易量的扩大,交易日渐活跃,股票价格持续上升并可维持较长一段时间;待股票价格升至很高水平,资金大量涌入并进一步推动股价上升,但成交量不能进一步放大时,股票价格开始盘旋并逐渐下降,标志着看涨市场的结束。看跌市场从经济繁荣的后期开始,伴随着经济衰退,股票价格也从高点开始一直呈下跌趋势,并在达到某个低点时结束。看涨市场和看跌市场是指股票行情变动的大趋势。实际上,在看涨市场中,股价并非直线上升,而是大涨小跌,不断出现盘整和回档行情;在看跌市场中,股价也并非直线下降,而是小涨大跌,不断出现盘整和反弹行情。但在这两个变动趋势中,一个重要的特征是在整个看涨行市中,几乎所有的股票价格都会上涨;在整个看跌行市中,几乎所有的股票价格都不可避免地有所下跌,只是涨跌程度不同而已。

3. 利率风险

利率风险是指市场利率变动引起证券投资收益变动的可能性。市场利率的变化会引起证券价格变动,并进一步影响证券收益的确定性。利率与证券价格呈反方向变化,即利率提高,证券价格水平下跌;利率下降,证券价格水平上涨。利率从两方面影响证券价格。一是改变资金流向。当市场利率提高时,会吸引一部分资金流向银行储蓄、商业票据等其他金融资产,减少对证券的需求,使证券价格下降;当市场利率下降时,一部分资金流向证券市场,增加对证券的需求,刺激证券价格上涨。二是影响公司的盈利。利率提高,公司融资成本提高,在其他条件不变的情况下净盈利下降,派发股息减少,引起股票价格下降;利率下降,融资成本下降,净盈利和股息相应增加,股票价格上涨。

利率政策是中央银行的货币政策工具,中央银行根据金融宏观调控的需要调节利率水平。当中央银行调整利率时,各种金融资产的利率和价格都会灵敏地做出反应。除了中央银行的货币政策以外,利率还受金融市场供求关系的影响:当资金供求宽松时,利率水平稳中有降;当资金供求紧张时,利率水平逐渐上升。

利率风险对不同证券的影响是不相同的。

(1) 利率风险是固定收益证券的主要风险,特别是债券的主要风险。债券面临的利率风险由价格变动风险和息票利率风险两方面组成。当市场利率提高时,以往发行又尚未到期的债券利率相对偏低,此时投资者若继续持有债券,在利息上要蒙受损失;若将债券出售,又必须在价格上做出让步,也要遭受损失。可见,此时投资者无法回避利率变动对债券价格和收益的影响,而且这种影响与债券本身的质量无关。

(2) 利率风险是政府债券的主要风险。对公司债券和企业债券来说,除了利率风险以外，重要的还有信用风险和购买力风险。政府债券没有信用问题和偿债的财务困难，它面临的主要风险是利率风险和购买力风险。

（3）利率风险对长期债券的影响大于短期债券。在利率水平变动幅度相同的情况下，长期债券价格变动幅度大于短期债券，因此，长期债券的利率风险大于短期债券。债券的价格是将未来的利息收益和本金按市场利率折算成的现值，债券的期限越长，未来收入的折扣率就越大，所以债券的价格变动风险随着期限的增加而增大。

普通股票和优先股票也会受利率风险影响。股票价格对利率变动是极其敏感的，当利率变动时，股票价格会迅速发生反向变动，其中优先股票因股息率固定而受利率风险影响较大。普通股票的股息和价格主要由公司经营状况和财务状况决定，而利率变动仅是影响公司经营和财务状况的部分因素，所以利率风险对普通股票的影响不像债券和优先股票那样没有回旋的余地，从长期看，取决于上市公司对利率变动的化解能力。

4. 购买力风险

购买力风险又称通货膨胀风险，是由于通货膨胀、货币贬值给投资者带来实际收益水平下降的风险。在通货膨胀情况下，物价普遍上涨，社会经济运行秩序混乱，企业生产经营的外部条件恶化，证券市场也难免深受其害，所以购买力风险是难以回避的。在通货膨胀条件下，随着商品价格的上涨，证券价格也会上涨，投资者的货币收入有所增加，会使他们忽视购买力风险的存在并产生一种货币幻觉。其实，由于货币贬值，货币购买力水平下降，投资者的实际收益不仅没有增加，反而有所减少。一般来讲，可通过计算实际收益率来分析购买力风险：

实际收益率＝名义收益率－通货膨胀率

这里的名义收益率是指债券的票面利息率或股票的股息率。例如，某投资者买了一张年利率为10%的债券，其名义收益率为10%。若一年中通货膨胀率为5%，则投资者的实际收益率为5%；若当年通货膨胀率为10%，则投资者的实际收益率为0；若当年通货膨胀率超过10%，则投资者不仅没有得到收益，反而有所亏损。可见，只有当名义收益率大于通货膨胀率时，投资者才有实际收益。

购买力风险对不同证券的影响是不同的，最容易受其损害的是固定收益证券，如优先股票、债券。因为它们的名义收益率是固定的，当通货膨胀率升高时，实际收益率就会明显下降，所以固定利息率和股息率的证券购买力风险较大；同样是债券，长期债券的购买力风险又比短期债券大。相比之下，浮动利率债券或保值贴补债券的购买力风险较小，普通股票的购买力风险也相对较小。当发生通货膨胀时，由于公司产品价格上涨，股份公司的名义收益会增加，特别是当公司产品价格上涨幅度大于生产费用的涨幅时，公司净盈利增加，此时股息会增加，股票价格也会随之提高，普通股票股东可得到较高收益，可部分减轻通货膨胀带来的损失。

（二）非系统风险

非系统风险是指只对某个行业或个别公司的证券产生影响的风险，它通常由某一特殊因素引起，与整个证券市场的价格不存在系统、全面的联系，而只对个别或少数证券的收益产生影响。这种因行业或企业自身因素改变而带来的证券价格变化与其他证券的价格、收益没有必然的内在联系,不会因此而影响其他证券的收益。这种风险可以通过分散投资来抵消。若投资者持有多种证券,当某些证券价格下跌、收益减少时,另一些证券可能价格正好上升、收益增加,这样就使风险相互抵消。非系统风险是可以抵消、回避的,因此又称为可分散风险或可回避风险。非系统风险包括信用风险、经营风险、财务风险等。

1. 信用风险

信用风险又称违约风险,指证券发行人在证券到期时无法还本付息而使投资者遭受损失的风险。证券发行人如果不能支付债券利息、优先股票股息或偿还本金,哪怕仅仅是延期支付,都会影响投资者的利益,使投资者失去再投资和获利的机会,遭受损失。信用风险实际上揭示了发行人在财务状况不佳时出现违约和破产的可能,它主要受证券发行人的经营能力、盈利水平、事业稳定程度及规模大小等因素影响。债券、优先股票、普通股票都可能有信用风险,但程度有所不同。债券的信用风险就是债券不能到期还本付息的风险。信用风险是债券的主要风险,因为债券是需要按时还本付息的要约证券。政府债券的信用风险最小,一般认为中央政府债券几乎没有信用风险,其他债券的信用风险依次从低到高排列为地方政府债券、金融债券、公司债券,但大金融机构或跨国公司债券的信用风险有时会低于某些政局不稳的国家的政府债券。投资于公司债券首先要考虑的就是信用风险,产品市场需求的改变、成本变动、融资条件变化等都可能削弱公司偿债能力,特别是公司资不抵债、面临破产时,债券的利息和本金都可能会化为泡影。股票没有还本要求,普通股票的股息也不固定,但仍有信用风险,不仅优先股票股息有缓付、少付甚至不付的可能,而且如公司不能按期偿还债务,立即会影响股票的市场价格,更不用说当公司破产时,该公司股票价格会接近于零,无信用可言。在债券和优先股票发行时,要进行信用评级,投资者回避信用风险的最好办法是参考证券信用评级的结果。信用级别高的证券信用风险小;信用级别越低,违约的可能性越大。

2. 经营风险

经营风险是指公司的决策人员与管理人员在经营管理过程中出现失误而导致公司盈利水平变化,从而使投资者预期收益下降的可能。

经营风险来自内部因素和外部因素两个方面。企业内部的因素主要有:一是项目投资决策失误,未对投资项目做可行性分析,草率上马;二是不注意技术更新,使企业在行业中的竞争地位下降;三是不注意市场调查,不注意开发新产品,仅满足于目前公司产品的市场占有率和竞争力,满足于目前的利润水平和经济效益;四是销售决策失误,过分地依赖大客户、老客户,没有注重打开新市场,寻找新的销售渠道。其他还有公司的主要管理者因循守旧、不思进取、机构臃肿、人浮于事,对可能出现的天灾人祸没有采取必要的防范措施等。外部因素是公司以外的客观因素,如政府产业政策的调整、竞争对手的实力变化使公司处于相对劣势地位等,引起公司盈利水平的相对下降。但经营风险主要还是来自公司内部的决策失误或管理不善。

公司的经营状况最终表现于盈利水平的变化和资产价值的变化,经营风险主要通过盈利变化产生影响,对不同证券的影响程度也有所不同。经营风险是普通股票的主要风险,公司盈利的变化既会影响股息收入,又会影响股票价格。当公司盈利增加时,股息增加,股价上涨;当公司盈利减少时,股息减少,股价下降。经营风险对优先股票的影响较小,因为优先股票的股息率是固定的,盈利水平的变化对价格的影响有限。公司债的还本付息受法律保障,除非公司破产清理,一般情况下不受企业经营状况的影响,但公司盈利的变化同样可能使公司债的价格呈同方向变动,因为盈利增加使公司的债务偿还更有保障,信用提高,债券价格也会相应上升。

3. 财务风险

财务风险是指公司财务结构不合理、融资不当而导致投资者预期收益下降的风险。负债经营是现代企业应有的经营策略,通过负债经营可以弥补自有资本的不足,还可以用借贷资金来实现盈利。股份公司在营运中所需要的资金一般都来自发行股票和债务两个方面,其中债务(包括银行贷款、发行企业债券、商业信用)的利息负担是一定的,如果公司资金总量中债务比重过大,或是公司的资金利润率低于利息率,就会使股东的可分配盈利减少,股息下降,使股票投资的财务风险增加。实际上,公司融资产生的财务杠杆作用犹如一把"双刃剑",当融资产生的利润大于债息率时,给股东带来的是收益增长的效应;反之,就是收益减少的财务风险。对股票投资来说,财务风险中最大的风险当属公司亏损风险。公司亏损风险虽然发生的概率不是很高,却是投资者常常面临的最大风险。投资股票就是投资公司,投资者的股息收益和通过股票价格变动获得的资本利得与公司的经营效益密切相关。所以,股票的风险将直接取决于公司的经营效益。但是,公司未来的经营是很难预测的,这使投资者买了股票之后,很难准确地预期自己未来的收益。一般而言,只要公司经营不发生亏损,投资股票就始终有收益,只是收益的高低问题。

三、收益与风险的关系

在证券投资中,收益和风险形影相随,收益以风险为代价,风险用收益来补偿。投资者投资的目的是为了得到收益,与此同时,又不可避免地面临着风险,证券投资的理论和实战技巧都围绕着如何处理这两者的关系而展开。

收益与风险的基本关系是:收益与风险相对应。也就是说,风险较大的证券,其要求的收益率相对较高;反之,收益率较低的投资对象,风险相对较小。但是,绝不能因为收益与风险有着这样的基本关系,就盲目地认为风险越大,收益就一定越高。收益与风险相对应的原理只是揭示收益与风险的这种内在本质关系:收益与风险共生共存,承担风险是获取收益的前提;收益是风险的成本和报酬。收益与风险的上述本质联系可以用下面的公式表述:

$$预期收益率 = 无风险收益率 + 风险补偿$$

预期收益率是投资者承受各种风险应得的补偿。无风险收益率是指把资金投资于某一没有任何风险的投资对象而能得到的收益率,这是一种理想的投资收益,我们把这种收益率作为一种基本收益,再考虑各种可能出现的风险,使投资者得到应有的补偿。现实生活中不可能存在没有任何风险的理想证券,但可以找到某种收益变动小的证券来代替。美国一般将联邦政府发行的短期国库券视为无风险证券,把短期国库券利率视为无风险利率。这是因为美国短期国库券由联邦政府发行,联邦政府有征税权和货币发行权,债券的还本付息有可靠保障,因此没有信用风险。政府债券没有财务风险和经营风险,同时,短期国库券以 91 天期为代表,只要在这期间没有发生严重的通货膨胀,联邦储备银行没有调整利率,也几乎没有购买力风险和利率风险。短期国库券的利率很低,其利息可以视为投资者牺牲目前消费、让渡货币使用权的补偿。在短期国库券无风险利率的基础上,我们可以发现以下规律:

第一,同一种类型的债券,长期债券利率比短期债券高,这是对利率风险的补偿。政府债券都没有信用风险和财务风险,但长期债券的利率要高于短期债券,这是因为短期债券没有利率风险,而长期债券却可能受到利率变动的影响,两者之间利率的差额就是对利率风险的补偿。

第二,不同债券的利率不同,这是对信用风险的补偿。通常,在期限相同的情况下,政府债券的利率最低,地方政府债券利率稍高,其他依次是金融债券和企业债券。在企业债券中,信用级别高的债券利率较低,信用级别低的债券利率较高,这是因为它们的信用风险不同。

第三,在通货膨胀严重的情况下,债券的票面利率会提高或是会发行浮动利率债券。这种情况是对购买力风险的补偿。

第四,股票的收益率一般高于债券。这是因为股票面临的经营风险、财务风险和经济周期波动风险比债券大得多,必须给投资者相应的补偿。在同一市场上,许多面值相同的股票也有迥然不同的价格,这是因为不同股票的经营风险、财务风险相差甚远,经济周期波动风险也有差别。投资者以出价和要价来评价不同股票的风险,调节不同股票的实际收益,使风险大的股票市场价格相对较低,风险小的股票市场价格相对较高。

当然,收益与风险的关系并非如此简单。证券投资除以上几种主要风险以外,还有其他次要风险,引起风险的因素以及风险的大小程度也在不断变化之中;影响证券投资收益的因素也很多。所以,这种收益率对风险的替代只能粗略地、近似地反映两者之间的关系,更进一步说,只有加上证券价格的变化才能更好地反映两者的动态替代关系。

> 同步测试

一、名词解释

1. 发行市场　2. 流通市场　3. 场外交易市场　4. 系统风险　5. 非系统风险

二、单项选择题

1. 证券交易价格是通过(　　)确定的。
　A. 证券商与投资者协商　　　　　　　B. 一级市场上的公开竞价
　C. 证券供求双方共同作用　　　　　　D. 发行者与证券商协商
2. 参与交易的各方应该获得平等的机会,这是(　　)原则。
　A. 公开　　　　B. 公平　　　　C. 公正　　　　D. 平均
3. 场内市场是在固定场所进行,一般是指(　　)。
　A. 证券交易所　　B. 证券公司　　C. 店头交易　　D. 柜台市场
4. 根据金融市场上交易工具的期限,可把金融市场分为(　　)两大类。

A. 股票市场和债券市场　　　　　　　　B. 证券市场和银行信贷市场
C. 证券市场和保险市场　　　　　　　　D. 货币市场和资本市场

5. 中央银行参与金融市场与其他参与者有着本质的不同,其参与目的是(　　)。
A. 拥有剩余资金　　B. 盈利　　　　C. 弥补资金的不足　　D. 宏观调控

6. 同业拆借市场在金融市场体系中属于(　　)范畴。
A. 资本市场　　　　B. 中长期信贷市场　　C. 贷款市场　　　D. 货币市场

7. 资本市场是融通长期资金的市场,它又可进一步分为(　　)。
A. 股票市场和债券市场　　　　　　　　B. 证券市场和货币市场
C. 短期资金市场和长期资金市场　　　　D. 证券市场和中长期信贷市场

8. 下列(　　)不属于证券市场的基本功能。
A. 筹集资金　　　　　　　　　　　　　B. 资本定价
C. 资本配置　　　　　　　　　　　　　D. 国有企业转制

9. 在我国,证券交易所是经(　　)批准设立的。
A. 全国人民代表大会　　　　　　　　　B. 国务院
C. 中国人民银行　　　　　　　　　　　D. 中国证监会

10. 目前,我国科创板的股票发行制度是(　　)。
A. 审批制　　　　B. 注册制　　　　C. 核准制　　　　D. 计划制

11. 上海证券交易所成立于(　　)。
A. 1991年6月　　B. 1990年6月　　C. 1990年12月　　D. 1991年12月

12. 金融市场分为初级市场和二级市场,这是根据金融市场的(　　)划分的。
A. 交易的对象　　　　　　　　　　　　B. 交易的性质
C. 交易的期限　　　　　　　　　　　　D. 交易的时间

13. 二级市场的组织形态有两种,一种是交易所,证券的买主和卖主或是其代理人在交易所的一个中心地点见面并进行交易,另一种交易形式是(　　)。
A. 场外交易市场　　B. 有形市场　　C. 第三市场　　　D. 第四市场

14. 关于证券发行注册制论述错误的是(　　)。
A. 要求发行人提供关于证券发行本身以及同证券发行有关的一切信息
B. 要对所提供信息的真实性、完整性和可靠性承担法律责任
C. 发行人只要充分披露了有关信息,在注册申报后的规定时间内未被证券监管机构拒绝注册,即可进行证券发行,无须再经过批准
D. 实行证券发行注册制应向投资者保证发行的证券资质优良,价格适当

15. 根据标的物不同,招标发行可分为(　　)。
A. 荷兰式招标和美式招标
B. 单一价格招标和多种价格招标
C. 价格招标、单一价格中标和多种价格中标
D. 价格招标和收益率招标

16. 根据我国《证券发行与承销管理办法》规定,首次公开发行股票以(　　)确定股票发行价格。

A. 累计询价发行 B. 询价发行
C. 上网竞价发行 D. 协商定价发行

17. 债券发行的定价方式以（ ）最为典型。
A. 公开招标 B. 上网竞价发行
C. 协商定价发行 D. 累计投标询价发行

18. 关于以价格为标的的荷兰式招标论述正确的是（ ）。
A. 以募满发行额为止中标者各自的投标价格作为各中标者的最终中标价
B. 以募满发行额为止所有投标者的最低中标价格作为最后中标价格
C. 以募满发行额为止所有投标者的最高中标价格作为最后中标价格
D. 以募满发行额为止所有投标者的平均中标价格作为最后中标价格

19. 场外交易市场是一个以（ ）方式进行证券交易的市场。
A. 公开招标 B. 议价
C. 上网竞价方式 D. 累计投标询价方式

20. 有关场外交易市场特征的描述不正确的是（ ）。
A. 场外交易市场与证券交易所的区别在于交易价格的定价方式
B. 场外交易市场的组织方式大多数采取做市商制
C. 场外交易市场是一个拥有众多证券种类和证券经营机构的市场，以未能或无须在证券交易所批准上市的股票和债券为主
D. 场外交易市场分散，缺乏统一的组织和章程，因此不易管理和监督

21. 在证券发行市场上联系发行人和投资者的是（ ）。
A. 证券发行人 B. 证券投资者
C. 证券中介机构 D. 监管部门

22. （ ）是最普通、最基本的股息形式。
A. 股票股息 B. 财产股息 C. 现金股息 D. 负债股息

23. 上海、深圳证券交易所自2007年1月8日起对未完成股改的股票（S股）实施特别的差异化制度化安排，将其涨跌幅比例统一调整为（ ）。
A. 3% B. 4% C. 5% D. 6%

24. 会员制的证券交易所是（ ）。
A. 以股份有限公司形式组织并不以营利为目的的法人团体
B. 一个由会员自愿组成的、以营利为目的的社会法人团体
C. 一个由会员自愿组成的、不以营利为目的的社会法人团体
D. 以股份有限公司形式组织并以营利为目的的社会法人团体

三、多项选择题

1. 金融市场的构成十分复杂，最常见、最基本的分类方法有（ ）。
A. 直接和间接金融市场 B. 按金融工具的性质
C. 按金融工具的期限 D. 按地域

2. 证券市场是（ ）直接交换的场所。

A. 商品　　　　　B. 价值　　　　　C. 财产权利　　　　D. 风险

3. 证券市场按纵向结构关系,可分为(　　)。
A. 股票市场和债券市场　　　　　B. 初级市场和次级市场
C. 发行市场和交易市场　　　　　D. 一级市场和二级市场

4. 影响股票价格波动的因素有(　　)。
A. 经营业绩　　　B. 公司重组　　　C. 经济周期　　　D. 行业特点

5. 下面关于债券发行的定价方式,描述正确的是(　　)。
A. 按照招标标的分类,可分为价格招标和收益率招标
B. 一般情况下,短期贴现债券多采用多种收益率的美式招标,长期附息债券多采用单一价格的荷兰式招标
C. 按价格决定方式分类,有美式招标和荷兰式招标
D. 债券发行的定价方式以公开招标最为典型

6. 债券的发行人有(　　)。
A. 中央政府　　　B. 政府机构　　　C. 企业　　　　　D. 金融机构

7. 货币市场是金融市场体系中的基础市场,可以细分为(　　)。
A. 短期信贷市场　　　　　　　　B. 金融同业拆借市场
C. 商业票据市场　　　　　　　　D. 回购协议市场

8. 资本市场包括(　　)。
A. 中长期信贷市场　　B. 股票市场　　C. 债券市场　　　D. 基金市场

9. 股票发行的定价方式有(　　)。
A. 协商定价方式　　　　　　　　B. 一般询价方式
C. 累计投标询价方式　　　　　　D. 上网竞价方式

10. 关于我国股票发行的论述正确的是(　　)。
A. 我国的股票发行实行核准制
B. 发行申请需由保荐人推荐和辅导,由发行审核委员会审核,中国证监会核准
C. 发行人申请公开发行股票、可转换为股票的公司债券或公开发行法律、行政法规规定实行保荐制度的其他证券的,应当聘请具有保荐资格的机构担任保荐人
D. 上市公司申请公开发行证券或非公开发行新股,应当由保荐人保荐,并向中国证监会申报

11. 证券市场的参与者包括(　　)。
A. 证券发行人　　　　　　　　　B. 证券投资者
C. 证券市场中介机构　　　　　　D. 证券自律性组织

12. 下面对证券交易的主要交易规则叙述正确的是(　　)。
A. 交易所有严格的交易时间,在规定的时间内开始和结束集中交易,以示公正
B. 交易所规定每次报价和成交的最小变动单位
C. 传统的证券交易所用口头叫价方式并辅之以手势作为补充,现代证券交易所多采用电脑报价方式。无论何种方式,交易所均规定报价规则
D. 交易所按连续、公开竞价方式形成证券价格,当买卖双方在交易价格和数量上取

得一致时，便立即成交并形成价格

13. 根据规定，首次公开发行的股票实行询价制度，其询价对象包括符合中国证监会规定条件的（　　）。

A. 证券投资基金管理公司、证券公司

B. 个人投资者

C. 信托投资公司、财务公司

D. 保险机构投资者和合格境外机构投资者（QFII）

14. 发行人推销证券的方法包括（　　）。

A. 自销　　　　　B. 承销　　　　　C. 定向发行　　　　D. 招标发行

15. 证券发行制度包括（　　）。

A. 注册制　　　　B. 登记制　　　　C. 审批制　　　　　D. 核准制

16. 证券交易所的职能包括（　　）。

A. 提供证券交易的场所和设施　　　B. 制定证券交易所的业务规则

C. 接受上市申请、安排证券上市　　D. 组织、监督证券交易

17. 证券交易所的特征有（　　）。

A. 有固定的交易场所和交易时间

B. 参加交易者为具备会员资格的证券经营机构，交易采取经纪制

C. 交易的对象限于合乎一定标准的上市证券

D. 通过公开竞价的方式决定交易价格

18. 关于场外交易市场的描述，正确的是（　　）。

A. 场外交易市场是证券交易所以外的证券交易市场的总称

B. 证券交易通常在证券经营机构之间或是证券经营机构与投资者之间间接进行，也就是说需要中介人进行中介服务

C. 在场外交易市场上，证券买卖采取一对一的交易方式，对同一种证券的买卖不可能同时出现众多的买方和卖方，也就不存在公开的竞价机制

D. 没有固定的、集中的交易场所，而是由许多各自独立经营的证券经营机构分别进行交易

19. 关于证券发行市场论述正确的是（　　）。

A. 证券发行市场是发行人向投资者出售证券的市场

B. 证券发行市场是发行人以发行证券的方式筹集资金的场所

C. 证券发行市场通常无固定场所，是一个无形的市场

D. 证券发行市场是交易市场的基础和前提

四、判断题

1. 证券发行注册制实行实质管理原则，实质上是一种发行公司的财务公开制度。它要求发行人提供关于证券发行本身以及同证券发行有关的一切信息。（　　）

2. 我国现行的有关法规规定，我国股份公司首次公开发行股票和上市后向社会公开募集股份（公募增发），采取对公众投资者上网发行和对机构投资者配售相结合的发行

方式。　　　　　　　　　　　　　　　　　　　　　　　　　　　　（　　）

3. 发行人推销证券的方法有两种：自销和包销。一般情况下，公开发行以包销为主。
（　　）

4. 我国内地有两家证券交易所——上海证券交易所和深圳证券交易所，两家证券交易所均按公司制方式组成，是非营利性的事业法人。（　　）

5. 场外交易市场的价格决定机制不是公开竞价，而是买卖双方协商议价。（　　）

6. 证券交易所采用经纪制交易方式，投资者必须委托具有会员资格的证券经纪商在交易所内代理买卖证券，经纪商通过公开竞价形成证券价格，达成交易。（　　）

7. 系统风险来源于企业内部，是单一证券无法抗拒和回避的。（　　）

8. 长期债券价格变动幅度大于短期债券，长期债券的利率风险大于短期债券。
（　　）

9. 股票股息是最普通、最基本的股息形式。（　　）

10. 一般而言，公募发行多采取间接发行，私募发行多以直接发行为主。（　　）

五、简答题

1. 简述证券发行市场的基本功能。
2. 会员制证券交易所与公司制证券交易所有何区别？
3. 场外交易市场具有哪些特征？

六、案例分析

科创板设立与注册制推行

2019年7月22日，首批25家公司股票正式在科创板挂牌上市交易，中国资本市场迎来了一个全新板块。科创板定位于符合国家战略、具有核心技术、行业领先、有良好发展前景和市场认可度的企业，主要面向信息技术、高端装备制造和新材料、新能源和节能环保、医药生物、技术服务等领域，旨在推进科技型创新型企业发展，使其得到更多的资本支持，增强资本市场对实体经济的包容性。

本次科创板设立的最大亮点，是将此前讨论已久的注册制付诸实践。科创板试点的注册制审核重点分为两个环节：一是上交所进行发行、上市、信息披露的全面审核；二是证监会对企业发行上市进行注册。

在上交所设立科创板并试点注册制，对于完善多层次资本市场体系，提升资本市场服务实体经济的能力，促进上海国际金融中心、科创中心建设，具有重要意义，为上交所发挥市场功能，弥补制度短板，增强包容性提供了至关重要的突破口和实现路径。

设立科创板并试点注册制是提升服务科技创新企业能力，增强市场包容性，强化市场功能的一项资本市场重大改革举措。通过发行、交易、退市、投资者适当性、证券公司资本约束等新制度以及引入中长期资金等配套措施，增量试点、循序渐进，新增资金与试点进展同步匹配，力争在科创板实现投融资平衡、一二级市场平衡、公司的新老股东利益平衡，并促进现有市场形成良好预期。

在科创板成功试点注册制后,创业板新股发行制度改革也被提上议程。2019年12月28日,第十三届全国人大常委会第十五次会议审议通过了修订后的《中华人民共和国证券法》。此次修法是证券法颁布实施以来的第二次"大修",明确了全面推行注册制的目标,并围绕注册制作出了一系列完备的规定,并提出强化证券市场监管,注重保护投资者权益。新证券法自2020年3月1日起施行,这也标志着中国资本市场在市场化和法制化的道路上又迈出坚实的一步。

请结合以上案例资料:
1. 为什么注册制会率先选择在科创板试行?
2. 分析注册制的推行对资本市场的意义。

立体化资源 7

项目七　证券市场的中介机构

▶ 学习目标

1. 了解证券公司设立的基本条件；
2. 掌握证券公司的监管制度，以及证券公司的主要业务；
3. 理解证券代销与包销两种方式；
4. 了解证券服务机构的类别。

▶ 引导案例

根据中国证券业协会对证券公司 2020 年度经营数据统计，2020 年证券行业抓住机遇加快业务转型，加强能力建设，积极服务实体经济和居民财富管理，经营情况整体向好：

一、证券行业积极发挥投资银行功能，服务实体经济能力持续提升

2020 年度，证券行业服务实体经济通过股票 IPO、再融资分别募集 5 260.31 亿元、7 315.02 亿元，同比增加 74.69%、41.67%；通过债券融资 13.54 万亿元，同比增加 28.02%，服务实体经济取得显著成效。2020 年共 65 家证券公司承销完成"疫情防控债"170 只，助力 22 个省份的 142 家发行人完成融资 1 651.06 亿元。证券行业 2020 年实现投资银行业务净收入 672.11 亿元，同比大幅增加 39.26%。

二、证券行业加快财富管理业务转型，服务市场投资理财需求

2020 年，证券行业实现代理买卖证券业务净收入 1 161.10 亿元，同比增长 47.42%；实现代理销售金融产品净收入 134.38 亿元，同比增长 148.76%；实现投资咨询业务净收入 48.03 亿元，同比增长 26.93%；实现资产管理业务净收入 299.60 亿元，同比增长 8.88%，证券行业服务居民财富管理能力进一步提升，财富管理转型初见成效。

【案例思考】

1. 证券公司在证券市场的运作中发挥着怎样的作用？
2. 从数据上看，证券公司有哪些业务？

证券中介机构包括证券经营机构和证券服务机构两类。证券经营机构指专营证券业务的金融机构，证券服务机构指为证券市场提供相关服务业务的法人机构。

任务一 认识证券公司

微课7-1

证券公司是指依照《公司法》和《证券法》设立的经营证券业务的有限责任公司或者股份有限公司。在我国,设立证券公司必须经国务院证券监督管理机构审查批准。世界各国对证券公司的划分和称呼不尽相同,美国的通俗称谓是投资银行,英国则称商人银行。以德国为代表的一些国家实行银行业与证券业混业经营,通常由银行设立公司从事证券业务经营。日本等一些国家和我国一样,将专营证券业务的金融机构称为证券公司。

证券公司是证券市场重要的中介机构,在证券市场的运作中发挥着重要作用。一方面,证券公司是证券市场投融资服务的提供者,为证券发行人和投资者提供专业化的中介服务,如证券发行和上市保荐、承销、代理证券买卖等;另一方面,证券公司也是证券市场重要的机构投资者。此外,证券公司还通过资产管理方式,为投资者提供证券及其他金融产品的投资管理服务等。因此,证券公司在证券市场中扮演着重要角色。

一、我国证券公司的发展历程

20世纪80年代开始,我国恢复发行国债,一批中小企业开始进行多种形式的筹资活动,如发行股票、企业债券。随着证券发行的增多和投资者队伍的扩大,对证券流通与发行的中介需求日增,由此催生了最初的证券中介业务和第一批证券经营机构。1984年,工商银行上海信托投资公司代理发行公司股票;1986年,沈阳信托投资公司和工商银行上海信托投资公司率先开始办理柜台交易业务;1987年,我国第一家专业性证券公司——深圳特区证券公司成立;1988年,国债柜台交易正式启动。之后,各省不断组建的一批证券公司、信托投资公司、财务公司、保险公司、中小商业银行以及财政系统陆续设立了证券营业网点。这些机构的出现形成了证券公司的雏形,在我国证券市场的早期探索试验中扮演了重要角色。

1990年12月19日和1991年7月3日,上海、深圳证券交易所先后正式营业,各证券经营机构的业务开始转入集中交易市场。1991年8月,中国证券业协会成立,当年末,机构类会员达到170家。

随着经济体制、金融体制改革的深化和全国性统一证券市场体系的确立,1998年底,我国《证券法》出台。依据《证券法》的规定,国务院证券监督管理机构,即中国证监会,依法对全国证券市场实行集中统一的监督管理,并实行证券业和保险业、银行业、信托业分业经营、分业管理。同时,证券公司实行分类管理,分为经纪类和综合类证券公司。按照分业经营的要求,证券经营机构进行了一次大的调整,各类兼营机构逐步退出了证券中介领域,原有业务与网点整合转型为证券公司。

2003年年底至2004年上半年,由于市场的持续低迷和结构性调整,一批证券公司的问题急剧暴露,证券行业多年积累的风险呈现集中爆发态势,证券公司面临自产生以来的第一次行业性危机。当时,证券公司的风险已经严重危及资本市场的安全,并波及社会稳定,成为制约资本市场健康发展的突出问题,情况十分严重。

2004年1月,国务院发布《关于推进资本市场改革开放和稳定发展的若干意见》,从战略和全局的高度,对我国资本市场的改革与发展做出了全面部署,并对加强证券公司监管、推动证券公司规范经营提出了明确要求。经国务院同意,于2004年8月在系统内全面部署和启动了综合治理工作;2005年7月,国务院办公厅转发中国证监会《证券公司综合治理工作方案》,要求各地区、各部门积极支持配合,共同做好综合治理工作。

2005年4月,股权分置改革启动,到2006年底历时一年多时间,困扰中国证券市场多年的股权分置问题基本得到解决,这为未来证券市场的发展奠定了良好的基础,也改善了证券公司的发展环境。

2007年,中国证监会下发了《证券公司分类监管工作指引(试行)》和相关通知,以证券公司风险管理能力为基础,结合公司市场影响力对证券公司进行了重新分类,支持优质证券公司做大做强。2007年8月底,历时三年的证券公司综合治理取得成功,长期积累形成的巨大风险在全行业得以化解,我国证券业连续四年亏损的局面得以扭转。

2008年开始,证券行业进入规范发展阶段,国家先后出台了多项管理规定,包括《证券公司监督管理条例》《证券公司合规管理试行规定》《关于进一步推进证券经营机构创新发展的意见》《证券公司融资融券业务管理办法》以及《证券公司和证券投资基金管理公司合规管理办法》等。在对证券行业监管不断升级的同时,我国证券公司业务日趋丰富,在20世纪90年代形成的股票经纪、股票承销和证券自营三大传统业务基础上,又增加了资产管理和基金、私募股权投资、融资融券、转融通、约定购回式证券交易、债券质押式报价回购交易、股票质押式回购交易、现金管理和新三板主办券商等新业务。

2018年4月27日,中国人民银行、中国银保监会、中国证监会、国家外汇管理局联合印发了《关于规范金融机构资产管理业务的指导意见》,这意味着证券行业步入金融强监管时代。

2020年3月1日,新《证券法》正式实施,从核查把关义务、适当性管理义务、受托管理职责等多个角度强化了证券公司责任,同时强化了监管执法与风险防范,大幅提高证券公司违法违规的处罚力度,旨在提升证券公司规范经营水平,防控证券市场风险,加强投资者保护,促进证券市场健康发展。

二、证券公司的设立

《证券法》对设立证券公司所应具备的条件做出了较为全面的规定,包括对公司章程的要求,对主要股东资格的限制条件,明确提出了风险管理和内部控制制度。《证券法》还规定,我国证券公司的组织形式为有限责任公司或股份有限公司,不得采取合伙及其他非法人组织形式。

(一) 公司的设立条件

按照《证券法》的要求,设立证券公司应当具备下列条件:
(1) 有符合法律、行政法规规定的公司章程;
(2) 主要股东具有持续盈利能力,信誉良好,最近三年无重大违法违规记录,净资产不低于人民币2亿元;
(3) 有符合《证券法》规定的注册资本;

(4) 董事、监事、高级管理人员具备任职资格，从业人员具有证券从业资格；
(5) 有完善的风险管理与内部控制制度；
(6) 有合格的经营场所、业务设施和信息技术系统；
(7) 法律、行政法规规定的和经国务院批准的国务院证券监督管理机构规定的其他条件。

(二) 注册资本要求

《证券法》将证券公司的注册资本最低限额与证券公司从事的业务种类直接挂钩，分为 5 000 万元、1 亿元和 5 亿元三个标准。

(1) 证券公司经营证券经纪、证券投资咨询和与证券交易、证券投资活动有关的财务顾问业务中的一项和数项的，注册资本最低限额为人民币 5 000 万元。

(2) 证券公司经营证券承销与保荐、证券自营、证券做市交易、证券融资融券和其他证券业务中的任何一项的，注册资本最低限额为人民币 1 亿元。

(3) 证券公司经营证券承销与保荐、证券自营、证券做市交易、证券融资融券和其他证券业务中的任何两项以上的，注册资本最低限额为人民币 5 亿元。

证券公司的注册资本应当是实缴资本。证券监督管理机构根据审慎监管原则和各项业务的风险程度，可以调整注册资本最低限额，但不得低于上述限额。

(三) 设立以及重要事项变更审批要求

我国证券公司的设立实行审批制，由中国证监会依法对证券公司的设立申请进行审查，决定是否批准设立。未经中国证监会批准，任何单位和个人不得经营证券业务。

(1) 行政审批程序。证券监督管理机构应当自受理证券公司设立申请之日起 6 个月内，依照法定条件和法定程序并根据审慎监管原则进行审查，做出批准或者不予批准的书面决定，并通知申请人；不予批准的，应当说明理由。

证券公司设立申请获得批准后，申请人应当在规定的期限内向公司登记机关申请设立登记，领取营业执照。证券公司应当自领取营业执照之日起 15 日内，向证券监督管理机构申请经营证券业务许可证。未取得经营证券业务许可证，证券公司不得经营证券业务。

(2) 重要事项变更审批要求。证券公司设立、收购或者撤销分支机构，变更业务范围或者注册资本，变更持有 5% 以上股权的股东、实际控制人，变更公司章程中的重要条款，合并、分立、变更公司形式，停业、解散、破产，必须经证券监督管理机构批准。

证券公司在境外设立、收购或者参股证券经营机构，必须经证券监督管理机构批准。

三、证券公司监管制度

在我国，早期对各类证券机构的监管职责主要由中国人民银行承担，与股份制试点和证券市场试验有关的部门和地方政府也承担了相应的监管职责。证券交易所设立后，开始对证券上市与交易行为实施一线监管。

1998 年后，中国人民银行的监管职责移交中国证监会，各地方政府的证券监管机构转为中国证监会派出机构，证券交易所划归中国证监会管理，形成集中统一的证券公司监管体制。证券公司业务涉及其他监管部门的，仍接受相应部门的监管(如银行间市场业务,国债、企业债发行业务等)。

在长期的实践探索基础上,对证券公司实施有效监管的基础性制度已经基本形成,包括证券公司业务许可制度、分类监管制度、合规制度、风险监控和预警制度、客户保证金第三方存管制度、信息披露制度等。

(一) 业务许可制度

根据《证券法》相关规定,证券公司业务包括证券经纪业务,证券投资咨询业务,与证券交易、证券投资活动有关的财务顾问业务,证券承销与保荐业务,证券融资融券业务,证券做市交易业务,证券自营业务以及其他证券业务。新《证券法》将证券融资融券业务和证券做市交易业务列入证券公司的业务分类,使证券公司可以经营的业务由原来的七类业务变为八类业务。证券公司经营以上部分或全部业务均需要经过国务院证券监督管理机构的许可。证券公司经营证券资产管理业务的,应当符合《中华人民共和国证券投资基金法》等法律、行政法规的规定。

(二) 以诚信与资质为标准的市场准入制度

建立和完善包括机构设置、业务牌照、从业人员特别是高级管理人员在内的市场准入制度,通过行政许可把好准入关,防范不良机构和人员进入证券市场。设立证券公司必须满足法律法规对注册资本、股东、高级管理人员及业务人员、制度建设、经营场所、合规记录等方面的设立条件;在准入环节对控股股东和大股东的资格进行审慎调查,鼓励资本实力强、具有良好诚信记录的机构参股证券公司。将业务许可与证券公司资本实力挂钩,要求证券公司必须达到从事不同业务的最低资本要求;加强证券公司高管人员的监管,逐步培育证券业合格的职业经理群体。

(三) 分类监管制度

为有效实施证券公司常规监管,合理配置监管资源,提高监管效率,促进证券公司持续规范发展,中国证监会对证券公司实施分类监管。证券公司分类是指以证券公司风险管理能力为基础,结合公司市场竞争力和持续合规状况,按照《证券公司分类监管规定》评价和确定证券公司的类别。根据《证券公司分类监管规定》,中国证监会根据证券公司评价计分的高低,将证券公司分为 A(AAA、AA、A)、B(BBB、BB、B)、C(CCC、CC、C)、D、E 5 大类 11 个级别。证券公司分类评价每年进行一次,评价期为上一年度 5 月 1 日至本年度 4 月 30 日。

中国证监会按照分类监管原则,对不同类别证券公司规定不同的风险控制指标标准和风险资本准备计算比例,并在监管资源分配、现场检查和非现场检查频率等方面区别对待。证券公司分类结果将作为证券公司申请增加业务种类、新设营业网点、发行上市等事项的审慎性条件,也将作为确定新业务、新产品试点范围和推广顺序的依据。中国证券投资者保护基金公司根据证券公司分类结果,确定不同级别的证券公司缴纳证券投资者保护基金的具体比例。

(四) 合规管理制度

中国证监会要求证券公司全面建立内部合规管理制度,设立合规总监和合规部门,强化对公司经营管理行为合规性的事前审查、事中监督和事后检查,有效预防、及时发现并快速处理内部机构和人员的违规行为,迅速改进、完善内部管理制度。中国证监会把合规管理的有效性作为评价证券公司的重要指标,并据此决定对其违规行为的惩处方式和力度,以激励和加强自我管理。

(五)以净资本为核心的风险监控与预警制度

2006年7月,中国证监会发布实施了《证券公司风险控制指标管理办法》,并先后于2008年、2016年、2020年三次根据实际情况对《风控办法》进行了修订。建立了以净资本和流动性为核心的风险控制指标体系,具有三个特点:一是建立了公司业务范围与净资本充足水平动态挂钩的机制;二是建立了公司业务规模与风险资本准备动态挂钩的机制;三是建立了风险资本准备与净资本水平动态挂钩的机制。《风控办法》借鉴巴塞尔协议,将净资本区分为核心净资本和附属净资本,通过改进净资本、风险资本准备计算公式,完善杠杆率、流动性监管等指标,明确逆周期调节机制等,提升风控指标的完备性和有效性。

(六)客户保证金第三方存管制度

为规范证券交易结算资金的安全,保障投资者利益,根据《证券法》和《客户交易结算资金管理办法》,要求客户结算资金必须全额存入具有从事证券交易结算资金存管业务资格的商业银行,单独立户管理,严禁挪用客户交易结算资金。2008年4月,证券公司全面实施了客户交易结算资金的第三方存管。随后,中国证监会提出了"单独立户、封闭运行、总分核对"三大要求,以"单独立户"来防止资金被混合使用,以"封闭运行"来防止资金被违规动用,以"总分核对"来及时发现存在的问题,从证券公司、指定商业银行、客户、投资者保护基金公司、监管部门五个角度,建立全方位的客户资金监督机制。

(七)信息披露制度

对证券公司信息披露方面的监管要求包括:一是信息公开披露制度,即证券公司的基本信息公示和财务信息公开披露;二是信息报送制度,即证券公司须按照中国证监会的要求定期报送公司日常信息和年报信息;三是年报审计监管,将年报审计监管作为对证券公司非现场检查和日常监管的重要手段。

任务二 证券公司的业务开展

微课7-2

按照《证券法》,我国证券公司的业务范围包括证券经纪,证券投资咨询,与证券交易、证券投资活动有关的财务顾问,证券承销与保荐,证券自营,证券资产管理和其他证券业务。

一、证券经纪业务

证券经纪业务又称代理买卖证券业务,是指证券公司接受客户委托代客户买卖有价证券的业务。在证券经纪业务中,证券公司只收取一定比例的佣金作为业务收入。证券经纪业务分为柜台代理买卖证券业务和通过证券交易所代理买卖证券业务。目前,我国公开发行并上市的股票、公司债券及权证等证券,在交易所以公开的集中交易方式进行,因此，我国证券公司从事的经纪业务以通过证券交易所代理买卖证券业务为主。

在证券经纪业务中，经纪委托关系的建立表现为开户和委托两个环节。按照相关法规的规定，投资者应首先在中央登记结算公司或者其代理点开立证券账户；其次，投资者与证券公司签署《风险揭示书》和《客户须知》，签订《证券交易委托代理协议》，开立客户交易结算资金第三方存管协议中的资金账户等。

经纪关系的建立只是确立了投资者和证券公司直接的代理关系，还没有形成实质上的委托关系。当投资者办理了具体的委托手续，即投资者填写了委托单或自助委托及证券公司受理了委托，两者就建立了受法律保护和约束的委托关系。经纪业务中的委托单性质上相当于委托合同，不仅具有委托合同应具备的主要内容，而且明确了证券公司作为受托人的代理业务。

证券公司接受证券买卖的委托，应当根据委托书载明的证券名称、买卖数量、出价方式、价格幅度等，按照交易规则代理买卖证券，如实进行交易记录；买卖成交后，应当按照规定制作买卖成交报告单交付客户。证券交易中确认交易行为及其交易结果的对账单必须真实，并由交易经办人员以外的审核人员逐笔审核，保证账面证券余额与实际持有的证券相一致。

根据《证券公司监督管理条例》的规定，证券公司从事证券经纪业务，可以委托证券公司以外的人员作为证券经纪人，代理其进行客户招揽、客户服务等活动。证券经纪人应当具有证券从业资格。证券经纪人应当在证券公司的授权范围内从事业务，并应当向客户出示证券经纪人证书。

二、证券投资咨询业务

证券投资咨询业务是指从事证券投资咨询业务的机构及其咨询人员为证券投资人或者客户提供证券投资分析、预测或者建议等直接或者间接有偿咨询服务的活动。证券公司可以经营证券投资咨询业务。2010年10月12日，中国证监会发布了《证券投资顾问业务暂行规定》和《发布证券研究报告暂行规定》，进一步确立了证券投资咨询的两种基本业务形式。

按照《证券投资顾问业务暂行规定》，证券投资顾问业务是指证券公司、证券投资咨询机构接受客户委托，按照约定，向客户提供涉及证券及证券相关产品的投资建议服务，辅助客户做出投资决策，并直接或者间接获取经济利益的经营活动。投资建议服务内容包括投资的品种选择、投资组合以及理财规划建议等。按照《发布证券研究报告暂行规定》，发布证券研究报告是指证券公司、证券投资咨询机构对证券及证券相关产品的价值、市场走势或者相关影响因素进行分析，形成证券估值、投资评级等投资分析意见，制作证券研究报告，并向客户发布的行为。证券研究报告主要包括涉及证券及证券相关产品的价值分析报告、行业研究报告、投资策略报告等。证券研究报告可以采用书面或者电子文件形式。

三、与证券交易、证券投资活动有关的财务顾问业务

财务顾问业务是指与证券交易、证券投资活动有关的咨询、建议、策划业务。具体包括：为企业申请证券发行和上市提供改制改组、资产重组、前期辅导等方面的咨询服务；为上市公司重大投资、收购兼并、关联交易等业务提供咨询服务；为法人、自然人及其他组织

收购上市公司及相关的资产重组、债务重组等提供咨询服务；为上市公司完善法人治理结构、设计经理层股票期权、职工持股计划、投资者关系管理等提供咨询服务；为上市公司再融资、资产重组、债务重组等资本营运提供融资策划、方案设计、推介路演等方面的咨询服务；为上市公司的债权人、债务人对上市公司进行债务重组、资产重组、相关的股权重组等提供咨询服务以及中国证监会认定的其他业务形式。

四、证券承销与保荐业务

证券承销业务是证券经营机构的基本业务之一。它是指证券经营机构借助自己在证券市场上的信誉和营业网点，在规定的发行有效期限内帮助发行人把证券销售出去。根据证券经营机构在承销过程中承担的责任和风险的不同，证券承销可以分为代销和包销两种形式。

代销是指证券发行人委托承担承销业务的证券经营机构代为向投资者销售证券。承销商按照规定在约定期限内尽力推销，如果到截止日期还未全部售出，那么未售出部分退还给发行人，承销商不承担任何风险。包销是指发行人与承销机构签订合同，由承销机构买下全部证券或销售剩余部分的证券，承担全部或部分销售风险。其适用于那些资金需求量大、社会知名度低且缺乏证券发行经验的企业。包销分为全额包销和余额包销。全额包销指发行人与承销机构签订承销合同，由承销机构按一定价格买下全部证券，并按合同规定的时间将价款付给发行公司，然后承销机构以略高的价格向社会公众出售。余额包销指发行人委托承销机构在约定期限内发行证券，到销售截止日期，未出售的余额部分由承销商按协议价格认购，实际上是先代理发行，后全额包销。

我国《证券法》还规定了承销团的承销方式。新《证券法》取消了向不特定对象发行证券票面总额超过5 000万人民币时需要强制组建承销团的规定，未来证券公司在承销证券时可自行选择是否组建承销团，此举可减少发行环节的非必要组团。根据《证券法》，向不特定对象发行证券聘请承销团承销的，承销团应当由主承销和参与承销的证券公司组成。

证券保荐制度，是指由保荐人对发行人发行证券进行推荐和辅导，核实公司发行文件与上市文件中所载资料是否真实、准确、完整，协助发行人建立严格的信息披露制度，承担风险防范责任。保荐制度使证券公司负有一定的连带担保责任。根据《证券法》，发行人申请公开发行股票、可转换为股票的公司债券，依法采取承销方式的，或者公开发行法律、行政法规规定实行保荐制度的其他证券，应当聘请证券公司担任保荐人。证券公司从事证券发行上市保荐业务，应当按照规定向中国证监会申请保荐业务资格。保荐机构推荐发行人证券发行上市，应当遵循诚实守信、勤勉尽责的原则，按照中国证监会对保荐机构尽职调查工作的要求，对发行人进行全面调查，充分了解发行人的经营状况及其面临的风险和问题。

根据2020年修订后的《证券发行上市保荐业务管理办法》，调整了保荐业务程序相关条款，明确证券交易所对保荐业务的自律监管职责，要求保荐机构配合交易所审核，相应调整上市保荐等安排。同时，调整了保荐代表人资格管理，取消保荐代表人事前资格准入，强化事中事后监管。进一步强化了发行人和中介机构的责任，要求保荐机构加强内部控制，建立健全内部问责机制，并加大了违法违规行为的处罚力度。

五、证券自营业务

证券自营业务是指证券公司以自己的名义,以自有资金或者依法筹集的资金,为本公司买卖依法公开发行的股票、债券、权证、证券投资基金及中国证监会认可的其他证券,以获取盈利的行为。证券自营活动有利于活跃证券市场,维护交易的连续性。但是,由于证券公司在交易成本、资金实力、获取信息以及交易的便利条件等方面都比投资大众占有优势,因此,在自营活动中要防范操纵市场和内幕交易等不正当行为;加之证券市场的高收益性和高风险性特征,许多国家都对证券经营机构的自营业务制定了法律法规,进行严格管理。

证券公司开展自营业务,需要取得证券监管部门的业务许可。证券公司可以委托具备证券资产管理业务资格、私募资产管理业务资格或者合格境内机构投资者资格的其他证券公司或者基金管理公司进行证券投资管理。证券公司将自有资金投资于依法公开发行的国债、投资级公司债、货币市场基金、央行票据等风险较低、流动性较强的证券,或者委托其他证券公司或者基金管理公司进行证券投资管理,且投资规模合计不超过其净资本 80% 的,无须取得证券自营业务资格。

六、证券资产管理业务

(一) 资产管理业务的含义

资产管理业务是指银行、信托、证券、基金、期货、保险资产管理机构、金融资产投资公司等金融机构接受投资者委托,对受托的投资者财产进行投资和管理的金融服务。

证券公司可以为单一投资者设立单一资产管理计划,也可以为多个投资者设立集合资产管理计划。集合资产管理计划的投资者人数不少于两人,不得超过 200 人。单一资产管理计划可以接受货币资金委托,或者接受投资者合法持有的股票、债券或中国证监会认可的其他金融资产委托。集合资产管理计划原则上应当接受货币资金委托,中国证监会认可的情形除外。根据《证券法》规定,证券公司必须将其证券资产管理业务与证券经纪业务、证券承销业务、证券自营业务、证券做市业务分开办理,不得混合操作。

(二) 资产管理业务的种类

证券公司为单一客户办理定向资产管理业务,应当与客户签订定向资产管理合同,通过该客户的账户为客户提供资产管理服务。定向资产管理业务的特点:证券公司与客户必须是一对一的投资管理服务;具体投资的方向在资产管理合同中约定;必须在单一客户的专用证券账户中封闭运行。

证券公司为多个客户办理集合资产管理业务,应当设立集合资产管理计划并担任集合资产管理计划管理人,与客户签订集合资产管理合同,将客户资产交由具有客户交易结算资金法人存管业务资格的商业银行或者中国证监会认可的其他机构进行托管,通过专门账户为客户提供资产管理服务。集合资产管理计划募集的资金可以投资于中国境内依法发行的股票、债券、证券投资基金、央行票据、短期融资券、资产支持证券、金融衍生产品以及中国证监会认可的其他投资品种。集合资产管理业务的特点:集合性,即证券公司与客户是一对多;投资范围有限定性和非限定性的区分;客户资产必须托管;专门账户投资运作;比较严格的信息披露。

证券公司办理集合资产管理业务,可以设立限定性集合资产管理计划和非限定性集合资产管理计划。限定性集合资产管理计划的资产主要用于投资国债、国家重点建设债券、债券型证券投资基金、在证券交易所上市的企业债券、其他信用度高且流动性强的固定收益类金融产品。投资于权益类证券以及股票型证券投资基金的资产,不得超过该计划资产净值的20%。非限定性集合资产管理计划的投资范围由管理合同约定,不受上述规定限制。

证券公司为客户办理特定目的的专项资产管理业务,应当签订专项资产管理合同,针对客户的特殊要求和资产的具体情况,设定特定投资目标,通过专门账户为客户提供资产管理业务。专项资产管理业务的特点:综合性,即证券公司与客户可以是一对一,也可以是一对多;特定性,即业务设定特定的投资目标;通过专门账户经营运作。

(三)资产管理业务的投资范围

资产管理计划可以投资于以下资产:银行存款、同业存单,以及符合规定的标准化债权类资产;上市公司股票、存托凭证以及其他标准化股权类资产;在证券期货交易所等集中交易清算的期货及期权合约;公募基金与比照公募基金管理的资产管理产品;规定以外的非标准化债权类资产、股权类资产商品及金融衍生品类资产;其他受国务院金融监督管理机构监管的机构发行的资产管理产品;中国证监会认可的其他资产。其中前四项为标准化资产,后两项为非标准化资产。

资产管理计划应当具有明确、合法的投资方向,具备清晰的风险收益特征,并区分最终投向资产类别:投资于存款、债券等债权类资产的比例不低于资产管理计划总资产80%的,为固定收益类;投资于股票、未上市企业股权等股权类资产的比例不低于资产管理计划总资产80%的,为权益类;投资于商品及金融衍生品的持仓合约价值的比例不低于资产管理计划总资产80%,且衍生品账户权益超过资产管理计划总资产20%的,为商品及金融衍生品类;投资于债权类、股权类、商品及金融衍生品类资产的比例未达到前三类产品标准的,为混合类。

七、融资融券业务

融资融券业务是指向客户出借资金供其买入上市证券或者出借上市证券供其卖出,并收取担保物的经营活动。

(一)融资融券业务资格

证券公司申请融资融券业务资格,应当具备以下条件:具有证券经纪业务资格;公司治理健全,内部控制有效,能有效识别、控制和防范业务经营风险和内部管理风险;公司最近两年内不存在因涉嫌违法违规正被中国证监会立案调查或者正处于整改期间的情形;财务状况良好,最近两年各项风险控制指标持续符合规定,注册资本和净资本符合增加融资融券业务后的规定;客户资产安全、完整,客户交易结算资金第三方存管有效实施,客户资料完整真实;已建立完善的客户投诉处理机制,能够及时、妥善处理与客户之间的纠纷;

已建立符合监管规定和自律要求的客户适当性制度,实现客户与产品的适当性匹配管理;信息系统安全稳定运行,最近一年未发生因公司管理问题导致的重大事故,融资融券业务技术系统已通过证券交易所、证券登记结算机构组织的测试;有拟负责融资融券业务的高级管理人员和适当数量的专业人员;中国证监会规定的其他条件。

(二) 融资融券业务的账户体系

(1) 证券公司的账户体系。证券公司经营融资融券业务,应当以自己的名义,在证券登记结算机构分别开立融券专用证券账户、客户信用交易担保证券账户、信用交易证券交收账户、信用交易资金交收账户,并以自己的名义在商业银行分别开立融资专用资金账户和客户信用交易担保资金账户。

(2) 客户的账户体系。客户申请开展融资融券业务,要在证券公司开立信用证券账户和信用资金台账,在存管银行开立信用资金账户。客户只能与一家证券公司签订融资融券合同,向一家证券公司融入资金和证券。

(三) 融资融券的一般业务

融资融券合同应当约定:客户信用交易担保证券账户内的证券和客户信用交易担保资金账户内的资金,为担保证券公司因融资融券所产生对客户债权的信托财产,并约定融资融券的期限和融资利率。

证券公司应当按规定为客户开立实名信用证券账户和实名信用资金账户。证券公司向客户融资融券应当向客户收取一定比例的保证金。证券公司应当将收取的保证金以及客户融资买入的全部证券和融券卖出所得全部价款,作为对该客户融资融券所生债权的担保物。

证券公司应当逐日计算客户交存的担保物价值与所欠债务的比例。当比例低于最低维持担保比例时,应当通知客户在一定期限内补缴差额。证券公司应当制定强制平仓的业务规则和程序,强制平仓指令应当由证券公司总部发出。客户融资买入证券的,应当以卖券还款或者直接还款的方式偿还向证券公司融入的资金;客户融券卖出的,应当以买券还券或者直接还券的方式偿还向证券公司融入的证券。

八、证券公司中间介绍(IB)业务

介绍经纪商(Introducing Broker,IB)是指机构或者个人接受期货经纪商的委托,介绍客户给期货经纪商并收取一定佣金的业务模式。证券公司中间介绍业务是指证券公司接受期货经纪商的委托,为期货经纪商介绍客户参与期货交易并提供其他相关服务的业务活动。IB制度起源于美国,目前在金融期货交易发达的国家和地区(美国、英国、韩国、中国台湾地区等)得到普遍推广,并取得了成功。根据我国现行相关制度规定,证券公司不能直接代理客户进行期货买卖,但可以从事期货交易的中间介绍业务。

(一) 资格条件

证券公司申请介绍业务资格,应当符合下列条件:申请日前6个月各项风险控制指标符合规定标准;已按规定建立客户交易结算资金第三方存管制度;全资拥有或者控股一家期货公司,或者与一家期货公司被同一机构控制,且该期货公司具有实行会员分级结算制度期货交易所的会员资格、申请日前2个月的风险监管指标持续符合规定的标准;配备必要的业务人员,公司总部至少有5名、拟开展介绍业务的营业部至少有2名具有期货从业人员资格的业务人员;已按规定建立健全与介绍业务相关的业务规则、内部控制、风险隔离及合规检查等制度;具有满足业务需要的技术系统;中国证监会根据市场发展情况和审慎监管原则规定的其他条件。

证券公司申请介绍业务,应当向中国证监会提交《介绍业务资格申请书》等规定的申请材料。

(二) 业务范围

证券公司受期货公司委托从事介绍业务,应当提供下列服务:协助办理开户手续;提供期货行情信息、交易设施;中国证监会规定的其他服务。

证券公司不得代理客户进行期货交易、结算或者交割,不得代期货公司、客户收付期货保证金,不得利用证券资金账户为客户存取、划转期货保证金。

(三) 证券公司中间介绍业务的业务规则

证券公司只能接受其全资拥有或者控股的,或者被同一机构控制的期货公司的委托从事介绍业务,不能接受其他期货公司的委托从事介绍业务。证券公司应当按照合规、审慎经营的原则,制定并有效执行介绍业务规则、内部控制、合规检查等制度,确保有效防范和隔离介绍业务与其他业务的风险。

期货公司与证券公司应当建立介绍业务的对接规则,明确办理开户、行情和交易系统的安装维护、客户投诉的接待处理等业务的协作程序和规则。证券公司与期货公司应当独立经营,保持财务、人员、经营场所等分开隔离。

九、证券做市交易业务

证券做市交易业务,是指一种以做市商为中介的证券交易业务。做市商制度,是指在证券市场上,由具备一定实力和信誉的证券经营法人作为特许交易商,在其愿意的水平上不断向交易者报出某些特定证券的买入和卖出价,并在所报价位上接受机构投资者或其他交易商的买卖要求,保证及时成交的证券交易方式。在做市商制度下,买卖双方不需等待交易对手出现,只要有做市商出面承担交易对手方即可达成交易。做市商交易制度有助于提高股票的流动性,促进证券市场稳定和平衡运行,并且通过其价格发现功能使得股票价格更趋近于其实际价值。

对于我国股票市场而言,引入做市商制度是一项全新的探索,也是资本市场支持中小微企业发展的一项制度创新。2014年8月,做市商制度正式被引入新三板市场。2019年3月1日《全国中小企业股份转让系统做市商做市业务管理规定(试行)》正式实施,新增做市商与挂牌公司股东可在一定条件下就做市库存股的回售、转售做出约定的规定。在全国股转系统中,做市商是指经全国股转公司同意,在全国股转系统发布买卖双向报价,并在其报价数量范围内按其报价履行与投资者成交义务的证券公司或其他机构。做市商及其做市业务人员接受全国股转公司的自律管理。证券公司在全国股转系统开展做市业务前,应当向全国股转公司申请备案。做市商应当对做市业务进行集中统一管理,建立做市业务相关决策、授权与执行体系。明确做市业务决策机构与决策机制,合理确定做市业务规模和可承受的风险限额。做市商在取得做市库存股时,可与挂牌公司股东就一定条件下回售或转售做市库存股做出约定。

证券公司申请在全国股转系统开展做市业务,应当具备下列条件:具备证券自营业务资格;设立做市业务专门部门,配备开展做市业务必要人员;建立做市业务管理制度;具备做市业务专用技术系统;全国股转公司规定的其他条件。

十、私募投资基金业务和另类投资业务

证券公司通过设立私募投资基金子公司从事私募投资基金业务,通过设立另类投资子公司从事《证券公司证券自营投资品种清单》所列品种以外的金融产品、股权等另类投资业务。

证券公司设立私募基金子公司,应当符合以下要求:具有健全的公司治理结构,完善有效的内部控制机制、风险管理制度和合规管理制度,防范与私募基金子公司之间出现风险传递和利益冲突;最近六个月各项风险控制指标符合中国证监会及中国证券业协会的相关要求,且设立私募基金子公司后,各项风险控制指标仍持续符合规定;最近一年未因重大违法违规行为受到刑事或行政处罚,且不存在因涉嫌重大违法违规正受到监管部门和有关机关调查的情形;公司章程有关对外投资条款中明确规定公司可以设立私募基金子公司,并经注册地中国证监会派出机构审批;中国证监会及中国证券业协会规定的其他条件。

证券公司设立另类子公司,应当符合以下要求:具有健全的公司治理结构,完善有效的内部控制机制、风险管理制度和合规管理制度,防范与另类子公司之间出现风险传递和利益冲突;具备中国证监会核准的证券自营业务资格;最近六个月内各项风险控制指标符合中国证监会及协会的相关要求且设立另类子公司后,各项风险控制指标仍持续符合规定;最近一年未因重大违法违规行为受到刑事或行政处罚,且不存在因涉嫌重大违法违规正受到监管部门和有关机关调查的情形;公司章程有关条款中明确规定公司可以设立另类子公司,并经注册地中国证监会派出机构审批;中国证监会及中国证券业协会规定的其他条件。

> **相关链接**
>
> **券商未来四大转型趋势**
>
> 疫情笼罩下的2020年,部分行业企业业绩承压,不过,证券行业"赚钱能力"依旧强劲。据中国证券业协会统计,证券行业2020年度实现营业收入4 484.79亿元,同比增长24.41%;实现净利润1 575.34亿元,同比增长27.98%。127家证券公司实现盈利,即九成券商去年实现盈利。
>
> 值得关注的是,不少券商通过发力财富管理业务,全面推进金融科技赋能,积极布局场外衍生品业务,业务规模增长明显,进一步推动公司综合金融服务体系建设。
>
> 金融供给侧改革将推动我国证券行业出现四大业务转型趋势:
>
> 一是投行业务将通过提高定价能力、投资管理能力以及增加国际化布局来更好地服

务于新兴产业。

二是以交易为中心的机构服务业务发展模式更为丰富,券商创新能力提升(如财富管理、衍生品、FICC等)。

三是通过扩展资本中介业务(如股票质押业务、融资融券业务),解决成长型企业融资问题。

四是随着高净值客户的服务趋于定制化,券商将会依赖金融科技低成本、高效率地服务中小客户。

任务三　证券服务机构

微课7-3

证券服务机构是指依法设立的从事证券服务业的法人机构。常见的证券服务机构有证券投资咨询机构、财务顾问机构、信用评级机构、律师事务所、会计师事务所、资产评估机构等。新《证券法》将信息技术系统服务机构纳入证券服务机构的范围,并规定从事证券投资咨询服务业务,应当经国务院证券监督管理机构核准,从事其他证券服务业务,应当报国务院证券监督管理机构和国务院有关主管部门备案。

证券投资咨询,是指从事证券投资咨询业务的机构及其投资咨询人员为证券投资人或者客户提供证券投资分析、预测或者建议等直接或者间接有偿咨询服务的活动。证券投资咨询包括以下形式:接受投资人或者客户委托,提供证券投资咨询服务;举办有关证券投资咨询的讲座、报告会、分析会等;在报刊上发表证券投资咨询的文章、评论、报告,以及通过电台、电视台等公众传播媒体提供证券投资咨询服务;通过电话、传真、电脑网络等电信设备系统,提供证券投资咨询服务;中国证监会认定的其他形式。

财务顾问机构为上市公司收购、重大资产重组、合并、分立、分拆、股份回购、激励事项等对上市公司股权结构、资产和负债、收入和利润等具有重大影响的相关事项提供方案设计、出具专业意见等证券服务业务,并按规定向中国证监会备案。

资信评级机构从事的证券服务业务,包括:为发行的债券、资产支持证券制作、出具资信评级报告及提供相关评级服务;为在证交所等上市交易或者挂牌转让的债券、资产支持证券(国债除外)制作、出具资信评级报告及提供相关评级服务;为上述规定的证券发行人、发起机构、上市公司、非上市公众公司、证券公司制作、出具资信评级报告及提供相关评级服务;为中国证监会规定的其他评级对象制作、出具资信评级报告及提供相关评级服务。

会计师事务所从事的证券服务业务,包括:为证券的发行、上市、挂牌、交易等证券业务活动制作、出具财务报表审计报告、内部控制审计报告、内部控制鉴证报告、验资报告、盈利预测审核报告,以及中国证监会和国务院有关主管部门规定的其他文件;为证券公司及其资产管理产品制作、出具财务报表审计报告等文件。

律师事务所从事以下证券服务业务,并制作、出具法律意见书:首次公开发行股票、存托凭证及上市;上市公司发行证券及上市;上市公司及非上市公众公司收购、重大资产重组及股份回购;上市公司合并、分立及分拆;上市公司及非上市公众公司实行股权激励计划或者员工持股计划;公开发行公司债券及上市交易;境内企业直接或者间接到境外发行证券或者将其证券在境外上市交易(包括后续增发股份);股份有限公司股票向特定对象转让,导致股东累计超过200人,以及股份有限公司申请股票在全国中小企业股份转让系统挂牌并公开转让;股份有限公司向特定对象发行股票,导致股东累计超过200人,股东人数过200人的非上市公众公司向特定对象发行股票,以及向不特定合格投资者公开发行股票。

资产评估机构从事为证券发行、上市、挂牌交易的主体及其控制的主体、并购标的等制作、出具资产评估报告,为证券公司及其资产管理产品制作、出具资产评估报告,以及财政部、证监会现定的其他业务。

信息技术系统服务机构从事的证券服务业务,具体包括:重要信息系统的开发、测试、集成及测评;重要信息系统的运维及日常安全管理。重要信息系统,是指支撑证券交易场所、证券登记结算机构等证券市场核心机构、证券经营机构和证券专项业务服务机构关键业务系统出现异常,将对证券市场和投资者产生重大影响的信息系统。

> **同步测试**

一、名词解释

1. 代销 2. 包销 3. 证券经纪业务 4. IB 5. 融资融券

二、单项选择题

1. 证券包销是指(   )。
A. 证券公司将发行人的证券按照协议全部购入的承销方式
B. 证券公司在承销期结束时将售后剩余证券全部自行购入的承销方式
C. 证券公司将发行人的证券先按照市场价格全部购入,在承销期结束时将售后剩余证券全部退回的承销方式
D. 证券公司将发行人的证券按照协议全部购入,或者在承销期结束时将售后剩余证券全部自行购入的承销方式

2. 证券公司代发行人发售证券,在承销期结束时,将未售出的证券全部退还给发行人的承销方式是(   )。
A. 代销   B. 余额包销   C. 全额包销   D. 包销

3. 证券公司的主要业务内容有(   )。
A. 股票、债券和基金
B. 发行、自营和基金管理
C. 承销、咨询和基金管理
D. 承销、经纪、自营、投资咨询、购并、受托资产管理、基金等业务

4. 证券自律性组织包括(   )。

A. 证券交易所和证券监管机构　　　　B. 证券交易所和证券行业协会
C. 证券监管机构和证券行业协会　　　D. 证券公司和证券行业协会

5. 我国的证券监管机构指的是(　　)。
A. 证券行业自律性组织　　　　　　　B. 证券业协会
C. 中国证券监督管理委员会及其派出机构　D. 证券信用评级机构

6. 证券服务机构是指依法设立的从事证券服务业务的法人机构,不包括(　　)。
A. 证券投资咨询机构和财务顾问机构　B. 资信评级机构和资产评估机构
C. 会计师事务所、律师事务所　　　　D. 证券公司

7. 关于证券经纪业务叙述错误的是(　　)。
A. 证券经纪业务分为柜台代理买卖证券业务和通过证券交易所代理买卖证券业务
B. 在证券经纪业务中,经纪委托关系的建立表现为开户和委托两个环节
C. 必要时接受客户的全权委托,决定证券买卖、选择证券种类、决定买卖数量或者买卖价格
D. 经纪关系的建立只是确立了投资者和证券公司直接的代理关系,还没有形成实质上的委托关系

8. 通常由(　　)直接为投资者开立资金结算账户。
A. 证券登记结算公司　　　　　　　　B. 中国证券业协会
C. 证券交易所　　　　　　　　　　　D. 证券公司

9. 向客户出借资金供其买入上市证券或者出借上市证券供其卖出,并收取担保物的经营活动属于(　　)。
A. 证券承销与保荐业务　　　　　　　B. 证券经纪业务
C. 融资融券业务　　　　　　　　　　D. 证券自营业务

10. 在我国,设立证券公司必须经(　　)审查批准。
A. 证券交易所　　　　　　　　　　　B. 中国证监会
C. 国务院证券监督管理机构　　　　　D. 证券业协会

三、多项选择题

1. 证券公司的主要业务有(　　)。
A. 承销和自营证券　　　　　　　　　B. 代理交易证券
C. 受托资产管理　　　　　　　　　　D. 证券投资咨询

2. 证券服务机构主要包括(　　)。
A. 证券登记结算公司　　　　　　　　B. 证券投资咨询公司
C. 会计师事务所　　　　　　　　　　D. 资产评估和证券信用评级机构

3. 承销方式有(　　)。
A. 包销　　　　　B. 经销　　　　　C. 自销　　　　　D. 代销

4. 证券市场中介机构主要包括(　　)。
A. 证券公司　　　　　　　　　　　　B. 证券登记结算机构
C. 证券服务机构　　　　　　　　　　D. 证券交易所

5. 关于证券业协会的叙述正确的是( )。

A. 证券业协会是证券业的自律性组织,是社会团体法人

B. 证券业协会的权力机构为全体会员组成的会员大会

C. 根据《中华人民共和国证券法》的规定,证券公司应当加入证券业协会

D. 证券业协会应当履行协助证券监督管理机构组织会员执行有关法律、维护会员的合法权益的职责

6. 证券公司是证券市场投融资服务的提供者,为证券发行人和投资者提供专业化的中介服务,其服务包括( )。

A. 证券发行　　　　　　　　　　B. 代理证券买卖

C. 上市保荐　　　　　　　　　　D. 资金存取

7. 资产评估机构从事( ),证券服务业务应当按规定向中国证监会和国务院有关主管部门备案。

A. 为证券发行出具资产评估报告

B. 为证券交易的主体制作资产评估报告

C. 为证券公司资产管理产品制作资产评估报告

D. 为证券并购标的出具资产评估报告

8. 证券公司从事自营业务,其投资的范围包括股票、( )等上市证券及证券监管机构认定的其他证券。

A. 基金　　　B. 公司债　　　C. 国债　　　D. 企业债

9. 律师事务所从事证券法律业务时,可以在上市公司( )时为其提供法律服务。

A. 实行股权激励计划　　　　　　B. 首次公开发行存托凭证

C. 发行证券及上市　　　　　　　D. 进行并购、重组

10. 下列关于融资融券交易的说法中,正确的有( )。

A. 融资交易中投资者需向证券公司缴纳一定的保证金或者可冲抵保证金的证券

B. 融资交易是借入资金买入证券

C. 融券交易投资者无需向证券公司缴纳一定的保证金或者可冲抵保证金的证券

D. 融券交易是借入证券并卖出

11. 证券服务机构为证券的( )等证券业务活动制作、出具法律意见书、审计报告及其他鉴证报告、资产评估报告等多种文件。

A. 发行　　　B. 上市　　　C. 登记　　　D. 交易

12. 证券投资咨询机构及其投资咨询人员,不得以( )为依据向投资人或者客户提供投资分析或建议。

A. 投资预测　　　　　　　　　　B. 虚假信息

C. 市场传言　　　　　　　　　　D. 内幕信息

13. 我国证券市场经过多年发展,逐步形成了自己的监管体系和自律管理体系,其中的监管和自律机构包括( )。

A. 国务院证券监督管理机构

B. 证券交易所

C. 中央登记结算有限公司
D. 行业协会和证券投资者保护基金公司

14. 证券公司受期货公司委托从事介绍业务,可提供下列服务(　　)。
A. 代理客户进行期货交易、结算或者交割
B. 提供期货行情信息、交易设施
C. 协助办理开户手续
D. 中国证监会规定的其他服务

四、判断题

1. 证券经营机构是指为证券市场提供相关服务业务的金融机构。（　）
2. 在证券经纪业务中,经纪关系的建立确立了投资者和证券公司直接的代理关系,形成实质上的委托关系。（　）
3. 在融资融券业务中,证券公司向客户出借资金供其买入证券或者出借证券供其卖出,并收取担保物。（　）
4. 根据我国现行相关制度规定,证券公司可以直接代理客户进行期货买卖。（　）
5. 证券服务机构主要包括证券公司、证券投资咨询机构、财务顾问机构、信用评级机构、资产评估机构、会计师事务所、律师事务所等。（　）
6. 为了加强市场准入管理,对证券服务机构从事证券服务业务的审批管理办法由国务院证券监督管理机构和有关主管部门制定。（　）
7. 按照《中华人民共和国证券法》的规定,证券公司可以通过从事证券经纪业务和证券资产管理业务,以自己的名义或代其客户进行证券投资。（　）
8. 由承销商先全额购买发行人该次发行的证券,再向投资者发售,由承销商承担全部风险的承销方式是全额代销。（　）

五、简答题

1. 证券公司开展的主要业务种类包括哪些?
2. 简述代销与包销的区别。

六、案例分析

金融科技赋能证券公司发展

金融科技是指运用大数据、人工智能、区块链、云计算、5G技术等新技术优化或创新金融产品、经营模式、服务水平、业务流程等,提升金融业效率、降低运营成本,推动金融业提质增效。金融与科技的有机融合有利于提升金融业服务质量和效率,优化金融业发展方式,筑牢金融业安全防线,增强金融业核心竞争力,赋能金融业转型升级。

2019年9月,中国人民银行印发的《金融科技(FinTech)发展规划(2019—2021)》提出进一步增强金融业科技应用能力,实现金融与科技深度融合、协调发展,使我国金融科技发展居于国际领先水平。

鉴于证券公司的"投资银行"功能定位,证券公司主要应用的金融科技为投资管理和市场基础设施这两类。中国证券业协会进行了一项关于"金融科技在证券行业应用"的主题调查。调查报告显示,大数据、云计算、区块链、人工智能这四项金融科技中,全部131家证券公司中,有79家证券公司(占比达60%)至少已有一项金融科技处于落地应用阶段。区块链、人工智能、大数据、云计算这四项金融科技中,人工智能的应用最为普及,技术发展也最快;云计算和大数据在证券行业应用得比较普遍;区块链则处于刚刚起步阶段。金融科技正成为证券公司发展战略的重点布局领域之一,未来也将成为相互角力的核心战场。

请结合以上资料:
1. 谈谈你对金融科技的理解。
2. 分析金融科技发展对证券公司的影响。

第四篇

实 务 篇

立体化资源 8

项目八　炒股前的准备

▶ 学习目标

1. 了解同花顺行情软件的主要页面及内容；
2. 知道如何看大盘及个股数据资料；
3. 掌握场内交易的成交原则及交易规则；
4. 掌握证券交易的两种竞价方式；
5. 了解常用的股市术语；
6. 掌握我国主要的证券价格指数。

▶ 引导案例

在掌握了证券投资的理论基础知识后，小张决定到股市里去大显身手。但作为一个新手，他首先需要观察证券行情，收集股票市场信息，了解股票的交易行情。其次，他还要了解股票的交易规则、竞价方式。经过咨询，他知道了市场上有很多股票行情软件都能够提供即时交易信息。但面对复杂的软件，他不知道该怎样查看股票行情，如何查看股票的技术指标、基本面资料。

【案例思考】

1. 新手掌握了一些理论知识后，能不能直接开始"炒股"？需要做哪些准备？
2. 你能够利用行情软件查看股票走势和交易信息吗？

随着信息技术的发展，证券投资方式发生了深刻的变化。无论是投资分析、信息采集还是证券交易，都已经摆脱了传统方式的种种局限，变得简单、自助、方便、快捷。借助网络系统，人们可以随心所欲地观察证券行情，捕捉瞬间变化，采集市场信息，进行大势研判，做出投资选择，完成证券买卖。所有这一切表明，仅仅掌握书本上的专业理论知识是远远不够的,还必须接受系统的专业实操训练,才有助于提高证券投资与分析的能力。以下篇章的介绍,都是在同花顺行情软件的基础上进行的。

微课 8-1

任务一　认识同花顺

同花顺是伴随中国股市成长起来的第一代金融信息服务提供商。同花顺证券行情软件是集行情、分析、交易、资讯于一体的证券信息平台。该平台提供国内和国际主要市场的股票、基金、债券、指数、期指、期货和外汇等行情,涵盖了宏观经济、行业新闻、个股资讯、委托交易、模拟炒股、名家言论、股民学校等特色功能。

一、系统安装及登陆

进入同花顺官网,点击"软件下载",选择"免费 PC 产品",进入"同花顺免费版"(图 8-1),点击"本地下载",软件包下载到电脑中。

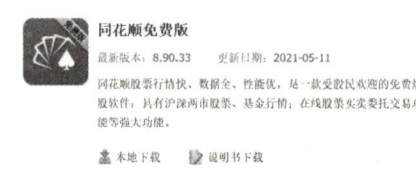

图 8-1　同花顺软件

鼠标双击已下载的软件包,运行安装,完成后,桌面增加如下同花顺软件图标(图 8-2)。

图 8-2　同花顺图标

双击桌面图标,运行"同花顺"(图 8-3)。首次登录,需要注册账号,或者选择"游客登录",直接登录,进入主页面。

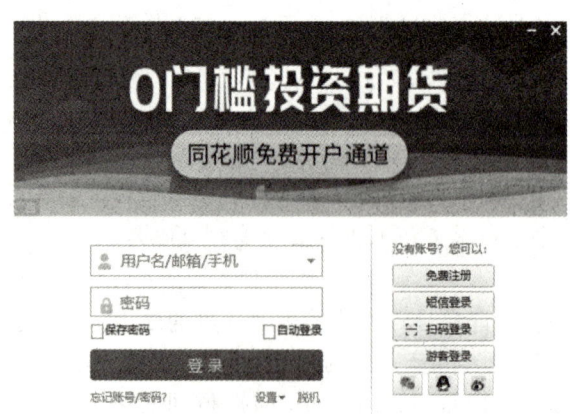

图 8-3　同花顺登录页面

二、基本界面介绍

打开软件,"同花顺"程序界面如下图(图8-4),由菜单栏、标题栏、工具栏、功能树、主窗口、指数条、左右信息栏和应用中心等组成。

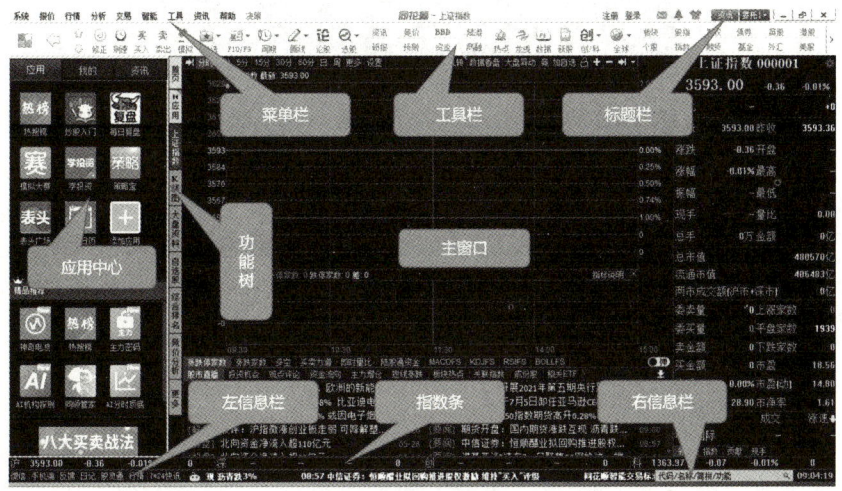

图8-4 同花顺主页面

菜单栏:位于终端界面左上方,包括系统、报价、分析、扩展行情、委托、智能、工具、资讯、帮助等多个栏目。终端的基本操作方法、功能都收罗其中,用户可以快捷调用。

工具栏:位于菜单栏和信息栏之下,主窗口之上的位置,右键可选择隐藏,包含了学习园地、修正键、买入卖出、模拟炒股等功能,方便用户看盘使用。

标题栏:位于终端界面右上方,菜单栏右侧,显示当前页面名称、用户名、并提供资讯、委托等功能。

功能树:在画面的左侧,包括应用、分时图、K线图、个股资料、自选股、综合排名以及更多等快捷标签。其中点击更多会有子菜单出现,包括上证指数、深证指数、成交明细、价量分布和财务图示年报等。

主窗口:指系统默认显示的行情窗口,主要由分时图、K线图、表格行情列表、组合页面等组成。

指数条:默认显示上证指数、深证成指、创业板指数以及科创板指数,包括涨跌和成交金额。其中右键可以切换至港股指数行情、美股指数行情,以及自定义指数行情。

左信息栏:显示连接信息。解盘、论股堂、股灵通以及留言、客服热线等功能。

右信息栏:为一搜索框,可在此输入代码查询个股,方便用户进行个股查询。

应用中心:提供丰富的软件功能,可将常用的功能放置于此(图8-5)。

图8-5 应用中心画面

三、基本操作

(一)菜单操作

1. 主菜单栏

"同花顺"终端头部左侧依次有系统、报价、行情、分析、交易、智能、工具、资讯、帮助等九个菜单,有些命令旁边有图标,这样可以很快地将命令与图标联系起来(图8-6)。

系统:主要提供连接服务器、账号权限更新、版本升级、打印、退出等功能;

报价:提供自选股、涨幅排行、综合排行、指数排行、资金流向排行、主力增仓排行等报价列表菜单;

行情:提供基金、债券、期货、期权、外汇、港股、美股、全球指数等其他市场行情菜单;

分析:提供个股分析的常用功能菜单,如分时走势图、K线走势图、分时超级盘口、K线多周期图、个股资料F10、个股全景F7等;

交易:提供委托交易、委托管理、模拟炒股、期货下单、基金申购等功能菜单;

智能:主要提供盯盘、选股等重要功能菜单;

工具:画线、公式管理、复权、自选股设置/导入、板块设置等;

资讯:资讯中心、数据中心、研报中心、操盘总纲、实时解盘等;

帮助:学炒股、帮助说明、快捷键列表、在线服务、Level-2行情等。

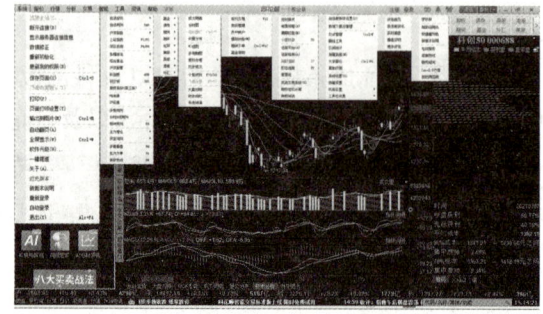

图8-6 同花顺主菜单内容

2. 鼠标右键菜单

为了方便使用,"同花顺"提供了丰富的右键菜单,用户可以快捷地找到当前状态下可以使用的常见功能(图8-7)。

在不同页面所显示出来的右键菜单是不一样的,而即使在同一页面,鼠标在不同地方按右键,所弹出的菜单也有不同。

图 8-7 右键快捷菜单

(二) 工具栏操作

通过简单地点击工具栏里的图标,可以方便地调用各种功能。鼠标移动到主菜单下方时,会显示工具栏。

鼠标左键或者右键点击工具栏空白处会出现四个选项,依次是工具栏状态、小图标模式、恢复系统默认、自定义工具栏,这四个选项也可以直接在工具菜单里的工具栏设置找到。如不需要显示,则点击"隐藏"即可。

"自动隐藏"时,只有当鼠标移动到主菜单下方时才会弹出工具栏。

在"自定制工具栏"里(图8-8),可以通过勾选工具栏按钮,添加或者删除某个具体的工具,点击确定退出,即可查看设置后的效果。

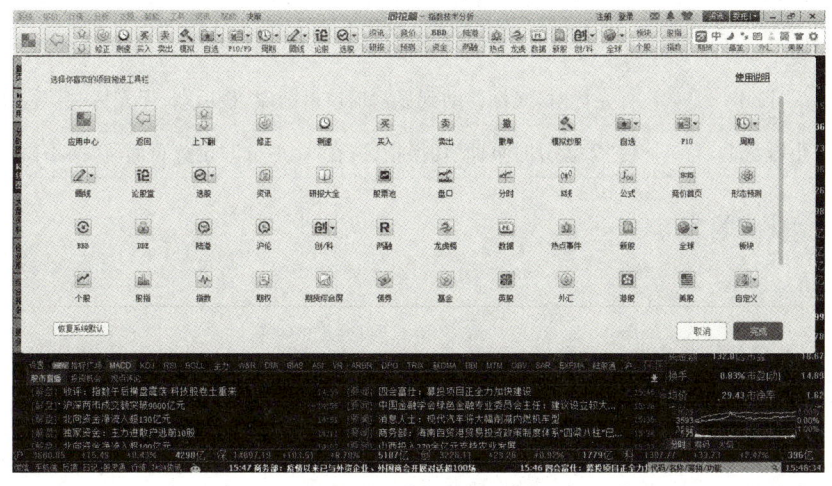

图 8-8 自定制工具栏

(三) 键盘操作

1. 键盘精灵

同花顺提供了"键盘精灵"功能。该功能不仅可以搜寻个股,同时还提供搜寻信息和选股两大功能。两种方式可以调出键盘精灵功能:(1)按键盘上任意一个数字、字母或符号的时候,都会弹出"键盘精灵"。可以在这里面输入中英文和数字搜索想要的东西。(2)也可以直接点击软件右下的搜索框,键盘精灵的窗口也会弹出(图8-9)。

图 8-9 同花顺键盘精灵

例如,当输入000001或者PAYH,键盘精灵就会显示平安银行,点击就可以进入相应的个股页面;如果想查询某个概念或者板块,可以在这里输入查询,例如输入"半导体材料"或"BDTCL",就可以直接找这个板块的个股及板块指数(图8-10)。

图8-10 查询个股或板块

2. 主要功能键

表8-1 同花顺主要功能键列表

功能键	作用
↓ ↑	K线图里,放大和缩小图形;表格里,上下移动选中行。
← →	图形窗口里左右移动光标,表格里左右移动表格列。
Pageup、Pagedown	K线图里,上一个股票,下一个股票;表格里,上一页、下一页。
Esc	有光标时去掉光标;无光标时回到上一个浏览界面。
Home、End	有光标时,光标移动到显示窗口最前端、最后端;无光标时切换技术指标。
+、-(小键盘上)	在"大盘分时页面"切换指标;在"个股分时走势页面"切换小窗口的标签。

(四)快捷键的使用

1. 常用快捷键

表8-2 同花顺常用快捷键列表

F3	上证大盘	F8	分析周期
F4	深证大盘	F11	基本资料
F10	公司资讯	INSERT	加入自选股
F5	公司分时、K线切换	DELETE	删除自选股
ENTER	切换类型(列表、分时、K线)	CTRL+R	查看所属板块
ESC	返回上一画面	CTRL+D	大盘对照
F1	成交明细	CTRL+F8	多周期图
F2	价量分布	CTRL+H	查看港股关联代码
F7	个股全景	CTRL+L	两股对比

2. 行情报价快捷键

表8-3 同花顺行情报价快捷键列表

00＋ENTER	沪深领先指数	60＋ENTER	沪深A股涨幅排名
03＋ENTER(F3)	上证领先	61＋ENTER	上海A股涨幅排名
04＋ENTER(F4)	深证领先	62＋ENTER	上海B股涨幅排名
1＋ENTER	上海A股行情报价	63＋ENTER	深圳A股涨幅排名
2＋ENTER	上海B股行情报价	64＋ENTER	深圳B股涨幅排名
3＋ENTER	深圳A股行情报价	602＋ENTER	中小板涨幅排名
4＋ENTER	深圳B股行情报价	603＋ENTER	创业板涨幅排名
5＋ENTER	上海债券行情报价	80＋ENTER	沪深A股综合排名
6＋ENTER	深圳债券行情报价	81＋ENTER	上海A股综合排名
7＋ENTER	上海基金行情报价	82＋ENTER	上海B股综合排名
8＋ENTER	深圳基金行情报价	83＋ENTER	深圳A股综合排名
9＋ENTER	香港证券行情报价	84＋ENTER	深圳B股综合排名
002＋ENTER	中小板行情报价	802＋ENTER	中小板综合排名
300＋ENTER	创业板行情报价	803＋ENTER	创业板综合排名

四、常规看盘

(一) 报价列表

报价列表可以让投资者根据商品顺序观看实时行情,也可以使投资者对所关注股票或者板块的各种变化一目了然(图8-11)。投资者在操作时,可以同时显示多个股票,并对这些股票的某项数据进行排序,从而方便、快速地捕捉到强势、异动的股票。内容包括:自选、指数、涨幅、综合、特殊报价列表(财务:股本结构、财务数据、财务指标、股东变化;阶段统计、板块热点、强弱分析、指标排行、多窗看盘、主力大单)等。

图8-11 同花顺报价列表

自选报价(同列):点击"报价"——"自选报价",可以一目了然地看到投资者的自选股信息,按快捷键06也可进入,也可以看到自己设定的板块股以及自定义板块的行情信息;自选股同列提供自选股的同列功能,便于同时观察自选股走势情况。按快捷键006则进入自选股同列,提供自选股的同列这里默认是4只自选个股的同列。

指数:点击F3/03进入上证指数,点击F4/04进入深证指数。点击沪深指数,右侧会有子目录,提供沪深各类指数的报价。值得一提的是还提供沪深指数对比功能,按"00"直接进入。

涨幅:提供沪深股票、基金、债券、三板市场、固定收益品种、港股等涨跌幅排名,同时提供了各种排名进入的快捷方式,例如"60"就是沪深A股涨幅排名、"602"中小板涨幅排名等。

综合排名、沪深股票:提供两个市场的综合行情排名,除点击"报价"—"综合排名"之外,点击功能树的"综合排名"一样可以进入,在这里和涨幅排名类似,也提供了快捷键进入方式。

"80"是两个市场的综合排名,"81"是上海股综合排名等。沪深股票则按照商品顺序进行行情报价的显示。

在报价菜单的下面则是阶段统计(92)、板块热点(94)、强弱分析(93)、指标排行等(95)(图8-12)。点击其中一项,系统会弹出一个窗口,提示本功能需要完整的行情和财务数据,如数据不全,需要到数据下载中心下载,确保数据的完整性。

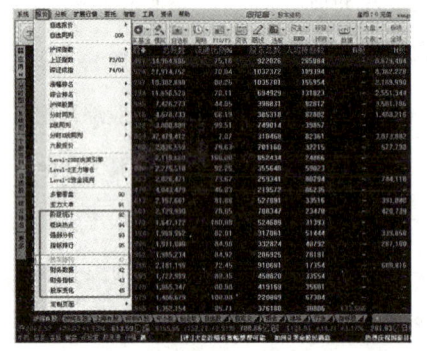

图8-12 同花顺报价菜单显示的其他内容

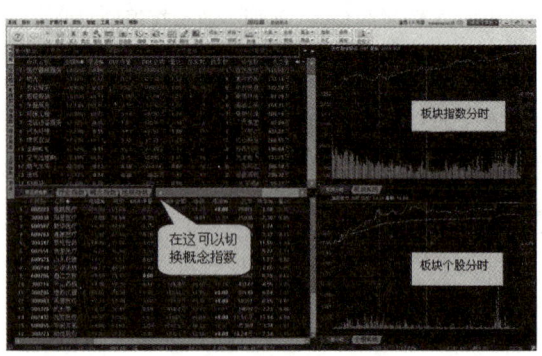

图8-13 同花顺板块热点

板块热点功能:快捷键94进入,了解当前市场热门板块以及板块资金的流向,包括DDE净量和DDE金额等指标。同时在右侧上方有板块指数的分时图,右下方则是板块里个股的分时走势(图8-13)。

(二) 大盘分析

大盘当日动态走势。主要内容包括当日指数、成交总额、成交手数、委买/卖手数、委比、上涨/下跌股票总数、平盘股票总数等。另有指标曲线图窗口,可显示多空指标,量比等指标曲线图。大盘指数如图8-14所示。

1. 进入大盘分析

有三种方式可进入大盘分析页面:

第一,从下拉菜单上选择"报价"——"上证指数"或"深证成指",单击鼠标左键或按【Enter】键确认并执行操作。

第二,在功能树,点击"首页",综合看盘中选择"上证指数"或"深证成指",双击鼠标左键执行操作。

第三,快捷键:【F3】上证领先,【F4】深证领先。

2. 大盘画面说明

图8-14展示了大盘分时走势,即一天的行情情况。画面分为四部分:左上、左中、左下和右侧。【ENTER】键可以在分时图、K线图、列表之间进行切换。

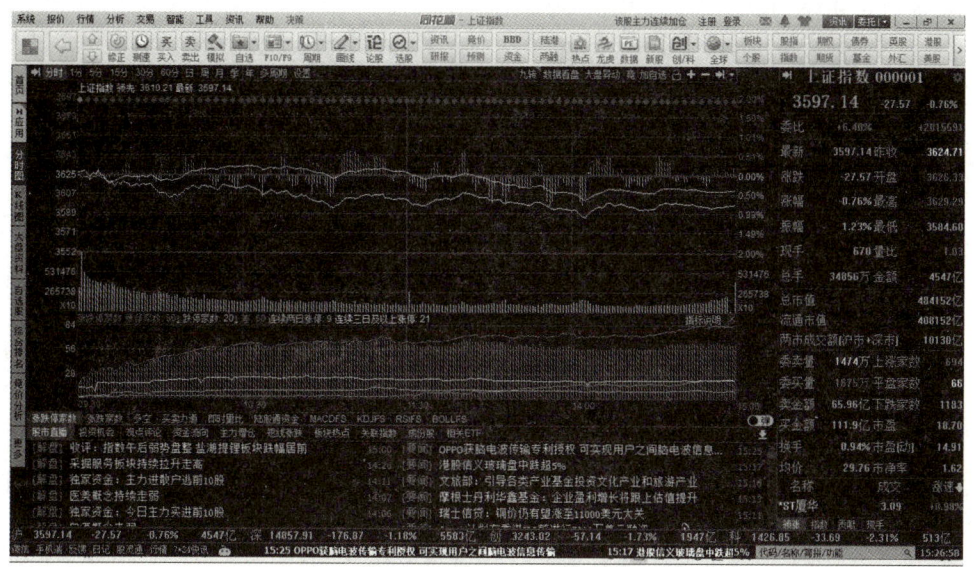

图 8-14 大盘指数

（1）左上代表的是分时走势图，即市场一天的行情走势。由白线与黄线组成。

黄线：黄线代表小盘股的走势

白线：白线代表大盘股的走势

当指数上涨时：黄线在白线上面表示小盘股涨幅更大、反之表示大盘股涨幅更大。

当指数下跌时：黄线在白线下面表示小盘股跌幅更大、反之表示大盘股跌幅更大。

（2）左中代表的是成交量的情况。由黄、绿色柱状线组成。

黄色柱状线代表上涨的强弱度，绿色柱状线代表下跌的强弱度。

黄/绿色柱状线渐长，表示上涨/下跌的力量渐渐增强。

黄/绿色柱状线渐短，表示上涨/下跌的力量渐渐减弱。

（3）左下代表的是相关资讯信息。

（4）右侧是大盘的信息窗口，显示了当天上证指数、上证涨跌、成交金额、成交手数、委买手数、委卖手数、委比、上证换手、上指开盘、上指最高、上指最低、上涨家数、平盘家数、下跌家数等数据。

（三）个股行情浏览

个股行情浏览，主要包括个股当日动态走势线、个股当日均价线、分时价量显示窗口（该窗口显示当前盘口情况，即当前个股的委托买卖情况）、分时价量表（详细显示各个时刻的分时成交明细）、个股基本面窗口等。另有指标曲线图窗口，可显示动量指标，量比指标等八种指标的曲线图。

1. 进入个股行情浏览

主要进入方式：

第一，直接输入个股代码或个股名称拼音首字母，屏幕自动弹出同花顺键盘精灵，然后按【Enter】键确认并执行操作，如"五粮液"输入"WLY"或"000858"即可（图 8-15）。

按【Esc】键退出。

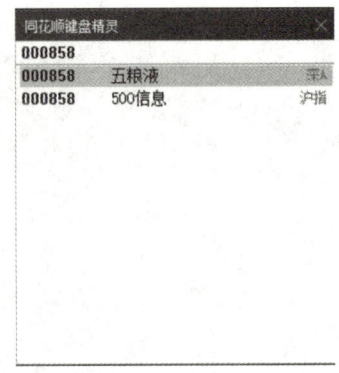

图 8-15 进入个股行情

第二，个股如果放入"自选股"中，在功能树的"自选股"中，选择这只股票，【Enter】键循环切换个股分时走势、K 线图、行情列表画面。

2. 个股行情画面说明

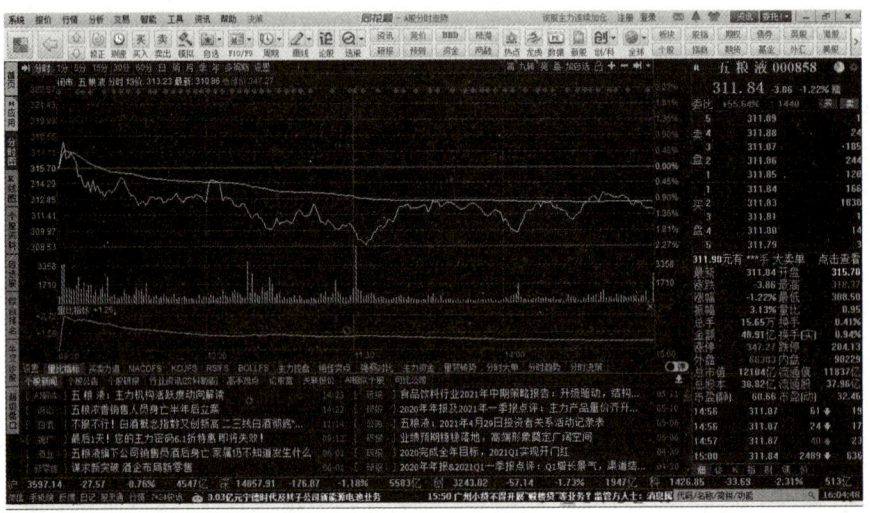

图 8-16 个股分时走势图

图 8-16 显示的是个股的分时走势。同样地，【ENTER】键可以在分时图、K 线图、列表之间进行切换。图面中的白线与黄线代表的是：

白线：分时走势线，每分钟内最后一笔成交的价格构成的曲线。

黄线：均价线，均价构成的曲线。

3. 个股重要指标说明

在个股页面右侧，可以看到一些重要信息指标（图 8-17），通过这些指标，我们可以查看市场强弱、买卖双方意愿以及资金流动性。

图 8-17 个股页面右侧的指标

(1) 外盘与内盘。外盘指在目前已成交的手数中,主动性(按卖出价成交)的买单。即以卖一、卖二、卖三等价格成交的交易,买入成交数量统计加入外盘。用来揭示在已经达成的交易中,哪些更反映买方的意愿。

内盘指在目前已成交的手数中,主动性(按买入价成交)的卖单。即以买一、买二、买三等价格成交的交易,卖出成交数量统计加入内盘。用来揭示在已经达成的交易中,哪些更反映卖方的意愿。

内盘、外盘这两个数据大体可以用来判断买卖力量的强弱。若外盘数量大于内盘,则表现买方力量较强,若内盘数量大于外盘则说明卖方力量较强。

通常跌停情况下,外盘为 0,内盘巨大。此时持币者不愿意买入股票,少许的几笔交易由买方价成交,成交量较小。涨停情况下,内盘为 0,外盘巨大。持股者不愿意卖出手中的股票,少许的几笔交易由卖方价成交,成交量也较小。

(2) 换手率。换手率指在一定时间内市场中股票转手买卖的频率,用某一段时期内的成交量除以流通总股数。这是反映股票流动性强弱的指标之一,也是判别是否属于最近热门股的有效指标。股票的换手率越高,意味着交投越活跃,人们购买该只股票的意愿越高,属于热门股;反之,股票的换手率越低,则表明该只股票少人关注,属于冷门股。换手率高一般意味着股票流动性好,进出市场比较容易,不会出现想买买不到、想卖卖不出的现象,具有较强的变现能力。然而值得注意的是,换手率较高的股票,往往也是短线资金追逐的对象,投机性较强,股价起伏较大,风险也相对较大。

一般认为,当一只股票的换手率在 3%～7%,则该股进入相对活跃状态;7%～10%,则为强势股,股价处于高度活跃当中,市场关注度较高;10%～15%,一般认为是庄家密切操作;超过 15% 的换手率,持续多日的话,这种股票也许会成为最大黑马。

(3) 量比。量比是衡量相对成交量的指标,指股市开市后平均每分钟的成交量与过去 5 个交易日平均每分钟成交量之比。其计算公式为:

$$量比 = \frac{现成交总手}{过去 5 日平均每分钟成交量 \times 当日累计开市时间(分)}$$

量比这个指标所反映出来的是当前盘口的成交力度与最近五天的成交力度的差别,这个差别的值越大表明盘口成交越趋活跃,它是超级短线洞察主力短时间动向的秘密武器之一,适用于短线操作。

一般来说,量比为 0.8～1.5 倍,则说明成交量处于正常水平;量比在 1.5～2.5 倍则为温和放量,如果股价也处于温和缓升状态,则升势相对健康,可继续持股,若股价下跌,则可认定跌势难以在短期内结束,从量的方面判断应考虑止损退出;量比在 2.5～5 倍,则为明显放量,若股价相应地突破重要支撑或阻力位置,则突破有效的概率较高,可以相应地采取行动;量比达 5～10 倍,则为剧烈放量,如果个股处于长期低位出现剧烈放量突破,涨势的后续空间巨大,是"钱"途无量的象征。但是,如果在个股已有巨大涨幅的情况下出现如此剧烈的放量,则值得高度警惕。量比达到 10 倍以上的股票,一般可以考虑反向操作。在涨势中出现这种情形,说明见顶的可能性压倒一切,即使不是彻底反转,至少涨势会休整相当长一段时间。在股票处于绵绵阴跌的后期,突然出现的巨大量比,说明该股在目前位置彻底释放了下跌动能。量比达到 20 倍以上的情形是极端放量的一种表现,这种情况的反转意义特别强烈,如果在连续的上涨之后,成交量极端放大,但股价出现"滞涨"现象,则是涨势行将结束的强烈信号。当某只股票在跌势中出现极端放量,则是建仓的大好时机。

量比在 0.5 倍以下的缩量情形也值得好好关注,其实严重缩量不仅显示了交易不活跃的表象,同时也暗藏着一定的市场机会。缩量创新高的股票多数是长庄股,缩量能创出新高,说明庄家控盘程度相当高,而且可以排除拉高出货的可能。缩量调整的股票,特别是放量突破某个重要阻力位之后缩量回调的个股,常常是不可多得的买入对象。

涨停板时量比在 1 倍以下的股票,上涨空间无可限量,第二天开盘即封涨停的可能性极高。在跌停板的情况下,量比越小则说明杀跌动能未能得到有效宣泄,后市仍有巨大下跌空间。

(4) 委比。委比是在报价系统之上的所有买卖单之比,用以衡量一段时间内买卖盘相对力量的强弱。其计算公式为:

$$委比 = \frac{委买手数 - 委卖手数}{委买手数 + 委卖手数} \times 100\%$$

委买手数是所有个股委托买入下五档的总数量。委卖手数是所有个股委托卖出上五档的总数量。

委比值的变化范围为 -100% 到 $+100\%$,当委比值为 -100% 时,它表示只有卖盘而没有买盘,说明市场的抛盘非常大;当委比值为 $+100\%$ 时,它表示只有买盘而没有卖盘,说明市场的买盘非常有力。当委比值为正值并且委比数大,说明市场买盘强劲;当委比值为负值并且负值大,说明市场抛盘较强;委比值从 -100% 到 $+100\%$ 的变化是卖盘逐渐减弱、买盘逐渐强劲的一个过程。

(5) 市盈率与市净率。市盈率是股票每股市价与每股盈利的比率。市盈率分为静态市盈率与动态市盈率。市场广泛谈及的通常指静态市盈率,是用来作为比较不同价格的股票是否被高估或者低估的指标。

市盈率反映了在每股盈利不变的情况下,当派息率为 100%,并且所得股息没有进行再投资的条件下,经过多少年投资可以通过股息全部收回。一般情况下,股票市盈率越低,市价相对于股票的盈利能力越低,表明投资回收期越短,投资风险就越小,股票的投资价值就越大;反之则相反。

用市盈率衡量一家公司股票的质地时,并非总是准确的。一般认为,如果一家公司股票的市盈率过高,那么该股票的价格具有泡沫,价值被高估。当一家公司增长迅速以及未来的业绩增长非常看好时,利用市盈率比较不同股票的投资价值时,这些股票必须属于同一个行业,因为此时公司的每股收益比较接近,相互比较才有效。

市盈率的倒数就是股票的投资报酬率,即为股息收益率,市盈率越高,股息收益率越低。这显示了投资者购买高市盈率的股票带有较大的风险。投资者购买高市盈率股票的真正动机也许不是为了获得上市公司的股利分配。而是期待股票市场价格继续上涨带来股票交易利润,这就可能引发股票市场上的价格泡沫。

市净率是每股股价与每股净资产的比率。一般来说,市净率较低的股票,投资价值较高,相反,则投资价值较低;但在判断投资价值时还要考虑当时的市场环境以及公司经营情况、盈利能力等因素。

市净率能够较好地反映出"有所付出,即有回报",它能够帮助投资者寻求哪些上市公司能以较少的投入得到较高的产出,对于大的投资机构,它能帮助其辨别投资风险。但是,市净率不适用于短线炒作。

4. 个股分时走势

在行情报价表里选中某只股票后,双击鼠标左键或按"enter",还可以在"键盘精灵"里直接输入股票后按"enter"都可以进入到个股分时走势页面。分时走势页面的快捷键参见"快捷键列表"。

由 8-18 可以看到,分时走势一般由三要素组成,分时价格线、分时均价线和成交量,其中黄色的分时均价线是一个比较重要的参考指标,一般以股价是否站上这根均线作为强弱的分水岭。

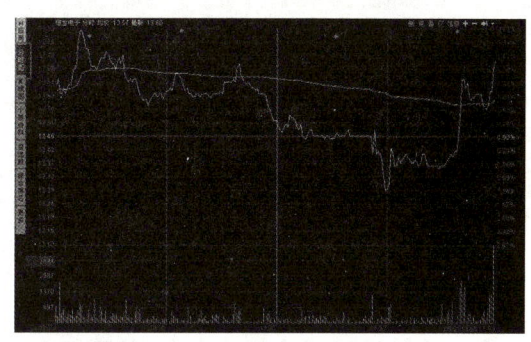

图 8-18　恒生电子某日个股分时图

在分时走势页面里面每按"↓"一次,即可多显示前面一个交易日的走势图。这样投资者就可以仔细地查看最近一段时间某个股票的走势了。

分时走势共提供了三种页面布局,分别是 K 线＋盘口＋资金,该种方案为系统默认,还有 K 线＋盘口、K 线。用户可以根据自己的喜好选择。例如 K 线＋盘口＋资金如图8-19。

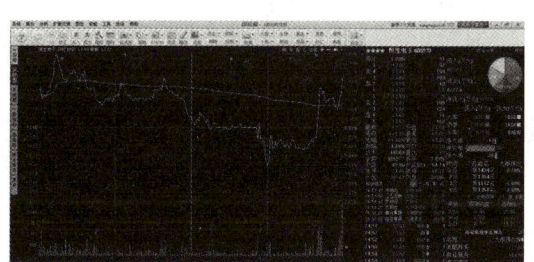

图 8-19　分时图页面布局:K 线＋盘口＋资金

超级盘口:提供超级盘口页面,可以查看更多个股相关信息。快捷键 Ctrl＋T 进入。

成交明细:提供逐笔成交与分时成交明细表。在个股分时走势页面里按"F1"或"01＋enter",都可以切换到成交明细表。在这里您可以看到当天按时间次序排列的每一笔成交的时间、价格,当时买入价、卖出价、成交手数。

价量分布:提供每个成交金额及该金额对应的成交数量。该功能在盘口分析的时候特别重要,可以结合筹码指标一起使用。在个股分时走势页面里按"F2"或"02+enter",都可以切换到价量分布表。分布表可以直观地显示当日的成交分布状态。

5. 个股基本面资料

个股基本面资料里包括了各个上市公司的公司概况、经营分析、行业产品、财务分析、股东情况等各类报告(图 8-20)。

进入个股基本面资料方式有三种:

第一,快捷键:在个股分时或 K 线画面中,按【10+Enter】或【F10】进入个股基本面。

第二,鼠标移动至软件顶部菜单后,点击【F10】进入个股基本面。

第三,页面左侧"功能树"中,"个股资料"选择进入。

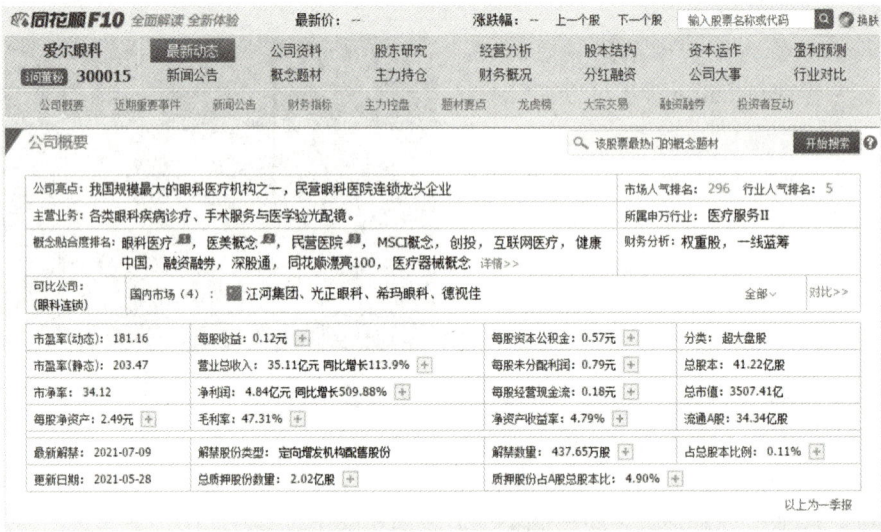

图 8-20　个股资料

最新动态:包括最新股本资料、最新的公告消息、控股情况、概念题材等。

公司资料:介绍了公司的概况、发展史。

股东研究:股东人数的增减变化,最新的十大流通股股东与十大股东情况。

经营分析:包括主营业务介绍,主营构成,主要客户与供应商等。

股本结构:介绍了总股本情况,股本变动,解禁股解禁时间等。

资本运作:介绍了募集资金情况、募集资金使用情况、关联交易、质押解冻等资本变动情况。

盈利预测:业绩预测情况,券商研报中的预测。

新闻公告:最新的公司信息公告,券商研报资料等。

概念题材:公司所属概念题材,题材的相关内容等。

主力持仓:机构持股情况及明细。

财务概况:包括最新的财务信息、资产负债情况、利润情况、现金流量。

分红融资:公司分红,增发机构获配情况等。

公司大事:公司近期重要事件,股东持股变动,以及高管持股变动。
行业对比:公司行业地位,相关行业新闻等。

6. 添加/删除自选股

(1) 在行情报价界面点右键,从弹出菜单上选择"添加股票至自选"可以将对应的个股添加至自选股中,"删除股票至自选"也能做删除操作(图8-21)。

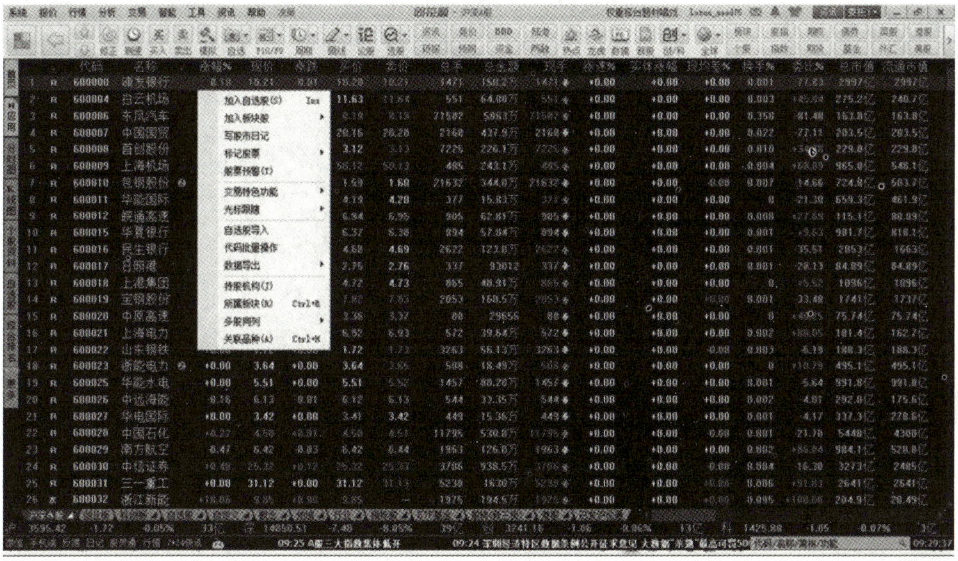

图 8-21　个股加入自选股(1)

(2) 在个股分时图中,K线中点右键,可以将对应的个股添加至自选股中,当然也能做删除操作(图8-22)。

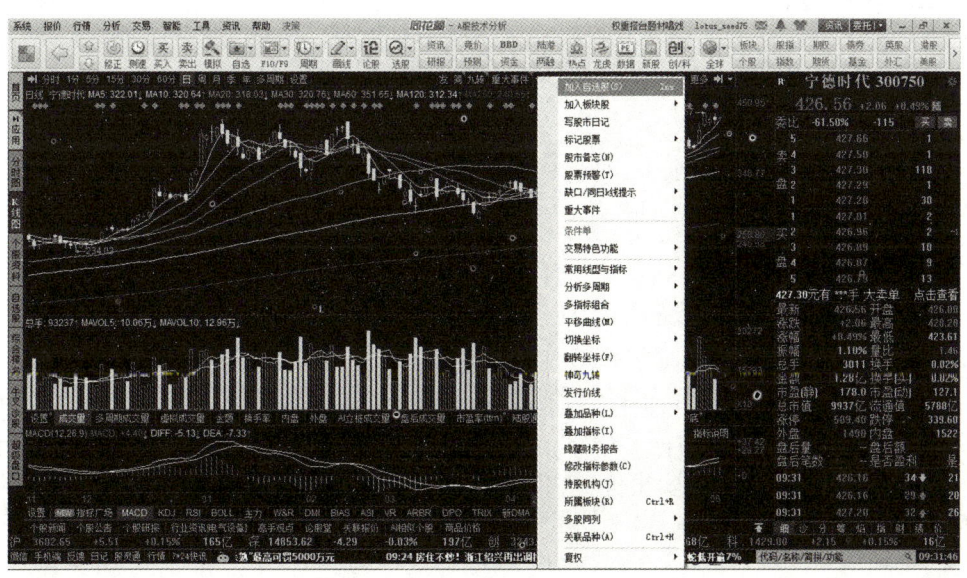

图 8-22　个股加入自选股(2)

（3）选择软件顶部菜单"工具"中的"自选股板块设定"点击后出现自选设定窗口，可以添加不同的自选股，并根据需要设置不同的板块。在具体设置的板块中，选中某个股按【Delete】键删除个股至自选（图8-23）。

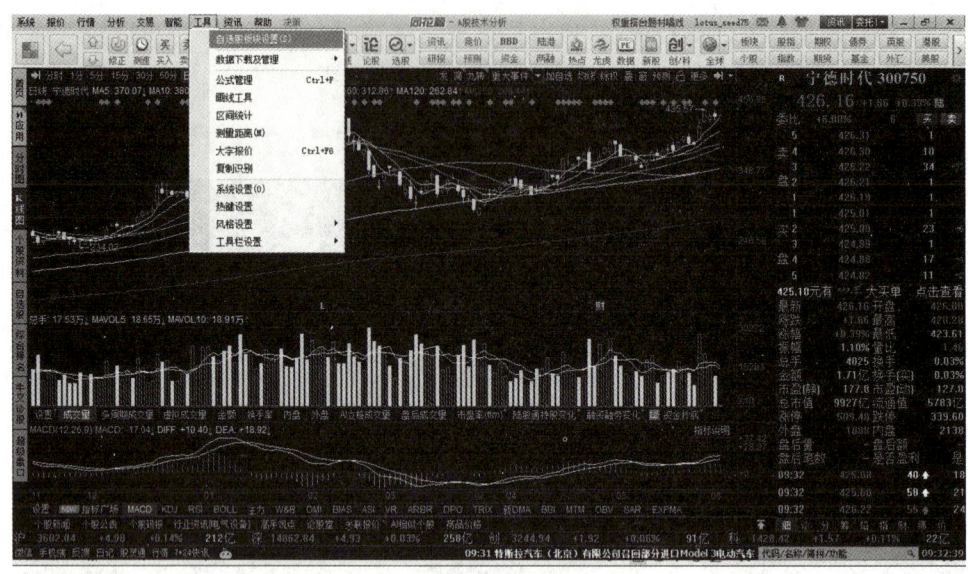

图8-23 个股加入自选股（3）

微课8-2

任务二 了解入市基本常识

一、交易原则

证券交易所内的证券交易按"价格优先、时间优先"原则竞价成交。

（一）价格优先

成交时价格优先的原则为较高价格买入申报优先于较低价格买入申报，较低价格卖出申报优先于较高价格卖出申报。

（二）时间优先

成交时时间优先的原则为买卖方向、价格相同的，先申报者优先于后申报者。先后顺序按证券交易所交易主机接受申报的时间确定。

【例8-1】 有甲、乙、丙、丁投资者四人均申报卖出x股票，申报价格和申报时间分别为：甲的卖出价10.70元，时间13：35；乙的卖出价10.40元，时间13：40；丙的卖出价10.75元，时间13：25；丁的卖出价10.40元，时间13：38。那么这四位投资者交易的优先顺序为丁、乙、甲、丙。

二、交易规则

(一) 交易时间

沪深证券交易所规定,交易日为每周一至周五。国家法定假日和证券交易所公告的休市日,证券交易所市场休市。另外,根据市场发展需要,经中国证监会批准,证券交易所可以调整交易时间。交易时间内因故停市,交易时间不做顺延。

关于交易时间,上海、深圳证券交易所规定:采用竞价交易方式,每个交易日的9:15~9:25为开盘集合竞价时间,9:30~11:30、13:00~14:57为连续竞价时间,14:57~15:00为收盘集合竞价时间。

(二) 交易单位

交易单位是交易所规定每次申报和成交的交易数量单位,以提高交易效率。一个交易单位俗称"一手",委托买卖的数量通常为一手或一手的整数倍。沪、深证券交易所规定,通过竞价交易买入股票、基金、权证的,申报数量应当为100股(份)或其整数倍。卖出股票、基金、权证时,余额不足100股(份)的部分应当一次性申报卖出。债券交易的申报数量应当为1手或其整数倍,债券质押式回购交易的申报数量应当为100手或其整数倍,债券买断式回购交易的申报数量应当为1 000手或其整数倍。债券交易和债券买断式回购交易以人民币1 000元面值债券为1手,债券质押式回购交易以人民币1 000元标准券为1手。

股票、基金、权证交易单笔申报最大数量应当不超过100万股(份),债券交易和债券质押式回购交易单笔申报最大数量应当不超过10万手,债券买断式回购交易单笔申报最大数量应当不超过5万手。根据市场需要,交易所可以调整证券的单笔申报最大数量。

(三) 价位

价位是交易所规定每次报价和成交的最小变动单位。不同证券的交易采用不同的计价单位。股票为"每股价格",基金为"每份基金价格",权证为"每份权证价格",债券为"每百元面值债券的价格",债券质押式回购为"每百元资金到期年收益",债券买断式回购为"每百元面值债券的到期购回价格"。A股、债券交易和债券买断式回购交易的申报价格最小变动单位为0.01元人民币,基金、权证交易为0.001元人民币;上海证券交易所B股交易为0.001美元,深圳证券交易所B股交易为0.01港元;债券质押式回购交易为0.005元。

(四) 报价方式

传统的证券交易所用口头叫价方式并辅之以手势作为补充,现代证券交易所多采用电脑报价方式。无论何种方式,交易所均规定报价规则。沪、深证券交易所采用电脑报价方式,接受会员的限价申报和市价申报。

市价委托是指客户向证券经纪商发出买卖某种证券的委托指令时,要求证券经纪商按证券交易所内当时的市场价格买进或卖出证券。市价委托的优点是没有价格上的限制,证券经纪商执行委托指令比较容易,成交迅速且成交率高。市价委托的缺点是只有在委托执行后才知道实际的执行价格。尽管场内交易员有义务以最有利的价格为客户买进或卖出证券,但成交价格有时会不尽如人意,尤其是当市场价格变动较快时。

限价委托是指客户要求证券经纪商在执行委托指令时,必须按限定的价格或比限定价格更有利的价格买卖证券,即必须以限价或低于限价买进证券,以限价或高于限价卖出证券。限价委托方式的优点是:证券可以以客户预期的价格或更有利的价格成交,有利于客户实现预期投资计划,谋求最大利益。但是,采用限价委托时,由于限价与市价之间可能有一定的距离,故必须等市价与限价一致时才有可能成交。此时,如果有市价委托出现,市价委托将优先成交。因此,限价委托成交速度慢,有时甚至无法成交。在证券价格变动较大时,客户采用限价委托容易错失良机,遭受损失。

(五) 委托形式

投资者在证券交易所买卖证券,是通过委托证券经纪商来进行的,此时,投资者是证券经纪商的客户。客户在办理委托买卖证券时,需要向证券经纪商下达委托指令。委托方式有两种。

1. 柜台委托

柜台委托是指委托人亲自或由其代理人到证券营业部交易柜台,根据委托程序和必需的证件采用书面方式表达委托意向,由本人填写委托单并签章的形式。采用柜台委托方式,客户和证券经纪商面对面办理委托手续,加强了委托买卖双方的了解和信任,比较稳妥可靠。

2. 非柜台委托

非柜台委托主要有人工电话委托或传真委托、自助和电话自动委托、网上委托等形式。根据中国证券业协会提供的《证券交易委托代理协议(范本)》的要求,客户在使用非柜台委托方式进行证券交易时,必须严格按照证券公司证券交易委托系统的提示进行操作,因客户操作失误造成的损失由客户自行承担。对证券公司电脑系统和证券交易所交易系统拒绝受理的委托,均视为无效委托。

三、竞价方式

目前,我国证券交易所采用两种竞价方式:集合竞价方式和连续竞价方式。

(一) 集合竞价

所谓集合竞价,是指对在规定的一段时间内接受的买卖申报一次性集中撮合的竞价方式。根据我国证券交易所的相关规定,集合竞价确定成交价的原则为:

第一,可实现最大成交量的价格。

第二,高于该价格的买入申报与低于该价格的卖出申报全部成交的价格。

第三,与该价格相同的买方或卖方至少有一方全部成交的价格。

如有两个以上申报价格符合上述条件的,上海证券交易所规定使未成交量最小的申报价格为成交价格;若仍有两个以上使未成交量最小的申报价格符合上述条件的,其中间价为成交价格。深圳证券交易所则取在该价格以上的买入申报累计数量与在该价格以下的卖出申报累计数量之差最小的价格为成交价;买卖申报累计数量之差仍存在相等情况的,开盘集合竞价时取最接近即时行情显示的前收盘价为成交价,盘中、收盘集合竞价时取最接近最近成交价的价格为成交价。

集合竞价的所有交易以同一价格成交,然后进行集中撮合处理。所有买方有效委托按委托限价由高到低的顺序排列,限价相同者按照进入证券交易所交易系统电脑主机的时间先后排列。所有卖方有效委托按照委托限价由低到高的顺序排列,限价相同者也按照进入交易系统电脑主机的时间先后排列。依序逐笔将排在前面的买方委托与卖方委托配对成交。也就是说,按照价格优先、同等价格下时间优先的成交顺序依次成交,直至成交条件不满足为止,即所有买入委托的限价均低于卖出委托的限价,所有成交都以同一成交价成交。集合竞价中未能成交的委托,自动进入连续竞价。

【例 8-2】 某股票当日在集合竞价时买卖申报价格和数量情况如表 8-4 所示,该股票上日收盘价为 10.13 元。该股票在上海证券交易所的当日开盘价及成交量分别是多少?如果是在深圳证券交易所,当日开盘价及成交量分别是多少?

表 8-4 某股票某日在集合竞价时买卖申报价格和数量

买入数量(手)	价格(元)	卖出数量(手)
—	10.50	100
—	10.40	200
150	10.30	300
150	10.20	500
200	10.10	200
300	10.00	100
500	9.90	—
600	9.80	—
300	9.70	—

根据表 8-4 分析各价位的累计买卖数量及最大可成交量可见表 8-5。

表 8-5 各价位累计买卖数量及最大可成交量

累计买入数量(手)	价格(元)	累计卖出数量(手)	最大可成交量(手)
0	10.50	1 400	0
0	10.40	1 300	0
150	10.30	1 100	150
300	10.20	800	300
500	10.10	300	300
800	10.00	100	100
1 300	9.90	0	0
1 900	9.80	0	0
2 200	9.70	0	0

由表 8-4 和表 8-5 可见,符合上述集合竞价确定成交价原则的价格有两个:10.20 元和 10.10 元。按照上海交易所的规定,价格为 10.20 元,未成交量为 500 手,价格为 10.10 元时,未成交量为 200 手,故集合竞价开盘价为 10.10 元,假若两个价位,未成交量一样,则取两个价格的中间价 10.15 元。按照深圳交易所的规定,在 10.20 元价位,买卖累计申报数量之差为 500 手,在 10.10 元价位,买卖累计申报数量之差为 200 手,故集合竞价

开盘价为 10.10 元,假若两个价位的买卖累计申报数量之差相等,则取离上一个交易日的收盘价(10.13 元)最近的价位 10.10 元。

(二) 连续竞价

连续竞价是指对买卖申报逐笔连续撮合的竞价方式。连续竞价阶段的特点是,每一笔买卖委托输入交易自动撮合系统后,当即判断并进行不同的处理:能成交者予以成交;不能成交者等待机会成交;部分成交者则让剩余部分继续等待。

按照我国证券交易所的有关规定,在无撤单的情况下,委托当日有效。另外,开盘集合竞价期间未成交的买卖申报,自动进入连续竞价。深圳证券交易所还规定,连续竞价期间未成交的买卖申报,自动进入收盘集合竞价。

连续竞价时,成交价格的确定原则为:

第一,最高买入申报与最低卖出申报价位相同,以该价格为成交价。

第二,买入申报价格高于即时揭示的最低卖出申报价格时,以即时揭示的最低卖出申报价格为成交价。

第三,卖出申报价格低于即时揭示的最高买入申报价格时,以即时揭示的最高买入申报价格为成交价。

【例 8-3】 某股票即时揭示的卖出申报价格和数量及买入申报价格和数量如表 8-6 所示。若此时该股票有一笔买入申报进入交易系统,价格为 15.37 元,数量为 600 股,则应以 15.35 元成交 100 股、以 15.36 元成交 500 股。

表 8-6 某股票某日交易时即时揭示的买卖申报价格和数量

买卖方向	价格(元)	数量(股)
卖出申报	15.37 15.36 15.35	1 000 800 100
买入申报	15.34 15.33 15.32	500 1 000 800

(三) 竞价结果

竞价的结果有三种可能:全部成交、部分成交、不成交。

1. 全部成交

委托买卖全部成交,证券经纪商应及时通知客户按规定的时间办理交收手续。

2. 部分成交

客户的委托如果未能全部成交,证券经纪商在委托有效期内可继续执行,直到有效期结束。

3. 不成交

客户的委托如果未能成交,证券经纪商在委托有效期内可继续执行,等待机会成交,直到有效期结束。对客户失效的委托,证券经纪商须及时将冻结的资金或证券解冻。

四、交易制度

(一) 涨跌停板制度

为保护投资者利益,防止股价暴涨暴跌和投机盛行,证券交易所可根据需要对每日股票价格的涨跌幅度予以适当的限制。高于涨幅限制的委托和低于跌幅限制的委托无效。沪、深证券交易所对股票、基金交易实行价格涨跌幅限制,涨跌幅比例为10%,其中ST股票和*ST股票价格涨跌幅比例为5%。

上海证券交易所规定,属于下列情形之一的,首个交易日无价格涨跌幅限制:首次公开发行上市的股票;增发上市的股票;暂停上市后恢复上市的股票;退市后重新上市的股票;上海证券交易所认定的其他情形。深圳证券交易所规定,属于下列情形之一的,股票上市首日不实行价格涨跌幅限制:首次公开发行股票上市的;暂停上市后恢复上市的;中国证监会或深圳证券交易所认定的其他情形。

《上海证券交易所科创板股票交易特别规定》《深圳证券交易所创业板交易特别规定》:科创板、创业板股票竞价交易实行价格涨跌幅限制,涨跌幅比例为20%。首次公开发行上市的股票,上市后的前5个交易日不设价格涨跌幅限制。

【例8-4】 X股票的收盘价为12.38元,Y股票的交易特别处理,属于ST股票,收盘价为9.66元。则次一交易日X股票交易的价格上限为13.62元[=12.38×(1+10%)],价格下限为11.14元;Y股票交易的价格上限为10.14元[=9.66×(1+5%)],价格下限为9.18元。

(二) 股票交易的特别处理

公司上市的资格并不是永久的,当不能满足证券上市条件时,证券监管部门或证券交易所将对该股票做出实行特别处理、退市风险警示、暂停上市、终止上市的决定。这些做法既是对投资者的警示,也是对上市公司的淘汰制度,是防范和化解证券市场风险、保护投资者利益的重要措施。证券交易所对在主板上市和创业板上市的股票做出实行特别处理、退市风险警示、暂停上市、终止上市决定的标准也有所不同。

当上市公司出现财务状况异常或者其他异常情况,导致其股票存在被终止上市的风险,或者投资者难以判断公司前景,投资者权益可能受到损害的,交易所对该公司股票交易实行特别处理。特别处理分为警示存在终止上市风险的特别处理(简称"退市风险警示")和其他特别处理。

(1) 警示存在终止上市风险的特别处理。2003年4月2日和4月3日,上海证券交易所和深圳证券交易所分别发布了《关于对存在股票终止上市风险的公司加强风险警示等有关问题的通知》,并从2003年5月8日起实行退市风险警示制度。所谓退市风险警示制度,就是指由证券交易所对存在股票终止上市风险的公司股票交易实行"警示存在终止上市风险的特别处理"。

退市风险警示的处理措施包括:第一,在公司股票简称前冠以"*ST"字样,以区别于其他股票;第二,股票报价的日涨跌幅限制为5%。

(2) 其他特别处理。其他特别处理的处理措施包括:第一,在公司股票简称前冠以

"ST"字样,以区别于其他股票;第二,股票报价的日涨跌幅限制为5%。

特别处理不是对上市公司的处罚,只是对上市公司目前状况的一种揭示,是要提示投资者注意风险。当上市公司消除属于其他特别处理的情形后,证券交易所可撤销对其实行的其他特别处理。

五、交易费用

投资者在委托买卖证券时,需支付多项费用和税金,如佣金、过户费、印花税等。

(一) 佣金

佣金是投资者在委托买卖证券成交后按成交金额一定比例支付的费用,是证券经纪商为客户提供证券代理买卖服务收取的费用。此项费用由证券公司经纪佣金、证券交易所手续费及证券交易监管费等组成。

佣金的收费标准因交易品种、交易场所的不同而有所差异。按照规定,A股、B股、证券投资基金的交易佣金实行最高上限向下浮动制度。证券经纪商向客户收取的佣金(包括代收的证券交易监管费和证券交易所手续费等)不得高于证券交易金额的3‰,也不得低于代收的证券交易监管费和证券交易所手续费等。A股、证券投资基金每笔交易佣金不足5元的,按5元收取;B股每笔交易佣金不足1美元或5港元的,按1美元或5港元收取。国债现券、企业债(含可转换债券)、国债回购以及以后出现的新的交易品种,其交易佣金标准由证券交易所制定并报中国证监会备案,备案15天内无异议后实施。

(二) 过户费

过户费是委托买卖的股票、基金成交后,买卖双方为变更证券登记所支付的费用。这笔收入属于中国结算公司的收入,由证券经纪商在同投资者清算交收时代为扣收。

上海证券交易所和深圳证券交易所在过户费的收取上略有不同。在上海证券交易所,A股的过户费为成交面额的1‰,起点为1元;在深圳证券交易所,免收A股的过户费。

对于B股,这项费用称为结算费。在上海证券交易所为成交金额的0.5‰;在深圳证券交易所亦为成交金额的0.5‰,但最高不超过500港元。

基金交易目前不收过户费。

(三) 印花税

印花税是根据国家税法规定,在A股和B股成交后对买卖双方投资者按照规定的税率分别征收的税金。我国税收制度规定,股票成交后,国家税务机关应向成交双方分别收取印花税。为保证税源,简化缴款手续,现行的做法是由证券经纪商在同投资者办理交收过程中代为扣收;然后,在证券经纪商同中国结算公司的清算、交收中集中结算;最后,由中国结算公司统一向征税机关缴纳。

我国证券交易的印花税税率标准曾多次调整。目前实行的是,2008年9月19日以来的调整,证券交易印花税只对出让方按1‰税率征收,对受让方不再征收。

下面举例说明投资者的交易盈亏。

【例8-5】 某投资者在上海证券交易所以每股12元的价格买入××股票(A股)10 000股,那么,该投资者最低需要以什么价格全部卖出该股票才能保本(佣金按2‰计收,印花税、过户费按规定计收,不收委托手续费)。

设卖出价格为每股 P 元。

则卖出收入 $= 10\,000P - 10\,000 \times (0.002 + 0.001)P - 10\,000 \times 0.001$
$= (9\,970P - 10)(元)$

买入支出 $= 10\,000 \times 12 + 10\,000 \times 12 \times 0.002 + 10\,000 \times 0.001$
$= 120\,250(元)$

保本即卖出收入 $-$ 买入支出 $\geqslant 0(元)$

那么,$9\,970P - 10 - 120\,250 \geqslant 0(元)$

则 $P \geqslant 12.062\,2(元)$

即该投资者最低要以每股 12.07 元的价格全部卖出该股票才能保本。

任务三　常用股市术语

微课8-3

一、开盘价与收盘价

按照一般的意义,开盘价和收盘价分别是交易日证券的首、尾买卖价格。而在证券交易场所,往往还要通过制度来予以规范。

根据我国现行的交易规则,证券交易所证券交易的开盘价为当日该证券的第一笔成交价。证券的开盘价通过集合竞价方式产生。不能产生开盘价的,以连续竞价方式产生。按集合竞价产生开盘价后,未成交的买卖申报仍然有效,并按原申报顺序自动进入连续竞价。

在收盘价的确定方面,也是通过集合竞价的方式产生。收盘集合竞价不能产生收盘价的,以当日该证券最后一笔交易前1分钟所有交易的成交量加权平均价(含最后一笔交易)为收盘价。当日无成交的,也以前收盘价为当日收盘价。

二、挂牌、摘牌、停牌与复牌

证券交易所对上市证券实施挂牌交易。证券上市期届满或依法不再具备上市条件的,证券交易所要终止其上市交易,予以摘牌。

证券交易出现异常波动的,证券交易所可以决定停牌,并要求相关当事人做出公告后复牌。证券交易所还可以对涉嫌违法违规交易的证券实施特别停牌并予以公告,相关当事人应按照证券交易所的要求提交书面报告。停牌及复牌的时间和方式由证券交易所决定。

证券停牌时,证券交易所发布的行情中包括该证券的信息;证券摘牌后,行情信息中无该证券的信息。

对于开市期间停牌的申报问题,我国证券交易所的规定是:证券开市期间停牌的,停牌前的申报参加当日该证券复牌后的交易;停牌期间,可以继续申报,也可以撤销申报;复牌时对已接受的申报实行集合竞价。其中,上海证券交易所规定,集合竞价期间不揭示虚拟开盘参考价格、虚拟匹配量、虚拟未匹配量；深圳证券交易所规定，不揭示集合竞价参考价格、匹配量和未匹配量。集合竞价产生开盘价后，以连续竞价继续当日交易。

证券的挂牌、摘牌、停牌与复牌，证券交易所要予以公告。另外，根据有关规定，上市公司披露定期报告、临时公告，也要进行例行停牌。

近年来，随着我国多层次资本市场的发展，证券交易所也相应制定了针对性的停牌管理措施。以上海证券交易所为例。按照《上海证券交易所证券异常交易实时监控指引》的规定，当证券竞价交易出现下列异常波动情形之一的，上交所可以根据市场需要实施盘中临时停牌：无价格涨跌幅限制的股票盘中交易价格较当日开盘价首次上涨或下跌超过30%、累计上涨超过100%或累计下跌超过50%的；在竞价交易中涉嫌存在违法违规行为，且可能对交易价格产生严重影响或者严重误导其他投资者的等等。《上海证券交易所风险警示板股票交易管理办法》中规定，除退市后重新上市的股票上市首日外，风险警示股票盘中换手率达到或超过30%的，属于异常波动，交易所可以根据市场需要，对其实施盘中临时停牌，停牌时间持续至当日14：57。暂停上市后恢复上市的股票，恢复上市首日不设涨跌幅限制，当日盘中临时停牌事宜按照本所关于新股上市首日盘中临时停牌的规定执行。退市后重新上市的股票，重新上市首日不设涨跌幅限制，当日股票竞价交易出现下列情形之一的，交易所实施盘中临时停牌：盘中交易价格较当日开盘价格首次上涨或下跌达到或超过30%的；盘中交易价格较当日开盘价格首次上涨或下跌达到或超过60%的；中国证监会或者本所认定应实施盘中临时停牌的其他情形。

三、其他常用术语

牛市：股市前景乐观，股票价格持续上升的行情。

熊市：前途暗淡，股票普遍持续下跌的行情。

猴市：猴子总是蹦蹦跳跳的，就用它来比喻股市的大幅振荡。

鹿市：鹿比较温顺，人们用它来比喻股市的平缓行情。

提宫灯：日本人对散户的称呼，指追随他人买进或卖出，基本上没有主见的投资者。

满堂红/全盘飘绿：上涨的股票在电子显示器中一般用红色表示，而下跌的股票一般用绿色标识，所以当全部的股票都上涨时就称为满堂红，当所有的股票都下跌时就称为全盘飘绿。

抢帽子：指当天先低价买进，等股价上升后再卖出相同种类和相同数量的股票，或当天先卖出股票，然后再以低价买进相同数量和相同种类的股票，以获取差价利益。

高开（开高）：今日开盘价在昨日收盘价之上。

平开（开平）：今日开盘价与昨日收盘价持平。

低开（开低）：今日开盘价在昨日收盘价之下。

割肉（斩仓）：在买入股票后，股价下跌，投资者为避免损失扩大而低价（赔本）卖出股票的行为。

平仓：投资者在股票市场上卖出股票的行为。

建仓：投资者开始买入看涨的股票。

护盘：股市低落人气不足时，机构投资大户大量购进股票，防止股市继续下滑的行为。

卖压：在股市上大量抛出股票，使股价迅速下跌。
买压：买股票的人很多，而卖股票的人却很少。
买盘强劲：股市交易中买方的欲望强烈，造成股价上涨。
卖压沉重：股市交易中持股者争相抛售股票，造成股价下跌。
热门股：交易量大、换手率高、流通性强的股票，特点是价格变动幅度较大，与冷门股相对。
筹码：投资人手中持有的一定数量的股票。
现手：当前某种股票的成交量。
散户：通常指投资额较少，资金数量达不到证券交易所要求的中户标准，常被称为散户。
实多：指资金实力雄厚、持股时间长，不做见跌就买见涨就卖，只图眼前一点小利的投资者。
浮多：与实多相对，指资金较弱、持股时间短，见涨就卖见跌就买，只图眼前利益的小投资者。
多头：在一个时间段内看好股市者，投资人预期未来价格上涨，以目前价格买入一定数量的股票等价格上涨后，高价卖出，从而赚取差价利润。其特点为先买后卖。
空头：在一个时间段内看跌股市者，投资人预期未来行情下跌，将手中股票按目前价格卖出，待行情下跌后买进，获得差价利润。其特点为先卖后买。
死多头：总是看好股市，总拿着股票，即使是被套得很深，也对股市充满信心的投资者。
死空头：总是认为股市情况不好，不愿买入股票，认为股票会大幅下跌的投资者。
利多：对于多头有利，能刺激股价上涨的各种因素和消息，如银行利率降低、公司经营状况好转等。
利空：对空头有利，能促使股价下跌的因素和信息，如银根收紧、利率上升、经济衰退、公司经营状况恶化等。
多翻空：多头确信股价已涨到顶峰，因而大批卖出手中股票成为空头。
空翻多：空头确信股价已跌到尽头，于是大量买入股票而成为多头。
关卡：股市受利多信息的影响，股价上涨至某一价格时，做多头的认为有利可图，便大量卖出，使股价至此停止上升，甚至出现回跌。股市上一般将这种遇到阻力时的价位称为关卡，股价上升时的关卡称为阻力线。
突破：股价向上冲过阻力线。`
跌破：股价向下跌到支撑线以下。
反转：股价朝原来趋势的相反方向移动，分为向上反转和向下反转。
反弹：股票价格在下跌趋势中因下跌过快而回升的价格调整现象。回升幅度一般小于下跌幅度。
回挡：即股价下跌，在多头市场上，股价涨势强劲，但因过快而出现回跌，称回档。
阴跌：指股价进一步退两步，缓慢下滑的情况，如阴雨连绵，长期不止。
盘档：一是当天股价波动幅度很小，最高价与最低价之间不超过2%；二是行情进入整理，上下波动幅度也不大，持续时间在半个月以上。
探底：寻找股价最低点过程，探底成功后股价由最低点开始上升。

底部:股价长期趋势线的最低部分。

头部:股价长期趋势线的最高部分。

套牢:买入股票后,股价下跌,无法抛出。预期股价上涨而买入股票,结果股价却下跌,又不甘心将股票卖出,被动等待获利时机的出现。

骗线:主力或大户利用市场心理,在趋势线上做手脚,使散户做出错误的决定。

惯压:用大量股票将股价大幅度压低,以便低成本大量买进。

踏空:投资者因看空(多)后市,卖出(买入)股票后,该股价却一路上扬(下跌),未能及时买入(卖出),因而未能赚得利润。

跳水:指股价迅速下滑,幅度很大,超过前一交易日的最低价很多。

对敲:是股票投资者(庄家或大的机构投资者)的一种交易手法。具体操作方法为在多家营业部同时开户,以拉锯方式在各营业部之间报价交易,以达到操纵股价的目的。

坐轿:预期股价将会大涨,或者知道有庄家在炒作而先期买进股票,让别人去抬股价,等股价大涨后卖出股票,自己可以不费多大力气就能赚大钱。

抬轿:认为目前股价处于低位,上升空间很大,于是认为,买进是坐轿,殊不知自己买进的并不低价,不见得就能赚钱,其结果是在替别人抬轿子。

诱多:股价盘旋已久,下跌可能性渐大,空头大都已卖出股票,突然空方将股票拉高,误使多方以为股价会向上突破,纷纷加码,结果空头由高价惯压而下,使多头误入陷阱而套牢。

诱空:主力多头买进股票后,再故意将股价做低,使空头误信股价将大跌,故纷纷抛出股票错过获利机会,误入多头的陷阱。

多头陷阱:通常发生在指数或股价屡创新高,并迅速突破原来的指数区且达到新高点,随后迅速滑落跌破以前的支撑位,结果使在高位买进的投资者严重被套。

空头陷阱:通常出现在指数或股价从高位区以高成交量跌至一个新的低点区,并造成向下突破的假象,使恐慌抛盘涌出后迅速回升至原先的密集成交区,并向上突破原压力线,使在低点卖出者踏空。

短多:短线多头交易,长则两三天短则一两天,操作依据是预期股价短期看好。

多杀多:普遍认为股价要上涨,于是纷纷买进,然而股价未能如期上涨时,竞相卖出,而造成股价大幅下跌。

任务四　认识大盘的关键——证券价格指数

一、股价平均数和股价指数

股价平均数和股价指数是衡量股票市场总体价格水平及其变动趋势的尺度,也是反映一个国家或地区政治、经济发展状态的灵敏信号。

(一)股价指数的编制步骤

第一步,选择样本股。选择一定数量有代表性的上市公司股票作为编制股价指数的样本股。样本股可以是全部上市股票,也可以是其中有代表性的一部分。样本股的选择主要考虑两条标准:一是样本股的市价总值要占在交易所上市的全部股票市价总值的大部分;二是样本股票价格变动趋势必须能反映股票市场价格变动的总趋势。

第二步,选定某基期,并以一定方法计算基期平均股价或市值。通常选择某一有代表性或股价相对稳定的日期为基期,并按选定的某一种方法计算这一天的样本股平均价格或总市值。

第三步,计算计算期平均股价或市值,并作必要的修正。收集样本股在计算期的价格,并按选定的方法计算平均价格或市值。有代表性的价格是样本股收盘平均价。

第四步,指数化。如果计算股价指数,就需要将计算期的平均股价或市值转化为指数值,即将基期平均股价或市值定为某一常数(通常为100、1 000或10),并据此计算计算期股价的指数值。

(二) 股价平均数

股价平均数采用股价平均法,用来度量所有样本股经调整后的价格水平的平均值,可分为简单算术股价平均数、加权股价平均数和修正股价平均数。

1. 简单算术股价平均数

简单算术股价平均数是以样本股每日收盘价之和除以样本数。其计算公式为:

$$\overline{P} = \frac{\sum P_i}{N}$$

式中:$\overline{P}$——平均股价;

P_i——各样本股收盘价;

N——样本股票总数。

简单算术股价平均数的优点是计算简便,但也存在两个缺点:第一,发生样本股送配股、拆股和更换时会使股价平均数失去真实性、连续性和时间数列上的可比性;第二,在计算时没有考虑权数,即忽略了发行量或成交量不同的股票对股票市场有不同影响这一重要因素。简单算术股价平均数的这两点不足,可以通过加权股价平均数和修正股价平均数来弥补。

2. 加权股价平均数

加权股价平均数也称加权平均股价,是将各样本股票的发行量或成交量作为权数计算出来的股价平均数。其计算公式为:

$$\overline{P} = \frac{\sum_{i=1}^{n} P_i W_i}{\sum_{i=1}^{n} W_i}$$

式中:W_i——样本股的发行量或成交量。

以样本股成交量为权数的加权平均股价可表示为:

$$加权平均股价 = \frac{样本股成交总额}{同期样本股成交总量}$$

计算结果为平均成交价。

以样本股发行量为权数的加权平均股价可表示为：

$$加权平均股价 = \frac{样本股市价总额}{同期样本股发行总量}$$

计算结果为平均市场价格。

3. 修正股价平均数

修正股价平均数是在简单算术股价平均数法的基础上，当发生送股、拆股、增发、配股时，通过变动除数，使股价平均数不受影响。修正除数的计算公式如下：

$$新除数 = \frac{股份变动后的总价格}{股份变动前的平均数}$$

$$修正股价平均数 = \frac{股份变动后的总价格}{新除数}$$

目前在国际上影响最大、历史最悠久的道·琼斯股价平均数就采用修正股价平均数法来计算股价平均数，每当股票分割、送股或增发、配股数超过原股份10%时，就对除数作相应的修正。

（三）股价指数

股价指数是将计算期的股价或市值与某一基期的股价或市值相比较的相对变化值，用以反映市场股票价格的相对水平。

股价指数的编制方法有简单算术股价指数和加权股价指数两类。

1. 简单算术股价指数

简单算术股价指数有相对法和综合法之分。

（1）相对法是先计算各样本股的个别指数，再加总求出算术平均数。若设股价指数为 P'，基期第 i 种股票价格为 P_{0i}，计算期第 i 种股票价格为 P_{1i}，样本数为 N，计算公式为：

$$P' = \frac{1}{N} \sum_{i=1}^{n} \frac{P_{1i}}{P_{0i}} \times 固定乘数$$

（2）综合法是将样本股票基期价格和计算期价格分别加总，然后再求出股价指数，其计算公式为：

$$P' = \frac{\sum_{i=1}^{n} P_{1i}}{\sum_{i=1}^{n} P_{0i}} \times 固定乘数$$

2. 加权股价指数

是以样本股票发行量或成交量为权数加以计算，又有基期加权、计算期加权和几何加权之分。

（1）基期加权股价指数又称拉斯贝尔加权指数（Laspeyre Index），采用基期发行量或成交量作为权数，计算公式为：

$$P' = \frac{\sum_{i=1}^{n} P_{1i} Q_{0i}}{\sum_{i=1}^{n} P_{0i} Q_{0i}} \times 固定乘数$$

式中：Q_{0i}——第 i 种股票基期发行量或成交量。

（2）计算期加权股价指数又称派许加权指数（Paasche Index），采用计算期发行量或成交量作为权数。其适用性较强，使用较广泛，很多著名股价指数，如标准普尔指数等，都使用这一方法。计算公式为：

$$P' = \frac{\sum_{i=1}^{n} P_{1i} Q_{1i}}{\sum_{i=1}^{n} P_{0i} Q_{1i}} \times 固定乘数$$

式中：Q_{1i}——计算期第 i 种股票的发行量或成交量。

（3）几何加权股价指数又称费雪理想式（Fisher's Index Formula），是对两种指数作几何平均，由于计算复杂，很少被实际应用。其计算公式为：

$$P' = \sqrt{\frac{\sum_{i=1}^{n} P_{1i} Q_{0i}}{\sum_{i=1}^{n} P_{0i} Q_{0i}} \times \frac{\sum_{i=1}^{n} P_{1i} Q_{1i}}{\sum_{i=1}^{n} P_{0i} Q_{1i}}} \times 固定乘数$$

二、我国主要的证券价格指数

（一）上证综合指数

上海证券交易所从 1991 年 7 月 15 日起编制并发布上海证券交易所股价指数，它是上海第一只反映市场整体走势的旗舰型指数，也是中国资本市场影响力最大的指数。它以 1990 年 12 月 19 日为基期，包含 A 股、B 股等上交所全部上市股票，以总股本为权重加权计算，代表中国资本市场发展历程，是中国资本市场的象征。

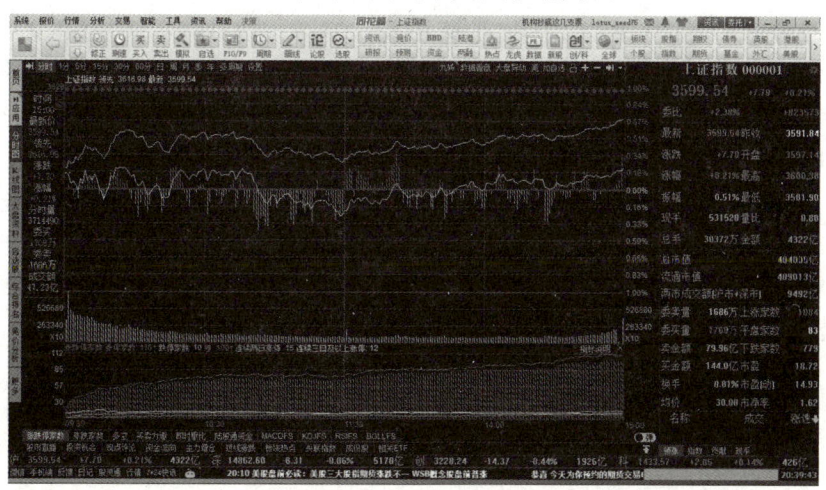

图 8-24　上证综合指数

(二) 深证成分指数

深证成分指数于1995年1月23日发布,是中国证券市场中历史最悠久、数据最完整的成分股指数。深证成分指数选取深圳证券市场中市值规模与流动性综合排名前500位的A股组成样本股,样本股从市值结构、行业结构、板块结构等方面均能有效地代表深圳市场特点。深圳成分股指数的基期定为1994年7月20日,基期指数定为1 000点,采用成分股的可流通股数作为权数,采用派许加权价格指数计算,即以计算日成分股实际可流通A股数和可流通B股数作为权数进行加权计算。

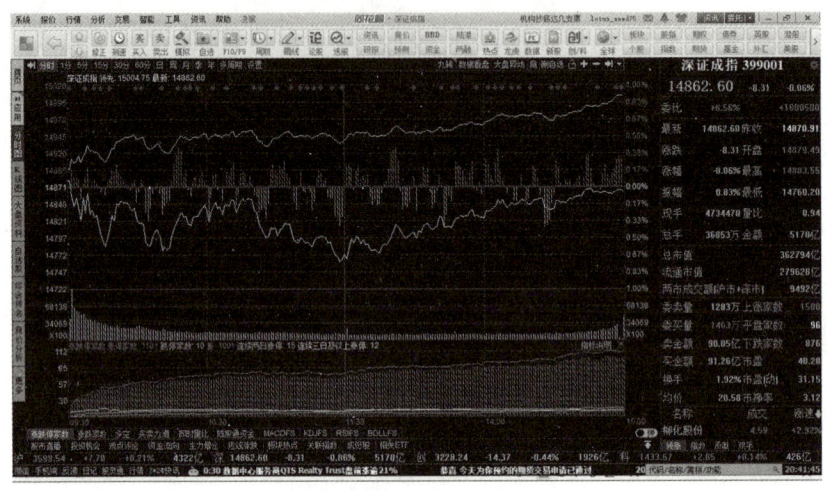

图8-25 深证成分指数

(三) 沪深300指数

沪深300指数由沪深A股中规模大、流动性好、最具代表性的300只股票组成,以综合反映沪深A股市场整体表现。沪深300指数是内地首只股指期货的标的指数,被境内外多家机构开发为指数基金和ETF产品,跟踪资产在A股股票指数中高居首位。

沪深300指数由沪、深证券交易所于2005年4月8日正式发布,是沪、深证券交易所联合发布的第一只跨市场指数。它以2004年12月31日为基期,基点为1 000点,采用派许加权综合价格指数公式进行计算。为反映市场中实际流通股份的股价变动情况,沪深300指数剔除了上市公司股本中的不流通股份,以及由于战略持股或其他原因导致的基本不流通股份。沪深300指数每半年调整一次,每次调整的比例不超过10%。

沪深300指数样本空间由同时满足以下条件的沪深A股组成:第一,非创业板股票,要求上市时间超过一个季度,除非该股票自上市以来日均A股总市值在全部沪深A股(非创业板股票)中排在前30位;创业板股票,要求上市时间超过3年。第二,非ST、*ST股票,非暂停上市股票。

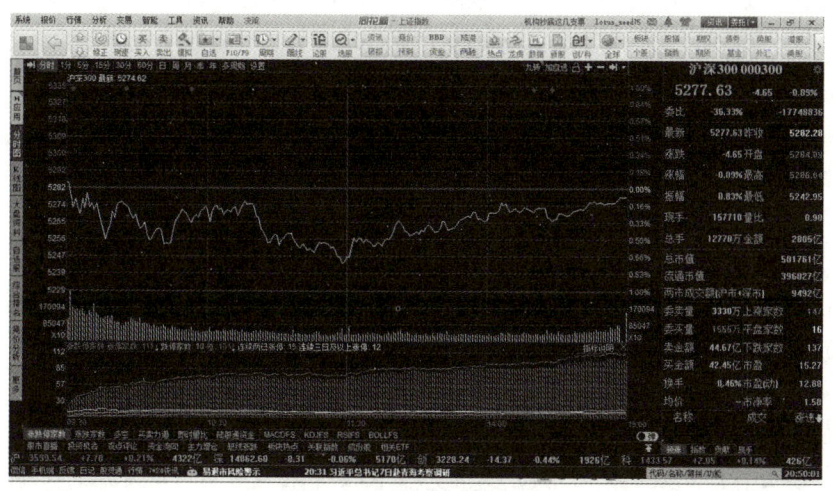

图 8-26 沪深 300 指数

> 同步测试

一、单项选择题

1. 以下哪类人员被允许开设证券账户(　　)。
   A. 证券管理机构人员　　　　　　　　B. 证券交易所管理人员
   C. 证券从业人员　　　　　　　　　　D. 未成年人经法定监护人允许者
2. 目前,投资者通常所采用的证券委托买卖方式是(　　)。
   A. 柜台委托　　　　　　　　　　　　B. 电话委托
   C. 网上委托　　　　　　　　　　　　D. 以上三种方式都有
3. 关于证券买卖数量,每(　　)股为一标准手。
   A. 1 股　　　　　B. 10 股　　　　　C. 100 股　　　　　D. 1 000 股
4. 集合竞价的时间是在每个交易日上午(　　)进行。
   A. 9:05~9:15　　　　　　　　　　　B. 9:15~9:25
   C. 9:15~9:30　　　　　　　　　　　D. 9:05~9:25
5. 连续竞价的时间为每个交易日上午(　　)和下午(　　)。
   A. 9:00~11:00　　1:30~3:30
   B. 9:30~11:30　　1:30~3:30
   C. 9:00~11:00　　1:00~3:00
   D. 9:30~11:30　　1:00~3:00
6. 在我国,以下哪个机构为证券清算机构(　　)。
   A. 证监会　　　　　　　　　　　　　B. 中央银行
   C. 证券交易所　　　　　　　　　　　D. 中央登记结算公司
7. 过户费是证券成交后,买卖双方变更证券登记所支付给(　　)的费用。
   A. 证监会　　　　　　　　　　　　　B. 证券公司

C. 证券交易所 D. 中央登记结算公司

8. 证券交易佣金不得高于交易金额的(　　)‰。
A. 1　　　　　　B. 2　　　　　　C. 3　　　　　　D. 4

9. 具备没有价格上的限制、成交迅速且成交率较高优点的委托方式是(　　)。
A. 柜台委托　　　　　　　　　　B. 市价委托
C. 限价委托　　　　　　　　　　D. 整数委托

10. 下列关于委托指令撤销的说法中,错误的是(　　)。
A. 在采用证券经纪商场内交易员进行申报的情况下,证券经纪商营业部业务员须即刻通知场内做市商
B. 证券营业部申报竞价成交后,成交部分不得撤销
C. 在委托未成交前,客户有权撤销委托
D. 在采用客户直接申报的情况下,客户可直接将撤单信息通过电脑终端输入证券交易所交易系统

二、多项选择题

1. 在连续竞价时,成交价格的确定原则是(　　)。
A. 最高买入申报和最低卖出申报价格相同,以该价格成交。
B. 买入申报价格高于即时揭示的最低卖出申报价格时,以即时揭示的最低卖出申报价格为成交价格。
C. 卖出申报价格低于即时揭示的最高申报买入价格时,以即时揭示的最高申报买入价格为成交价。
D. 只有当最高买入申报价格与最低卖出申报价格相同时,此时的价格才能被确定为成交价。

2. 关于证券交易费用佣金,下列说法正确的是(　　)。
A. 投资者在委托买卖证券成交后按成交金额一定比例支付费用。
B. 佣金是证券经纪商为客户提供证券代理买卖服务所收取的费用。
C. 佣金由证券交易所手续费和证券交易监管费组成。
D. A股每笔交易佣金不足5元的将不收取费用。

3. 关于股价指数,下列说法正确的是(　　)。
A. 度量股票市场行情的一种指标
B. 一般由证券公司编制
C. 一种平均数或加权平均数
D. 反映以样本股为代表的相关市场波动趋势

4. 股价指数的作用包括(　　)。
A. 证券交易行为的监督　　　　　B. 股市行情的"指示器"
C. 投资者的重要参考信息　　　　D. 整个经济的晴雨表

5. 股价指数的编制要求包括(　　)。
A. 正确选择样本股　　　　　　　B. 选定基期

C. 计算计算期平均股价或市值　　　　　D. 指数化

6. 有关上证综合指数,下列说法正确的是( )。

A. 上证综合指数是由上海证券交易所编制的股票综合指数。

B. 上证综合指数的样本为部分在上海证券交易所挂牌上市的股票。

C. 上证综合指数是1991年7月15日编制和公布的。

D. 上证综合指数的基期为1990年12月19日。

7. 根据现行制度规定,在连续竞价时,对于新进入的一个有效买入委托,下列说法正确的是( )。

A. 若成交,则意味着买入限价有可能高于卖出委托队列的最低卖出限价

B. 若成交,则意味着买入限价有可能等于卖出委托队列的最低卖出限价

C. 若不能成交则进入买入委托队列等待成交

D. 若成交,则成交价格为即时揭示的卖方平均价格

8. 下列关于股票交易的说法中,正确的是( )。

A. 股票交易可以在证券交易所中进行,也可以在场外交易市场中进行

B. 股票交易必须在证券交易所中进行

C. 股票交易就是以股票为对象进行的流通转让活动

D. 股票在上市交易后,可以暂停上市交易

9. 集合竞价时,成交价格的确定原则包括( )。

A. 可实现最大成交量的价格

B. 高于该价格的买入申报和低于该价格的卖出申报全部成交的价格

C. 低于该价格的买入申报和高于该价格的卖出申报全部成交的价格

D. 与该价格相同的买方或卖方至少有一方全部成交的价格

10. 下列关于证券交易竞价原则的说法中,正确的是( )。

A. 较低价格买入申报优先于较高价格买入申报

B. 不同价位申报,价格较高的买入申报优先价格较低的买入申报

C. 买卖方向、价格相同的,先申报者优先于后申报者

D. 不同价位申报,价格较低的卖出申报优先于价格较高的卖出申报

11. 我国证券交易所对证券交易的竞价原则为( )。

A. 价格优先　　　　　　　　　　　B. 数量优先

C. 时间优先　　　　　　　　　　　D. 客户优先

12. 下列关于上海证券交易所和深圳证券交易所在大宗交易规定方面的说法中,错误的有( )。

A. 在大宗交易成交申报的成交确认时间段方面,两者的规定相同

B. 在大宗交易的B股单笔买卖申报数量规定方面,两者的规定相同

C. 在权益类证券大宗交易的成交申报价格确认方面,两者的规定相同

D. 在大宗交易的成交申报经证券交易所确认后,买方和卖方不得撤销或变更成交申报,并必须承认交易结果,履行相关的清算交收义务方面,两者的规定相同

13. 非柜台委托主要包括( )等形式。

A. 人工电话委托　　　　　　　　B. 电话自动委托
C. 自助终端委托　　　　　　　　D. 网上委托

14. 简单算术股价指数计算方法为（　　）。
A. 相对法为首先计算各样本股的个别指数，再加总求出算术平均数
B. 相对法为首先将样本股票基期价格和计算期价格分别加总，再求指数
C. 综合法为首先将样本股票基期价格和计算期价格分别加总，再求指数
D. 综合法为首先计算各样本股的个别指数，再加总求出算术平均数

15. 简单算术股价平均数的缺点有（　　）。
A. 计算复杂
B. 没有考虑样本股票的权数
C. 计算结果不精确
D. 难以连续、真实地反映股价变动情况

三、判断题

1. 证券交易必须在证券交易所进行。（　　）
2. 证券投资者在证券公司开设证券账户后即可从事证券买卖活动。（　　）
3. 一般的证券账户可以进行A股、基金和债券的现货交易。（　　）
4. 投资者资金账户上的钱既可以用来购买证券，又可以取现消费其他商品。（　　）
5. 投资者在进行证券买卖委托时，申报价格的最小变动单位为0.1元。（　　）
6. 连续竞价阶段，同一种股票较高价格买进申报优先于较低价格买进申报成交。（　　）
7. 证券可以以客户预期的价格或更有利的价格成交，有利于客户实现预期投资计划的委托方式是市价委托。（　　）
8. 市价委托没有价格上的限制，证券经纪商执行委托指令比较容易，成交迅速且成交率高。（　　）
9. 如果计算股价指数，需要将计算期的平均股价或市值转化为指数值。（　　）
10. 委托指令有多种形式，根据委托价格限制可分为市价委托和限价委托。（　　）

四、简答题

1. 如果你想入市买卖股票，要经过哪些程序？
2. 简述证券交易所内的证券交易原则。
3. 简述我国证券交易所的竞价方式。

五、操作题

查询国内外重要股票价格指数，了解上证综合指数、深圳综合指数、沪深300指数、创业板指数、道琼斯指数、标准普尔指数、恒生指数等目前的点位。

六、案例分析

日前中国证券业协会(下称"中证协")在官网曝光,多家券商发现有不法分子利用诱骗投资者下载仿冒券商App,或伪装成工作人员吸引投资者入群等方式实施欺诈活动或者非法证券行为。中证君梳理发现,仅下半年以来,中证协官网便发布了超过70条相关公告,涉及券商及证券投资咨询机构超过50家。

不法分子通过仿冒券商App,假冒券商工作人员等多种"套路"来欺诈投资者。中证君梳理发现,主要有以下五种:

一是假冒券商工作人员,积极劝诱投资者下载仿冒的App软件,引诱投资者充值,或将钱财转到不法分子指定的第三方个人账户。

二是假冒券商工作人员,通过电话、微信邀请投资者加群并推荐荐股"老师",分享炒股策略,进行会员制收费的非法证券投资咨询活动。

三是假借券商高管之名举办所谓"策略会"。

四是冒用券商的产品宣传等资料,骗取投资者信任后,诱导投资者到虚假平台上进行高倍数加杠杆炒股等。

五是伪造券商的电子章。

中泰证券提醒广大投资者,要了解有关证券法律法规,牢固树立法制意识和风险防范意识,在接受有关机构或个人提供的证券投资咨询服务之前,应留意如下事项:一是应查看该机构或个人是否具备证券投资咨询业务资格,必要时可在证券业协会网站或向监管部门核实,谨防上当受骗;二是应了解其业务经营方式是否合法;三是应当自觉抵制不当利益的诱惑。(资料来源:《中国证券报》)

阅读材料,说一说如何防范非法证券活动,保护自身财产安全。

立体化资源9

项目九　证券投资基本面分析

▶ **学习目标**

1. 系统学习影响证券市场价格走势的宏观经济因素、行业因素、公司因素；
2. 掌握宏观经济运行及宏观经济政策的变动对证券市场的影响；
3. 能够通过行业经济结构和生命周期理论进行证券投资选择；
4. 掌握影响公司发展前景的主要因素。

▶ **引导案例**

小张近期观察到股市里的酿酒板块比较活跃，于是他向一位专业的投资顾问咨询。该投资顾问给他介绍了酿酒行业上市公司的情况，如贵州茅台（600519）、五粮液（000858）、山西汾酒（600809）、泸州老窖（000660）、洋河股份（002304）、青岛啤酒（600600）、燕京啤酒（00029）、重庆啤酒（600132）、张裕A（000869）等。小张从这些上市公司的财务报表、公司经营状况、公司经营环境等多个角度进行认真分析，最终决定选择贵州茅台（600519）。

【案例思考】

1. 小张在做投资决策时，采用了什么分析方法？
2. 哪些因素会影响证券市场价格走势？

证券投资的效果取决于投资者对证券未来价格走势判断的正确性，而影响证券价格走势的因素是多方面的，只有在对这些因素进行综合分析的基础上，才能正确预测证券价格的走势，采取合理的投资策略而获得成功。

一般而言，影响证券价格的因素可以分为基本因素和技术因素两大类。基本因素是指证券市场以外的经济与政治因素，是股价长期走势的决定性因素。技术因素是指市场内部本身的因素，是证券价格短期波动的决定因素，主要包括市场供求、投机与操纵、市场特性与大众心理。基本因素包括宏观经济因素、行业因素和公司因素等。宏观经济因素包括经济周期波动，也包含政府经济政策及特定的财政金融行为。行业因素是指某一行业经济状况对该行业证券（主要是股票）价格的影响，主要包括行业生命周期、行业景气状况和国家产业政策等。公司因素是指某公司经济状况对该公司证券价格的影响，包括公司的盈利能力、经济状况、财务状况、股利分配政策以及公司股票的扩股与拆分等。

任务一　上市公司分析

微课9-1

上市公司分析是基本面分析的重点,无论什么样的分析报告,最终都要落实在某家公司股票价格的走势上。如果没有对发行股票的公司状况进行全面的分析,就不可能准确预测其股票的价格走势。公司分析侧重对公司的竞争能力、盈利能力、经营管理能力、发展潜力、财务状况、经营业绩以及潜在风险等进行分析,借此评估和预测股票的投资价值、价格及其未来变化的趋势。

一、公司财务报表分析

上市公司每年要公开发布年报、中报和季报。在对上市公司财务报表的分析中,有一些重要的指标,需要投资者重视。

(一) 反映公司潜力的指标

反映公司潜力的指标主要包括营业收入同比增长率、扣非利润同比增长率等。这些指标可以看出公司未来持续回报的能力。

营业收入同比增长率是公司在一定期间内取得的营业收入与其上年同期营业收入的增长的百分比,反映公司在此期间内营业收入的增长或下降等情况。由于很多公司处于不同的行业,其业务的经营带有很强的季节性,因此,简单按月或季度去比较营业收入并不客观,而营业收入同比增长率有效地剔除了这种季节性比较明显的企业按月或按季对比带来的偏颇,给公司营业收入的分析带来客观性。

营业收入同比增长率越大,说明公司当期获得的营业收入相对去年同期增长越大,对公司盈利有正面影响;而营业收入同比增长率为负时,则表明公司营业收入出现下降,应引起公司管理者或投资者的注意。

扣非利润同比增长率指上市公司在某一会计期间内产生的归属于股东的扣除非经常性损益的净利润与去年同期比较的增长或下降比例。这一指标体现了上市公司在期内经营成果与上年同比比较呈上升或下降的幅度。该指标越大,则上市公司越有利;反之,则不利。

(二) 反映公司财力的指标

公司财力代表公司的赚钱能力,反映这一能力的指标包括毛利率、净资产收益率等。

1. 毛利率

$$毛利率 = \frac{营业收入 - 营业成本}{营业收入} \times 100\%$$

一般来说,毛利率越高越好。当公司毛利率较高时,说明公司产品竞争优势明显,掌握了产品的定价权,成本控制较好。

在运用毛利率指标选股时,我们一般选择毛利率在50%以上的公司。但50%并不是用于所有的行业,我们应在同行业中运用该指标进行比较。例如,医药行业研发和技术壁垄高,所以毛利率较高;酒店餐饮行业门槛低,竞争激烈,所以毛利率偏低。

2. 净资产收益率

$$净资产收益率 = \frac{净利润}{净资产} \times 100\%$$

净资产收益率(ROE),反映了股东每投入一元,可以带来多少的回报,所以一般认为,该指标越高越好。据统计,我国2019年上市公司平均净资产收益率达到9.28%,而具有一定赚钱能力的公司,其净资产收益率均大于15%。

运用净资产收益率进行分析时,需横向、纵向进行对比分析。横向对比,即比较同行业同类别企业的净资产收益率,看看选定公司所处的水平。纵向对比,即研究一家公司长期以来的净资产收益率变化情况。股神巴菲特巨额投资可口可乐而一战成名,就是缘于其研究了可口可乐公司近10年的净资产收益率的变化趋势,由此选定该股而长期持有。

净资产收益率的缺点在于无法反映公司债务对净利润的影响,所以在对公司分析时,需要结合资本回报率、资产负债率等指标进行综合研判。

(三) 反映公司负债的指标

通过公司的负债情况,可以看出公司的盈利质量和财务状况是否健康。判断公司负债情况的关键指标包括流动比率、利息保障倍数、资产负债率等。

流动比率反映了公司短期偿还债务的能力,是用流动资产除以流动负债得到的,这个比率越高,说明公司偿还流动负债的能力越强,但是过高的流动比率也可能是公司滞留在流动资产上的资金过多造成的。利息保障倍数反映了公司中长期偿还债务的能力,即企业经营收益为所需支付的债务利息的多少倍。利息保障倍数不仅反映了企业获利能力的大小,而且反映了获利能力对偿还到期债务的保证程度。要维持正常偿债能力,利息保障倍数至少应大于1,且比值越高,企业长期偿债能力越强。如果利息保障倍数过低,企业将面临亏损、偿债的安全性与稳定性下降的风险。

$$资产负债率 = \frac{总负债}{总资产} \times 100\%$$

资产负债率是衡量公司中长期债务偿还能力的核心指标。这个指标为多少才合理,没有一个确定的标准。因为如果资产负债率过低,说明公司可能经营保守,缺乏扩大生产的意愿和动能。如果资产负债率过高,说明公司资金杠杆过大,一旦业绩出现下降或亏损,在债务压力下公司的经营也是如履薄冰。

在运用资产负债率进行公司财务质量分析时,重点要看公司举债的性质。公司的经营性质决定了公司负债的特性,如金融、地产行业的高负债。万科A,资产负债率常年徘徊在80%。所以应该警惕的是盲目扩张下公司过多的金融负债的情况。

(四) 反映公司现金流的指标

公司现金流能力,即公司盈利的含金量,能不能将利润变成真金白银的能力。现金流包括经营现金流、投资现金流和筹资现金流。反映公司现金流的指标包括每股经营现金、现金净利润比。

每股经营现金可以通过在行情软件中的上市公司基本资料中查询到,每股经营现金为正,说明公司越有能力支付现金股利。现金净利润比是经营现金流净额占净利润的比值。如果现金净利润比持续大于1,说明公司的净利润全部或大部分变成了现金,持续小于1,说明公司净利润大打折扣。同行业内的不同公司,通过对比其经营活动产生的现金流净额,以及现金净利润比,可以看出其经营业绩的优劣等级。

二、公司经营状况分析

(一) 产品分析

1. 产品品牌的知名度

有些产品由于有很高的质量、优良的服务和广泛的宣传而成为家喻户晓、众口皆碑的名牌产品或优质服务,这种优势意味着生产这些商品的公司的销售优势,从而其利润额将会较快增长,公司股东的收益也会相应增加。

2. 产品的市场份额

在产品价格确定的情况下,销售数量的增加和产品需求的稳定性就显得非常重要,因为它们会直接影响公司的利润和股东收益。产品的销售量一般和产品的知名度是一致的,但也有例外的情况,如由于市场管制、运输不便、产品价格过高,以及产品的用途比较单一(如某些医药品)等原因,商品的销售量与其知名度之间也会出现不一致的现象。

此外,商品的市场份额和商品销售的绝对量一样,对公司的市场竞争能力具有重要的影响,有时甚至比绝对量更为重要。市场份额指某公司的销售量占整个市场的百分比。市场份额的扩大通常意味着收益的增长和竞争实力的加强。但有时市场份额的扩大也会导致经营成本的提高,从而部分抵消收益的增长。

3. 产品的营销模式

不同的产品有不同的营销模式,有的公司的产品依赖于几个主要客户,那么,主要客户的生产规模、发展趋势、市场竞争力、反向依赖程度以及和所投资公司的关系都必须纳入分析的范围。特别要注意的是,有的公司的主要客户就是母公司,母公司与子公司间关联交易是否有操纵利润的嫌疑;有的公司的产品是生活用品,面对千家万户,营销网点的分布和营销方式对公司产品的销量影响很大。

4. 产品市场的类型

公司产品的销售市场可划分为地区性、区域性、全国性和国际性市场四种。① 地区性市场。有些公司的产品市场为地区性质的,如水、电、煤气等公用事业和一些规模较小的公司。② 区域性市场。区域性市场是由几个不同的地区性市场组成的。因此,产品面向区域性市场的公司除了要受本地各种经济、非经济因素的影响,还要受到其他地区类似因素的影响和区域性市场内部同一行业公司相互竞争的挑战。③ 全国性市场。产品面向全国的大公司受全国经济形势的影响要比受区域性或地区性因素的影响更大。这类公司由于市场广大,因此利润较高,但面临的市场竞争、成本费用、消费偏好等风险也比较大。④ 国际性市场。面向国际市场的大公司或集团在经营活动中要遇到一系列国内行业所没有碰到过的问题。要承担汇率、市场竞争和政府管制,甚至国有化的风险。虽然这些国际性公司的利润要高于国内的同类企业,但其所面临的风险也比国内同类企业高。

5. 产品的生命周期

产品的生命周期分为四个阶段:① 产品介绍期。这一阶段的主要特点是消费者对新产品不太了解;产品的销售量增加缓慢;产品品种较少和市场竞争较小;企业利润很少,一般有亏损。② 产品成长期。成长期的主要特点是产品经介绍和宣传已为广大消费者所了解;产品的销售量开始逐渐增加,增长速度加快;新品种逐渐增加,市场竞争日趋加剧;利润逐渐增加。③ 产品成熟期。成熟期的主要特点是市场销售量已达到饱和,市场份额已分配完毕;产品品种增多,质量提高,仿制品和替代品不断出现;市场竞争激烈;预期利润开始下降。④ 产品衰退期。衰退期的主要特点是产品销售量由缓慢下降逐步过渡到迅速下降;消费者已在期待新产品;市场竞争较弱;许多企业开始转产;利润水平较低。

(二) 技术状况分析

1. 产品的技术水平分析

考察企业产品的技术水平主要关注四个方面:一是产品是否具有其他公司难以企及的技术水平,在该行业具有无可争辩的领先地位;二是是否具有专利保护其垄断地位,其他公司不能模仿和假冒;三是技术的赢利前景,技术的先进性应体现在赢利能力上,企业的技术产品没有赢利前景,其股票就没有投资价值;四是产品市场的广度,企业的技术产品具有广阔的市场,才能形成大规模的赢利。

2. 企业的技术开发能力分析

企业的技术开发能力决定企业发展的潜力,股票价值取决于企业未来股利的现值,而能改变企业未来状况的最重要因素就是技术。考察企业技术开发能力应着重:一是公司的股东背景,新技术的开发往往要耗费大量的财力和物力,并且风险极大,如果有一个研究实力非常强大的股东支持,那么公司的技术开发能力将大为提高。二是公司自身的技术开发能力,这主要考察公司的人员构成,科研机构设置等。

(三) 管理阶层分析

1. 管理阶层的能力分析

分析管理阶层的能力可以从以下几个方面进行:管理阶层的学历;管理阶层的从业经验;管理阶层的背景。

2. 管理阶层的勤勉尽责忠诚分析

对这一方面进行分析因受可获得信息的局限而较为困难,我们仅根据经验和信息的可获得性,提供几点作为参考:管理层是否有欺骗和损害股东利益的记录;管理层是否有欺骗和损害股东利益的嫌疑;管理层之间是否有裙带关系;管理层是否总是在追逐时髦;寻找脚踏实地、埋头做主业的上升公司。

3. 公司的内在机制分析

公司的内在机制完善与否是保证公司健康运转的条件,在分析公司的内在机制时,主要考察两个方面,一是公司与大股东,特别是第一大股东之间的关系。公司与股东间交易的定价原则是什么,表决时是否实行了关系人回避,是否有损其他股东的利益,资产交易是否有利于公司的长远发展,资产的盈利能力如何,是否有通过关联交易调节利润的嫌疑,大股东及其子公司是否占用了公司资产,是否实行了"三分开",等等,都是投资者分析的重点。二是公司的内部治理机构是否完善。这方面要考察公司董事会、监事会和经理层之间是否存在相互制衡的关系,是否存在总经理或董事长"一言堂"的情况等。

任务二　公司经营环境分析

微课9-2

公司经营环境分析主要包括对宏观经济的分析,以及行业的分析。宏观经济分析主要探讨各经济指标和经济政策对股票价格的影响。行业分析是介于宏观经济分析与公司分析之间的中观层次的分析。行业分析主要分析行业所属的不同市场类型、所处的不同生命周期以及行业业绩对股票价格的影响。一方面,投资某家上市公司实际上就是以某个行业为投资对象;另一方面,上市公司在一定程度上又受区域经济的影响,尤其是我国各地区的经济发展极不平衡,产业政策也有所不同,从而对我国证券市场中不同区域上市公司的行为与业绩有着不同程度的影响。

一、宏观经济运行对证券市场的影响

(一) 国内生产总值的变动对证券市场的影响

国内生产总值(GDP)是一国经济成就的根本反映,持续上升的 GDP 表明国民经济良性发展,制约经济的各种矛盾趋于或达到协调,人们有理由对未来经济产生好的预期;相反,如果 GDP 不均衡的发展可能激化各种矛盾,从而导致经济衰退。证券市场作为经济的晴雨表,如何对 GDP 的变动做出反应呢? 我们必须将 GDP 与经济形势结合起来进行考察,不能简单地以为 GDP 增长,证券市场就必将伴之以上升的走势,实际上有时恰恰相反。

1. 持续、稳定、高速的 GDP 增长

在这种情况下,社会总需求与总供给协调增长,经济结构逐步合理,趋于平衡,经济增长来源于需求刺激并使得闲置的或利用率不高的资源得以更充分的利用,从而表明经济发展的良好势头,这时证券市场将基于下述原因而呈现上升走势。

(1) 良好预期增加对证券的需求。人们对经济形势形成了良好的预期,投资积极性得以提高,从而增加了对证券的需求,促使证券价格上涨。

(2) 收入提高增加证券投资的需求。随着国内生产总值 GDP 的持续增长,国民收入和个人收入都不断得到提高,收入上升也将增加证券投资的需求,从而推动证券价格上涨。

(3) 上市公司利润持续上升,促使价格反复上扬。伴随总体经济成长,上市公司利润持续上升,股息和红利不断增长,企业经营环境不断改善,产销两旺,投资风险也越来越小,从而公司的股票和债券全面得到升值,促使价格上扬。

2. 高通胀下的GDP增长

当经济处于严重失衡下的高速增长时,总需求大大超过总供给,这将表现为高的通货膨胀率,这是经济形势恶化的征兆,如不采取调控措施,必将导致未来的"滞胀"(通货膨胀与经济停滞并存)。这时经济中的矛盾会突出地表现出来,企业经营将面临困境,居民实际收入也将降低,因而失衡的经济增长必将导致证券市场下跌。

3. 宏观调控下的GDP减速增长

当GDP呈失衡的高速增长时,政府可能采用宏观调控措施以维持经济的稳定增长,这样必然减缓GDP的增长速度。如果调控目标得以顺利实现,GDP仍以适当的速度增长而未导致GDP的负增长或低增长,说明宏观调控措施十分有效,经济矛盾逐步得以缓解,为进一步增长创造了有利条件。这时证券市场亦将反映这种好的形势而呈平稳渐升的态势。反之,如果调控失败导致经济负增长或低速增长,证券市场亦将下跌。

4. 转折性的GDP变动

如果GDP一定时期以来呈负增长,当负增长速度逐渐减缓并呈现向正增长转变的趋势时,表明恶化的经济环境逐步得到改善,证券市场走势也将由下跌转为上升。当GDP由低速增长转向高速增长时,表明低速增长中,经济结构得到调整,经济的"瓶颈"制约得以改善,新一轮经济高速增长已经来临,证券市场亦将伴之以快速上涨之势。

证券市场一般提前对GDP的变动做出反应,也就是说它是反映预期的GDP变动,而GDP的实际变动被公布时,证券市场只反映实际变动与预期变动的差别,因而对GDP变动进行分析时必须着眼于未来,这是最基本的原则。

(二) 经济周期对证券市场的影响

证券市场素有"经济晴雨表"之称,这既表明证券市场是宏观经济的先行指标,也表明宏观经济的走向决定了证券市场的长期趋势。宏观经济周期所处不同阶段,可以选择不同资产进行投资,与此同时证券市场的反应也是不尽相同。

1. 经济周期与资产选择

美林"投资时钟"理论是一个实用的指导投资周期的工具,用来帮助投资者识别经济周期的重要转折点,通过转换资产以实现获利。美林"投资时钟"理论将"资产""行业轮动""债券收益率曲线"以及"经济周期四个阶段"联系起来,进行投资判断。

美林投资时钟理论按照经济增长与通胀的不同搭配,将经济周期划分为四个阶段:

"经济上行,通胀下行"构成复苏阶段,此阶段由于股票对经济的弹性更大,其相对债券和现金具备明显超额收益;

"经济上行,通胀上行"构成过热阶段,在此阶段,通胀上升增加了持有现金的机会成本,可能出台的加息政策降低了债券的吸引力,股票的配置价值相对较强,而商品则将明显走牛;

"经济下行,通胀上行"构成滞胀阶段,在滞胀阶段,现金收益率提高,持有现金最明智,经济下行对企业盈利的冲击将对股票构成负面影响,债券相对股票的收益率提高;

"经济下行,通胀下行"构成衰退阶段,在衰退阶段,通胀压力下降,货币政策趋松,债券表现最突出,随着经济即将见底的预期逐步形成,股票的吸引力逐步增强。

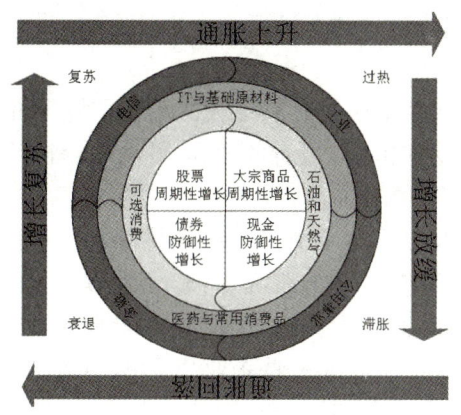

图 9-1 美林投资时钟图

2. 经济周期对证券市场的影响分析

经济周期对经济的影响是全面的,即所有行业均受经济周期的影响,但不同行业所受影响程度不同。一般而言,经济弹性大的行业,如能源、建材,对市场、政策反应敏感,受经济周期影响快且程度深;经济弹性小的行业,如日用消费品、公用事业等,则受影响慢且程度浅。经济周期各阶段时间的长短,往往受各阶段经济特征以及政府宏观调控能力的制约,可通过各阶段主要经济指标的变动分析判断。

进行经济周期分析,首先要具有宏观资料和政策信息,正确判断当前经济发展处于经济周期的何种阶段,然后根据本阶段发展特点,结合一些经济指标和国家宏观政策的导向对未来做出预测,确定自己的投资地位,即买进或卖出。认清经济形势,了解宏观经济的发展前景,对于投资者保持投资理性至关重要。

(三)通货膨胀对证券市场的影响

1. 通货膨胀对股票市场的影响

通货膨胀对股票市场的影响比较复杂,需要具体分析通货膨胀的原因、程度、经济结构和形势,以及政府可能采取的干预措施等。

(1) 温和的、稳定的通货膨胀有利于股价稳步上涨。

(2) 如果通货膨胀在一定的可容忍范围内持续,而经济处于景气(扩张)阶段,产量和就业都持续增长,那么股价也将持续上升。

(3) 严重的通货膨胀最终引起股价下跌。严重的通货膨胀一旦站稳脚跟,经济将被严重扭曲,货币加速贬值,这时人们将会囤积商品,购买房屋以期对资金保值。这样一方面资金流出金融市场,引起股价下跌;另一方面经济扭曲和失去效率,企业也筹集不到必需的生产资金,同时,原材料、劳务价格等成本飞涨,使企业经营严重受挫,盈利水平下降,甚至倒闭,进一步引发股价下跌。

(4) 通货膨胀时期,个股影响不一。通货膨胀时期,并不是所有价格和工资都按同一比率变动,而是相对价格发生变化。这种相对价格变化引致财富和收入的再分配,产量和就业的扭曲,因而某些公司可能从中获利,而另一些公司可能蒙受损失。与之相应的是获利公司的股票价格上涨,受损失的公司股票价格下跌。

(5) 通货膨胀不仅产生经济影响,还可能产生社会影响,并影响公众的心理和预期,从而对股价产生影响。

(6) 通货膨胀使得各种商品价格具有更大的不确定性,也使得企业未来经营状况具有更大的不确定性,从而影响市场对股息的预期,并增大获得预期股息的风险,从而导致股价下跌。

总之,在适度的通货膨胀下,人们为避免损失将资金投向股市。而通货膨胀初期,物价上涨,生产受到刺激,企业利润增加,股价看涨。但持续增长的通货膨胀下,企业成本增加,而高价格下需求下降,企业经营恶化。特别是,政府此时不得已采取严厉的紧缩政策,则犹如雪上加霜,企业资金周转失灵,一些企业甚至倒闭,股市在恐慌中狂跌。

2. 通货膨胀对债券市场的影响

(1) 通货膨胀提高了对债券的必要收益率,从而引起债券价格下跌。

(2) 适度通货膨胀下,人们企图通过投资于债券实现资金保值,从而使债券需求增加,价格上涨。

(3) 未预期的通货膨胀增加了企业经营的不确定性,降低了还本付息的保证,从而债券价格下跌。

(4) 过度通货膨胀,将使企业经营发生困难甚至倒闭,同时投资者将资金转移到实物资产和交易上寻求保值,债券需求减少,债券价格下降。

二、宏观经济政策对证券市场的影响

(一) 财政政策对证券市场的影响

财政政策是政府依据客观经济规律制定的指导财政工作和处理财政关系的一系列方针、准则和措施的总称。财政政策分为短、中、长期三种,主要通过预算收支平衡或财政赤字、财政补贴和国债政策手段影响社会总需求数量,促进社会总需求和社会总供给趋向平衡。

1. 财政政策对证券市场的影响

财政政策分为宽松财政政策、紧缩财政政策和中性财政政策。总的来说,紧缩的财政政策将使得过热的经济受到控制,证券市场也将走弱,而宽松的财政政策刺激经济发展,证券市场走强。具体以宽松的财政政策对证券市场的影响为例。

(1) 减少税收,降低税率,扩大减免税范围。增加微观经济主体的收入,以刺激经济主体的投资需求,从而扩大社会供给。对证券市场的影响为增加人们的收入,同时增加了投资需求和消费支出。前者直接引起证券市场价格上涨,后者则使得社会总需求增加。而总需求增加又会刺激投资需求,企业扩大生产规模,企业利润增加。同时,企业税后利润增加,也将刺激企业扩大生产规模的积极性,进一步增加利润总额,从而促进股票价格上涨。再者因市场需求活跃,企业经营环境改善,盈利能力增强,进而降低了还本付息风险,债券价格也将上扬。

税收政策对证券市场的影响,表现最为直接的就是印花税税率的调整。如下调印花税税率,投资者的投资热情就会增加,股市行情一般会上涨,因为买股票的人多了,股市供不应求。

（2）扩大财政支出，加大财政赤字。扩大社会总需求，从而刺激投资，扩大就业。政府通过购买和公共支出增加商品和劳务需求，激励企业增加投入，提高产出水平，企业利润增加，经营风险降低，将使得股价和债券价格上升。同时居民在经济复苏中增加了收入，景气的趋势更增加了投资者信心，买气增强，股市和债市趋于活跃，价格自然上扬。特别是与政府购买和支出相关的企业将最先、最直接从财政政策中获益，导致企业的证券价格上涨。

（3）减少国债发行（或回购部分短期国债）。国债发行规模的缩减，使市场供给量缩减，更多的资金转向股票、企业债券，整个证券市场的价格水平趋于上涨。

（4）增加财政补贴。财政补贴往往使财政支出扩大。其政策效应是扩大社会总需求和刺激供给增加。

紧的财政政策的经济效应及其对证券市场的影响与上述分析基本相反，不再一一叙述。

2. 实现短期财政政策目标的运作及其对证券市场的影响

（1）当社会总需求不足时，可单纯使用宽松的财政政策，通过扩大支出，增加赤字，以扩大社会总需求，也可以采取扩大税收减免、增加财政补贴等政策，刺激微观经济主体的投资需求，证券价格上涨。

（2）当社会总供给不足时，单纯使用紧缩性财政政策，通过减少赤字、减少财政补贴等政策，压缩社会总需求，证券价格下跌。

（3）当社会总供给与社会总需求不平衡时，可以搭配运用"松""紧"政策。当社会总供给大于社会总需求时，一方面通过增加赤字、扩大支出等政策刺激总需求增长；另一方面采取扩大税收、调高税率等措施抑制微观经济主体的供给。如果支出总量效应大于税收效应，那么，对证券价格的上扬会起到一定推动的作用。当社会总供给小于社会总需求时，一方面通过压缩支出、减少赤字等政策缩小社会总需求；另一方面采取扩大税收减免、减少税收等措施刺激微观经济主体增加供给。压缩支出的紧缩效应大于减少税收的刺激效应，证券价格下跌。

3. 实现中长期财政目标的运作及其对证券市场的影响

（1）按照国家产业政策和产业结构调整的要求，在预算支出中，优先安排国家鼓励发展的产业的投资。

（2）运用财政贴息、财政信用支出以及国家政策性金融机构提供投资或者担保，支持高新技术产业和农业的发展。

（3）通过合理确定国债规模，吸纳部分社会资金，列入中央预算，转作政府的集中性投资，用于能源、交通的重点建设。

（4）调整和改革整个税制体系，或者调整部分主要税制，实现对收入分配的调节。

国家产业政策主要通过财政政策和货币政策来实现。优先发展的产业将得到一系列政策优惠和扶植，因而将获得较高的利润和具有良好的发展前景，这势必受到投资者的普遍青睐，股价自然会上扬。比如现在国家要发展新能源，那么新能源类型的股票上涨的概率就比较大。

(二) 货币政策对证券市场的影响

货币政策是指政府为实现一定的宏观经济目标所制定的关于货币供应和货币流通组织管理的基本方针和基本准则。中央银行为实现货币政策目标所采用的政策手段,可分为一般性政策工具和选择性政策工具。

1. 货币政策工具

一般性政策工具是指中央银行经常采用的三大政策工具,具体包括法定存款准备金率、再贴现政策和公开市场业务。法定存款准备金率是中央银行在法律所赋予的权力范围内,通过调整商业银行交存中央银行的存款准备金比例,以改变货币乘数,控制金融机构的信用扩张能力,间接控制社会货币供应量,从而影响国民经济活动的一种制度。再贴现政策是中央银行对商业银行持有的未到期票据进行融资所做的政策规定。公开市场业务是中央银行在金融市场上公开买卖有价证券,以此来调节市场货币供应量的政策行为。

选择性货币政策工具是指中央银行针对某些特殊的经济领域或特殊用途的信贷而采用的信用调节工具,具体包括优惠利率政策、消费信用管制、房地产信用管制、证券保证金比率等。

2. 货币政策工具对证券市场的影响

(1) 利率对证券市场的影响。利率上升,公司借款成本增加,利润率下降,股票价格自然下跌。特别是那些负债率比较高,而且主要靠银行贷款从事生产经营的企业,这种影响将极为显著,相应股票的价格将跌得更惨。利率上升,债券和股票投资机会成本增大,吸引部分资金从债市特别是股市转向储蓄,导致证券需求下降,证券价格下跌。反之亦然。

(2) 公开市场业务对证券市场的影响。政府通过公开市场购回债券来达到增大货币供应量的目的,一方面减少了国债的供给,从而减少证券市场的总供给,使得证券价格上扬,特别是被政府购买国债品种(通常是短期国债)将首先上扬;另一方面,政府回购国债相当于向证券市场提供了一笔资金,这笔资金最直接的效应是提高对证券的需求,从而使整个证券市场价格上扬。可见公开市场业务的调控工具最先、最直接地对证券市场产生影响。

(3) 调节货币供应量对证券市场的影响。中央银行通过法定存款准备金率和再贴现政策调节货币供应量,从而影响货币市场和资本市场的资金供求,进而影响证券市场。

(4) 选择性货币政策工具对证券市场的影响。为了实现国家的产业政策和区域经济政策,我国对不同行业和区域采取区别对待的方针。一般说来,该项政策会对证券市场整体走势产生影响,而且还会因为板块效应对证券市场产生结构性影响。

三、公司的行业分析

上市公司受其所在行业的影响很大,当行业处于兴盛时期,公司获利丰厚,如新冠肺炎疫情时期的医药公司。如果行业处于衰落不景气时期,则公司业务会大概率衰减,如2020年上半年的石油化工公司。

(一) 经济周期与行业分析

各行业变动时,往往呈现出明显的、可测的增长或衰退的格局。这些变动与国民经济总体的周期变动是有关系的,但关系密切的程度又不一样。据此,可以将行业分为以下四类。

1. 增长型行业

增长型行业的运动状态与经济活动总水平的周期及其振幅无关。这些行业收入增长的速率相对于经济周期的变动来说,并未出现同步影响,因为它们主要依靠技术的进步、新产品推出及更优质的服务,从而使其呈现出持续增长。如计算机、科技等行业。

投资者对高增长的行业十分感兴趣,主要是因为这些行业对经济周期性波动来说,提供了一种财富"套期保值"的手段。然而不足的是,这种行业增长的形态却使得投资者难以把握精确的购买时机,因为这些行业的股票价格不会随着经济周期的变化而变化。

2. 周期型行业

周期型行业的运动状态直接与经济周期相关。当经济处于上升时期,这些行业会紧随其扩张;当经济衰退时,这些行业也相应衰落。产生这种现象的原因是,当经济上升时,对这些行业相关产品的购买相应增加。如猪肉、钢铁、煤炭等行业。2020年猪肉价格暴涨,相关公司股价,牧原股份、正邦科技等都大幅上涨,一方面是受猪瘟的影响,另一方面就是猪周期的到来。

3. 防御型行业

还有一些行业被称为防御型行业。这些行业运动形态的存在是因为其产业的产品需求相对稳定,并不受经济周期处于衰退阶段的影响。正是这个原因,对这些行业投资便属于收入投资,而非资本利得投资。有时候,当经济衰退时,防御型行业或许会有实际增长。如消费品、食品、白酒等,这也是为什么在经济衰退阶段,投资者会投资一些大消费类股票。

4. 成长周期型行业

这种类型的行业既包含有成长状态,又随经济周期而波动。许多行业属于这种类型。

(二) 行业生命周期分析

和世界万物一样,每个行业都要经历一个由成长到衰退的发展演变过程。这个过程便称为行业的生命周期。一般地,行业的生命周期可分为四个阶段,即初创阶段(幼稚期)、成长阶段、成熟阶段和衰退阶段。下面分别介绍行业的不同发展阶段的情况。

1. 初创阶段

初创阶段是一个行业的起步阶段,在这一阶段,由于新行业刚刚诞生或初建不久,因而只有为数不多的创业公司投资于这个新兴的产业。由于初创阶段产业的创立投资和产品的研究、开发费用较高,而产品市场需求狭小(因为大众对其尚缺乏了解),销售收入较低,因此这些创业公司财务上可能不但没有盈利,反而普遍亏损。同时,较高的产品成本和价格与较小的市场需求还使这些创业公司面临很大的投资风险。在初创阶段,企业还可能面临因财务困难而引发破产的风险,因此,这类企业更适合投机者而非投资者。

另外,在初创阶段后期,随着行业生产技术的提高、生产成本的降低和市场需求的扩大,新行业便逐步由高风险、低收益的初创期转向高风险、高收益的成长期。

2. 成长阶段

成长阶段是行业发展的黄金时期,在这一阶段,拥有一定市场营销和财务力量的企业逐渐主导市场,这些企业往往是较大的企业,其资本结构比较稳定,因而它们开始定期支付股利并扩大经营。

在成长阶段,新行业的产品经过广泛宣传和消费者的试用,逐渐以其自身的特点赢得了大众的欢迎或偏好,市场需求开始上升,新行业也随之繁荣起来。与市场需求变化相适应,供给方面相应地出现了一系列的变化。由于市场前景良好,投资于新行业的厂商大量增加,产品也逐步从单一、低质、高价向多样、优质和低价方向发展。因而新行业出现了生产厂商和产品相互竞争的局面。这种状况会持续数年或数十年。由于这一原因,这一阶段有时被称为投资机会时期。这一时期企业的利润虽然增长很快,但所面临的竞争风险也非常大,破产率与被兼并率相当高。在成长阶段的后期,由于行业中生产厂商与产品竞争优胜劣汰规律的作用,市场上生产厂商的数量在大幅度下降之后便开始稳定下来。由于市场需求基本饱和,产品的销售增长率减慢,迅速赚取利润的机会减少,整个行业开始进入稳定期。

在成长阶段,虽然行业仍在增长,但这时的增长具有可测性。由于受不确定因素的影响较少,行业的波动也较小。此时,投资者蒙受经营失败而导致投资损失的可能性大大降低,因此,他们分享行业增长带来的收益的可能性大大提高。

3. 成熟阶段

行业的成熟阶段是行业发展的巅峰阶段。在这一阶段,在竞争中生存下来的少数大厂商垄断了整个行业的市场,每个厂商都占有一定比例的市场份额。由于彼此势均力敌,市场份额比例发生变化的程度较小。厂商与产品之间的竞争手段逐渐从价格手段转向各种非价格手段,如提高质量、改善性能和加强售后维修服务等。行业的利润由于一定程度的垄断达到了很高的水平,而风险却因市场比例比较稳定、新企业难以进入而较低,其原因是市场已被原有大企业比例分割,产品的价格比较低。因而,新企业往往会由于创业投资无法很快得到补偿或产品的销路不畅,资金周转困难而倒闭或转产。

在行业成熟阶段,行业增长速度降到一个更加适度的水平。在某些情况下,整个行业的增长可能会完全停止,其产出甚至下降。由于其资本增长的丧失,致使行业的发展很难较好地保持与国民生产总值同步增长,当国民生产总值减少时,行业甚至蒙受更大的损失。但是,由于技术创新的原因,某些行业或许实际上会有新的增长。

4. 衰退阶段

较长的稳定阶段后便进入衰退阶段。由于新产品和大量替代品的出现,原行业的市场需求开始逐渐减少,产品的销售量也开始下降,某些厂商开始向其他更有利可图的行业转移资金,因而原行业出现了厂商数目减少、利润下降的萧条景象。至此,整个行业便进入了生命周期的最后阶段。在衰退阶段,厂商的数目逐步减少,市场逐渐萎缩,利润率停滞或不断下降。当正常利润无法维持或现有投资折旧完毕后,整个行业便逐渐解体了。

5. 行业生命周期分析的几点注意

(1) 行业生命与人的生命是不同的,步入暮年的行业未必就一定面临死亡。从历史上看,真正被完全淘汰的行业很少,产业的发展呈现出"生多死少"的特征,多数情况是行业自此进入一个发展停滞状态,也有部分行业通过技术创新引导行业升级,进入一个新的发展状态。

(2) 上述行业生命周期四个阶段的说明只是一个总体状况的描述,它并不适用于所有行业的情况。行业的实际生命周期由于受产业性质、政府干预、国外竞争和能源结构的变化等许多因素的影响而复杂得多。

(3) 研究行业生命周期的主要目的在于帮助人们选择较合理的行业进行投资,对投资者起到重要的指导作用。现举例说明,如图9-2所示。

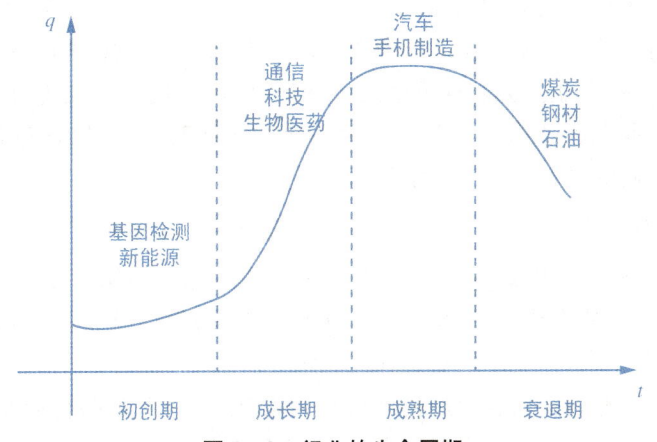

图 9-2 行业的生命周期

① 基因检测、新能源正处于行业生命周期的初创阶段。由此便可以知道以下投资信息:如果打算对该行业进行投资的话,那么只有为数不多的几家企业可供选择;投资于该行业的风险较大;投资于该行业可能会获得很高的收益。

② 生物制药行业处于成长阶段的初期,通信、科技行业处于成长阶段的中后期。由此可知生物制药行业将会以很快的速度增长,但企业所面临的竞争风险也将不断增长;而通信、科技在增长速度上要低于生物制药行业,但竞争风险则相对较小。

③ 汽车、手机制造等行业已进入成熟期阶段。这些行业将会继续增长,但速度要比前面各阶段的行业慢。成熟期的行业通常是盈利的,而且投资的风险相对较小,当然,一般来说盈利不会太大。

④ 煤炭、钢材、石油等行业已进入衰退期。由此可知,对这些行业投资的收益率较低,投资者要避免对进入衰退期行业的投资。

(三) 影响行业兴衰的主要因素

行业兴衰的实质是行业在整个产业体系中的地位变迁,也就是行业经历"幼稚产业—

先导产业—主导产业—支柱产业—夕阳产业"的过程,是资本在某一行业领域"形成—集中—大规模聚集—分散"的过程,是新技术的"产生—推广—应用—转移—落后"的过程。

一个行业的兴衰会受到技术进步、政府政策、社会习惯改变和经济全球化等因素的影响而发生变化。

1. 技术进步对行业的影响

当前正是科学技术日新月异的时代,不仅新兴学科不断涌现,而且理论科学向实用技术的转化过程也大大缩短,速度大大加快。技术进步对行业的影响是巨大的,它往往催生一个新的行业,同时迫使一个旧的行业加速进入衰退期。例如,电灯的出现极大地削减了对煤气灯的需求,电力行业逐渐取代蒸汽动力行业,喷气式飞机代替了螺旋桨飞机,大规模集成电路计算机则取代了一般的电子计算机等。这些新产品在定型和大批量生产后,市场价格大幅度下降,从而很快就能被消费者所使用。上述这些特点使得新兴行业能够很快地超过并代替旧行业,或严重地威胁原有行业的生存。未来优势行业将伴随新的技术创新而到来,处于技术尖端的基因技术、纳米技术等将催生新的优势行业。

当然,新旧行业并存是未来全球行业发展的基本规律和特点,大部分行业都是国民经济不可缺少的。多数行业都会在竞争中发生变化,以新的增长方式为自己找到生存的空间。例如,传统工业在通过技术创新获得深度增长的同时,还可以通过行业的国际间转移,在其他相对落后的国家获得广泛增长的机会。

2. 政府政策对行业的影响

政府的管理措施可以影响行业的经营范围、增长速度、价格政策、利润率和其他许多方面。政府实施管理的主要行业都是直接服务于公共利益,或与公共利益密切联系的。这些行业主要有公用事业、交通运输、金融、能源等。

同时,考虑到生态、安全、企业规模和价格因素,政府会对某些行业实施限制性规定,这会加重该行业的负担,政府某些调控措施已经对一些行业的短期业绩产生了副作用。如近年来国家对房地产行业的政策调控。

总的来说,政府的干预是必要的,否则社会情况会变得十分混乱。例如,航空业有其自己的正常航线,就不会出现所有的航班仅在可能获利的城市之间飞行;公用事业的规模保证了某地域只能有一家自来水或电力公司,从而避免了潜在的混乱,也不至于有四五家电力公司在同一条街上竖起自己的电线杆。

3. 社会习惯的改变对行业的影响

随着人们生活水平和受教育程度的提高,消费心理、消费习惯、文明程度和社会责任感会逐渐改变,从而引起对某些商品的需求变化并进一步影响行业的兴衰。在基本温饱解决之后,人们更注意生活的质量,不受污染的天然食品备受人们青睐;对健康投资从注重保健品转向健身器材;在物质生活丰富后注重智力投资和丰富的精神生活,旅游、音响成了新的消费热点;快节奏的现代生活使人们更偏好便捷的交通和通信工具;高度工业化和生活现代化又使人们认识到保护生存环境免受污染的重要性,发达国家的工业部门每年都要花费几十亿美元的经费来研制和生产与环境保护有关的各种设备,以便使工业排放的废渣、废水和废气能够符合标准。所有这些社会观念、社会习惯和社会趋势的变化对企业的经营活动、生产成本和收益等方面都会产生一定的影响,足以使一些不再适应社会需要的行业衰退而又激发新兴行业的发展。

需求变化是未来优势产业的发展导向,在相当程度上影响行业的兴衰。在收入相对比较低的时候,由于恩格尔定律的作用,人们对生活用品有较大需求,提供生活消费品的可口可乐、宝洁、强生公司和满足这些需求的销售渠道诸如沃尔玛公司,均是在不断满足这些消费需求的过程中发展起来的。随着收入水平的提高,生活消费品支出占消费总支出的比例逐渐下降,人们更多地需要服务消费和金融投资,金融、旅游、教育、医疗、保险、体育、文化等行业从中获得了快速增长的动力。

4. 经济全球化对行业发展的影响

发达国家将低端制造技术加速向发展中国家进行产业化转移。随着高新技术行业逐渐成为发达国家的主导产业,传统的劳动密集型(如纺织服装、消费类电子产品)行业甚至是低端技术的资本密集型行业(如中低档汽车制造)将加快向发展中国家转移。发达国家在将发展中国家变成它的加工组装基地和制造工厂的同时,仍然可以掌握传统行业的核心技术,并通过不断向发展中国家转让其技术专利取得市场利益。

产业全球化导致的国际竞争和国际投资因素,将会影响行业结构发生很大变化。选择性发展将是未来各国形成优势行业的重要途径,因为一个国家受技术水平、资源潜力的限制,不可能在所有领域都取得领先优势。战略性产业发展思路为许多国家所采用,比如美国的信息技术和生物技术行业,日本的机器人行业,印度的计算机软件业等。

▶ 同步测试

一、填空题

1. 人们对经济形势形成了良好的预期,投资积极性得以提高,从而增加了对证券的需求,促使证券价格_____。
2. 当中央银行认为应该增加货币供应量时,就在金融市场上_____有价证券(主要是政府债券)。
3. 中央银行经常采用的三大货币政策工具是_____、_____、_____。
4. 汇率上升,本币贬值,本国产品竞争力强,_____企业将增加收益,因而企业的股票和债券价格将上涨;相反,依赖于_____的企业成本增加,利润受损,股票和债券价格将下跌。
5. 产品的_____是垄断竞争与完全竞争的主要区别。
6. 根据行业生命周期分析,_____阶段最适合投资者投资。

二、单项选择题

1. 产品分析主要包括产品的( )。
   A. 成本优势　　　　　　　　　B. 产品的市场占有率
   C. 品牌战略　　　　　　　　　D. 技术优势

2. 下列影响股票价格的因素中,( )不属于基本面分析。
   A. 宏观经济因素　　B. 行业因素　　C. 公司因素　　D. 技术因素
3. 在经济周期处于上升阶段或提高居民收入的政策作用下,居民收入水平将在一定程度上( )消费需求,从而增加相应企业的经济效益。
   A. 拉动　　B. 抑制　　C. 限制　　D. 延后
4. 宏观经济走势影响股价变动,但宏观经济走势与证券市场的变动周期( )。
   A. 完全同步
   B. 完全相反
   C. 不是完全同步
   D. 不能确定
5. 行业中的市场结构分析不包括( )。
   A. 垄断竞争　　B. 自由垄断　　C. 寡头垄断　　D. 完全垄断
6. 下列指标中,能反映企业偿付长期债务能力的是( )。
   A. 速动比率
   B. 流动比率
   C. 现金比率
   D. 资产负债率
7. 中央银行在公开市场上大量抛售有价证券,意味着货币政策( )。
   A. 放松　　B. 收紧　　C. 不变　　D. 不一定
8. 经济周期的四个阶段指的是( )。
   A. 繁荣—衰退—萧条—崩溃
   B. 繁荣—萧条—衰退—崩溃
   C. 繁荣—衰退—萧条—复苏
   D. 繁荣—萧条—衰退—复苏
9. 对证券市场上升走势最有利的经济背景是( )。
   A. 低通胀下的GDP持续、稳定增长
   B. 高通胀下的GDP增长
   C. 宏观调控下GDP的减速增长
   D. GDP增长出现向下转折
10. 反映企业在某一特定时点财务状况的报表是( )。
    A. 资产负债表
    B. 损益表
    C. 成本明细表
    D. 现金流量表

三、多项选择题

1. 国家调控宏观经济主要通过( )。
   A. 货币政策　　B. 财政政策　　C. 银行政策　　D. 环保政策
2. 松的财政政策包括( )。
   A. 减少税收,降低税率,扩大减免税范围
   B. 扩大财政支出,加大财政赤字
   C. 大幅降低利率
   D. 增加税收
3. 经济周期繁荣阶段的特征是( )。

A. 生产迅速增加　　　　　　　　　B. 投资增加
C. 价格水平上升　　　　　　　　　D. 产品滞销

4. 影响行业兴衰的主要因素有（　　）。
A. 技术进步　　　B. 产业政策　　　C. 社会习惯的改变　　　D. 经济全球化

5. 下列关于资产负债率的说法中，正确的是（　　）。
A. 反映在总资产中有多大比例是通过举债来筹资的
B. 衡量企业在清算时保护债权人利益的程度
C. 是负债总额与资产总额的比值
D. 也称举债经营比率

6. 公司财务状况的综合评价方法评价的主要内容有（　　）。
A. 盈利能力　　　B. 偿债能力　　　C. 生存能力　　　D. 成长能力

7. 和公司营运能力有关的指标有（　　）。
A. 存货周转率　　　　　　　　　B. 流动资产周转率
C. 销售净利率　　　　　　　　　D. 销售毛利率

8. 下列关于每股收益的说法中，正确的有（　　）。
A. 每股收益是衡量上市公司盈利能力最重要的财务指标
B. 每股收益部分反映股票所含有的风险
C. 不同公司间每股收益的比较不受限制
D. 每股收益多，不一定意味着多分红

9. 下列关于市盈率指标的说法中，错误的有（　　）。
A. 该指标不能用于不同行业公司的比较
B. 在每股收益很小或亏损时的高市盈率说明公司未来发展潜力大
C. 市盈率的高低受市价的影响，而影响市价变动的因素很多，包括投机炒作等，因此观察市盈率的长期趋势很重要
D. 考虑到行业特征差异等因素，市盈率的理想取值范围有一个统一标准

10. 基本面分析的主要内容包括（　　）。
A. 宏观经济分析　　　　　　　　　B. 行业分析
C. 区域分析　　　　　　　　　　　D. 公司分析

11. 扩张性货币政策措施包括（　　）。
A. 降低法定存款准备金率　　　　　B. 提高再贴现率
C. 降低再贴现率　　　　　　　　　D. 在公开市场上卖出有价证券

12. 通货膨胀是中国关注的焦点。政府调控物价，可行的财政政策有（　　）。
A. 增加涉农补贴，增加农产品的有效供给
B. 提高银行的存款准备金率
C. 调控收支水平，促使经济平稳运行
D. 启动并推进收入分配制度改革，形成合理的收入分配格局

13. 衡量公司行业竞争地位的主要指标是（　　）。
A. 产品的市场占有率　　　　　　　B. 公司利润水平

C. 行业综合排序　　　　　　　　　　D. 产品在消费者当中的认知度

14. 行业处于成长期阶段的特点包括(　　)。

A. 生产技术逐渐成熟

B. 市场需求增长较快

C. 产品由单一低质高价迅速向多样高质低价发展

D. 产品产量不断增加

15. 下列属于处于衰退期的行业特点的是(　　)。

A. 利润慢慢地由正变为负

B. 现金流始终为正值

C. 现金流先是正值,然后慢慢减小

D. 销售额在很长时间内都是处于下降状态

四、判断题

1. 通货膨胀会使股票价格下跌。　　　　　　　　　　　　　　　　　　(　　)
2. 汇率上升,本币贬值,进口型企业会获益。　　　　　　　　　　　　(　　)
3. 利率上涨,有价证券的价格会下跌。　　　　　　　　　　　　　　　(　　)
4. 我国货币政策的主要制定者和执行者是中国人民银行。　　　　　　(　　)
5. 中央银行在公开市场上大量抛售有价证券,意味着货币政策放松。　(　　)
6. 当经济周期处于上升阶段时,周期性行业会紧随其扩张;当经济衰退时,周期性行业也相应衰落。　　　　　　　　　　　　　　　　　　　　　　　　　　(　　)
7. 通常情况下,股票市盈率越高越具有投资价值。　　　　　　　　　　(　　)

五、简答题

1. 财政政策变动对证券市场价格有何影响?
2. 怎样通过货币政策来调控证券市场的货币量?
3. 行业生命周期各阶段的特征主要有哪些?
4. 人民币升值对哪些行业有利,哪些行业不利?

六、操作题

宁德时代(300750.SZ)

(一) 主要业务

宁德时代新能源科技股份有限公司是全球领先的锂离子电池提供商,专注于新能源汽车动力电池系统、储能系统的研发、生产和销售,致力于为全球新能源应用提供一流解决方案。公司在电池材料、电池系统、电池回收等产业链关键领域拥有核心技术优势及可持续研发能力,形成了全面、完善的生产服务体系,并通过商业模式创新推动锂离子电池作为优质能源储存载体的广泛应用。

(二) 主要产品

公司主要产品包括动力电池系统、储能系统和锂电池材料。

(三) 主要会计数据和财务指标

单位:元

	2019年	2020年	本年比上年增减
营业收入	45 788 020 642.41	50 319 487 697.20	9.90%
归属于上市公司股东的净利润	4 560 307 432.71	5 583 338 710.38	22.43%
经营活动产生的现金流量净额	13 471 954 556.80	18 429 902 631.96	36.80%
基本每股收益(元/股)	2.093 7	2.494 2	19.13%
资产总额	101 351 976 711.32	156 618 426 940.59	54.53%
归属于上市公司股东的净资产	38 134 983 894.48	64 207 299 366.58	68.37%

2020年,公司持续加大研发力度,优化产品结构和市场策略,稳步扩张产能以满足客户订单需求。同时,公司继续夯实业内最广泛的客户基础,随着生产经营规模的持续扩大,公司在供应链管理、成本控制、市场开拓、技术迭代、客户服务等方面的竞争优势逐渐凸显。公司实现营业总收入5 031 948.77万元,同比增长9.90%,归属于上市公司股东的净利润为558 333.87万元,同比增长22.43%。公司实现锂离子电池销量46.84 GWh,同比增长14.36%,其中动力电池系统销量44.45 GWh,同比增长10.43%。

(资料来源:根据宁德时代2020年年度报告整理)

结合以上资料,完成下述问题:
1. 结合经济周期与行业生命周期,试分析该公司所处的行业特点。
2. 分析该上市公司的产品特点、产品的科技含量及投资价值。
3. 对该公司的股票进行基本面分析,并给出投资建议。

七、案例分析

【材料一】当前,我国正处在老龄化进程的关键时期。国家统计局数据显示,2014年我国人口中60岁以上者占比15.5%,预计到2050年,我国将有4.8亿老年人口,占全球老年人口近四分之一。(资料来源:《上海证券报》)

【材料二】老龄化下社会结构与消费风向变化下所孕育的投资机会,或是真正长期"十倍牛股"的"集结地"。

首先,中国人口结构逐步向"纺锤型"演进,2020—2050年全国老年人口占比的翻倍提升,其中围绕"纯老年人的需求性"的相关护理、殡葬等消费行业的市场空间会逐步扩大。

其次,人口结构的老龄化对社会消费的内在影响在于:全社会对生命周期的预期改变,这其中,年轻人作为边际消费倾向最高的人群,其消费心态的变化往往主导着某一历史阶段的消费产业变迁的方向,如,保险、药品保健、医美、药妆、健康饮料及宠物经济会受益于老龄化社会年轻人主导的消费趋势变化。

最后,无论从日本消费行十倍股的复盘,还是世代消费变迁的启示,都可以看到,老龄化社会逐步加速背景下,股市的"长跑冠军"仍是锁定边际消费倾向高的群体的,顺应且精准锁定"新世代"年轻人消费趋势变化的企业。而我国传承"世代财富"的95后—00后是最具消费潜力的人群,其所领军的以新潮国货、互联网消费等代表"新消费"亦或是这其中最为明显的消费细分。(资料来源:《证券时报》)

根据材料,请回答以下问题:
1. 人口老龄化对经济发展的影响有哪些?
2. 人口老龄化将为哪些行业带来发展机会?

立体化资源 10

项目十 证券投资技术分析

▶ **学习目标**

1. 掌握 K 线的含义及基本形态,熟悉常见的 K 线组合的形态特征与操作策略;
2. 掌握移动平均线的八大法则,能够运用均线组合判断股价走势;
3. 掌握各种形态预测股价走势的方法,重点掌握趋势线、轨道线、头肩顶、头肩底等常见形态;
4. 掌握各种技术指标的原理以及适用条件;
5. 能够灵活运用诸多技术分析方法来分析预测后市。

▶ **引导案例**

小张经过对公司的基本面分析,他认为贵州茅台(600519)作为我国白酒行业的标杆企业,其产品品质与品牌价值得到了高度认可,且近年来茅台的盈利能力居白酒行业第一,行业龙头地位稳固,维持营业收入与净利润的正增长,展现出较强的成长能力,该股票具备投资价值。面对下图所示的走势形态,小张困惑了:"什么时候买入才是最适合的呢?"

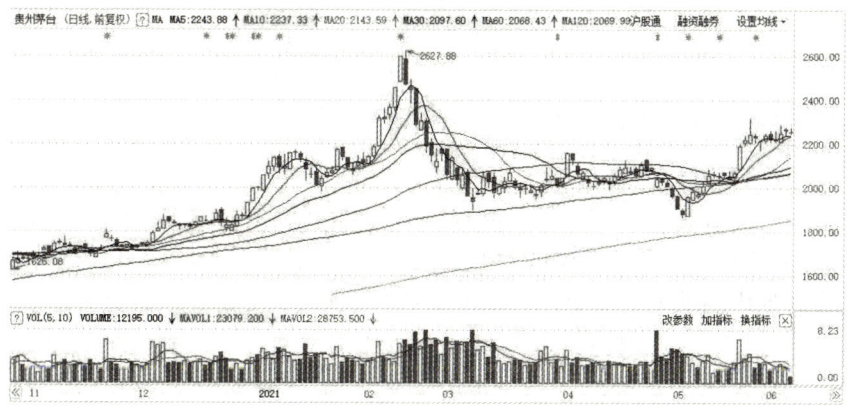

【案例思考】

1. 你能够依据该图预测该股后市走势吗?
2. 证券投资的技术分析方法有哪些?

自股票市场产生以来,人们总是试图掌握股市变动的规律,并因此产生了各种各样分析股市变动的方法,技术分析就是其中最有影响并被广泛使用的股市分析方法之一。证券投资的技术分析是从证券的市场行为来分析和预测证券价格未来变化趋势的方法。

任务一 技术分析方法介绍

微课10-1

证券投资技术分析,是指利用图表和技术指标,根据证券过去的市场行为,来预测其未来的价格变化趋势。证券的市场行为是指证券的市价、成交量的变化以及完成这些变化所经历的时间。它们是证券投资技术分析的依据,而证券投资分析的手段则是证券交易的图表和各种技术指标。

整个证券投资的技术分析是一个庞杂的系统,它由技术分析的工具、技术分析的理论、技术分析的图形形态以及技术分析指标构成,由多种具体的理论流派和方法组成,而且随着实践的发展,还不断有新的流派和方法陆续产生。目前较为成熟和流行的主要有K线理论、均线理论、形态理论、波浪理论等。

一、技术分析的假设前提

技术分析作为一种投资分析工具,能够预测证券市场的未来变化趋势,是以一些假设条件为前提的。如果这些假设条件不成立,则技术分析就失去了存在的基础。

(一)市场行为涵盖一切信息

这一假设条件是与有效市场假设一致的。技术分析认为,如果证券市场是有效的,那么,影响证券价格的所有因素,不管是外在的、内在的、基础的、政策的和心理的因素,都会在市场行为中得到反映,并在证券价格上得以体现。作为技术分析的应用者,不必关心是什么因素影响证券价格,只需要从市场的量价变化中知道这些因素对市场的影响效果即可。这一假设有一定的合理性,因为任何因素对证券市场的影响都必然体现在证券价格的变动上,所以这一假设是技术分析的基础。

(二)证券价格沿趋势移动

这一假设认为证券价格的变动是有规律的,证券价格的变动具有保持原来运动方向的惯性,而证券价格的运动方向是由供求关系决定的。技术分析法认为,证券价格的运动反映了一定时期内供求关系的变化。供求关系一旦确定,证券价格的变化趋势就会一直持续下去,只要供求关系不发生根本改变,证券价格的走势就不会发生根本变化。这一假设也有一定的合理性,因为供求关系决定价格在市场经济中是普遍存在的。这一假设是技术分析最根本、最核心的条件,只有承认证券价格遵循一定的规律变动,运用各种方法揭示这些规律并对证券投资活动进行指导的技术分析法才有存在的价值;否认了这条假设,即认为即使供求关系不发生根本变化,股票价格也可以改变原来的运动方向,技术分析就没有了立足之本。

(三) 历史会重演

这一假设是建立在投资者的心理分析基础上的,即当市场出现与过去相同或相似的情况时,投资者会根据过去的成功经验和失败教训来做出目前的投资选择,市场行为和证券价格走势会历史重演。因为市场中进行具体买卖的是人,人的操作行为必然要受到人类心理学中某些规律的制约。一个人在某种情况下按一种方法进行操作取得成功,那么以后遇到相同或相似的情况,人们就会按同一方法进行操作;如果前一次失败了,后面这一次就不会按前一次的方法操作。因此,技术分析法认为,根据历史资料概括出来的规律已经包含了未来证券市场的一切变动趋势,所以可以根据历史预测未来。这一假设也有一定的合理性,因为投资者的心理因素影响着投资行为,进而影响证券价格。

技术分析的三个假设有合理的一面,也有不尽合理的一面。例如,第一个假设说市场行为包括了一切信息,但市场行为反映的信息,同原始的信息毕竟有一些差异,信息损失是必然的,正因为如此,在进行技术分析的同时,还应该适当进行一些基本分析和别的方面分析,以弥补其不足。又如,一切基本因素的确通过供求关系影响证券价格和成交量,但证券价格最终要受到它的内在价值的影响。再如,历史也确实有相似之处,但绝不是简单的重复,差异总是存在的。因此,技术分析法说服力不够强、逻辑关系不够充分并引起不同的看法与争论。

二、技术分析的要素

(一) 技术分析四要素

技术分析的要素是证券价格、成交量和价格变动的时间跨度以及价格波动的幅度。技术分析可简单地归结为价、量、时、空四者之间的关系分析。在技术分析中,价量关系是基本要素,收盘价与收盘指数是最重要的价格和指数,而成交量则是确定价格走势的重要保证。过去和现在的成交价、成交量涵盖了过去和现在的市场行为。技术分析就是利用过去和现在的成交量、成交价资料,以图形分析和指标分析工具来分析、预测未来的市场走势。某一时点上的价和量是买卖双方市场行为形成的结果,是双方力量暂时的平衡点。一般来说,买卖双方对价格的认同程度越大,成交量越小;反之,成交量越大。双方的认同程度反映在价量关系上就形成价升量增、价跌量缩的规律性变化。根据这一规律,当价格上升而成交量不能随之放大,表明价格的上升得不到买方的认同,价格上升缺乏动力;当价格下跌而成交量不能随之放大,表明价格的下降得不到卖方的认同,价格将止跌回稳。成交价、成交量的这种规律关系就是技术分析的合理性所在,因此,价、量是技术分析的基本要素,一切技术分析方法都是以价、量关系为研究对象的,目的就是分析、预测未来的价格趋势,为投资决策提供服务。时间既可以消耗能量,也可以积蓄能量。一个已经形成的趋势在短时间内不会发生根本改变,中途出现的反方向波动,对原来趋势不会产生很大的影响。但随着时间的推移,双方的力量将发生变化,证券价格的运动趋势也会改变。空间在某种意义上讲,是价格的一方面,指的是价格波动能够达到的极限程度,即价格波动的幅度。

价格、成交量、时间和空间是技术分析的四维变量,缺一不可。一切技术分析方法都是以价、量、时、空为研究对象,通过分析四者之间关系的变化研究证券市场的运动规律。

(二)成交量与价格趋势的关系

技术分析方法认为,价格的涨、跌和平是股价变动的方向,成交量是对价格变动方向的认同,也可以认为是价格变动的力量。股价变动与成交量之间的关系可以总结为以下六种情况:

(1)股价上升,成交量增加。这种情况技术分析人士常称之为价升量增。表明股价上涨得到成交量的认同,后市具有进一步上涨的潜力。

(2)股价上升,成交量减少。这种情况技术分析人士常称之为空涨。表明股价上涨没有得到成交量的认可,股价上升的动力不足,后市看跌。

(3)股价下跌,成交量增加。这种情况技术分析人士常称之为价跌量增。表明股价下跌得到成交量的认同,后市具有进一步下跌的动力。

(4)股价下跌,成交量减少。这种情况技术分析人士常称之为空跌。表明股价下跌没有得到成交量的认可,股价下跌的动力不足,后市看涨。

(5)股价持平,成交量增加。这种情况应具体分析,股价经历一段下跌后,放出了一定的成交量,而股价持平,表明逢低吸纳的投资者增多,股价有反弹或反转的可能,这种情况常称为底部放量,后市应看好;股价经历一段上涨后,放出了一定的成交量,而股价持平,表明逢高减磅的投资者增多,股价有反弹或反转的可能,这种情况常称为顶部放量,后市应看淡。

(6)股价持平,成交量较小。这种情况称为无量盘整。表明多空双方力量处于均衡状态,双方均在等待机会寻找突破方向,后市走向不明,涨跌依靠新的因素来打破平衡。

关于价量分析,技术分析方法还认为成交量的大小是相对的,主要是相对于最近而言,没有绝对大小;成交量的变动在价格变动之前,所谓量在价先;技术分析方法常用成交金额来代替成交量,这两者并没有太大的区别,但市场热点过分集中在高价股或低价股上时应适当调整;成交价一般是采用收盘价。

三、技术分析方法的分类

技术分析方法种类繁多,一类是图示分析方法。主要运用图表、形态等,探索证券市场已有的一些典型变化规律,并以此预测证券市场的未来变化趋势。另一类是技术指标分析法。主要运用统计、数学计算等方法,探索证券市场已有的一些典型变化规律,并以此预测证券市场的未来变化趋势,如常用的技术指标等。

(一)图示分析法

图示分析法的基本依据是,证券价格的波动会及时告诉投资者有关市场的一切信息。图示分析法就是按一定的图形将股价的变化描述出来,以此预测股价未来变化趋势的一种方法。常见的图示分析法有K线类、切线类、形态类等具体方法。

1. K线分析方法

K线分析方法是根据若干天的K线组合情况,推测证券市场中多空双方力量的对比,进而判断证券市场行情的方法。K线图是进行各种技术分析的最重要的图表。人们经过不断地总结经验,发现了一些对股票买卖有指导意义的K线组合,而且,新的研究结果正不断地被发现、被运用。

2. 切线分析方法

切线分析方法是按一定方法和原则在由股票价格的数据所绘制的图表中画出一些直线,然后根据这些直线的情况推测股票价格的未来趋势,为我们的操作行为提供参考。这些直线就叫切线。切线的画法最为重要,画得好坏直接影响预测的结果。常见的切线有趋势线、轨道线、黄金分割线等。

3. 形态分析方法

形态分析方法是根据价格图表中过去一段时间走过的轨迹形态来预测股票价格未来趋势的方法。价格走过的形态是市场行为的重要部分,从价格轨迹的形态中,我们可以推测出证券市场处在一个什么样的大环境之中,由此对我们今后的投资给予一定的指导。主要的形态有头肩顶、头肩底、双重顶、双重底等十几种。

(二)技术指标分析法

指标分析法是通过建立一个数学模型,给出数学上的计算公式,得到一个体现证券市场某方面内在本质的数字,以此数字指导投资决策的方法。此数据称为指标值,指标值的具体数值和相互关系,直接反映了证券市场所处的状态,为投资者的操作行为提供了指导方向。指标反映的内容大多是无法从行情报表中直接看到的。目前,证券市场上的这种技术指标数不胜数,常见的指标有相对强弱指标(RSI)、随机指标(KD)、平滑异同移动平均线(MACD)、能量潮(OBV)、心理线(PSY)等。

微课 10-2

任务二　K 线理论

一、K 线的画法及主要形状

(一)K 线的画法

K 线图起源于日本,被当时日本米市的商人用来记录米市的行情与价格波动,后因其细腻独到的标画方式而被引入股市及期货市场。目前,这种图形分析法在我国以至整个东南亚地区尤为流行。通过 K 线图,能够把每日或某一周期的市况表现完全记录下来,股价经过一段时间的盘档后,在图上即形成一种特殊区域或形态,不同的形态显示出不同意义。人们可以从这些形态的变化中摸索出一些有规律的东西出来。

K 线是一条柱状的线条,由影线和实体组成。影线在实体上方的部分叫上影线,下方的部分叫下影线。实体分阳线和阴线两种,又称红(阳)线和黑(阴)线。

K 线图的绘制比较简单,它由开盘价、收盘价、最高价和最低价四种价格组成。开盘价与收盘价构成了 K 线的实体,而最高价与最低价则分别组成 K 线的上影线和下影线。K 线实体的长短决定于收盘价与开盘价的差,而最高价与最低价的高低则决定了上影线和下影线的长短。最高价距离 K 线实体越远,则上影线越长;最低价距离实体越远,则下影线越长。K 线实体的阴阳要视开盘价与收盘价的关系而定。收盘价高于开盘价的 K 线称为阳线,表示市场处于涨势;收盘价低于开盘价的 K 线称为阴线,表示市场处于跌势。

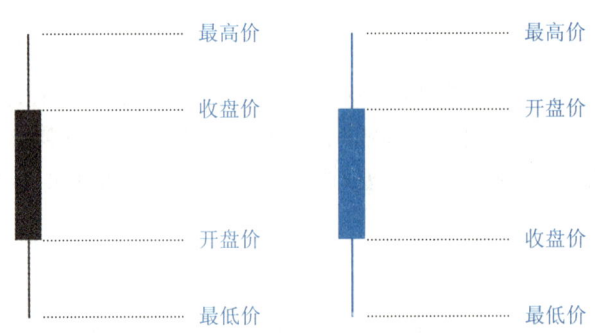

图 10-1 K线的两种常见形状

在图 10-1 中,中间的矩形为实体,向上、向下伸出的两条细线为上、下影线。左图收盘价高于开盘价,实体为阳线或红线;右图收盘价低于开盘价,实体为阴线或黑线。

日开盘价是指每个交易日的第一笔成交价格,这是传统的开盘价定义。为了克服机构庄家利用通信方式的优势,故意人为地造出一个不合实际的开盘价,目前中国市场采用集合竞价的方式产生开盘价,这样就在一定程度上弥补了传统意义上开盘价的缺陷。

日最高价和日最低价是每个交易日最高成交价格和最低成交价格。它们反映当日股票价格上下波动幅度。最高价和最低价如果相差很大,说明当日证券市场交易活跃,买卖双方争执激烈。但是,同传统的开盘价一样,最高价、最低价也容易受到机构庄家的故意做市,造出一个脱离实际的最高价和最低价。

日收盘价是指每个交易日的最后一笔成交价格,是多空双方经过一天的争斗最终达成的共识,也是供需双方当日最后的暂时平衡点,具有指明目前价格的非常重要的功能。同样,为了克服人为造出一个不合实际的收盘价,目前中国市场的收盘价也是按照集合竞价的方式产生。

一条日 K 线记录的是某一只股票一天的变化情况。将每天的 K 线按时间顺序排列在一起,就构成了这只股票的日 K 线图,它反映了这只股票自上市以来的每天价格变动情况。看见了日 K 线图,就会对过去和现在有一个大致的了解。

(二) K 线的主要形状及应用

除了图 10-1 所画的 K 线形状以外,根据四种价格之间的不同关系,还会产生其他形状的 K 线,概括起来有下列几种。

1. 光头光脚的大阳线,见图 10-2(a)

此种图表示最高价与收盘价相同,最低价与开盘价一样,上下没有影线。从一开盘,买方就积极进攻,中间也可能出现买方与卖方的斗争,但买方始终占优势,使价格一路上扬,直至收盘。此种 K 线表示强烈的涨势,股市呈现高潮,买方疯狂涌进。握有股票者,因看到买气的旺盛,不愿抛售,出现供不应求的状况。

2. 光头光脚的大阴线,见图 10-2(b)

此种图表示最高价与开盘价相同,最低价与收盘价一样,上下没有影线。从一开始,卖方就占优势,股市处于低潮。握有股票者不限价疯狂抛出,造成恐慌心理。市场呈一面倒,价格始终下跌,直到收盘。此种 K 线表示强烈的跌势。

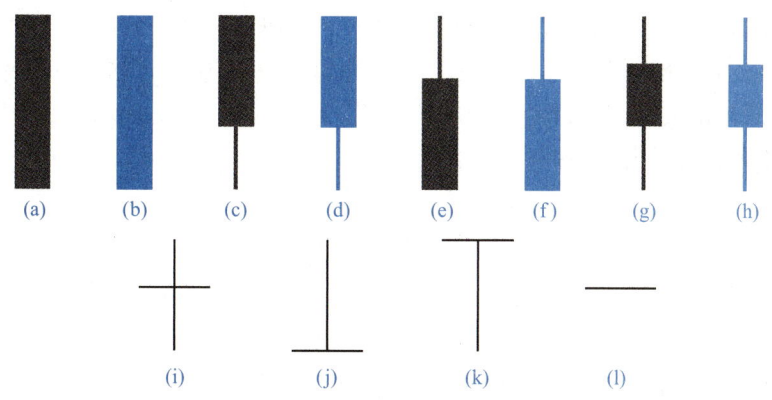

图 10-2　K 线的几种别的形状

3. 带下影线的阳线,见图 10-2(c)

这是一种带下影线的红实体。最高价与收盘价相同,开盘后,卖气较足,价格下跌。但在低价位上得到买方的支撑,卖方受挫,价格向上推过开盘价,一路上扬,直至收盘,收到最高价上。总体来讲,出现先跌后涨型,买方力量较大,但实体部分与下影线长短不同,买方与卖方力量对比不同。

4. 带下影线的光头阴线,见图 10-2(d)

这是一种带下影线的黑实体,开盘价是最高价。一开盘卖方力量就特别大,价位一路下跌,但在低价位上遇到买方的支撑,后市可能会反弹。实体部分与下影线的长短不同,买方与卖方的力量对比也不同。

5. 带上影线的阳线,见图 10-2(e)

这是一种带上影线的红实体,开盘价即为最低价。一开盘买方强盛,价位一路上推,但在高价位遇卖方压力,使股价上升受阻。卖方与买方交战结果为买方略胜一筹。具体情况仍应观察实体与上影线的长短。

6. 带上影线的阴线,见图 10-2(f)

这是一种带上影线的黑实体,收盘价即是最低价。一开盘,买方与卖方进行交战,买方占上风,价格一路上升。但在高价位遇卖方阻力,卖方组织力量反攻,买方节节败退,最后在最低价收盘;卖方占优势,并充分发挥力量,使买方陷入"套牢"的困境。

7. 带上下影线的阳线,见图 10-2(g)

这是一种上下都带影线的红实体。开盘后价位下跌,遇买方支撑。双方争斗之后,买方增强,价格一路上推,临收盘前,部分买者获利回吐,在最高价之下收盘。这是一种反转信号。如在大涨之后出现,表示高位震荡,如成交量大增,后市可能会下跌。如在大跌后出现,后市可能会反弹。

8. 带上下影线的阴线,见图 10-2(h)

这是一种上下都带影线的黑实体。在交易过程中,股价在开盘后,有时会力争上游,随着卖方力量的增加,买方不愿追逐高价,卖方渐居主动,股价逆转,在开盘价下交易,股价下跌。在低价位遇买方支撑,买气转强,不至于以最低价收盘。有时股价在上半场以低于开盘价成交,下半场买意增强,股价回至高于开盘价成交,临收盘前卖方又占优势,而以低于开盘价的价格收盘。这也是一种反转试探,如在大跌之后出现,表示低档承接,行情可能反弹;如大涨之后出现,后市可能下跌。

9. "十"字线形,见图10-2(i)

这是一种只有上下影线,没有实体的图形。开盘价即是收盘价,表示在交易中,股价出现高于或低于开盘价成交,但收盘价与开盘价相等,买方与卖方几乎势均力敌。其中,上影线越长,表示卖压越重;下影线越长,表示买方旺盛。上下影线看似等长的"十"字线,可称为转机线,在高价位或低价位意味着出现反转。

10. "⊥"图形,见图10-2(j)

又称空胜线。开盘价与收盘价相同。当日交易都在开盘价以上成交,并以当日最低价(开盘价)收盘。表示买方虽强,但卖方更强,买方无力再推动股价上升。总体看卖方稍占优势,如在高价区,行情可能会下跌。

11. "T"图形,见图10-2(k)

又称多胜线,开盘价与收盘价相同。当日交易以开盘价以下的价位成交,又以当日最高价(开盘价)收盘。卖方虽强,但买方实力更大,局势对买方有利,如在低价区,行情将会回升。

12. "—"图形,见图10-2(l)

此图形不常见,即开盘价、收盘价、最高价、最低价在同一价位,只出现于交易非常冷清,全日交易只有一档价位成交的情况。对于冷门股此类情形较易发生。

二、K线组合分析

从K线图的绘制方法中可知,不同的开盘价、收盘价、最高价与最低价绘制出来的K线形态有着极大的差别。不同形态的K线图及其组合反映了不同的市场态势,熟悉这些K线组合对市场走势的分析至关重要。

(一) 单独一根K线的应用

应用一根K线进行分析时,多空双方力量的对比取决于影线的长短与实体的大小。一般来说,指向一个方向的影线越长,越不利于股价今后朝这个方向变动。阴线实体越长,越有利于下跌;阳线实体越长,越有利于上涨。

(二) 多根K线的组合应用

多根K线的组合情况非常多,要综合考虑各根K线的阴阳、高低、上下影线等,以判断股价行情的变化。这里只给出几种特定的组合形态,然后举一反三,可得出其他组合的含义。

无论是两根K线还是多根K线,都是以两根K线的相对位置的高低和阴阳来推测行情的。将前两天的K线画出,然后,用数字将前天的K线划分成五个区域(见图10-3)。前天的K线是判断行情的基础,第二天的K线是判断行情的关键。简单地说,第二天多空双方争斗的区域越高,越有利于上涨;越低,越有利于下降,也就是从区域1到区域5是多方力量减少、空方力量增加的过程。

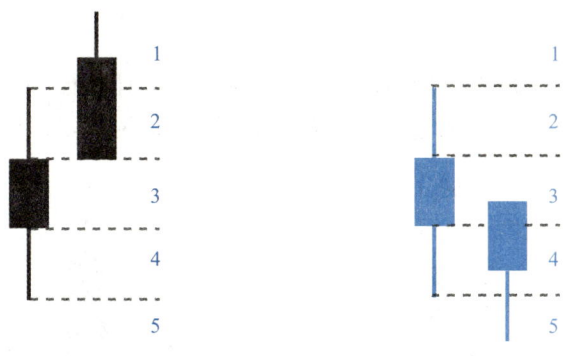

图 10-3　多空的力量对比

以下是几种具有代表性的 K 线组合情况,由它们的含义可以得知 K 线组合的含义。

1. 连续两阳和连续两阴(见图 10-4)

这是多空双方的一方已经取得决定性胜利,牢牢地掌握了主动权,今后将以取胜的一方为主要运动方向。右图是空方获胜,左图是多方获胜。第二根 K 线实体越长,超出前一根 K 线越多,则取胜一方的优势就越大。

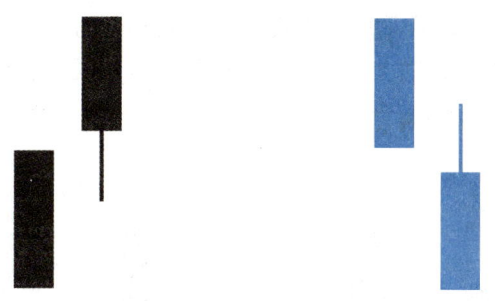

图 10-4　连续两阳和连续两阴

2. 曙光初现和乌云盖顶(见图 10-5)

曙光初现的第一根 K 线为阴线,第二根 K 线为跳空低开,但收盘价切入第一根 K 线的实体部分,它表明空方的打压遭遇多方的顽强抵抗,若在股价运行的底部出现,则是见底回升的强烈信号。乌云盖顶正好相反。

图 10-5　曙光初现和乌云盖顶

3. 阴包阳和阳包阴(见图 10-6)

阴包阳是第一根阳线的实体较长,但第二根阴线的实体更长,第二根阴线把第一根阳线完全覆盖,阴包阳显示多方的进攻在空方的反击下土崩瓦解,后市看跌。阳包阴情况完全相反。

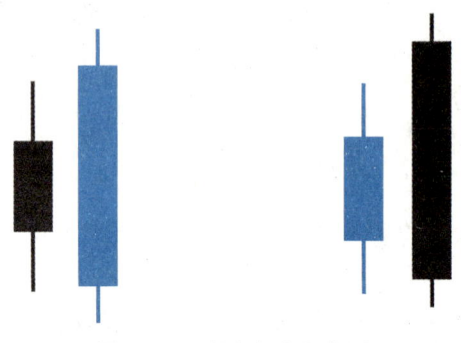

图 10-6 阴包阳和阳包阴

4. 早晨之星和黄昏之星(见图 10-7)

一根实体较长的阴线之后紧接着出现一根跳低开盘的小阳线,第三天又出现一根阳线,且收盘价切入第一根阴线的上半部分。这种组合若出现在股价运行的底位,则是见底反转的信号。黄昏之星情况完全相反。

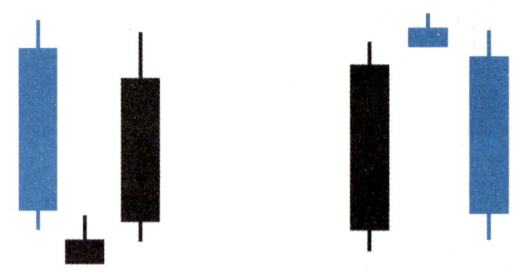

图 10-7 早晨之星和黄昏之星

(三) K 线组合应用时应注意的问题

无论是一根 K 线,还是多根 K 线,都是对多空双方的争斗做出的一个描述,由它们的组合得到的结论都是相对的,不是绝对的。对具体进行股票买卖的投资者而言,结论只是起一种建议作用。也就是说,结论要涨不是一定要涨,而是指今后上涨的概率较大。

在应用时,有时会发现运用不同种类的组合会得到不同的结论。有时应用一种组合得到明天会下跌的结论,但是次日股价没有下跌,而是出现了与事实相反的结果。这个时候的一个重要原则是尽量使用根数多的 K 线组合的结论,将新的 K 线加进来重新进行分析判断。一般来说,多根 K 线组合得到的结果不大容易与事实相反。

任务三 均线理论

一、道·琼斯股价理论

道氏理论是技术分析的理论基础,许多技术分析方法的基本思想都来自道氏理论。该理论的创始人是美国人查尔斯·亨利·道。

道氏理论认为,虽然股票市场千变万化,但和经济发展一样存在周期性的变化规律,这一规律使股票市场的变化形成一定的趋势,这一趋势根据时间的长短可分为长期趋势、中期趋势和短期趋势三种趋势运动,这三种运动相互影响形成股市复杂的运动形式。股票市场的运动趋势可以从市场上某些有代表性的股票价格变动中被识别出来,识别趋势的工具是道·琼斯工业股价平均数和运输业股价平均数。

(一)证券价格波动的三种趋势

第一,长期趋势,又称基本趋势、主要趋势,通常是指连续1年或1年以上的股价变化趋势,它包括上升趋势和下降趋势两种。长期趋势大约持续1~4年,股价总升(降)幅度超过20%,其中上升股市称为牛市(多头市场),下降股市称为熊市(空头市场)。

第二,中期趋势,又称次要趋势,通常发生在主要趋势中,且运动方向与主要趋势相反,对主要趋势产生牵制作用。例如,在长期上升趋势中出现的回落现象或在长期下降趋势中出现的回升现象。中期趋势是长期牛市或长期熊市的正常整理形态,其对长期趋势的修正一般为基本趋势涨跌幅的1/3~2/3。通常一个长期趋势中总会出现二三次中期趋势。

第三,短期趋势,又称日常波动,是指几天甚至几个小时之内的价格波动趋势。一般3个或3个以上的短期趋势可组成一个中期趋势。道氏理论认为,短期趋势受偶然因素尤其是人为操纵因素的影响较大,它与反映客观经济态势的中长期趋势有本质不同,既不重要,又难以利用,可以不予理睬。

在以上三种趋势中最重要的是长期趋势,它决定了证券价格的变化方向。道氏理论认为,长期趋势和中期趋势是可以预测的,而短期趋势则难以预测和利用。

(二)主要趋势的三个阶段

对于证券价格变化的主要趋势,一般可分为三个阶段。下面以上升趋势为例,介绍主要趋势变化的三个阶段。

第一个阶段为累积阶段,该阶段中,股价处于横向盘整时期。在这一阶段,聪明的投资者在得到信息并进行分析的基础上开始买入股票。

第二个阶段为上涨阶段,在这一阶段,更多的投资者根据分析和财经消息开始参与股市。尽管趋势是上升的,但也存在股价修正和回落。

第三个阶段为市场价格达到顶峰后出现的又一个累积期。在这一阶段,市场信息变得更加为众人所知,市场活动更为频繁。

(三) 证券价格波动趋势的判定

道氏理论判断长期趋势和中期趋势运动的方法是通过道-琼斯工业股价平均数和运输业股价平均数两种证券价格平均数的变动来相互印证的。道氏理论认为,股市变化是经济变化的反映,而工业与运输业的发展又是相互影响的,因此,只有当工业平均数和运输业平均数两种证券价格平均数在同一方向上运行时,才可确认某一市场趋势的形成。

道氏理论判断长期趋势的方法是两种股价平均数同时或一先一后达到新的高点或新的低点。如果工业平均数和运输业平均数从低价位上升,它们的最高价表现为一浪比一浪高,而回档的低价也一浪比一浪高,表现为主要趋势是牛市;反之,如果工业平均数和运输业平均数从高价位下降,它们的最高价表现为一浪比一浪低,而回档的低价也一浪比一浪低,则表现为主要趋势是熊市;如果在一段时间内,工业平均数和运输业平均数在某一窄的范围内波动(如波幅不超过5%),则表明买卖双方势均力敌,股市处于盘整阶段;当两种证券价格平均数的变动不能相互印证,即两种平均数的变动方向不一致时,则不能预测证券价格的长期和中期变化趋势。

另外,在判断市场趋势的形成时,必须得到交易量的确认,也就是说,在确定趋势时,交易量应在主要趋势的方向上放大。如果趋势的形成得不到交易量的确认,那么,所形成的趋势的可信度将值得怀疑。

二、移动平均线介绍

(一) 移动平均线的意义

如何了解股票市场的动态?最基本的方法是以一周股价平均数为根据。将上周五的平均数与本周五的平均数相比,就能发现股市趋势的发展,为日后操作做准备。所谓趋势,简单地说就是股价变动方向。比如说,本周的股价平均数较上周高,股价趋势向上可以确认,若本周的股价平均数较上周低,股价下跌便是事实。如何掌握趋势?我们可以在计算每日算术平均数后,与当日股价加权指数(或是个别股票当日收盘价格)同时表现在图纸上。经过一段时间,若清楚地看出移动平均线向上移动,则股价为上升趋势;若清楚地看出移动平均线向下移动,为下跌趋势。因此要了解股价趋势就需要把握股价与移动平均线的动向。

股票市场投资者为何要建立"移动平均"的观察?第一,当日股价上下波动大,不容易看出股价趋势,若将一定期间的股价加起来平均,则知道目前股价的平均成本。再与当日股价做比较,并且从过去的股价变动可以看出平均持股成本增加或降低。当移动平均数开始逐渐提高股价时,买进成本增加,获利者相对减少,短期内继续上涨,则需激起更大的买气,否则卖意增强,股价即将回跌。当移动平均数开始降低股价时,成本越来越低,易激起买气,则股价上涨的机会增加。第二,道·琼斯理论已为世界各国投资大众接受,自然有它的优点与准确性。移动平均线系统则是将该理论数字化,从数字变动中去预测股价短期、中期、长期的变动方向,同时从移动平均线图也可窥见成本变动情形,早谋对策。

（二）移动平均线的计算与种类

1. 移动平均线的计算方法

由于计算方法不同,移动平均线有简单移动平均数制作的平均线,加权移动平均数制作的平均线,简单指数平滑法制作的平均线。现介绍简单移动平均数与加权移动平均数计算方法。

(1) 简单移动平均数计算方法。

第一,先计算出 n 日算术平均值 M_t。

$$M_t = \frac{\sum P_t}{n}$$

式中,P_t——每日收盘价。

第二,随着日期推移,计算 $\sum P_t$ 时每日加上当日股价,减去最先一天的股价,再除以 n,可得到 $t+1$ 日的算术平均值;依此类推就可求出 $t+i$ 日的算术平均数,这样就可在坐标纸上画出移动平均线。

(2) 加权移动平均数计算方法。

由于股价近期影响因素大于远期,所以每日股价根据实践经验乘以加权系数 W_t。

第一,先计算出 n 日股价加权平均值 M_t;

$$M_t = \frac{\sum W_t P_t}{\sum W_t}$$

第二,方法同简单移动平均数,所不同的是求加权平均。

2. 移动平均线的种类

以不同时间基础的移动平均数可描绘出不同的移动平均线。目前国内常用的有 5 日、10 日、20 日、30 日、60 日、120 日、250 日移动平均线。

一般移动的基础时间天数减少,移动平均线对股价的反映越灵敏,反之则越迟钝。

一般 5～10 天移动平均线反映近期趋势;20～60 天移动平均线反映中期趋势,在我国当前 20 天线常常反映的是一段中级行情;120 天以上在我国已是反映长期趋势了。

移动平均线的优点:① 能避免人为的短线制造收盘价陷阱;② 能看出变动趋势,自动发出买卖信号;③ 运用者可根据移动平均线理论,自己确定风险水平,将可能的亏损降至最低点。缺点:① 其表现的平均股价与实际股价有滞后,难于把握股价的最高峰或最低点;② 在采用简单移动平均线时,如果价格波动幅度不大,就会出现锯齿式交错的买卖信号,使信号追随者无所适从。

三、移动平均线操作运用

（一）移动平均线的应用法则——葛兰威尔法则

移动平均线的应用法则,主要是指"移动平均线买卖的八大法则",即著名的葛兰威尔法则。该法则是以证券价格(或指数)与移动平均线之间的偏离关系来作为研判的依据。八大法则中有四条是买进法则,四条是卖出法则(见图 10-8)。

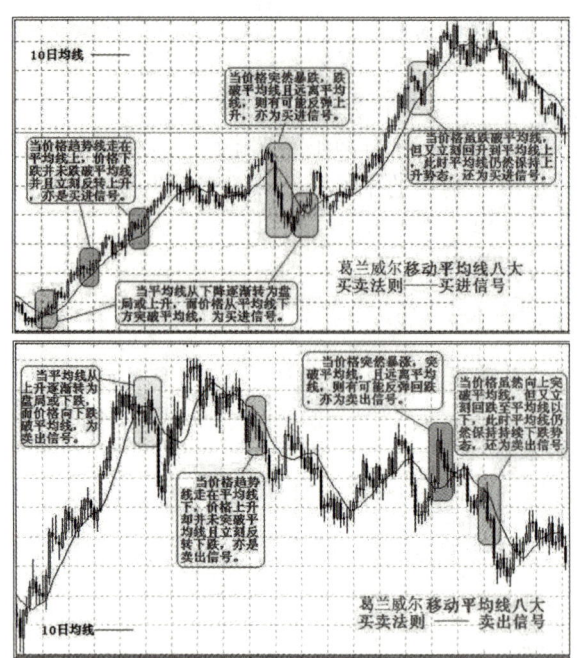

图 10-8 葛兰威尔买卖八大法则

1. 葛兰威尔的四个买入法则

（1）当平均线从下降逐渐转为盘局或上升，而股价从平均线下方突破平均线时，此为买进信号。

（2）当移动平均线仍为上升趋势，股价虽跌破平均线，但又立刻回升到平均线上方，此为买进信号。

（3）移动平均线仍为上升趋势，股价下跌却并未跌破平均线且立刻反转上升，是买进信号。

（4）当股价突然暴跌，跌破且远离平均线，而且移动平均线为下降趋势，则极有可能止跌反弹，为买进时机。

2. 葛兰威尔的四个卖出法则

（1）当股价突然暴涨，突破且远离平均线，且移动平均线为上升趋势，则股价极有可能回档调整，为卖出时机。

（2）当平均线从上升逐渐转为盘局或下跌，而股价向下跌破平均线，为卖出信号。

（3）当股价走在平均线之下，股价上升并未突破平均线且又开始下跌，且移动平均线为下降走势，是卖出信号。

（4）当股价虽然向上突破平均线，但又立刻回跌至平均线以下，此时平均线仍为下降走势，为卖出信号。

以上八种情况，其中买入法则中的第一种为最佳买进时机，卖出法则中的第二种为最佳卖出时机。

(二)单根移动平均线与乖离率结合运用

根据前面八大法则买入的第四条与卖出的第一条,当股票价格远离移动平均线时,具有回到移动平均线的要求。这是因为移动平均线就是投资者的平均持股成本,当股价暴涨时,一部分投资者由于赢利比较丰厚,产生了"落袋为安"的思想,在抛售压力下,股价回落。当股价暴跌时,远离移动平均线,大多数投资者都被深度套牢,因此也就不到市场看盘,抛售压力就很轻,短线投资者就可以做反弹行情。但是,我们如何衡量暴涨和暴跌呢?这里引入乖离率指标,根据股价偏离移动平均线的百分比进行度量。

乖离率是移动平均原理派生的一项技术指标,它的功能在于测算股价在波动过程中与移动平均线出现的偏离程度,从而得出股价在剧烈波动时因偏离移动平均趋势而造成可能的回档与反弹。乖离率分为正值和负值,当股价在移动平均线之上时,为正值;当股价在移动平均线之下时,为负值;当股价与移动平均线一致时,为零。

$$N\text{日个股乖离率}(BIAS) = \frac{\text{当日个股收盘价} - N\text{日移动平均股价}}{N\text{日移动平均股价}} \times 100\%$$

乖离率的基本研判原理是:如果股价离移动平均线太远,都不会持续太长时间,而会很快再次趋近平均线。运用乖离率决定买卖时机的参考数据为:

(1)股价或指数与5日平均值为:-3%是买进时机,+3.5%是卖出时机。

(2)股价或指数与10日平均值为:-4.5%是买进时机,+5%是卖出时机。

(3)股价或指数与20日平均值为:-7%是买进时机,+8%是卖出时机。

(4)股价或指数与60日平均值为:-11%是买进时机,+11%是卖出时机。

此外,当市场处于不同的强势或弱势行情下,乖离率指标的偏离值会更大,在此,有几点需要注意:

(1)一般说来,在弱势市场5日乖离率>6%为超买现象,是卖出时机。当其达到-6%以下时为超卖现象,是买入时机。

(2)在强势市场,5日乖离率>8%时为超买现象,是卖出时机。当其到达-3%时为超卖现象,是买入时机。

(3)在大势上升时,会出现多次高价,可于先前高价的正乖离点出现时抛出。在大势下跌时,也会出现多次低价,可于前次低价的负乖离点买进。

(4)盘局中正负乖离率不易判断,应和其他技术指标综合分析研判。

(5)大势上升时如遇负乖离率,可以趁跌势买进。

(6)大势下跌时如遇正乖离率,可以趁回升抛出。

(三)移动平均线组合判断股价行情

以一种时间基础的移动平均线判断股价趋势有一定的局限性,因此如能将短、中、长期移动平均线组合来综合研判股价行情则准确率更高(见图10-9)。研判依据如下:

(1)当短期线急剧地超越中长期线向上方移动,意味着买进的时机到来。

(2)每日股价移动平均线位于最上方并同短期线、中期线和长期线并列,且各条线都呈上升状态,这种情况是最令人安心的坚挺行情,称为多头排列。

(3)坚挺行情持续了相当一段时期后,短期线从停滞状态的高点出现下降倾向时,表明股价在高位出现动摇,这是将持有股票抛出的好时机。

(4) 当短、中、长三条移动线开始微妙交叉时,应及时将买进的部分卖出(死亡交叉),或将卖出的部分补进(黄金交叉)。

(5) 长、中、短期线及每日股价移动按顺序自上而下并列,且各条线都呈下跌趋势时,则为典型的疲软行情,称为空头排列。

(6) 疲软行情持续了相当一段时期后,短期线从谷底转向上升态势时,意味着处于涨势中的低价时期,这是购进的好时机。

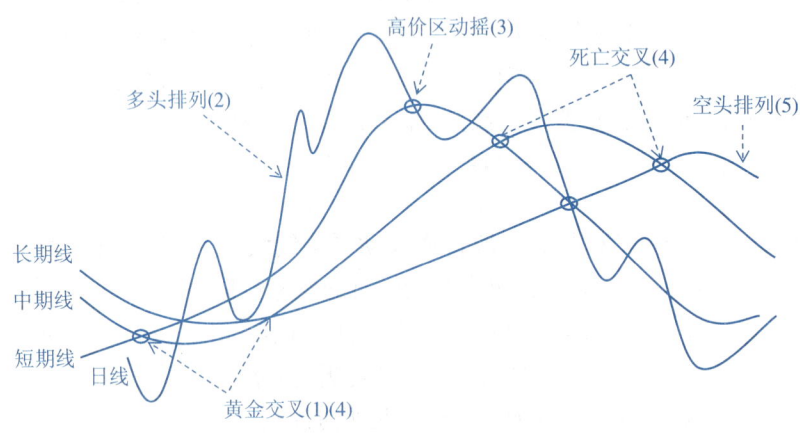

图 10-9 移动平均线组合判断行情示意图

任务四 切线分析

微课 10-4

股价变动有一定的趋势,在长期上涨或下跌的趋势中,会有短暂的盘旋或调整,投资者应把握长期趋势,不为暂时的回调和反弹所迷惑,同时也应及时把握大势的反转。切线分析方法就是帮助投资者识别大势变动方向的较为实用的方法。

一、趋势线

(一) 趋势线及其画法

1. 趋势线的含义

由于证券价格变化的趋势是有方向的,因而可以用直线将这种趋势表示出来,这样的直线称为趋势线。反映价格向上波动发展的趋势线称为上升趋势线,反映价格向下波动发展的趋势线则称为下降趋势线。

由于价格波动经常变化,可能由升转跌,也可能由跌转升,比如,股价在上升期间,市场一片看好,大家都在等回档时买进,在回落至前一低点之前,浓厚的买气阻止股价下跌并且回升,这种看涨心理造成股价的上升趋势。股价下跌时,市场一片看坏,大家都在等反弹时退出,目标值在逐渐下降,在回升至前一个高点之前,已经有大量筹码等待脱手,促使股价再次下降,形成下跌趋势。有的时候,股价也会在上升或下跌途中转换方向。因此,反映价格变动的趋势线不可能一成不变,而要随着价格波动的实际情况进行调整。也就是说,价格不管是上升还是下跌,在任一发展方向上的趋势线都不是只有一条,而是若干条。不同的趋势线反映了不同时期价格波动的实际走向。

2. 趋势线的画法

连接一段时间内价格波动的高点或低点可画出一条趋势线。即在一个上升趋势中连接价格波动的各个低点会形成一条向上的直线,称为上升趋势线,在下降趋势中连接价格波动的各个高点形成一条向下的直线,称为下降趋势线。标准的趋势线必须由两个以上的高点或低点连接形成。

在画趋势线时,所采用的价格可以是收盘价。如果以 K 线图画趋势线,则对于上升趋势来说,以两条决定性阳线的开盘价(或最低价)来进行描绘,而对于下降趋势来说,以两条决定性阴线的开盘价(或最高价)来进行描绘。

正确判断趋势线的高点或低点并不容易,它需要对过去价格波动的形态进行分析研究。根据两点决定一线的基本原理,画任何趋势线必然选择两个有决定意义的高点或低点。一般来说,上升趋势线的两个低点,应是两个反转低点,即下跌至某一低点开始回升,再下跌没有跌破前一低点又开始上升,则这两个低点就是两个反转低点。同理,决定下跌趋势线也需要两个反转高点,即上升至某一高点后开始下跌,回升未达到前一高点开始回落,则这两个高点就是反转高点。

(二) 趋势线的运用

在若干条上升趋势线与下降趋势线中,最重要的是原始趋势线。它决定了股价波动的基本发展趋势,有着极其重要的意义。原始趋势的最低点是由下跌行情转为上升行情的最低,至少一年内此价位再没有出现。原始趋势的最高点是由上升行情转为下跌行情的最高点,同样也是至少一年内此价位再没有出现。

在股价的运动变化过程中,若中级行情的上升趋势线被突破,回抽后碰趋势线,没有冲破其趋势线,又回落,投资者可考虑卖出(见图 10-10-1)。反之,在中级行情的下降趋势中,趋势线被突破,再次回落后碰趋势线,又反弹上升,则投资者可考虑买进(见图 10-10-2)。

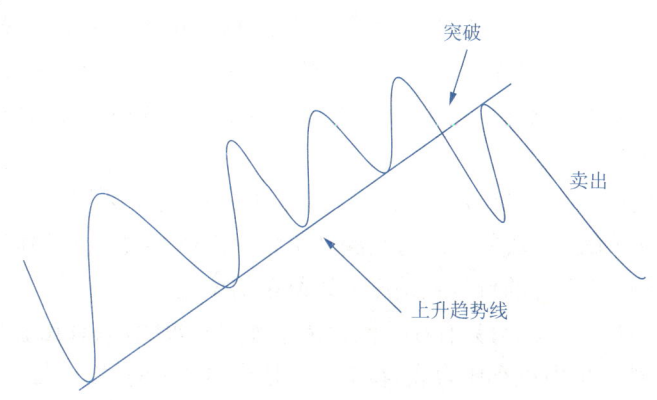

图 10-10-1　上升趋势线突破的卖出时机

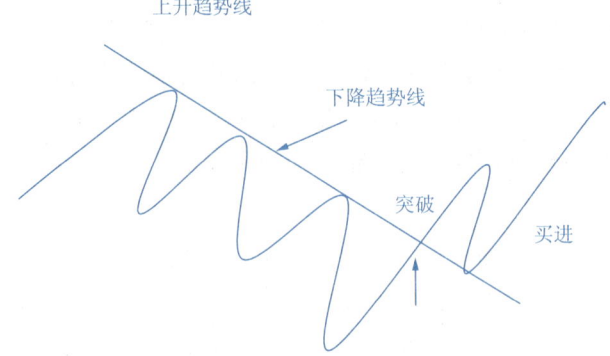

图 10-10-2　下降趋势线突破的买入时机

（三）趋势线的有效性

（1）趋势线的角度至关重要，趋势线太平或太陡，其有效性都会下降。过于平缓的角度显示出力度不够，也就是大家常说的"肉股"，不容易马上产生大行情；过于陡峭的趋势线则不能持久，往往容易很快转变趋势。著名角度线大师江恩认为，45度角的趋势线非常可靠，也就是江恩所说的1×1角度线。

（2）趋势线连接的点数越多，其可靠性就越强，趋势线的长短与其重要性成正比，长期趋势线和中期趋势线第一点和第二点的距离不应太近，如距离过近，所形成的趋势线的重要性将降低。

（3）股价对趋势线的突破一般以收盘价为标准。趋势线常可以和成交量配合使用，股价从下向上突破压力线时，往往需要大成交量的支持，如果没有成交量支持的突破，在很多时候是假突破。许多人把收盘价穿越趋势线的幅度超过3%，作为有效突破。

股价跌破趋势线后，距趋势线不远，成交量并没有迅速增加，成交量萎缩至相当程度，股价回升至趋势线下方，此时成交量如果扩大，股价再度下跌，就可确定上升趋势线被破坏。

二、支撑线与压力线

（一）概念

支撑线又称为抵抗线。当价格跌到某个价位附近时，价格停止下跌，甚至有可能还有回升，这是因为多方在这个位置买入或持股人的惜售造成的。支撑线起到了阻止价格继续下跌的作用，如果我们在实战中能够比较准确地判断出支撑线所在的位置，也就把握了一次较好的买入时机。

压力线又称为阻力线。当价格上涨到某价位附近时，价格会停止上涨，甚至回落，这是因为空方在此抛出股票造成的。压力线起到了阻止价格继续上升的作用。这个起着阻止或暂时阻止价格继续上升的价位就是压力线所在的位置。

不要产生这样的误解，认为只有在下跌行情中才有支撑线，只有在上升行情中才有压力线。其实，在下跌行情中也有压力线，在上升行情中也有支撑线（见图10-11）。但是由于在下跌行情中人们最关注的是跌到什么地方才能结束,所以关心支撑线就多一些;在上升行情中人们更关注涨到什么价位股价会回调,所以关心压力线多一些。

最初的支撑和压力就是简单的指出价格位置。后来发展了支撑线和压力线的概念。支撑和压力扩大成了一个区域。常用的选择支撑线和压力线的方法是前期的高点和低点或成交密集区。

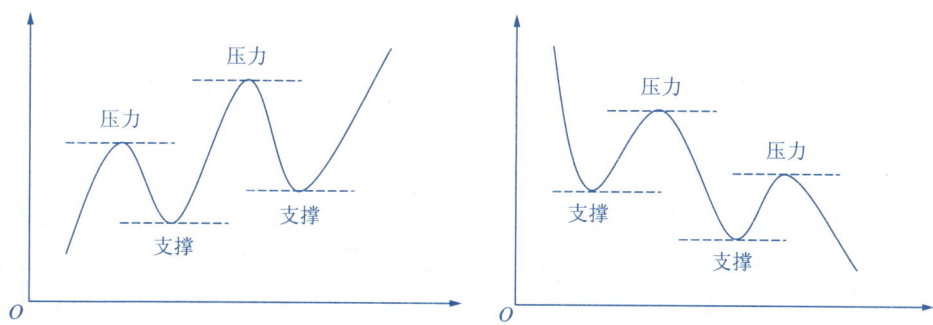

图 10-11 支撑线与压力线

(二) 作用

支撑线和压力线的作用是阻止或暂时阻止股价向一个方向继续运动。股价的变动是有趋势的,要维持这种趋势,保持原来的变动方向,就必须冲破阻止其继续向前的障碍。例如,要维持下跌行情,就必须突破支撑线的阻力和干扰,创造出新的低点;要维持上升行情,就必须突破上升的压力线的阻力和干扰,创造出新的高点。由此可见,支撑线和压力线迟早有被突破的可能,它们不足以长久地阻止股价保持原来的变动方向,只不过是使之暂时停顿而已。同时,支撑线和压力线又有彻底阻止股价按原方向变动的可能。当一个趋势终结了,它就不可能出现新的低价和新的高价,这样支撑线和压力线就显得异常重要。

在上升趋势中,如果下一次未创出新高,即未突破压力线,这个上升趋势就已经处在很关键的位置了;如果再往后的股价又向下突破了这个上升趋势的支撑线,这就产生了一个趋势有变得很强烈的警告信号,通常这意味着这一轮上升趋势已经结束,下一步的走向是下跌的过程。

同样,在下降趋势中,如果下一次未创新低,即未突破支撑线,这个下降趋势就已经处于很关键的位置;如果下一步股价向上突破了这次下降趋势的压力线,这就发出了这个下降趋势将要结束的强烈的信号,股价的下一步将是上升的趋势。

(三) 支撑线与压力线的相互转化

支撑线和压力线主要是从人的心理因素方面考虑的,两者的相互转化也是这样。支撑线和压力线之所以能起支撑和压力作用,很大程度是由于心理方面的原因,这就是支撑线和压力线理论上的依据。当然,心理因素不是唯一的依据,还可以找到别的依据,如历史会重复等,但心理因素是主要的理论依据。

一个市场里无外乎三种人,多头、空头和旁观。旁观的又可分为持股的和持币的。假设股价在一个支撑区域待了一段时间后开始向上移动。在此支撑区买入股票的多头们很肯定地认为自己对了,并对自己没有多买入些而感到后悔。在支撑区卖出股票的空头们这时也认识到自己弄错了,他们希望股价再跌回他们的卖出区域,将他们原来卖出的股票补回来。而旁观者中的持股者的心情和多头相似,持币者的心情同空头相似。无论是这四种人中哪一种,都有买入股票成为多头的愿望。

正是由于这四种人决定要在下一个买入的时机买入,所以才使股价稍一回落就会受到大家的关心,他们会或早或晚地进入股市买股票,这就使价格根本还未下降到原来的支撑位置,上述四个新的买进大军自然会把价格推上去。在该支撑区发生的交易越多,就说明越多的股票投资者在这个支撑区有切身利益,这个支撑区就越发重要。

我们再假设股价在一个支撑位置获得支撑后,过了一段时间开始向下移动,而不是像前面假设的那样是向上移动。对于上升,由于每次回落都有更多的买入,因而产生新的支撑。而对于下降,跌破了该支撑,情况就截然相反。在该压力区买入的多头都意识到自己错了,而没有买入的或卖出的空头都意识到自己对了。无论是多头还是空头,他们都有抛出股票逃离目前市场的想法。一旦股价有些回升,尚未到达原来的支撑位,就会有一批股票抛压出来,再次将股价压低。以上的分析过程对于压力线也同时适用,只不过结论正好相反。

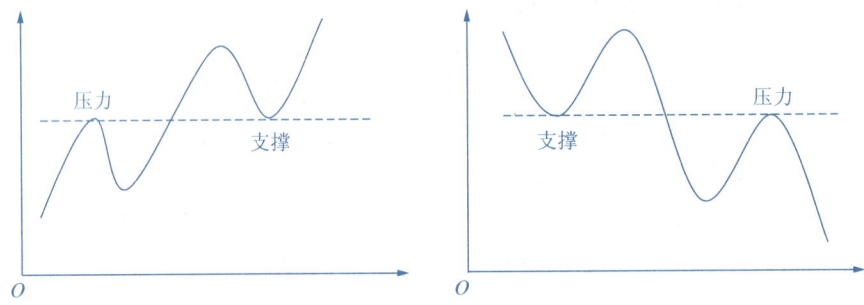

图 10-12 支撑线与压力线的相互转化

这些分析的附带结果是支撑和压力地位的相互转化。如上所述,一个支撑如果被跌破,那么这个支撑将成为压力,同理一个压力被突破,这个压力将成为支撑。这说明支撑和压力的角色不是一成不变的,而是可能改变的,条件是它被有效地足够强大的股价变动突破(见图 10-12)。

支撑线和压力线相互转化的重要依据是被突破,怎样才能算被突破呢?用一个数字来严格区分突破和未突破是很困难的,没有一个截然的分界线。

一般说来,穿过支撑线和压力线越远,突破的结论越正确,越值得我们相信,越让我们认识到新的压力线和支撑线。有几个数字,值得我们注意,3%、5%、10%和一些整数的价位。跌破这些数字,往往是我们改变看法的开始。3%、5%和10%是针对跌破支撑成压力线的幅度而言。3%偏重于短线的支撑和压力区域,10%偏重于长线的支撑和压力区域,5%介于两者之间,整数价位主要是针对人的心理状态而言,它更注重心理,而不是注重技术。7.99元与8.00元相差并不多,但7.99元给人的印象是跌破8元,而8元还未跌破8元。

微课 10-5

任务五　形态分析

K线理论对今后股价的运动方向判断提供了一定的指导方法,但是,K线理论更注重短线的操作,它的预测效果只适应于今后很短的时期。为了弥补这种不足,可以对多根K线进行分析,众多K线组合组成了一条上下波动的曲线,这条曲线即为股价在一段时间内运动的轨迹。形态分析法就是通过研究股票历史走势形成的图形态势,分析买卖双方力量对比的情况,发现股价运行的方向,从而指导投资者今后的行动。

股价的移动主要有保持平衡的持续整理和打破平衡的突破两种过程,这样,股价曲线分为两大类型,一类是反转突破形态,一类是持续整理形态。前者打破平衡,后者保持平衡。

一、反转突破形态

反转突破形态描述了趋势方向的反转,是投资分析中应该重点关注的变化形态。反转变化形态主要有头肩形态、双重顶(底)形态、圆弧顶(底)形态、喇叭形态以及菱形形态等多种形态。

(一) 头肩形态

头肩形态是实际股价形态中出现最多的形态,也是最著名和最可靠的反转突破形态。它一般分为头肩顶和头肩底两种类型。

1. 头肩顶形态

头肩顶形态是一个可靠的沽出时机,一般通过连续的三次起落构成该形态的三个部分,即要出现三个局部的高点。中间的高点比两边的高点高,称为头部,左右两个相对较低的高点称为肩(见图10-13上半部分)。

头肩顶形态的完成过程经过如下几个步骤:

(1) 一轮强劲的上涨,这是一轮多少带有爆发性的大规模上涨,交易量变得十分巨大(与之前的相比),紧随而来的是一小幅回调,相应的交易量较上涨最后的几个交易日以及顶部处都有所减少。这就是左肩。

(2) 又一轮伴有可观交易量的上涨(可能比左肩大也可能与左肩差不多),达到高于左肩顶部一定幅度的水平(一定要明显高于左肩顶部),然后另一个回落开始,交易量有所减少,价位下跌至前次回落的底部附近水平,也许高一点也许低一点,然而任何情况下都明显低于左肩的顶点。这就是头部。

(3) 第三轮上涨,但是这一次交易量明显低于左肩与头部形成所伴随的交易量。在下一轮跌势之前也未能达到头部高度,这就是右肩。

(4) 最后,第三轮回落时价位的下跌,跌破分别经过左肩与头部之间及头部与右肩下跌的底部而做出的一条直线(颈线),并以收市于该线以下近似该股市场价格3%以上的幅度。这就是确认突破。

这种头肩顶反转向下的道理与支撑线和压力线的内容有密切关系,图10-13上半部分中的直线 l_1 和直线 l_2 是两条明显的支撑线。在 C 点到 D 点突破直线 l_1 说明上升趋势的势头已经遇到了阻力,E 点和 F 点之间的突破则是趋势的转向。另外,E 点的反弹高度没有超过 C 点,也是上升趋势出现问题的信号。

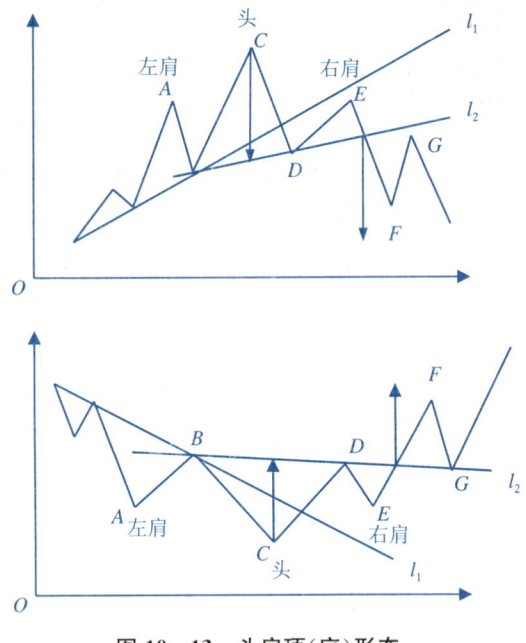

图10-13 头肩顶(底)形态

图10-13上半部分中的直线 l_2 是头肩顶形态中极为重要的直线——颈线。头部两侧的低点连接而成的线称为颈线。在头肩顶形态中,它是支撑线,起支撑作用。

交易量的判断不能以数字的大小为依据,交易量的判断只能按照一定交易周期内的高低来进行比较。左肩的交易量可以比头部高也可以比头部低,但右肩的交易量一定比头部低。

头肩顶的观察可以从头部开始,而操作,最好等到右肩的回撤,这一回撤低于左肩的高点。当突破后价格下跌,而交易量仍旧保持低谷,则有可能产生一轮反扑,使价格回到颈线的位置(极少有突破颈线的)。这往往是"最后的挣扎",价格会很快再次下跌,交易量急剧放大,这几乎成了不变的定律。

头肩顶完成后下跌的幅度有多大呢?测量头部的顶点垂直向下到颈线之间的距离。然后,从紧随右肩形成之后价格最终穿透颈线的地方向下测量同样的距离。这样便能得出最小的目标下跌位置。在下跌达到最小目标位后通常会有一些反弹,下跌离最小目标位越远,反弹力度越大。头肩顶头一轮突破下跌后的低点极可能成为日后长久的压力位。

头肩顶的形成需要时间、成交量、价格的良好配合,三者缺少一样都将为日后的失败埋下伏笔。

2. 头肩底形态

头肩底是头肩顶的倒转形态,是一个可靠的买进时机。这一形态的构成与头肩顶类同,由左肩、头部、右肩共同构成。头肩底的完成过程是:

(1)股价经过长期下跌,成交量相对减少,接着出现一次成交量较小的次级上升,左肩形成。

(2)股价第二次下跌,低点低于左肩之最低价,而其成交量在下跌过程中没有减少,甚至增加,在低位盘旋时成交量则迅速萎缩,然后一口气回升至越过左肩低档价价位,成交量迅速增加,大于左肩形成时成交量,头部形成。

(3)第三次下跌,成交量很明显地小于左肩和头部,当跌至头部的最低价格水准以前即反弹上升。

头肩底形态的特征是:头肩底的颈线突破时,必须有巨大成交量的配合,否则极可能是一次虚假的突破;在升破颈线后可能有暂时回跌,但回跌不应低于颈线,否则可能是失败的头肩底形态;头部到颈线之间的距离即是从颈线突破开始的最小量度升幅。成功的头肩底形态,升幅一般都会大于其量度的升幅。

头肩顶形态与头肩底形态在成交量配合方面的最大区别是,头肩顶形态完成后,向下突破颈线时,成交量不一定放大;而头肩底形态向上突破颈线,若没有较大的成交量出现,可靠性将大为降低,甚至可能出现假的头肩底形态。

(二) 双重顶和双重底形态

双重顶和双重底形态也是一个重要的反转形态。它与头肩形态相比,就是没有肩部,只是由两个基本等高的峰或谷组成。

双重顶形态的形成过程:股价持续上升给投资者带来了丰厚的利润,这一批获利筹码亟待沽出以致上升行情转为下跌。当股价回落到某一水平,吸引了一些短线客户的兴趣,获利投资者也可能低位补回,于是行情恢复上升。然而,由于信心不足,股价难以再创新高,市场沽盘再度涌出,股价再次下跌。由于高点两次受阻回落,投资者信心受损,空头得势,使股价跌破颈线,双重顶形态即告形成(见图10-14上半部分)。

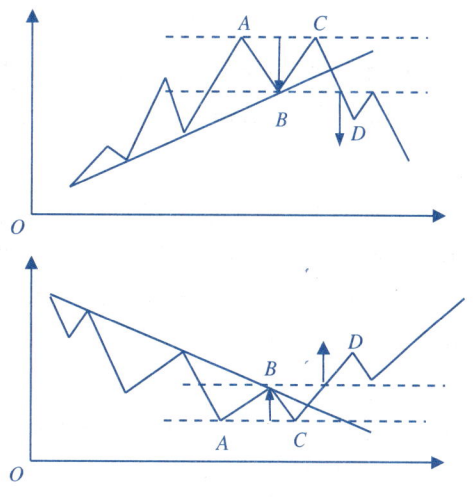

图 10-14 双重顶和双重底

关于双重底,有完全相似或者说完全相同的结果。双重底的形成过程:股价持续下跌使其投资价值日益显露,市场惜售心理越来越浓,而另一些投资者则因价低而尝试买入,推动股价回升。然而上升到某一水平时,会令一部分信心不足的持股者产生抛售动机,股价再一次下挫。但对后市充满信心的投资者觉得他们错过了上次低点买入的良机,于是趁低吸纳筹码,股价又一次回升。由于两次探底未向下突破,激发了投资者的购买热情,供不应求的力量推动股价扬升,且突破颈线,从而使走势得以逆转。

在研究双重形态时,需要把握以下几个方面:

(1) 双重形态由两个明显的波峰或波谷构成,它是三重形态的一种变体,因其特殊的形状,也被称为"M"头形态和"W"底形态。

(2) 双重形态必须处于市场的相对高位或相对低位,并且它的两个波峰或波谷处于几乎相等的价位。

(3) 双重形态只有在其中最高点的阻力位或最低点的支撑位被突破才算最终完成。

(4) 顶部的双重形态成交量往往伴随相继的波峰减少,而且应该在向下突破点时增加,底部的情况正好相反。

实际运用中需要了解的其他情况:

(1) 双重形态构筑的时间越长代表的意义也越大。

(2) 在顶部的双重形态构筑的时间往往较短,并且波动剧烈。在底部的双重形态构筑的时间往往较长,并且波动细微。

（3）双重形态完成后最小运动的测量方法是量出形态的高度。亦即从顶点到颈线的垂直距离。

（4）双重形态被突破时如没有伴随巨大成交量很容易产生回抽。

（5）双重形态的两个波峰有时并不完全处于同一价位上,有时第二个波峰无法达到第一个波峰的高度,但这还不是最让图表分析师头疼的,如果第二个波峰略微超过第一个波峰产生了趋势延续的"假突破"才是最大的问题。对此,一般采用"过滤器"进行确认。

一是价格"过滤器",以价格突破的幅度为标准,股票市场一般为3%,期货市场一般为1%。

二是时间"过滤器",以价格突破后停留在形态之外的时间为标准,一般为"两天原则"。

除此以外,成交量也是帮助辨别突破是否有效的重要方法,如果突破时没有伴随巨大的成交量,则该突破值得怀疑,底部时尤其如此。

（三）圆弧形态

股价在发生反转的过程中,有的是经过长期较量并与大成交量配合才能改变趋势,有的则没有如此激烈,而是经历一段潜移默化的过程后,一方力量自然地转向另一方。圆弧形态所形成的反转是典型的代表。在圆底形成过程中,市场经历了一次供求关系的彻底转变,好像是一部解释市场行为的科教片,把市势转变的全过程用慢镜头呈现给所有的投资者。应该说,圆底的形态是最容易被发现的,因为它给了充分的时间让大家看出它的存在。但是,正是由于它形成的所需时间较长,往往反而被投资者忽略了。下面以圆底形态为例,介绍圆弧形态。

圆底,是指股价在经历了漫长的下跌之后,跌势逐渐趋缓,并最终停止下跌,在底部横盘一段时间后,又开始再次缓慢回升,终于向上发展的过程。现在我们通过圆底这个图形表象来研究这个过程的本质（见图10-15右半部分）。

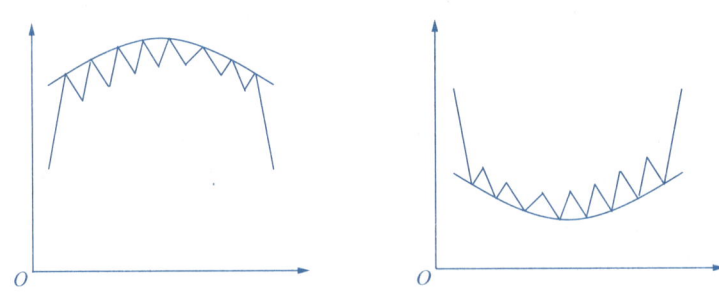

图10-15 圆形顶（底）

当股价从高位开始回落之初,人们对股价的反弹充满信心,市场气氛依然热烈,因此股价的波动幅度在人们的踊跃参与之下依然较大。但事实上,股价在振荡中正在逐渐走低,不用多久,人们就发现此时的市场很难挣钱,甚至还常常亏钱,因此参与市场的兴趣在逐渐降低。而参与的人越少,股价更加要向下发展取得平衡。正是这种循环导致股价不断下跌,离场的人也就越来越多。

然而，当成交量越来越少的时候，经过长时间的换手整理，人们的持股成本也逐渐降低，这时候股价下跌的动力有所减弱，因为想离场的人已经离场了，余下的人即使股价再跌也不肯斩仓。这样，股价不再下跌。但这时候也没有什么人想买股票，大家心灰意冷，这种局面要持续相当长的一段时间，形成了股价底部横盘的局面。

这种横盘要持续多久很难说，有时是几个月甚至几年，有时是几个星期，但这种横盘局面迟早会被打破，而盘面打破的特征就是股价开始小幅上扬，成交量开始放大，这一现象的实质是市场上出现了新的买入力量，打破了原有的平衡，因而迫使股价上行。

事情发展总是循序渐进、水到渠成的，当新的买入力量持续增强的时候，说明市场筑底成功，有向上发展的内在要求，才形成了圆底的右半部分。当股价在成交放大的推动下向上突破时，这是一个难得的买入时机，因为圆底形成所耗时间长，所以在底部积累了较充足的动力，一旦向上突破，将会引起一段相当有力而持久的上涨。投资者这时必须果断，不要被当时市场虚弱的气氛给吓倒。

圆底的主要特征：

(1) 打底的时间较长；
(2) 底部的波动幅度极小，成交量极度萎缩；
(3) 股价日K线与平均线叠合得很近；
(4) 盘至尾端时，成交量缓慢递增，之后就是巨量向上突破阻力线；
(5) 在经历了大幅下跌之后形成。

(四) 喇叭形和菱形形态

喇叭形和菱形也是重要的反转形态。这两种形态的共同之处是，大多出现在顶部，而且两者都是看跌。更为可贵的是，喇叭形和菱形在形态完成后，几乎总是下跌，不存在突破是否成立的问题。这两种形态在实际中出现的次数不多，但是一旦出现，则极为有用。

1. 喇叭形态

喇叭形态显示出三个相继的上升波峰和两个相继的下降波谷，最终由价格跌破第二个波谷完成。它是三角形的一种稀有变体，呈一个反向的三角形（见图10-16）。

喇叭形态通常出现在牛市尾部，形态的成交量随着价格摆动的扩大而增加。喇叭形态代表着一个已经失去控制和极为冲动的市场。

实际运用中需要了解的其他情况：

(1) 喇叭形态是市场处于高度疯狂的时候，此时兑现手中利润空仓观望是较好的选择。
(2) 如果前期市场未经过一轮大幅上涨，喇叭形态则经常产生变形，并最终向上突破。
(3) 喇叭形态完成后最小运动的测量方法是量出形态的最高点至突破点的距离。
(4) 喇叭形态十分罕见。

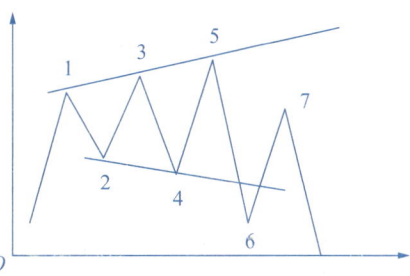

图10-16 喇叭形态

2. 菱形形态

菱形形态是另一种出现在顶部的看跌形态,它实际上是喇叭形和对称三角形的结合。如果将这一形态分前后两个部分,即可发现,前半部分就是喇叭形走势,后半部分类似于对称三角形(见图10-17)。

菱形形态的形成过程:当股价越升越高时,投资者狂热的投资情绪完全替代了理智,因此价格波动增大,成交亦大量增加。但由于处于高位区,投资者的情绪渐渐冷却下来,成交减少,股价波动幅度收窄,市场投资意愿转变为以观望为主的心态,投资者静静等待市场的进一步变化。随后,股价向下突破,菱形形态即告形成,跌破支撑点的价格即为沽出信号。

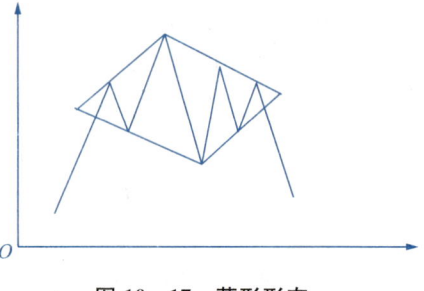

图10-17 菱形形态

实际运用中需要了解的其他情况:

(1)由于其成因在于情绪激动的市场环境,故一般出现在中级下跌前的顶部或大量成交的顶点处,极少有机会出现在跌市中;

(2)成交量方面,前半部分,有着不规则的大成交量,后半阶段,成交量逐渐缩减,待价格突破颈线时,成交量一般会回升;

(3)菱形走势最小跌幅的量度方法是从股价突破菱形颈线开始,量度出形态内最高点和最低点的垂直距离,即为股价即将下跌的最小幅度。

二、整理形态

股价的上升犹如波浪推进,有涨有落但总趋势向上,也就像长途跑步一样必须休息。股价整理的意义就在于休整,如果不整理,股价就不可能有能力再往上冲。对于短线炒手来讲,股价休整的时候可以暂时退出观望,或者抽出资金来买入那些休整结束的股票。市场中,每天都有很多股票正在盘整,也有些股票已经完成盘整开始新的上升。这样给投资者以很大的选择余地。

(一)三角形整理形态

三角形整理形态主要分为对称三角形、上升三角形和下降三角形三种。

1. 对称三角形

对称三角形情况大多是发生在一个大趋势进行的途中,它表示原有的趋势暂时处于休整阶段,之后还要随着原趋势的方向继续行动。由此可见,见到对称三角形后,股价今后走向最大可能是沿原有的趋势方向运动。

图10-18是对称三角形的一个简化的图形,这里的原有趋势是上升,所以,三角形态完成以后是突破向上。从图中可以看出,对称三角形有两条聚拢的直线,上面的向下倾斜,为压力线;下面的向上倾斜,为支撑线。两直线的交点称为顶点。另外,对称三角形要求至少应有四个转折点,图中的1、2、3、4、5、6都是转折点。四个转折点的要求是必然的,因为每条直线的确定需要两个点。上下两条直线就至少要求有四个转折点。正如趋势线

的确认要求第三点验证一样,对称三角形一般应有六个转折点,这样,上下两条直线的支撑压力作用才能得到验证。

对称三角形只是原有趋势运动的途中休整阶段,所以持续的时间不应太长。持续时间太长了,保持原有趋势的能力就会下降。一般说来,突破上下两条直线的包围,继续沿原有既定的方向运动的时间要尽量早些,越靠近三角形的顶点,三角形的各种功能就越不明显,对我们进行买卖操作的指导意义就越不强。根据经验,突破的位置一般应在三角形的横向宽度的1/2到3/4的某个地

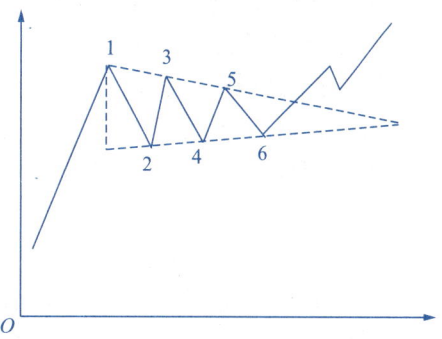

图10-18 对称三角形整理形态

点。三角形的横向宽度指的是图中顶点到第1个高点向下做垂线的距离。

由对称三角形的特殊性,根据上下两条直线即可预测股价向上或向下突破的时间区域。我们可在图上根据两条直线找到顶点,然后,计算出三角形的横向宽度,标出1/2和3/4的位置,这个区域就是股价未来可能要突破,并保持原来趋势的位置。这对于我们进行投资是很有指导意义的。不过这有个大前提必须认定股价一定要突破这个三角形。如果股价不在预定的位置突破三角形,那么这个对称三角形态可能会转化成别的形态。突破是真是假,可采用百分比原则、日数原则或收盘原则确认。

对称三角形被突破后,也有测算功能。这里介绍两种测算价位的方法,以原有的趋势上升为例。

方法一:如图10-19所示。从C点向上带箭头直线的高度,是未来股价至少要达到的高度。箭头直线长度与AB连线长度相等。AB连线的长度称为对称三角形形态的高度。从突破点算起,股价至少要运动到与形态高度相等的距离。

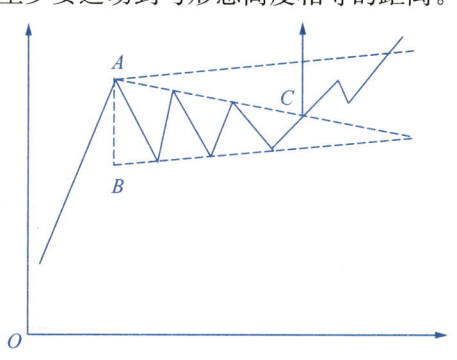

图10-19 对称三角形突破的高度测量

方法二:如图10-19所示。过A点作平行于下边直线的平行线,图中的斜虚线,是股价今后至少要达到的位置。

2. 上升三角形

在各种盘整走势中,上升三角形是最常见的走势,也是标准的整理形态(见图10-20)。

上升三角形的形成过程：股价上涨一段之后，在某个价位上遇阻回落，这种阻力可能是获利抛压，也可能是原先套牢区的解套压力，甚至可能是主力出货压力。在回落过程中，成交量迅速减小，说明上方抛盘并不急切，只有到达某个价位才有抛压。由于主动性抛盘并不多，股价下跌一些之后很快站稳，并再次上攻，在上攻到上次顶点的时候，同样遇到了抛压，但是，比起第一次，这种抛压小了一些，这可以从成交量上看出来，显然，想抛的人已经抛了不少，并无新的卖盘出现。这时股价稍做回落，远远不能跌到上次回落的低位，而成交量更小了。于是股价自然而然地再次上攻，终于消化了上方的抛盘，重新向上发展。在上升三角形没有完成之前，也就是在没有向上突破之前，事情的方向还是未知的，如果向上突破不成功，可能演化为头部形态，因此在形态形成的过程中不应轻举妄动。突破往往发生在明确的某一天，因为市场上其实有许多人在盯着这个三角形，等待它的完成。一旦向上突破，理所当然地会引起许多人的追捧，从而出现放量上涨的局面。

上升三角形的上边线表示一种压力，在这水平上存在某种抛压，而这一抛压并不是固定不变的。一般来说，某一水平的抛压经过一次冲击之后应该有所减弱，再次冲击时更进一步减弱，到第三次冲击时，实质性抛盘已经很少了，剩下的只是心理上的压力而已。这种现象的出现，说明市场上看淡后市的人并没有增加，倒是看好后市的人越来越多。由此可以想见，股价向上突破上升三角形的时候，其实不应该有多大的阻力，这是判断一个真实突破的关键。

上升三角形具有以下特征：

(1) 两次冲顶连线呈一水平线，两次探底连线呈上升趋势线；
(2) 成交量逐渐萎缩，在整理的尾端时才又逐渐放大并以巨量冲破顶与顶的连线；
(3) 突破要干净利落；
(4) 整理至尾端时，股价波动幅度越来越小。

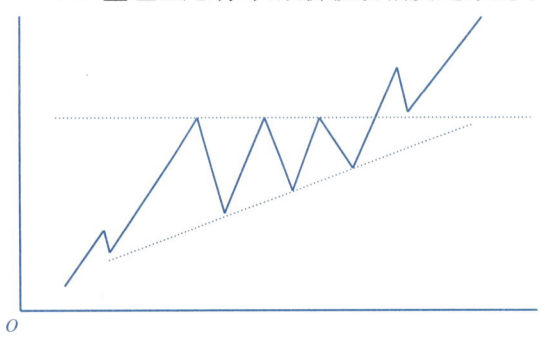

图 10-20　上升三角形

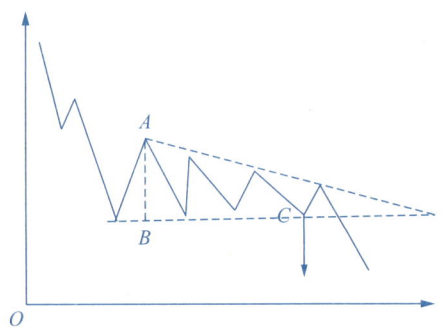

图 10-21　下降三角形

3. 下降三角形

下降三角形同上升三角形正好反向，是看跌的形态。图 10-21 是其简单的图形表示。下降三角形的基本内容同上升三角形可以说完全相似，只是方向相反，它是一种具有"向淡暗示"的走势形态。下降三角形的成交量一直十分低迷，突破时也不必有大成交量相配合。下降三角形的跌幅量度方法与对称三角形相同。如果股价原有的趋势是向上的，则遇到下降三角形后，趋势的判断有一定的难度；但如果在上升趋势的末期，出现下降三角形后，可以看成是反转形态的顶部。

(二) 矩形整理形态

矩形又称箱形,是指股价在两条水平的上下界线之间反复波动而形成的形态,也是一种典型的整理形态(见图 10-22)。矩形整理的分析意义和三角形整理形态完全相同,只是股价每次探底时都在同一水平获得支撑,而不是像三角形那样低点逐步上移。

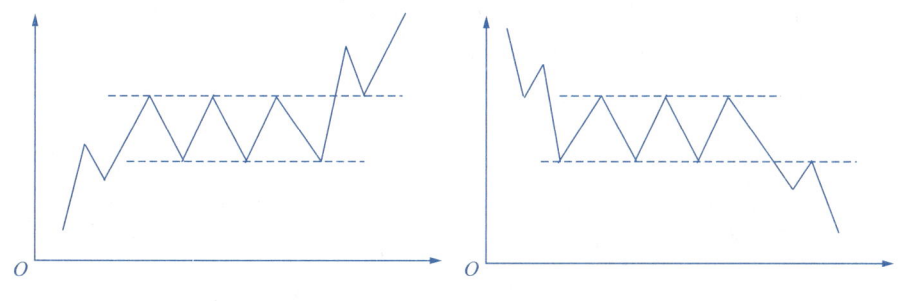

图 10-22 矩形

矩形常常被人们称为股票箱,意思是股价好像被关在一个箱子里,上面有盖,下面有底,而股价在两层夹板之间来回运动。如果这种来回运动具有一定的规律性,即上升时成交量放大,下降时成交量缩小,并且随着时间推移,成交量整体呈现缩小的趋势,那么这个矩形是比较可靠的。

矩形常常是在主力机构强行洗盘下形成的,上方水平的阻力线是主力预定的洗盘位置,下方的水平支撑线是护盘底线。在盘面上我们有时可以看到股价偶尔会跌破支撑线,但迅速回到支撑线之上,这可能是主力试探市场心态的方法。如果一个重要的支撑位跌破之后,市场并不进一步下挫,这充分说明市场的抛压已经穷尽,没有能力进一步下跌。

矩形有一个量度的升幅,即当矩形向上突破之后,最小要向上升到这个矩形本身的高度。股价在股票箱中来回振荡的次数可多可少,这取决于市场的需要。振荡的次数越多,说明市场的浮码清洗得越彻底,但是振荡的尾声必须伴随着成交量的萎缩。在实战中,完全标准的矩形并不是常见的,股价走势常常在整理的末段发生变化,不再具有大的波幅,反而逐渐沉寂下来,高点无法达到上次的高点,而低点比上次低点稍高一些,演变为旗形。这种变形形态比标准矩形更为可信,因为形态的末端说明市场已清楚地表明了它的意愿,说明整理已到达末期,即将选择方向。因此,真正的突破不一定发生在颈线位置上。

矩形的特征如下:
(1) 盘整的时间较长;
(2) 上升的压力线平行于支撑线;
(3) 突破阻力线时必须伴随着大的成交量;
(4) 盘整期越久,将来突破之后的行情越大。

(三) 旗形和楔形

旗形和楔形是两个著名的持续整理形态。它们都是一个趋势的中途休整过程,休整之后,还要保持原来的趋势方向。这两个形态的特殊之处在于,它们都有明确的形态方向,如向上或向下,并且形态方向与原有的趋势方向相反。例如,如果原有的趋势方向是上升,则这两种形态的方向就是下降。

1. 旗形

典型的旗形如图 10-23 所示。它大多发生在市场极度活跃、股价运动近乎直线上升或下降的情况下。在市场急速而又大幅的波动中,股价经过一连串紧密的短期波动后,形成一个稍微与原来趋势呈相反方向倾斜的长方形,这就是旗形走势。旗形走势的形状就如同一面挂在旗杆顶上的旗帜,故此得名。它又可分为上升旗形和下降旗形两种。

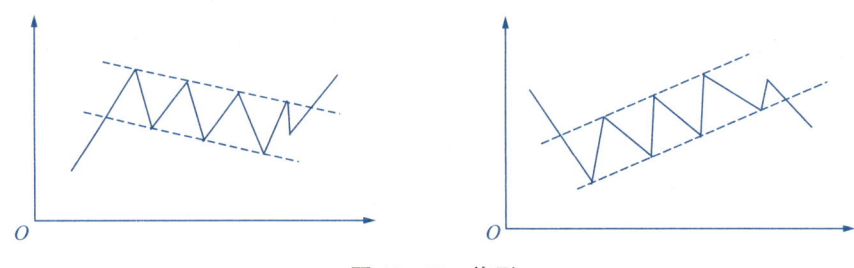

图 10-23 旗形

旗形的上下两条平行线起着支撑和压力的作用,两条平行线的某一条被突破是旗形完成的标志。

旗形的形态高度是平行四边形左右两条边的长度。旗形被突破后,股价将至少要走到形态高度的距离,大多数情况是走到旗杆高度的距离。

应用旗形研判时,应注意以下几点:

(1) 旗形出现前,一般应有一个旗杆,这是由于价格做直线运动形成的;

(2) 旗形在形态形成之前和被突破后,成交量都很大,但在形成过程中成交量不断减少;

(3) 在形态形成过程中,若股价趋势形成旗形,但成交量大或不规则(即不符合渐次减少的特征)时,下一步将会很快发生反转,而不是整理,即上升旗形要往下突破,下降旗形将向上突破。因此,观察成交量的变化在旗形走势中显得异常重要;

(4) 旗形持续的时间不能太长,一般应短于三周,否则,它保持原有趋势的能力将下降。

2. 楔形

如果将旗形中上倾或下倾的平行四边形变成上倾或下倾的三角形,就会得到楔形,如图 10-24 所示。楔形可分为上升楔形和下降楔形两种形态。

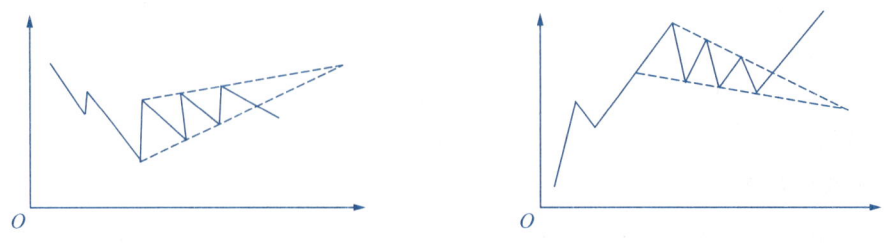

图 10-24 上升楔形和下降楔形

上升楔形是指股价经过一次下跌后产生强烈的技术性反弹,价格升至一定水平后又掉头下落,但回落点比前一次高,然后又上升至新高点,再回落,在总体上形成一浪高于一浪的势头。如果把短期高点相连则形成一条向上倾斜直线,且两者呈收敛之势。下降楔形正好相反,股价的高点和低点形成一浪低于一浪之势。

同旗形一样,楔形也有保持原有趋势方向的功能。上升楔形表示一个技术性反弹渐次减弱的市况,常在跌市中的回升阶段出现,显示股价尚未见底,只是一次跌后技术性的反弹。下降楔形常出现于中长期升市的回落调整阶段。

楔形的三角形上下两条边都是朝着同一方向倾斜,具有明显的倾向,这是该形态与前面三角形整理形态的不同之处。

与旗形和三角形稍微不同的地方是,楔形偶尔也出现在顶部或底部作为反转形态。这种情况一定是发生在一个趋势经过了很长时间,接近于尾声的时候。

在楔形形成过程中,成交量渐次减少;在楔形形成之前和突破之后,成交量一般都很大。

与旗形的另一个不同是,楔形形成所花费的时间较长,一般需要 2 周以上的时间方可完成。

微课 10-6

任务六　缺口理论

缺口是指股价在快速大幅变动中有一段价格没有任何交易,显示在股价趋势图上是一个真空区域,这个区域称为"缺口",它通常又称为跳空。当股价出现缺口,经过几天,甚至更长时间的变动,然后反转过来,回到原来缺口的价位时,称为缺口的封闭,又称补空。

一、缺口的类别

缺口分为普通缺口、突破缺口、持续性缺口与消耗性缺口四种。从缺口发生的部位大小,可以预测走势的强弱,确定是突破,还是已到趋势之尽头,它是研判各种形态最有力的辅助工具。

1. 普通缺口

这类缺口通常在密集的交易区域中出现,因此许多需要较长时间形成的整理或转向形态如三角形、矩形等都可能有这类缺口形成。

2. 突破缺口

突破缺口是当一个密集的反转或整理形态完成后突破盘局时产生的缺口。当股价以一个很大的缺口跳空远离形态时,这表示真正的突破已经形成了。因为微小的移动很少会产生缺口,同时缺口能显示突破的强劲性,突破缺口愈大,表示未来的变动强烈。

3. 持续性缺口

在上升或下跌途中出现缺口,可能是持续性缺口。这种缺口不会和突破缺口混淆,任何离开形态或密集交易区域后的急速上升或下跌,所出现的缺口大多是持续性缺口。这种缺口可帮助我们估计未来后市波幅的幅度,因此亦称之为度量型缺口。

4. 消耗性缺口

和持续性缺口一样,消耗性缺口是伴随快的、大幅的股价波幅而出现。在急速的上升或下跌中,股价的波动并非是渐渐出现阻力,而是愈来愈急。这时价格的跳空上升(或跳空下跌)可能发生,此缺口就是消耗性缺口,又称衰竭型缺口。通常消耗性缺口大多在恐慌性抛售或消耗性上升的末段出现。

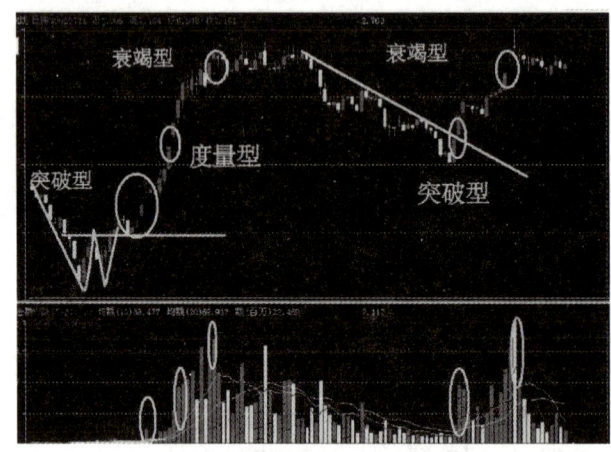

图 10-25 不同种类的缺口

二、市场含义

(1) 普通缺口并无特别的分析意义,一般在几个交易日内便会完全填补,它只能帮助我们辨认清楚某种形态的形成。普通缺口在整理形态时要比在反转形态时出现的机会大得多,所以当发现发展中的三角形和矩形有许多缺口时,就应该增强它是整理形态的信念。

(2) 突破缺口的分析意义较大,经常在重要的转向形态如头肩式的突破时出现,这缺口可帮助我们辨认突破信号的真伪。如果股价突破支撑线或阻力线后以一个很大的缺口跳离形态,可见突破十分强而有力,很少有错误发生。形成突破缺口的原因是其水平的阻力经过时间的争持后,供给的力量完全被吸收,短暂时间缺乏货源,买进的投资者被迫要以更高价求货。又或是其水平的支持经过一段时间的供给后,购买力完全被消耗,沽出的须以更低价才能找到买家,因此便形成缺口。假如缺口发生前有大的交易量,而缺口发生后成交量却相对地减少,则有一半的可能不久后缺口将被封闭,若缺口发生后成交量并未随着股价的远离缺口而减少,反而加大,则短期内缺口将不会被封闭。

(3) 持续性缺口的技术性分析意义最大,它通常是在股价突破后远离形态至下一个反转或整理形态的中途出现,因此持续缺口能大约预测股价未来可能移动的距离,所以又称为度量型缺口。其量度的方法是从突破点开始,到持续性缺口始点的垂直距离,就是未来股价将会达到的幅度。或者我们可以说,股价未来所走的距离,和过去已走的距离一样。

(4) 消耗性缺口的出现,表示股价的趋势将暂告一段落。如果在上升途中,即表示即将下跌;若在下跌趋势中出现,就表示即将回升。不过,消耗性缺口并非意味着市道必定出现转向,尽管意味着有转向的可能。在缺口发生的当天或后一天若成交量特别大,而且趋势的未来似乎无法随成交量而有大幅的变动时,这就可能是消耗性缺口,假如在缺口出现的后一天其收盘价停在缺口之边缘形成了一天行情的反转时,就更可确定这是消耗性缺口了。消耗性缺口很少是突破前一形态大幅度变动过程中的第一个缺口,绝大部分的情形是它的前面至少会再出现一个持续性缺口。因此可以假设,在快速直线上升或下跌变动中出现的第一个缺口为持续性缺口,但随后的每一个缺口都可能是消耗性缺口,尤其是当这个缺口比前一个缺口空距大时,更应特别注意。持续性缺口是股价大幅变动中途产生的,因而不会于短时期内封闭,但是消耗性缺口是变动即将到达终点的最后现象,所以多半在2~5天的短期内被封闭。

三、要点提示

(1) 一般缺口都会填补。因为缺口是一段没有成交的真空区域,反映出投资者当时的冲动行为,当投资者情绪平静下来时,投资者反省过去行为有些过分,于是缺口便告补回。其实并非所有类型的缺口都会填补,其中突破缺口、持续性缺口未必会填补,至少不会马上填补;只有消耗性缺口和普通缺口才可能在短期内补回,所以缺口填补与否对分析者观察后市的帮助不大。

(2) 突破缺口出现后会不会马上填补可以从成交量的变化中观察出来。如果在突破缺口出现之前有大量成交,而缺口出现后成交相对减少,那么迅速填补缺口的机会只是五五之比;假如缺口形成之后成交大量增加,股价在继续移动远离形态时仍保持大量成交,那么缺口短期填补的可能便很低了。就算出现后抽,也会在缺口以外。

(3) 股价在突破其区域时急速上升,成交量在初期量大,然后在上升中不断减少,当股价停止原来的趋势时成交量又迅速增加,这是多空双方激烈争持的结果,其中一方得到压倒性胜利之后,于是便形成一个巨大的缺口,成交量这时候又开始减少了。这就是持续性缺口形成时的成交量变化情形。

(4) 消耗性缺口通常是形成缺口的当天成交量最高(但也有可能在成交量最高的翌日出现),接着成交减少,显示市场购买力(或沽售力)已经消耗殆尽,于是股价很快便告回落(或回升)。

(5) 在一次上升或下跌的过程里,缺口出现愈多,显示其趋势愈快接近终结。例如,当升市出现第三个缺口时,暗示升市快告终结;当第四个缺口出现时,短期下跌的可能性更加浓厚。

任务七 技术指标分析

所谓技术指标,就是应用一定的数学公式,对原始数据进行加工处理,得出指标值,并将指标值绘成图表,从指标值的大小、指标值图表的形态走势等多方面对股市的变化趋势进行预测的方法。这里的原始数据指开盘价、最高价、最低价、收盘价、成交量和成交额等。

尽管技术指标有上千种,但可以从不同的角度对其进行不同的分类。按技术指标的功能划分,可分为趋势型指标、超买超卖型指标、人气型指标和大势型指标四类。

一、趋势型指标

趋势型指标是用于判断证券价格变化趋势的指标,该类指标构造的基本思想是应用统计学中"平均价格"的概念和原理。根据道氏理论,证券市场的价格运动分为长期、中期和短期三种形式。其中,长期运动和中期运动是两种主要的形式,其技术分析意义最大,而短期变动的影响相对较小。通过计算平均价格,可消除短期变动和其他偶然因素对证券价格所造成的影响,确认证券价格的变动趋势。常见的趋势型指标有移动平均线、指数平滑异同移动平均线等。

MACD 指数平滑异同移动平均线,其全名为 Moving Average Convergence and Divergence,它是一种移动平均线的波动指标,不过它使用的不是普通移动平均线,而是将长期与中期的平滑移动平均线(EMA)的累积差距计算出来。

(一) MACD 的计算

MACD 由正负差(DIF)和异同平均数(DEA)两部分组成,DIF 是核心,DEA 是辅助。

DIF 是快速平滑移动平均数与慢速平滑移动平均数之差。在实际应用 MACD 时,常以 12 日 EMA 为快速移动平均线,26 日 EMA 为慢速移动平均线,计算出两条移动平均线数值间的离差值(DIF)作为研判行情的基础,然后再求 DIF 的 9 日平滑移动平均数,即 DEA 线,作为买卖时机的判断依据。

$$今日\ \text{EMA}(12) = \frac{2}{12+1} \times 今日收盘价 + \frac{11}{12+1} \times 昨日\ \text{EMA}(12)$$

$$今日\ \text{EMA}(26) = \frac{2}{26+1} \times 今日收盘价 + \frac{25}{26+1} \times 昨日\ \text{EMA}(26)$$

$$\text{DIF} = \text{EMA}(12) - \text{EMA}(26)$$

$$今日\ \text{DEA}(9) = \frac{2}{10} \times 今日\ \text{DIF} + \frac{8}{10} \times 昨日\ \text{DEA}$$

理论上,在持续的涨势中,12 日 EMA 线在 26 日 EMA 线之上,其间的正离差值(+DIF)会愈来愈大。反之,在跌势中,离差值可能变负(-DIF),其绝对值也愈来愈大;而当行情开始回转时,正或负离差值将会缩小。MACD 正是利用正负离差值与离差值的 9 日平均线的交叉信号作为买卖行为的判断依据。

此外,在分析软件上还有一个指标叫柱状线(BAR),它是 DIF 值减去 DEA 值的差再乘以 2,即:

$$\text{BAR} = (\text{DIF} - \text{DEA}) \times 2$$

(二) MACD 的应用法则

1. 以 DIF 和 DEA 的取值与交叉进行的判断

(1) DIF 和 DEA 均为正值时,属于多头市场。DIF 向上突破 DEA 是买入信号;DIF 向下跌破 DEA 只能认为是回落,做获利了结。

(2) DIF 和 DEA 均为负值时,属于空头市场。DIF 向下突破 DEA 是卖出信号;DIF 向上穿破 DEA 只能认为是反弹,做暂时补空。

(3) 当 DIF 向下跌破 0 轴线时,此为卖出信号,即 12 日 EMA 与 26 日 EMA 发生死亡交叉;当 DIF 上穿 0 轴线时,为买入信号,即 12 日 EMA 与 26 日 EMA 发生黄金交叉。

2. 指标的形态分析

DIF 在较高或较低的位置形成头肩形和多重顶或底时,是实战中极好的买卖信号。形态一定要在较高位置或较低位置出现,位置越高或越低,结论越可靠。

3. 指标的背离分析

DIF 或 DEA 在高位或低位,往往出现与股价走向的背离。当股价的高点比前一次的高点要高,DIF 或 DEA 处在高位并形成两个依次向下的峰,此时股价还在继续上涨,为顶背离,预示着股价将会反转下跌,为卖出信号。当股价的低点比前一次的低点要低,DIF 或 DEA 处在低位并形成一底比一底高,股价还继续下跌,为底背离,预示股价将会反转上涨,是买入信号。(见图 10-26)

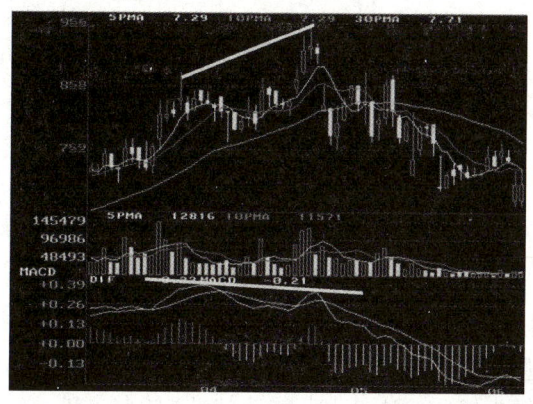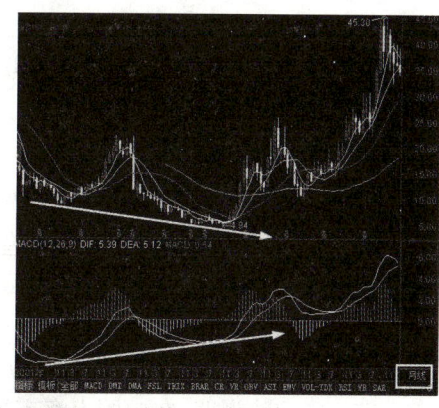

图 10-26 顶背离与底背离

实战中,由于 MACD 是中长线指标,买卖点与最低、最高价之间的价差较大,不过这符合"不买地价,不卖天价"的股谚,因此 MACD 并不适应短线操作,MACD 对于井喷或暴挫行情的反应要慢半拍。由于其与股价的移动相比会有一定的时间差,当股价处于盘整时,按 MACD 操作往往会无利润甚至会亏手续费,因此作为中期转向信号的 MACD 主要起辅助工具作用,研判主要还是依据 K 线、均线等技术分析。

二、超买超卖型指标

超买超卖型指标是根据当日收盘价相对于一段时间内最高价和最低价的位置,判断市场价格走势的强弱和超买超卖现象,依此作为短期投资信号的一种技术指标。该类指标构造的基本原理是,在当天的价格处在一段时间内的全部价格范围内较高的位置时,说明市场处于超买状态,股价可能要回落;在当天的价格处在较低的位置时,股价可能要反弹。常见的超买超卖指标有威廉指标、随机指标等。

(一) WMS(威廉指标)

WMS 指标是由 Larry Williams 于 1973 年首创的,最初用于期货市场。该指标通过分析一段时间内股价高低价位和收盘价之间的关系,来量度股市的超买超卖状态,依此作为短期投资信号的一种技术指标。目前,它已经成为中国股市中被广泛使用的指标之一。

1. WMS 的计算公式

$$WMS(n) = \frac{H_n - C_t}{H_n - L_n} \times 100$$

式中,C_t 为当天的收盘价;

H_n 和 L_n 分别为最近 n 日内(包括当日)出现的最高价和最低价;

n 为选定的时间参数,一般为 14 日或 20 日。

WMS 指标表示的含义是当天收盘价在过去的一段日子的全部价格范围内所处的相对位置。如果 WMS 指标值比较大,则当天价格处在相对较高的位置,要提防回落;如果 WMS 指标值较小,则说明当天价格处在相对较低的位置,要提防反弹;WMS 指标取值居中,在 50 左右,则当天价格上下的可能性都有。

2. WMS 指标的应用法则

WMS 的操作法则也是从两方面考虑:一是从 WMS 指标取值的绝对数值;二是从 WMS 指标曲线的形状。

(1) WMS 指标的取值。

式中,WMS 指标的取值介于 0~100,以 50 为中轴将其分为上下两个区域。

① 当 WMS 指标高于 80,即处于超买状态,行情即将见顶,应当考虑卖出。

② 当 WMS 指标低于 20,即处于超卖状态,行情即将见底,应当考虑买入。

这里 80 和 20 只是一个经验数字,不是绝对的,有些个别的股票可能要求比 80 大,也可能比 80 小。不同的情况产生不同的买进线和抛出线,要根据具体情况,在实战中不断摸索。有一点应该说明,在中国上海市场,买进线普遍比 20 低,卖出线普遍比 80 高。

(2) WMS 指标的形态。

① 在 WMS 指标进入高位后,一般要回头,如果这时股价还继续上升,这就产生背离,是出货的信号。

② 在 WMS 指标进入低位后,一般要反弹,如果这时股价还继续下降,这就产生背离,是买进的信号。

③ WMS 指标连续几次撞顶(底),局部形成双重或多重顶(底),则是出货(进货)的信号。

(二) KDJ(随机指标)

随机指标是欧美期货市场常用的一种技术分析工具,它对于中短期股票的技术分析也颇为适用,是期货和股票市场上最常用的技术分析工具之一。

1. KDJ 的计算公式

$$RSV(n) = \frac{C_t - L_n}{H_n - L_n} \times 100$$

式中,C_t、H_n、L_n 的意义同 WMS 计算公式,但要注意与 WMS 计算的不同之处。

对 RSV 进行 3 日指数平滑移动平均,得到 K 值:

$$今日 K 值 = \frac{2}{3} \times 昨日 K 值 + \frac{1}{3} \times 今日 RSV$$

对 K 值进行 3 日指数平滑移动平均,得到 D 值:

$$今日 D 值 = \frac{2}{3} \times 昨日 D 值 + \frac{1}{3} \times 今日 K 值$$

式中,$\frac{1}{3}$ 是平滑因子,是可以人为选择的,不过目前已经约定俗成,固定为 $\frac{1}{3}$ 了;初始的 K、D 值,可以用当日的 RSV 值或以 50 代替。

KD 是在 WMS 的基础上发展起来的,所以 KD 有 WMS 的一些特性。在反映股市价格变化时,WMS 最快,K 其次,D 最慢。K 指标反应敏捷,很容易出错;D 指标反应稍慢,但稳重可靠。

J 是 D 加上一个修正值,计算公式为:

$$J = 3D - 2K = D + 2(D - K)$$

2. KDJ 指标的应用法则

(1) KD 指标的取值。KD 的取值范围是 0~100,可将其划分为几个区域:超买区、超卖区、徘徊区。按一般的划分法,80 以上为超买区,20 以下为超卖区,其余为徘徊区。KD 超过 80 就应该考虑卖出,低于 20 就应该考虑买入。应该说明的是,上述划分只是 KD 指标应用的初步过程,仅仅是信号,完全按这种方法进行操作很容易招致损失。

(2) KD 曲线的形态。当 KD 指标在较高或较低位置形成了头肩形和多重顶(底)时,是采取行动的信号。这些形态一定要在较高位置或较低位置出现,位置越高或越低,结论越可靠。

对于 KD 的曲线,也可以画趋势线,以明确 KD 的趋势。在 KD 的曲线图中仍然可以引进支撑线和压力线的概念。某一条支撑线和压力线被突破,也是采取行动的信号。

(3) KD 指标的交叉。K 线从下向上与 D 线交叉是金叉,为买入信号,但出现金叉是否就应该买入,还要看别的条件。

第一个条件是金叉的位置。应该是在超卖区的位置,越低越好;

第二个条件是金叉的次数。有时在低位,K、D 要来回交叉几次,交叉的次数以 2 次为最少,越多越好;

第三个条件是金叉的方向,即常说的"右侧相交"原则。K 线是在 D 线已经抬头向上时才同 D 线相交,比 D 线还在下降时与之相交要可靠得多。

(4) KD 指标的背离。背离就是指标与价格走势不一致。当 KD 处在高位,并形成两个依次向下的峰,而此时股价还在一个劲地上涨,这叫顶背离,是卖出的信号;与之相反,KD 处在低位,并形成一底比一底高,而股价还在继续下跌,这叫底背离,是买入的信号。

(5) 在实际应用中,常用 J 线指标。J 线指标常领先于 KD 值显示曲线的底部和头部。J 指标的取值超过 100 和低于 0,都属于价格的非正常区域,大于 100 为超买,小于 0 为超卖。

(三) RSI(相对强弱指标)

RSI 以一特定时期内股价的变动情况推测价格未来的变动方向,并根据股价涨跌幅度显示市场的强弱。

1. 计算公式

RSI 通常采用某一时期(n 天)内收盘指数的结果作为计算对象,来反映这一时期内多空力量的强弱对比。RSI 将 n 日内每日收盘价或收盘指数涨数(即当日收盘价或指数高于前日收盘价或指数)的总和作为买方总力量 A,而 n 日内每日收盘价或收盘指数跌数(即当日收盘价或指数低于前日收盘价或指数)的总和作为卖方总力量 B。

先找出包括当日在内的连续 n+1 日的收盘价,用每日的收盘价减去上一日的收盘价,可得到 n 个数字。这 n 个数字中有正有负。

A＝n 个数字中正数之和
B＝n 个数字中负数之和×(-1)

$$RSI(n) = \frac{A}{A+B} \times 100$$

式中,A 代表 n 日中股价向上波动的大小;
　　B 代表 n 日中股价向下波动的大小;
　　A+B 代表股价总的波动大小。

RSI 实际上是表示股价向上波动的幅度占总波动的百分比。如果比例大就是强市,否则就是弱市。

RSI 的参数是天数 n,一般取 5 日、9 日、14 日等。RSI 的取值范围介于 0～100 之间。

2. RSI 指标的应用法则

(1) RSI 指标的取值。将 100 分成四个区域,根据 RSI 取值落入的区域进行操作,如表 10-1 所示。

表 10-1　RSI 指标取值及操作

RSI 值	市场特征	投资操作
80～100	极强	卖出
50～80	强	买入
20～50	弱	卖出
0～20	极弱	买入

"极强"与"强"的分界线和"极弱"与"弱"的分界线是不明确的,它们实际上是一个区域。比如,也可以取 30、70 或者 15、85。应该说明的是,分界线位置的确定与 RSI 的参数和选择的股票有关。一般而言,参数越大,分界线离 50 越近;股票越活跃,RSI 所能达到的高度越高,分界线离 50 应该越远。

(2) 两条 RSI 曲线的联合使用。参数小的 RSI 为短期 RSI,参数大的 RSI 为长期 RSI。两条或多条 RSI 曲线的联合使用法则与两条均线的使用法则相同。即,短期 RSI>长期 RSI,应属于多头市场;短期 RSI<长期 RSI,则属于空头市场。当然,这两条只是参

考,不能完全照此操作。

(3) RSI 曲线形态分析。当 RSI 在较高或较低的位置形成头肩形和多重顶(底),是采取行动的信号。这些形态一定要出现在较高位置和较低位置,离 50 越远,结论越可靠。

另外,也可以利用 RSI 上升和下降的轨迹画趋势线,此时,起支撑线和压力线作用的切线理论同样适用。

(4) RSI 与股价的背离。RSI 处于高位,并形成一峰比一峰低的两个峰,而此时,股价却对应的是一峰比一峰高,为顶背离,是比较强烈的卖出信号。与此相反的是底背离;RSI 在低位形成两个底部抬高的谷底,而股价还在下降,是可以买入的信号。

三、人气型指标

人气型指标是用以反映市场人气聚散程度的技术指标。该类指标构造的基本原理是:根据历史资料,计算出代表多空双方力量的指数值,然后,通过多空双方力量的对比,判断市场的强弱和人气聚散程度,以此做出投资决策的技术指标。常见的人气型指标有能量潮指标、人气指标、意愿指标等。

(一) OBV(能量潮指标)

OBV 的英文全称是 On Balance Volume,中文名称直译是平衡交易量。有些人把每一天的成交量看作海的潮汐,形象地称 OBV 为能量潮。OBV 是由葛兰威尔于 20 世纪 60 年代提出并广泛流行的。我们可以利用 OBV 验证当前股价走势的可靠性,并可以由 OBV 得到趋势可能反转的信号,这对于准确预测未来是很有用的。比起单独使用成交量来说,OBV 比成交量看得更清楚。

1. OBV 的计算公式

$$今日 OBV = 昨日 OBV + sgn \times 今天的成交量$$

式中,sgn 是符合函数,其数值由下式决定:

$$sgn = +1 \quad 今日收盘价 \geqslant 昨日收盘价$$
$$sgn = -1 \quad 今日收盘价 < 昨日收盘价$$

这里的成交量指的是成交股票的手数,不是成交金额。$sgn = +1$ 时,其成交量计入多方的能量;$sgn = -1$ 时,其成交量计入空方的能量。

计算 OBV 时的初始值可自行确定,一般用第一日的成交量代替。

2. OBV 的应用法则

(1) OBV 不能单独使用,必须与股价曲线结合使用才能发挥作用。

(2) OBV 曲线的上升和下降对我们进一步确认当前股价的趋势有着很重要的作用。

① 股价上升(下降),而 OBV 也相应地上升(下降),则我们更可以确认当前的上升(下降)趋势。

② 股价上升(下降),但 OBV 并未相应地上升(下降),则我们对目前的上升(下降)趋势的认定程度就要大打折扣。这就是背离现象,OBV 已经提前告诉我们趋势的后劲不足,有反转的可能。

(3) 对别的技术指标适用的形态学和切线理论的内容也同样适用于 OBV 曲线,W 底和 M 头等著名的形态学结果也适用于 OBV。

(4) 在股价进入盘整区后，OBV 曲线会率先显露出脱离盘整的信号，向上或向下突破，且成功率较大。

(二) AR(人气指标)和 BR(意愿指标)

AR 和 BR 都是以分析历史股价为手段的技术指标，其中人气指标较重视开盘价格，从而反映市场买卖的人气；意愿指标则重视收盘价格，反映的是市场买卖意愿的程度，两项指标分别从不同角度对股价波动进行分析，达到追踪股价未来动向的共同目的。

1. 人气指标

人气指标是以当天开盘价为基础，即以当天开盘价分别比较当天最高、最低价，通过一定时期内开盘价在股价中的地位，反映市场买卖人气。人气指标的计算公式为：

$$AR = \frac{\sum_{i=1}^{n}(H-O)_i}{\sum_{i=1}^{n}(O-L)_i}$$

式中，H＝当日最高价；L＝当日最低价；O＝当日开盘价。

N 为公式中的设定参数，一般设定为 26 日。

人气指标的基本应用法则：

一是 AR 值以 100 为中心地带，在±20 之间，即 AR 值在 80～120 波动时，属盘整行情，股价走势比较平稳，不会出现剧烈波动。

二是 AR 值走高时表示行情活跃，人气旺盛，过高则表示股价进入高价，应选择时机退出，AR 值的高度没有具体标准，一般情况下，AR 值上升至 150 以上时，股价随时可能回档下跌。

三是 AR 值走低时表示人气衰退，需要充实，过低则暗示股价可能跌入低谷，可考虑伺机介入，一般 AR 值跌至 70 以下时，股价有可能随时反弹上升。

四是从 AR 曲线可以看出一段时期的买卖气势，并具有先于股价到达峰顶或跌入谷底的功能，观图时主要凭借经验，以及与其他技术指标配合使用。

2. 意愿指标

意愿指标是以昨日收盘价为基础，分别与当日最高、最低价相比，通过一定时期收盘价在股价中的地位，反映市场买卖意愿的程度，意愿指标的计算公式为：

$$BR = \frac{\sum_{i=1}^{n}(H-CY)_i}{\sum_{i=1}^{n}(CY-L)_i}$$

式中，CY＝昨日收盘价，N 为公式中的设定参数，一般设定值同 AR 一致。

意愿指标的基本应用法则：

一是 BR 值的波动较 AR 值敏感，当 BR 值在 70～150 波动时，属于盘整行情，应保持观望。

二是 BR 值高于 400 以上时，股价随时可能回档下跌，应选择时机卖出；BR 值低于 50

以下时,股价随时可能反弹上升,应选择时机买入。

一般情况下,AR 可以单独使用,BR 则需与 AR 并用,才能发挥作用,因此,在同时计算 AR,BR 时,AR 与 BR 曲线应绘于同一图内,AR 与 BR 合并后,应用及研判的法则如下:

(1) AR 和 BR 同时急速上升,意味股价峰位已近,持股时应注意及时获利了结。
(2) BR 比 AR 低,且指标处于低于 100 以下时,可考虑逢低买进。
(3) BR 从高峰回跌,跌幅达 1 至 2 倍时,若 AR 无警戒信号出现,应逢低买进。
(4) BR 急速上升,AR 盘整小回时,应逢高卖出,及时了结。

在 AR,BR 指标基础上,还可引入 CR 指标,作为研判和预测走势的参考指标。

CR 是以昨日之中间价为计算基础,理论上,比中间价高的价位其能量为"强",比中间价低的价位其能量为"弱",CR 以 N 日内昨日中间价比较当日最高、最低价,计算出一段时期内股价的"强弱",从而分析在股价波动中的神秘内容,对解决股价涨跌时间问题亦有一定帮助。

CR 的计算公式为:

$$CR = \frac{\sum_{i=1}^{n}(H-PM)_i}{\sum_{i=1}^{n}(PM-L)_i}$$

式中:PM=昨日中间价;中间价=(最高价+最低价+收市价)/3;H=最高价;L=最低价。

CR 在应用上,其急升、急落和其他变化同 AR,BR 可作相同解释。CR 的反应介于 AR 和 BR 之间,一般比较接近 BR,当 CR 低于 100 时,一般情况下买进后的风险不大。

四、大势型指标

大势型指标是用以反映大盘走势的技术指标。一般来说,人们使用综合指数反映股市总体的升降趋势,但综合指数不可能面面俱到,总有不尽如人意的地方。大势型指标可以从某个角度弥补综合指数的不足,提前向我们发出信号。大势型指标构造的基本原理是通过计算每日上涨股票和下跌股票家数的累积情况的对比,反映市场人气盛衰和大势走向。常见的大势型指标有涨跌比率指标、腾落指标等。

(一) ADR(涨跌比率指标)

ADR 指标又叫涨跌比率指标或上升下降比指标,其英文全称是 Advance Decline Ratio。ADR 指标是将一定时期内上市交易的全部股票中的上涨家数和下跌家数进行比较,得出上涨和下跌之间的比值并推断市场上多空力量之间的变化,进而判断市场上的实际情况。该指标可反映股市大盘的强弱趋向,但不能表现个股的强弱态势,因此,它属于专门研究股票指数的指标,而不能用于选股与研究个股的走势。

1. ADR 指标的计算方法

以日 ADR 为例,其计算公式为:

$$\text{ADR}(N \text{ 日}) = \frac{P_1}{P_2}$$

式中，$P_1 = \sum N_A$——N 日内股票上涨家数之和；

$P_2 = \sum N_D$——N 日内股票下跌家数之和；N 为选择的天数，是 ADR 的参数。

目前，N 比较常用的参数为 10。ADR 的取值不小于 0。

ADR 的图形以 1 为中心上下波动，波动幅度取决于参数的选择。参数选择得越小，ADR 波动的空间就越大，曲线的起伏就越剧烈；参数选择得越大，ADR 波动的幅度就越小，曲线大小起伏越平稳。

2. ADR 指标的应用法则

（1）ADR 指标的取值及买卖决策。

① ADR 的取值范围是在 0 以上。除了在一个股票市场形成的初期，当上市的股票很少而且所有股票都大幅上涨的情况下，ADR 的数值可能比较大，如上海证券交易所刚刚成立的 1991 年时，其 ADR 值曾超过 10 以外，其他时候 ADR 值大于 3 的情况会极少。

② 根据 ADR 取值进行的投资研判。ADR 数值在 0.5~1.5，ADR 处在正常区域内。表明多空双方势均力敌，大盘的走势波动不大、比较平稳，股市大势属于一种盘整行情，此时投资者更重要的在于研判个股行情。

ADR 数值在 0.3~0.5 或 1.5~2，ADR 处在非正常区域内。当 ADR 处在 1.5~2 的非正常区域时，表明多头力量占据优势，大盘开始向上一路上涨，股市大势属于一种多头行情。但经过长期上涨，市场已经出现超买现象，很多股票价格可能已经上涨过度，将会出现一轮幅度比较大的下跌行情，此时投资者应及时卖出股票或持币观望为主。而当 ADR 处在 0.3~0.5 的非正常区域时，表明空头力量占据优势，大盘开始一路下跌，股市大势属于一种空头行情。但经过长期下跌，市场已经出现超卖现象，很多股票价格可能会止跌企稳并出现一轮反弹行情，投资者可以短线少量买入超跌股做反弹。

ADR 值在 0.3 以下或 2 以上时，ADR 处在极不正常区域内。主要是突发的利多、利空消息引起股市暴涨暴跌的情况，此时，股市大势属于一种大空头或大多头行情。ADR 取值在 0.3 以下时，大势处在大空头市场的末期，市场出现了严重的超卖现象，很多股票的价格已经跌无可跌，此时，投资者可以分批逢低吸纳股票，做中长线的建仓投资。ADR 取值在 1.5 以上时，大势处在大多头市场的末期，市场上出现了严重的超买现象，很多股票的价格已经涨幅过大，将面临一轮比较大的下跌行情，此时，投资者应及时卖出持有的股票。

（2）ADR 曲线与股价综合指数曲线的配合。对大势而言，ADR 指标具有领先示警作用，尤其是在中短期回调或反弹方面，能比股价综合指数曲线领先出现征兆。若股价综合指数曲线与 ADR 曲线之间出现背离现象，则可能预示着大势即将反转。

① ADR 曲线向上攀升，而股价综合指数曲线也同步上升，则意味着整个股票市场是处于整体上涨的阶段，股市大势将维持向上攀升的态势，市场人气比较活跃，投资者可积极进行个股的投资决策。

② ADR 曲线继续下跌，而股价综合指数曲线也同步下跌，则意味着整个股票市场是

处于整体下跌的阶段,股市大势将维持下跌的态势,市场上人气比较低落,此时,投资者应以持币观望为主。

③ ADR 曲线开始从高位向下回落,而股价综合指数曲线却还在缓慢向上扬升,则意味着股市大势可能出现"顶背离"现象,特别是大盘已经经过了一轮比较长时间的上升行情以后。股价综合指数上升而 ADR 值从高位回落,说明股市在一线大盘股领涨,而大多数二、三线小盘股却纷纷告跌,上升行情难以持久。

④ ADR 曲线从底部开始向上攀升,而股价综合指数曲线却继续下跌,则意味着股市大势可能出现"底背离"现象,特别是大盘已经经过了一轮比较长时间的下跌行情以后。股价综合指数下跌而 ADR 值从低位开始向上扬升,说明股价综合指数的下跌是由大盘股下跌引起的,而许多小盘股经过长时间的下跌开始显示出投资价值,已经有主力在开始建仓,整个大势可能将很快止跌反弹。

(二) ADL(腾落指标)

ADL 指标又叫腾落指数或涨跌线指标(Advance Decline Line, ADL)。它是专门研究股票指数走势的技术分析工具。

1. ADL 指标的计算方法

$$今日\ ADL = 昨日\ ADL + N_A - N_D$$

式中,N_A 为当天所有股票中上涨的家数;N_D 为当天下跌的股票家数。

涨跌的判断标准是以今日收盘价与上一日收盘价相比较(无涨跌者不计)。ADL 的初始值可取为 0。

2. ADL 指标的应用法则

(1) ADL 的应用重在相对走势,而不看重取值的大小。这与 OBV 指标相似。与其他技术指标不同的是,一般情况下,ADL 指标不仅只能用于大盘走势、不能用于个股分析,而且,ADL 指标只能用于大盘的日走势这一种分析。

(2) ADL 的应用重在研判其曲线的走势,并不看重取值的大小。ADL 指标的一般研判标准主要集中在 ADL 曲线与股市大势指数曲线的同步走势及相反走势等的配合使用上。

一是 ADL 曲线与股市大势指数曲线的同步走势:

① ADL 曲线与股市大势指数曲线同步上升,并创新高,则可以判断大势的上升趋势将继续,大势短期内向下反转的可能性不大。

② ADL 曲线与股市大势指数曲线同步下跌,并创新低,则可以判断大势的下降趋势将继续,大势短期内向上反转的可能性不大。

③ 在长期上涨的多头市场里,当 ADL 曲线呈长期上升趋势,其间如果突然出现急速下跌的现象,接着又立即掉头向上,并创下新高,同时股市大势指数曲线也呈相似走势时,则表示多方力量很强大,行情有可能再次向上,再创新高。

④ 在长期下跌的空头市场里,当 ADL 曲线呈长期下跌趋势,其间如果突然出现急速上升的现象,接着又立即掉头向下,并创下新低,同时股市大势指数曲线也呈相似走势时,则表示空方力量很强大,行情有可能再次向下,再创新低。

二是 ADL 曲线与股市大势指数曲线的相反走势：

① 在长期上涨的多头行情里，如果股市大势指数已经进入高位时，而 ADL 曲线并没有同步上升，而是开始走平或下降，这是大势的向上趋势可能将结束的信号。

② 在长期下跌的空头行情里，如果股市大势指数已经进入低位时，而 ADL 曲线并没有同步下跌，而是开始走平或调头上升，这是大势的向下趋势可能进入尾声的信号。

③ 股市大势指数从高点回落，整理后再度上涨，并接近前期高点或创新高后，而 ADL 曲线却盘桓不前或无法冲过前期高点时，说明大势随时有向下反转的可能。

④ 股市大势指数从低点反弹，反弹后再度下跌，并接近前期低点或创新低后，而 ADL 曲线却无法跌破前期低点并走平或向上掉头时，说明大势的跌势可能已有转机，随时可能向上反弹。

（3）ADL 指标的特殊分析方法

ADL 指标的特殊分析方法主要是 ADL 曲线的背离以及曲线形态分析。

① ADL 指标的背离现象。

第一，顶背离。当多头市场行情持续数月后，股市大势指数仍在缓慢攀升，而此时 ADL 指标却在高位徘徊不前甚至开始掉头下降时，表示股市大势指数的上升趋势主要是指标股拉动上升所致，并得不到其他股票配合，市场主力有拉高出货的迹象。此种走势，就是 ADL 指标的顶背离现象。当 ADL 指标出现顶背离现象时，通常意味着股市的多头行情已接近尾声，股市大势很可能很快会反转向下。

第二，底背离。当股市大势指数再次下跌并创新低，而 ADL 指标却在低位走平甚至开始调头向上时，这表示股市大势指数的下降趋势主要是市场主力打压指标股，以达到逢低吸货的目的所致。此种走势，就是 ADL 指标的底背离现象。当 ADL 指标出现底背离现象时，通常意味着市场上主力已开始进场建仓，大盘将很快止跌反弹。

② ADL 曲线的形态。

第一，当 ADL 曲线在高位形成 M 头或三重顶等顶部反转形态时，可能预示着股市大势由强势转为弱势，股市大势即将大跌，应及时卖出股票。如果股市大势的曲线也出现同样形态则更可确认，其跌幅可以用 M 头或三重顶等形态理论来研判。

第二，当 ADL 曲线在低位出现 W 底或三重底等底部反转形态时，可能预示着股市大势由弱势转为强势，股市大势即将反弹向上，可以逢低少量吸纳股票。如果股市大势曲线也出现同样形态更可确认，其涨幅可以用 W 底或三重底形态理论来研判。

第三，ADL 曲线形态中 M 头和三重顶形态的准确性要大于 W 底和三重底。

> 同步测试

一、填空题

1. ＿＿＿＿＿、＿＿＿＿＿、＿＿＿＿＿和＿＿＿＿＿是技术分析的四个基本要素。

2. K 线是一条柱状的线条，由＿＿＿＿＿、＿＿＿＿＿、＿＿＿＿＿和＿＿＿＿＿

_____四种价格组成。

3. 在证券价格波动的三种趋势中,_____决定了证券价格的变化方向。

4. 葛兰威尔法则是以_____和_____作为研判的依据。

5. 在上升趋势中,将_____连成一条直线,就得到上升趋势线。

6. 股价曲线的形态分为_____形态和_____形态。

二、单项选择题

1. 在下列K线图中,开盘价等于最高价的有(　　)。
   A. 光头光脚的大阴线　　　　　　B. 光头光脚的大阳线
   C. 十字线形K线图　　　　　　　D. T字形K线图

2. 当(　　)时就会出现十字线形的K线。
   A. 收盘价等于最高价
   B. 收盘价等于开盘价
   C. 收盘价等于最低价
   D. 收盘价等于最高价并且开盘价等于最低价

3. 早晨之星通常出现在(　　)。
   A. 上升趋势中　　B. 下降趋势中　　C. 横盘整理中　　D. 顶部

4. 在下列四种K线组合的典型范式中,反映空方力量强的是(　　)。

   A.　　　　　B.　　　　　C.　　　　　D.

5. 道氏理论认为(　　)必须验证趋势。
   A. 价格　　　　B. 交易量　　　　C. 形态　　　　D. 时间

6. (　　)是切线分析的首要任务。
   A. 找出价格变化趋势　　　　　　B. 找出明显底部区域
   C. 找出明显顶部区域　　　　　　D. 画出切线与通道线

7. 支撑线和压力线(　　)。
   A. 可以相互转化　　　　　　　　B. 不能相互转化
   C. 是否可以转化不能确定　　　　D. 是一条水平线

8. 当股价变动幅度缩小,趋势线共同约束股价形成(　　)。
   A. 头肩顶　　　　B. 三角形　　　　C. 矩形　　　　D. 圆弧形

9. 上升三角形的下边线可以被看成(　　)。
   A. 支撑线　　　　B. 压力线　　　　C. 颈线　　　　D. 上升趋势线

10. 属于持续整理形态的有(　　)。
    A. 菱形　　　　B. 钻石形　　　　C. 圆弧形　　　　D. 三角形

11. 头肩顶的特征是(　　)。
    A. 成交量依次下降　　　　　　　B. 两高点高低相同

C. 第二高点后快速回落   D. 跌势中出现

12. 表示市场是否处于超买或超卖状况的技术指标是(　　)。

    A. PSY   B. BIAS   C. RSI   D. WMS

13. WMS指标表示当天的(　　)在过去的一段日子的全部价格范围内所处的相对位置。

    A. 收盘价   B. 最高价   C. 开盘价   D. 最低价

三、多项选择题

1. 一般来说，技术分析认为买卖双方对价格的认同程度通过成交量的大小得到确认，具体表现是(　　)。

    A. 认同程度小，成交量大   B. 认同程度小，成交量小

    C. 认同程度大，成交量大   D. 认同程度大，成交量小

2. 技术分析流派的主要理论假设是(　　)。

    A. 历史会重复

    B. 价格沿趋势移动

    C. 投资者得到信息在时间上和内容上相同

    D. 投资者分析手段相同

3. 光头光脚的大阳线出现说明(　　)。

    A. 多方占优势   B. 股价上涨

    C. 卖方涌进   D. 空方占优势

4. 按道氏理论的分类，趋势分为(　　)等类型。

    A. 主要趋势   B. 次要趋势

    C. 短暂趋势   D. 无趋势

5. 道氏理论的主要原理有(　　)。

    A. 市场价格指数可以解释和反映市场的大部分行为

    B. 市场的每一级波动可分为上升五浪、下跌三浪

    C. 交易量在确定趋势中有重要作用

    D. 收盘价是最重要的价格

6. 在技术分析中，属于整理形态的是(　　)。

    A. 上升三角形   B. 下降三角形

    C. 对称三角形   D. 矩形

7. 大多出现在顶部，而且都是看跌的两个形态是(　　)。

    A. 喇叭形   B. 菱形   C. 旗形   D. 楔形

8. 下列属于反转突破形态的是(　　)。

    A. 上升三角形   B. 双重底(顶)

    C. 对称三角形   D. 头肩底(顶)

9. 下列(　　)形态的出现通常预示着下跌。

    A. 楔形   B. 菱形   C. 喇叭形   D. 矩形

10. 下列属于大势型指标的有( )。
A. AR   B. OBV   C. ADL   D. ADR
11. 下列关于人气指标AR的说法中,正确的是( )。
A. 人气指标选择了以开盘价作为多空双方事先业已接受的均衡价位
B. 人气指标选择了以收盘价作为多空双方事先业已接受的均衡价位
C. 人气指标是以最高价到开盘价的距离描述多方向上的力量
D. 人气指标是以开盘价到最低价的距离描述空方向下的力量
12. KDJ指标的计算公式考虑的因素包括( )。
A. 开盘价   B. 收盘价   C. 最高价   D. 最低价
13. 移动平均线的特征有( )。
A. 滞后性   B. 稳定性
C. 追踪趋势   D. 支撑线和压力线的特性
14. 在使用RSI时应当考虑( )。
A. RSI指标的数值
B. RSI曲线的形状
C. RSI与股价的背离
D. 短期RSI曲线和长期RSI曲线的关系

四、判断题

1. 进行证券投资技术分析最根本、最核心的因素是历史会重演。   (   )
2. 成交量持续减少,股价趋势开始转为下降,持股者应考虑卖出。   (   )
3. 股价由上向下跌破支撑线,一旦有大成交量配合,说明另一段跌势即将出现。
(   )
4. 趋势被突破后,说明股价下一步将发生反转。   (   )
5. 股价突破趋势线后,离趋势线越远,停留时间越短越有效。   (   )
6. 当RSI在较高或较低的位置形成头肩形和多重顶(底),是采取行动的信号。
(   )

五、简答题

1. 简述技术分析的假设前提。
2. 简述技术分析的方法。
3. 简述支撑线和压力线的作用。
4. 简述趋势线的作用。
5. 简述MACD的计算方法和应用原则。

六、操作题

2021年6月2日,招商银行(600036)股份的月K线图、周K线图、15分钟K线图如图1~图3所示,15分钟K线图对应的技术指标线分别是图4~图7,表1所示为招商银行的资金流向。

根据所学的技术指标分析来预测未来市价的总趋势及短暂趋势,并使用不同技术指标的组合数据来互相验证分析的最终结论。

图1　招商银行的月 K 线图

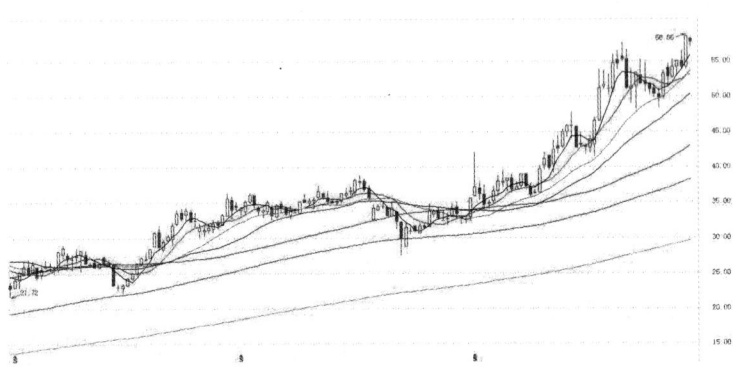

图2　招商银行的周 K 线图

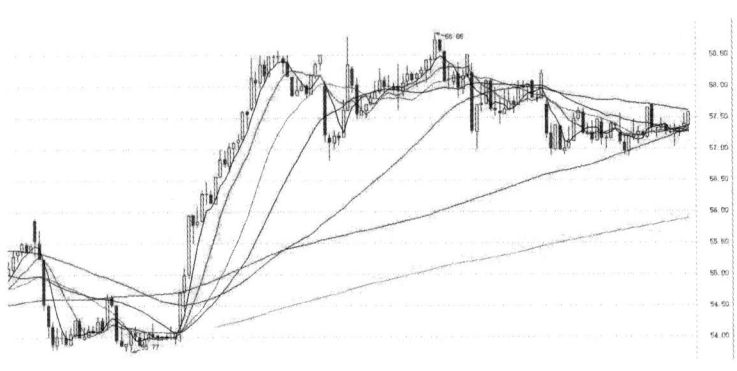

图3　招商银行的15分钟 K 线图

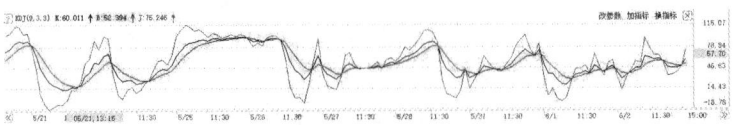

图4　招商银行的 KDJ 曲线图

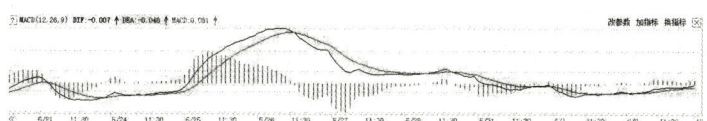

图 5　招商银行的 MACD 曲线图

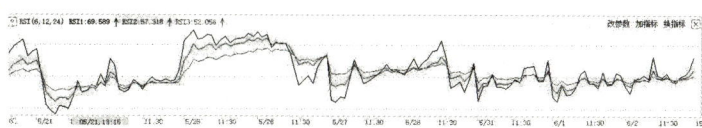

图 6　招商银行的 RSI 曲线图

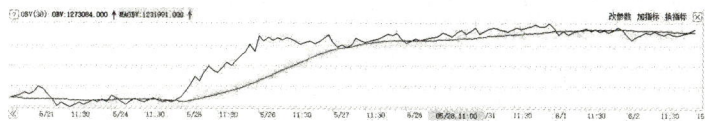

图 7　招商银行的 OBV 曲线图

表 1　招商银行的资金流向　　　　　　　　　　单位:万元

类　型	流　入	流　出
超大单	52 216.137 6	−52 584.587 2
大单	67 550.848 0	−76 128.915 2
中单	64 249.619 2	−60 191.257 6
小单	42 895.720 0	−38 007.564 8

项目十一 证券投资策略与技巧

▶ 学习目标

1. 了解证券投资的常用策略方法；
2. 掌握选股的技巧和方法；
3. 掌握买卖时机的选择。

▶ 引导案例

小张自从投身于股票市场，不断总结股票投资的经验，他总结出市场上典型的投资风格有如下三种：一是进行资产配置。按照大类资产进行配置，建立分散化的投资组合。二是价值投资。寻找被市场低估的、有垄断性优势的公司，忽略短期波动，并中长期持有。三是短线操作。全仓进出、追涨杀跌。看中一只股票后，立即全仓买进，股价稍有波动即全仓卖出。

【案例思考】
1. 结合自己的投资经验，谈谈你对上述投资风格的看法。你是如何选择股票的？
2. 你知道有哪些投资策略与技巧可用于证券市场吗？

任务一 证券投资策略

证券投资要想取得好的效果,除了正确的投资理念、良好的投资心态以及要进行基本面和技术面分析外,掌握一些关于证券投资策略与技巧也是必须的。需要注意的是,证券投资策略与技巧不宜单独使用,必须和基本面和技术面结合起来使用。这样投资的成功率将大为提高。

一、顺势投资法

顺势投资法是证券投资者顺着股价的趋势进行股票买卖的操作技巧。顺势投资法要求投资者在整个股市大势向上时,以做"多"或买进股票持有为宜,股价趋势下跌时,则卖出手中股票而拥有现金伺机而动为好。大凡顺势投资者,不仅可做到事半功倍的效果,而且获利的概率也大大提高。

采用顺势投资法必须确定的前提是,涨跌趋势应明确且能够及早确认,如果不明确且无法及早确认,则不必盲目跟从。需要指出的是,这种股价涨跌的趋势是一种中长期趋势,而不属于昙花一现的短期趋势。对于小额投资者来说,只有在股价走向的中长期趋势中,才能顺势买卖而获利。在股价走向的短期趋势中,此种方法应谨慎用之,因为当股价被确认是短期涨势时,可能已到跌势边缘,此时若顺势买进,极可能抢到高价,使接力棒传到自己手中后再递不出来。另一方面,当股价被确认处于短期跌势时,可能已接近回升之时,若这时顺势卖出,极可能卖个最低价,这也使投资者懊悔莫及。

顺势投资法适合于小额投资者采用,小额证券投资者,本身谈不上操纵行情,大多跟随股票走势,采用顺势做法,这几乎已被公认为小额投资者买股票的"铁律"。

二、分段买进法

在股票长期投资中,有一种分阶段购入股票的操作方法,即按一定时间间隔逐次购入某种股票。这分两种情况:一种是看准某种股票价格的上升趋势,用全部资金按其上涨的不同阶段分次买入;另一种是估计某种股票可能出现下跌情况,则按该股票价格下跌的不同阶段分次投入资金。前者当股价上升超过最后一次买入股票的价格时,便可成批出售股票,获得较高的利润。而后者必须在价格回升超过购买价格时,才能获取利润。可见两者同样是为了获利,同是分次投入,但是投入时的价格走向不一致,或者说相反,这又决定了两者得利的时间也不一致。这两种投资方法分别被称为买平均高投资法和买平均低投资法。

值得注意的是,买平均高投资法在股价突然下跌时就会失去获利机会;买平均低投资法中,股价如果不能返升到比原价格更高时,也是无法取得利润的。前者获利快,但风险大;后者获利慢但只要不是买入劣质股票,则风险较小。

三、量力而行

量力而行，指投资者在做出投资决策以前先考虑自己的投资条件以及承担风险的能力，有一分承担风险的能力，才做一分投资，不做超越自身条件的冒险。切忌贪图巨额利润，而孤注一掷。投资者最好以稳健保守为宜。投资额一般应以投资者收入减去家庭和本人必要消费后的剩余额的一定百分比为准。

如果投资者量力而行，全部以自有资金来买进股票，全部以自有股票来卖出，那么亏损就不至于惨重。但如果过度地利用外来资金或他人股票，来扩大自己的操作量，则所承担的风险便大大增加了。以自有资金买进股票，一旦股价下跌，投资者大可不必卖出。然而，利用融资或融券从事股票投资，则在股价下跌一定幅度后，极有可能被迫结束投资生涯而走上负债累累的道路。

四、价值投资

价值投资要求投资者以合适的价格去持有合适的公司股票从而达到某个确定的盈利目的。投资者透过基本面分析，寻找并投资于一些股价被低估或股价合理的股票并长期持有。价值投资的四个维度，即股票的价格低于其内在价值、购入股票具有安全边际、在能力圈范围内投资、长期持有。

在操作上，选择有价值且可持续的公司，比如茅台、五粮液、美的、伊利、招商等，配置一个组合，长期持有，不关注股价短期波动，甚至对公司业绩也不敏感。定期看看报表披露的经营数据，检查下有没有重大风险可能。不在乎估值高低，有了分红就再买入。这种价值投资，是一种稳健、长期投资，考验投资人的耐心和选股水平。

五、保本投资法

在经济不景气，股价走势脱节，行情变化难以捉摸时，投资人即可用保本投资法来避免自己的本金遭受损失。

投资人采用保本投资法时，必须先估计自己的"本"。这里所指的"本"，并不是投资人用于购买股票的总金额，而是指投资人心目中主观认为在最坏的情况下不愿被损失的那部分金额，也即处于停止损失点的基本金额。

保本投资的关键在于如何做出卖出决策。在制订卖出决策的时候，首先要定出心目中的"本"，要做好亏损的打算，不愿亏损的部分即为"本"；其次要确定卖出点或停止损失点。确定获利卖出点是针对行情上涨所采取的保本投资策略。获利卖出点是指投资人在获得一定数额的投资利润时，决定卖出的那一点，这时的卖出，不一定是将所有持股全部抛出，而是卖出其所欲保的"本"的那一部分。

第一次保本之后，投资人可以再确定要保的第二次"本"，其比例可以按第一次保本的比例来定，也可以按另一个比例，一般来说，第二次保本比例可定低一些，等到价格上升到获利卖出点时，再卖出一部分，行情如果持续上升，可持续地卖出获利，以此类推，可做多次获利卖出。

停止损失点是当行情下跌到投资人心中的"本"时，立即卖出，以保证其最起码的"本"

的那一点,简单地说,就是投资人在行情下跌到一定比例的时候,全部卖出所持股票,以免蒙受过度亏损的做法。

六、加码买进摊平法

加码买进摊平法是股票投资中避免亏损的一种操作技巧。投资者所购股票被高位套牢后随着跌势在下档加码买进的证券投资方法,其目的是加码买进同种股票后,降低单位平均购股成本,使投资者在股价反弹中获利。采用加码买进摊平法的条件是,整个经济发展前景展望乐观,所投资股票的实质条件没有发生变化。

加码买进摊平法主要有两种方式:

第一种方式是平均加码摊平法,它指的是当所购股票高档套牢后,待其股价跌到一定程度,再照原来所持股数加码买进,以达到摊低成本的目的。采用此种加码摊平方式,如若股价一旦回升一半,则可保本,如若回升一半以上,即可获利。例如,投资者以每股10元的价格买进某种股票1 000股以后,股价出现急速跌落,当跌至每股6元时,再加码买进1 000股,这样当该股回升至每股8元时,即可够本,超过8元则可获利。

第二种方式是倍数加码摊平法,它是在股价跌落后,加倍或加数倍买进原先已持有的股票,以达到摊低成本的目的。如原来投资者以每股10元的价格买进1 000股,当其价格跌至6元时,再买进2 000股(即为原来股票的2倍),则其平均成本就降为每股7.34元,将来股价回升超过7.34元以后,即可获利。由此可见,采用加码买进摊平法时,如果在下档摊平中加码买进越多,可使上档套牢成本下降得越低。

运用这种方法进行操作时,至关重要的是确定好加码摊平的价格。一般来讲,其价位愈近谷底,对投资者愈有利。这是因为,较低的摊平价位,一方面可使投资成本下降,另一方面则可减轻加码部分的投资风险。

此外,采用加码买进摊平法还需要特别注意分析大势走向,因为摊平采用的是愈低愈买,但如遇到空头市场跌幅过深,则资金有可能长期套牢,这将会给投资者带来沉重的心理负荷,因此,必须密切注意股市动向。

微课11-2

任务二 股票选择方法与技巧

一、股票选择方法

买卖哪种股票始终是投资者投身股市后最重要的决策与选择,而可选择股票品种多种多样。

(一) 根据基本分析结论选股

一个公司的经营业绩和发展前景,受各种基本因素的影响。如国家产业政策,有些公司属于国家确定的支柱产业或扶持产业,有些公司属于限制发展的产业。只有分析了各项基本因素对上市公司的影响之后,投资者才可选择股票品种。

(二)根据技术分析结论选股

当投资者运用某种技术分析方法,仔细研究各种股票之后,就可能发现个股在同一个上升或下跌行情中的不同表现。如有的股票抗跌能力强,当别的股价大幅下降时,它却不跌反而上升或下跌幅度很小;有的股票在股市中充当龙头股;有的股市中,一线股涨了,二线股涨,然后三线股再涨。如果发现了这种规律现象,投资者获利甚丰。因此,在基本分析的基础上,结合技术分析是选股的好方法。

(三)根据公司属性选股

股票的投资价值,最终取决于公司本身的内在素质,如绩优股总是受青睐。还应指出的是,在公司规模和公司类型方面,公司规模较小即股本额较小的成长型企业,往往投资价值大。因为这类小盘股处于快速成长期,其不断增资扩股,股东随之不断扩大股本,享受增资扩股所带来的巨大收益。

随着一个国家经济的发展及股市的成熟,会涌现一些国际知名大公司,这些公司在发达的股市中有极高的投资价值。

(四)根据市场属性选股

各公司股票在市场中流通,逐渐带有市场赋予的较稳定的特征,这是个股的市场属性。按照个股的市场属性,个股通常分为冷门股、热门股、黑马股、问题股和龙头股。冷门股每日成交量较少,价格波动也小,投资者应因时因地慎重抉择。如果冷门股的内在素质确实很差,且发展前景未必看好,那么投资者不可去碰;如果冷门股的内在素质的确不错,且发展前景很好,只是目前被主力大户和其他投资者忽视了,那么这类股票应大胆买进。热门股成交量大,价格波动大且交易活跃,主力大户和散户都对其倍加宠爱。但是,投资热门股,一定要重视其内在素质和真实价值,防止落入主力大户设计的陷阱。

黑马股常使投资者在短期内获巨额利润。投资者只有较早发现黑马股和龙头股,并大胆适时买入方可有丰厚的回报。一般说来,只有具备如下条件的黑马股才能投资:公司有较好的发展前景且属小型成长公司,具有"狂涨"的历史与个性。问题股指在公司素质、运作规范、法律诉讼等某个方面存在重大不足的股票。对于问题股,投资者必须避而远之,尽量不去碰。

(五)根据收益率选股

收益率是分析股市行情时广泛采用的一项指标。其计算方法为:

$$收益率=每股年股息/每股市价\times 100\%$$

每股年股息通常采用上一年的年股息。股票的收益率随股价的涨落而呈相反方向变化,即股价升高,收益率下降;股价下跌,收益率上升。收益率较低的股票,其市价已很高,再升高的幅度有限,不宜购入,最好择时卖出;收益率较高的股票,市价较低,可能会有一段相对平稳的上升阶段,应适时购入。

(六)根据市盈率选股

市盈率是一种重要分析手段,它等于市价除以税后纯利。市盈率分析是对收益率指标的补充分析,因为有时收益率无法真实地反映股价水平,如有的企业从长远利益出发,将利润转移到企业发展上,减少了利息的支付,使收益率降低。一般说来,市盈率越低的股票越值得投资;如果市盈率较高,则不宜购买。在投资时应结合实际,运用市盈率择股。因为有些股票的市盈率低,是由于企业利润增长快于股价上涨幅度,这时应以购进为宜;有些股票的市盈率低,是由于股价下降速度快于利润降低速度,这时不宜购进。

(七) 根据股价净资产倍率选股

股价净资产倍率,是股票市场每股价格与每股股票所代表的账面资产价值之比。它是选择股票的依据标准之一。其计算方法为:

$$股价净资产倍率 = 股票每股市价 / 每股净资产$$

在同等价格条件下,投资者应选择股价净资产倍率低的股票,因为其每股代表的公司资产额较大。一般地讲,股价净资产倍率小于 2 或 3 时,即股票市价是每股净资产的二三倍时,就应慎重。在实际生活中,由于股份企业存在"账外资产",即总资产实际现值大于企业总资产账面价值,在同样价格下,同样的股价净资产倍率时,应选择那些有"账外资产"的股份企业的股票。

二、投资时机的选择

投资者确定了证券投资的品种之后,最重要的问题就是选择买卖证券的有利时机。因为高质量证券并不一定意味着高收益,证券投资收益率随证券价格的升降而沉浮,所以投资者应在证券价格被低估时买进,而在证券价格被高估时卖出,使投资组合始终处在有利状态。

(一) 确定证券买卖时机的方法

1. 目标价格法

选择买卖证券的时机最常用的办法是确定各种股票目标价格。投资者先根据自己对各种证券内在价值的估计确定买进的目标价格,当证券价格跌到这个事先确定的价格水平时就买进该证券。买进证券后,再确定卖出的目标价格,当证券价格上升到这个卖出价格时就卖出该证券。目标价格法主要用于证券价格随供求关系围绕证券价值上下波动的变化中赚取差价收入。

目标价格法要求投资者必须进行全面的基本分析;投资者具有很大的耐心等待市场供求关系变化;投资者必须根据情况的变化不断调整目标价格。因为市场千变万化,投资者根据目标价格买卖证券时,公司的情况可能已发生重大变动,使原来确定的目标价不合理。

2. 分次购买法

分次购买法就是通过多次购买同一种证券来消除一次购买时价格过高的风险。分次购买法主要是在长期投资时使用。分次购买的主要方法有等额购买法和等股数购买法。

等额购买法指每次购买同等金额证券的方法。它可使投资者持有证券的平均成本低于市场的平均水平。因为购买金额固定时,股价上升时购买股数少,而股价下降时购买股数多。等股数购买法指每次购买相同股数证券的方法。由于购买股数相同,在证券价格上升时需支付较多的资金,而在证券价格下降时支付的资金较少,故购买证券的平均价格往往较高。

分次购买法的优点是投资者不必花时间研究股价变动趋势,且不必怕判断失误的风险。但分次购买的成本较高,因此不适合小额投资者使用。

(二) 买入时机和卖出时机的选择

1. 买入时机的选择

买入的时机,一看大势,二看价位,而且价位的高低直接影响获利率的多少,但从时机和价位二者比较看,时机较价位重要。

时机的选择可参考如下:

(1) 股市下跌一段时间,长期处于低潮阶段,但已无大幅度下跌之势,而成交量却突然增加,此为"做底"阶段,可以逢低买进了。

(2) 股市处于盘档阶段时,不少股票均有明显的高档压力点和低档支撑点可寻求,在股价不能突破支撑线之时,在此价位购进,在压力线价位卖出,可赚短线之利。

(3) 当利空消息频传,经济上各种悲观论调全部出笼,经济前景极为暗淡时可买入。由于此时股票无人问津,投资风险较大,投资者望而却步,持有者慌忙抛出,这是买入的时机。如果股市中尚有一部分人持乐观态度,说明时机不够好,低价之下还有低价可寻,投资者可以积蓄力量。当股市人人都持悲观态度时,就买进第一批股票。当股市处于整理阶段时,就可买入第二批股票。分批购入进可攻而退可守。

(4) 股价或股价指数的技术形态甚佳时,可配合成交量向上突破之际积极购进。成交量与股价相配合时,成交量增加,股价必上涨,如能在低档时先人一步介入,获利必厚。虽偶有大户从事"骗线"操作,但一般少见,且设有止损点使自己亏损有限。

2. 卖出时机的选择

选择适当的时机出售证券是投资成功的重要条件。选择证券出售时机可依据下列原则:

(1) 当某种证券不再符合投资者的投资目标时,就可卖掉证券。股市行情和投资者个人情况都在不断变化着,这就要求投资者不断根据变化调整投资组合的构成。

(2) 当市场股价上升到历史最高水平时,就卖出股票,买低卖高。但实际执行中,投资者在股价上涨时信心增强,不知适可而止;而在股价下跌时"世纪末心理"更加浓厚,不知在股价跌至谷底前买进;牛市中,想乘"末班车"没搭上而亏老本。

(3) 当投资者预期某种证券不能再提供令人满意的收益率时,就卖出该证券。

(4) 如果有更好的机会可供选择,可卖出手中的证券。如果出现下述现象,投资者也可以卖掉股票,即从整个股市行情来看,股价走势到达高峰,再也无力继续向上;重大利空因素正在酝酿时;所有预期的利多消息全部实现,尚无新利多消息出现;发觉有大户暗中出货等。

(三) 股票投资经验总结

(1) 处境不明,不沾为宜。当你感到股市的走势不够明朗,自己又缺乏信心时,以不沾市场为宜。如果自己感到没有把握,不如什么也不做,耐心等候入市时机。

(2) 耐心等待机会。弱市中,也要努力去做功课,寻找质地好的个股。强市中,找到了一只强势股,更要耐心等待,寻找到一个最佳介入点才可买入。

(3) 股市没有幻想。大盘下跌,就马上出货,不抱有任何幻想,千万不可等待反弹。

(4) 热点才赚大钱。可以保证盈利速度,最重要的是资金的安全性。

(5) 只买升不买跌。在股价上升的过程中只有一点是买错的,那就是上升到顶点的时候;在股价下跌时只有一点是买对的,那就是已经跌到最低点时。它们的机会是100∶1。

(6) 不可盲目追高。后续上涨空间还有30%以上的个股,才能介入;股价已经严重透支的成长性个股,绝对不能介入;当日涨幅超过5%时,不要急于介入。一般会有一个短时回调。

(7) 金字塔式加码。每次买入的数量应比上一次少,这样操作,可以尽量使利润延续。

(8) 不要分分计较。不要因为股价的几分钱没有达到预定的指标,而不去做预定的操作,从而错失良机。只要大体的情况与预定得差不多了,就应该按照预定的计划来操作,绝不可临时变动,不然必要深受其害。

(9) 莫在赔钱时加码。切莫孤注一掷。先投入资金的1/3,当市势明朗,于己有利时,再增加投资如前面所说的"金字塔"式地进行。严禁在下跌过程中介入和加仓,须知,跌无止境。必须在下跌企稳后,大市或个股反弹时才能介入。

(10) 把输赢置之度外。既有赚钱的希望,也有赔钱的准备。买进一种股票后,要认真分析市势动向,如果市势对自己有利,在制度许可的条件下要耐心等待,争取利润的延续。但是,当市势于己不利时,特别是自己已感到市势不对头时,就不能太计较得失,即使赔一点也要斩仓离场,神态自若。若是过分计较一时的得失,亏一点就不服气,做错了还硬等、苦等,往往会越等越糟。

(11) 小心急涨后的调整。股价在几个交易日的连续上涨时出现冲高回落,呈现弱势,应迅速减仓,保住利润;如果个股冲高但大势向下,更应在高位出货。

(12) 注意急跌后的反弹。急跌之后,一般也会有反弹,在下跌幅度的1/3左右。但并不是说后市就会上涨了。

(13) 在盘局突破时建立头寸。盘局是买方和卖方势均力敌,暂时处于平衡状态的表现。无论上升行情中的盘局还是下跌行情中的盘局,一旦盘局结束突破阻力线或支持线,市价就会破关而上,呈跳跃式前进,这是入市建立头寸的良好时机。如果盘局属长期关口,突破盘局时所建立的头寸必获厚利。

(14) 升幅日减,交易量下降,股价近顶。在外汇和股票买卖中,价格经过一次较长的上升后,上升的幅度开始逐渐减少,交易量也逐日缩小,这是市价接近顶点或达到近期目标的先兆,手持多头的人应当抓住时机获利回吐。

(15) 跌幅日减,交易量渐增,股价近底。在股价下跌较长时间后,下跌的幅度逐日减少,而交易量渐增,是股价接近底部的先兆,预示股价有可能在近期内反弹。

> 同步测试

一、简答题

1. 简述保本投资法。
2. 选股方法有哪些?
3. 怎样选择买入和卖出时机?

二、操作题

通过模拟交易软件进行模拟交易,实践本章的证券投资策略、股票选择方法与技巧。

三、案例分析

市场总是涨涨跌跌,这决定了我们在投资理财过程中不会一帆风顺,盈亏是投资的常态。面对上涨,我们很容易坚定长期投资信念,继续持有,但面对下跌,你还会坚定长期投资理念吗?如果投资品种跌幅超过30%,你会选择及时止损还是坚定持有等待反转呢?

最近,股神沃伦·巴菲特的黄金搭档查理·芒格给出了自己的答案。数据显示,查理·芒格旗下机构 Daily Journal 今年一季度持有某只中概股 16.5 万股,随后该股进入下跌通道,在二季度和三季度(2021 年 4 月 1 日～9 月 30 日)累计下跌 34.70%。面对该股票的持续下跌,查理·芒格不仅不慌,还持续加仓,截至三季度末拥有该股 30.2 万股,市值 4 472 万美元,占总持仓市值的 20%。

面对超 30% 的下跌,查理·芒格依然敢于逆势加仓,并且已经有了不错的回报。Wind 数据显示,该股四季度以来已上涨 12.68%(截至 10 月 18 日)。

作为普通的基金投资者,可以向大师学习三个投资关键词:

——信心:对投资标的长期价值的信心。面对市场的下跌,投资者之所以慌乱,主要是源于对自己投资标的没有足够的信心。如果投资者对投资标的有信心,那么,在投资标的遭遇不断下跌的时候,就不会不知所措,而是更愿意以更低的价格,买入更好的东西。这也是查理·芒格敢于持续大幅加仓的主要原因。

作为一名普通的基民,在投资之前一定要对投资的基金有清晰认知,有长期的信心,敢于在震荡行情中加仓。如果你看好中国经济长期发展前景,对权益市场长期发展有信心,那么即使市场短期波动,你也不会害怕,甚至还会学习查理·芒格,不断加仓,降低投资成本。

——勇气:做自己认为对的事。沃伦·巴菲特说,别人赞成你也罢,反对你也罢,都不应该成为你做对事或做错事的因素。同样,面对持有投资标的下跌,尤其是不断加仓不断下跌的时候,芒格有足够的勇气做自己认为正确的事,敢于在不断下跌中加仓,不被市场的各种恐慌情绪所影响。

作为普通基民,我们同样应该选择大师的这种逆势投资的风格,养成独立思考的习惯,不被短期市场涨跌情绪左右,不在追涨杀跌中错失机会。

机构研究发现,基金市场中"基金赚钱,基民不赚"现象的主要原因是基民被市场情绪左右,不断在市场高点追涨,在市场低迷时刻杀跌,最终买在高位卖在低位。所以,投资成功的关键,是能够面对市场的波动,保持独立思考的能力,坚持长期投资理念不动摇,敢于在市场恐慌的时刻加仓。

——心态:投资不要孤注一掷。作为普通投资者,我们在投资过程中要合理分配资产,才能保持良好的投资心态。投基是理财的方式,不是一夜暴富的方式。权益市场虽然长期看赚钱效应显著,但短期的波动也十分剧烈,一两年的熊市很正常。所以,投资者在投资过程中,要根据自己的风险特征选择合适的资产配置组合,才能从容应对市场的巨大波动。

面对波动的市场,如果你对自己投资标的有信心,不妨学学查理·芒格,勇于逆势布局、均摊成本,长期持有,静待时间玫瑰花开。(资料来源:《中国基金报》)

阅读以上材料,谈一谈当市场下跌时,应当如何投资基金。

参考文献

[1] 中国证券业协会. 金融市场基础知识[M]. 北京:中国财政经济出版社,2020.
[2] 中国证券业协会. 证券市场基本法律法规[M]. 北京:中国财政经济出版社,2020.
[3] 吴晓求. 证券投资学[M]. 北京:中国人民大学出版社,2020.
[4] 田文斌. 证券投资分析[M].2 版.北京:中国人民大学出版社,2017.
[5] 安德烈·科斯托拉尼,郑磊. 证券投资心理学[M]. 北京:机械工业出版社,2017.
[6] 中国证券业协会(http://www.sac.net.cn).
[7] 上海证券交易所(http://www.sse.com.cn).
[8] 深圳证券交易所(http://www.sse.org.cn).

彩插

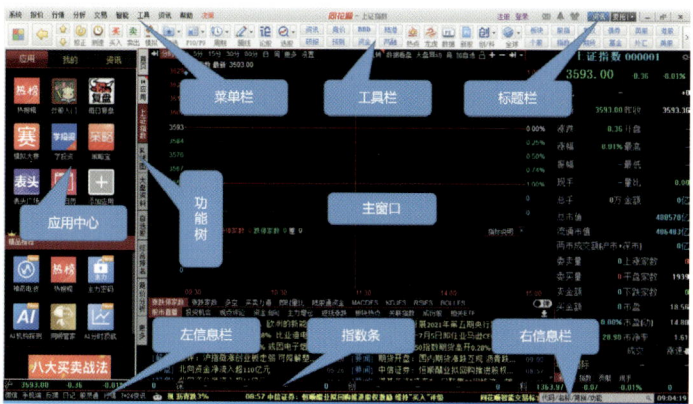

图 8-4 同花顺主页面

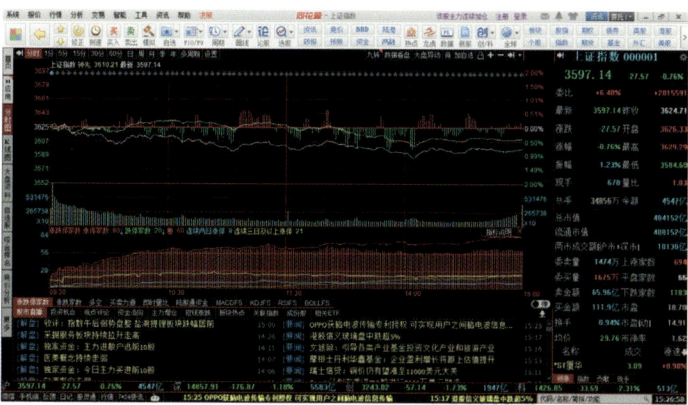

图 8-12 同花顺报价菜单显示的其他内容

图 8-14 大盘指数

1

证券投资理论与实务

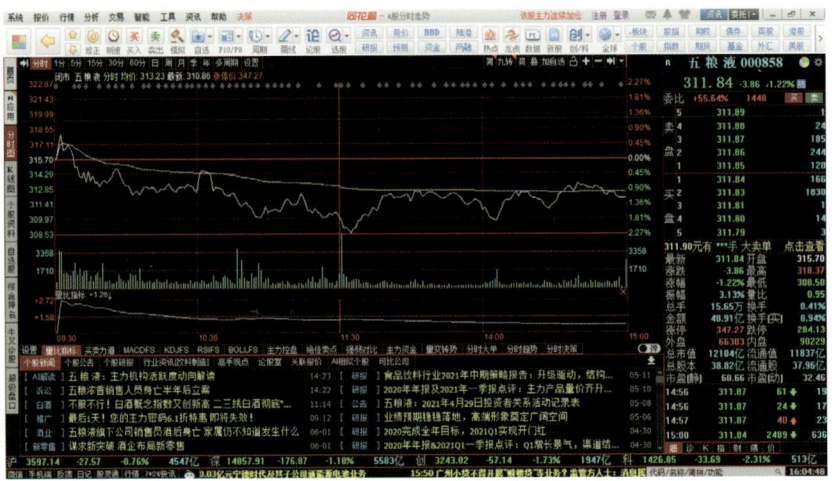

图 8-16　个股分时走势图

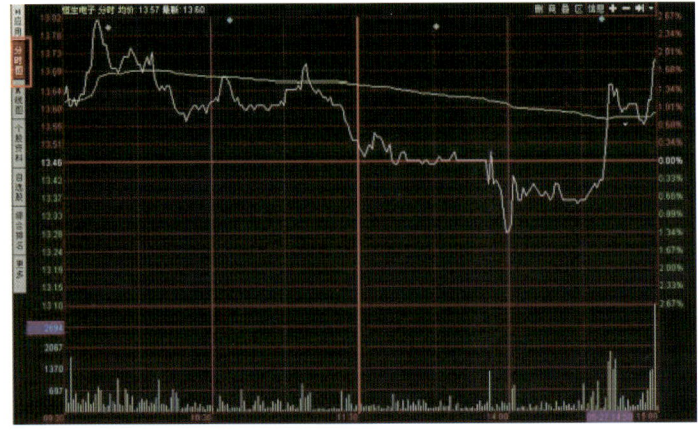

图 8-17　个股页面右侧的指标

图 8-18　恒生电子某日个股分时图

图 8-21 个股加入自选股（1）

图 8-22 个股加入自选股（2）

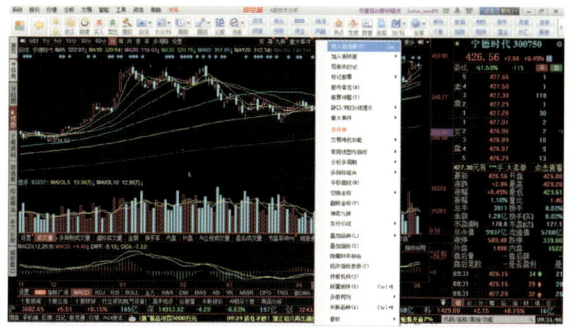
图 8-23 个股加入自选股（3）

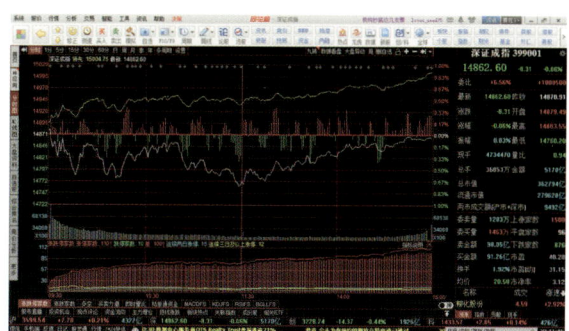
图 8-24 上证综合指数

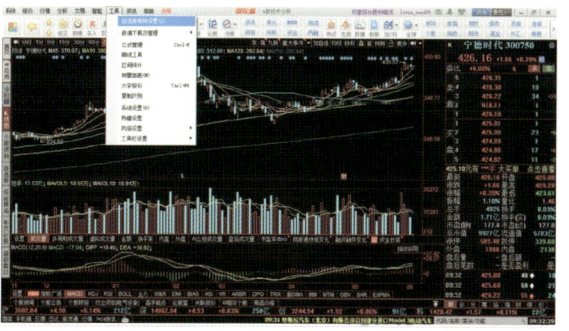
图 8-25 深证成分指数

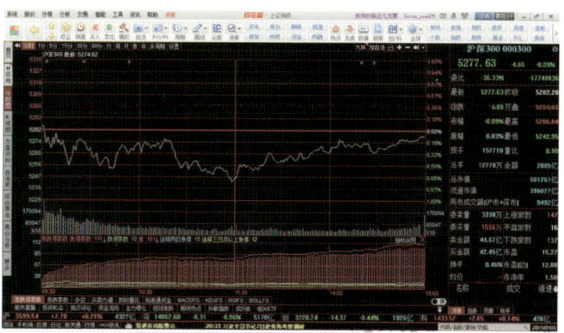
图 8-26 沪深 300 指数

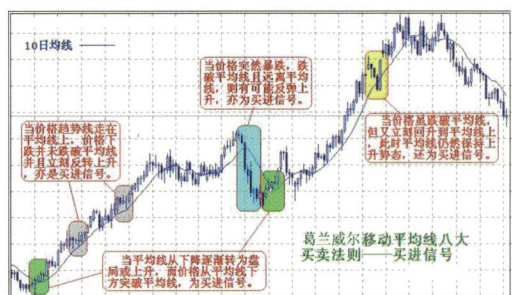 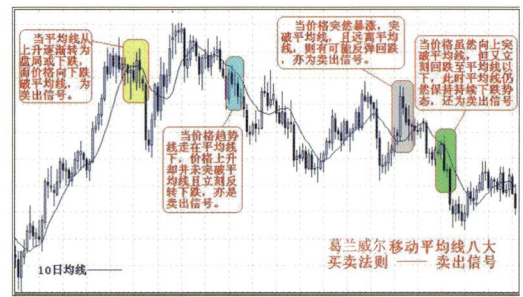

图 10-8 葛兰威尔买卖八大法则

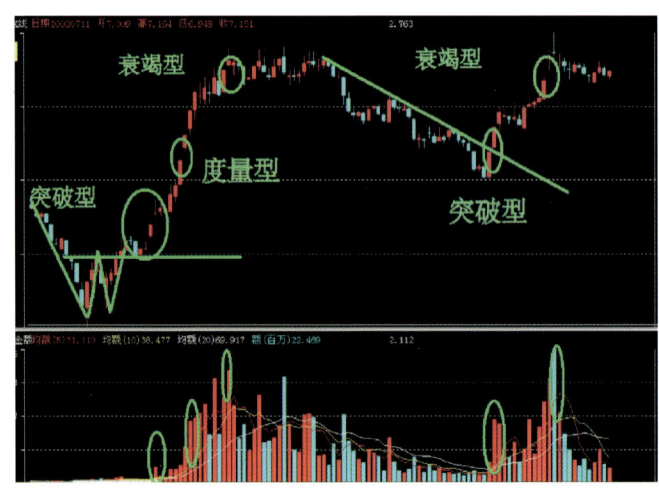

图 10-25 不同种类的缺口

 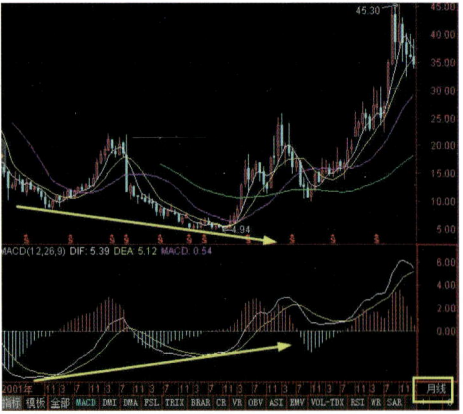

图 10-26 顶背离与底背离